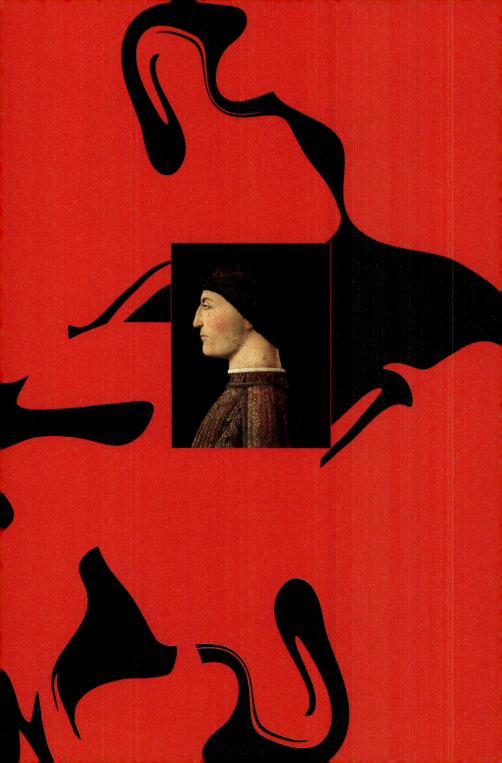

# ALEXANDER LEE

丑陋的

［英］亚历山大·李 —— 著

唐建清 —— 译

文艺复兴

THE UGLY RENAISSANCE

Sex, Disease And Excess In
An Age of Beauty

社会科学文献出版社
SOCIAL SCIENCES ACADEMIC PRESS (CHINA)

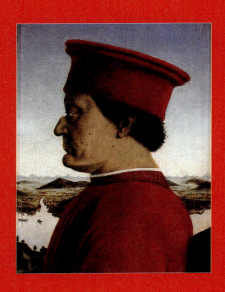

For
James and Robyn O'Connor
and
Pit Péporté and Marian van der Meulen
with much love and best wishes for their future together

献给
詹姆斯和罗宾·奥康纳夫妇
皮特·佩波特和玛丽安·范·德尔·默伦
献上对你们未来的美好祝愿

# 目 录

## 致　谢

本书的写作出于对意大利文艺复兴历史的持久热情，亦源于在世界各地的图书馆里研读尘封已久的书籍的无数日子。但它也产生于一些更基本的东西。尽管学术研究无疑具有启发性，但朋友和家人的兴趣和鼓励总是让我回到那个真正激动人心的时代，让我看到文艺复兴之"丑陋"的多种可能性。如果没有那些长篇大论，没有那些欢笑和泪水，没有这些年的爱和悲伤，我绝不会想到写这本书，更不用说交付出版了，我非常感激那些与我同甘共苦的人们所具有的博大胸怀。

我的家人一直是我不可穷尽的力量之源和坚不可摧的精神支柱，也一直是我无限灵感的源泉。克里斯（Chris）和英格丽德·李（Ingrid Lee），我的兄弟皮尔斯（Piers）、辛多·斯卡洛特（Shindo Scarrott）、乔（Joe）和索菲（Sophie），还有安娜·爱德华兹（Anna Edwards），也许他们永远不会知道他们对本书的贡献有多大。

我感到很幸运，因为我拥有一些任何人都希望拥有的最亲切、最友好的朋友。詹姆斯·奥康纳（James O'Connor）、皮特·佩波特（Pit Péporté）、克里斯蒂娜·路透基尔德（Christina Reuterskiöld）、亚历山大·米勒（Alexander Millar）、卢克·霍顿（Luke Houghton）以及蒂姆·斯坦利（Tim Stanley），他们以难以置信的耐心阅读本书初稿的不同章节，无数次对疑难之处展开具体讨论，并对此始终怀抱着极大的热情。他们的建议和忠告是无价之宝，本书每一页都有他们智慧的印记。但也许更重要的是，他们帮助我度过了一些最黑暗的时刻，让隧道尽头的灯光一直亮着，而隧道有时似乎没有尽头。他们向我展示了什么是真正的友谊，这友谊对我来说意味着整个世界。尤其要感谢玛丽·塞班（Marie Sebban），近几个月来，她的善良、爱心和支持让我无法用语言来形容，我的内心被深深地打动。

在完成本书的同时，我非常荣幸地被卢森堡大学和华威大学接纳，并有机会与一些真正杰出的文艺复兴学者讨论本书的一些重要观点。特别感谢斯蒂芬·鲍德（Stephen Bowd），多年来，在扩展我对这一时期的了解方面，他可能比谁做的都多；感谢吕克·迪茨（Luc Deitz），他严谨的治学态度和乐于助人的品格着实令人鼓舞。虽然保罗·莱（Paul Lay）本人不是文艺复兴领域的专家，但我还是要感谢他，他对"大众"历史的热情，以及他对学术与通俗读物之间微妙平衡的出色把握，都是相当重要的榜样。

在《丑陋的文艺复兴》一书的出版过程中，我很感激有机会与许多杰出的人共事。列昂达·德·莱尔（Leanda de Lisle）首先给了我推进这个项目的"动力"，并好心地为我提供了至关重要的介绍，使项目得以顺利启动。卡佩尔－兰德（Capel & Land）出版社的雷切尔·康威（Rachel Conway）和罗米利·穆斯特（Romily Must）在每一环节均表现出令人感动的耐心和惊人的效率。我亦非常荣幸地能够与兰登书屋（Random House）的瑟琳娜·沃克（Selina Walker）和乔治娜·霍特里－沃里（Georgina Hawtrey-Woore）一起工作，她们都是具有杰出才能和优秀品位的编辑，她们善意的忠告和有益的建议使文本的准备工作非常愉快，没有比她们更敏锐、更友好的编辑了。最后，但绝不是最不重要的，我的经纪人乔治娜·卡佩尔（Georgina Capel）非常出色，没有什么话能完全表达我的感激之情和她的美德。她深厚的情谊和良好的专业素养，于我既是一种重要的激励，也是一种宝贵的支持，而她不断的鼓励和毫不吝惜的精神支持使得这个研究项目从始至终充满乐趣。

# 佛罗伦萨，约 1491 年

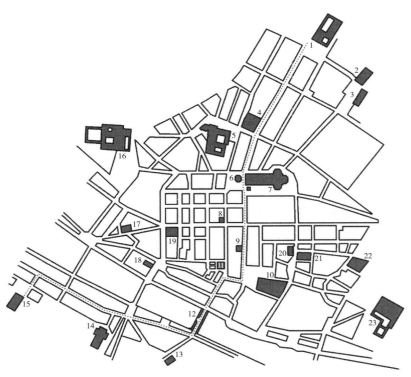

（注意：米开朗琪罗的路线用虚线标出）

1.圣马可教堂
2.圣母领报教堂
3.育婴堂
4.美第奇–里卡迪宫
5.圣洛伦佐教堂
6.洗礼堂
7.圣母百花大教堂
8.老市场
9.圣弥额尔教堂
10.维琪奥宫
11.新市场
12.维琪奥桥
13.皮蒂宫

14.圣灵教堂
15.卡尔米内圣母大教堂
16.新圣母马利亚教堂
17.鲁切拉伊宫
18.圣三一教堂
19.斯特罗齐宫
20.修道院
21.巴杰罗宫
22.斯丁兹监狱
23.圣十字大教堂

# 导　言

## 天地之间

　　"文艺复兴"（Renaissance）一词似乎让人联想到一个充满美和光辉的时代，那时的男男女女都如天使般完美。尽管可以选择的例子不胜枚举，但似乎没有哪一个比乔瓦尼·皮科·德拉·米兰多拉（Giovanni Pico della Mirandola，1463~1494）更能充分体现这种印象的价值。[1] 他是一个活得很滋润的人，吸取了生活中所有的精华。他对什么事都有兴趣并感到兴奋。他从小就掌握了拉丁语和希腊语，之后继续在帕多瓦（Padua）学习希伯来语和阿拉伯语，那时他还是个青春少年；二十多岁，他就成了亚里士多德哲学、教会法和卡巴拉（Cabbala）①神秘思想的专家。佛罗伦萨和费拉拉（Ferrara）处处是布鲁内莱斯基（Brunelleschi）、多纳泰罗（Donatello）和皮耶罗·德拉·弗朗切斯卡（Piero della Francesca）等艺术家的作品，在那样的环境里，他和那个时代许多最耀眼的明星成为亲密朋友。作为诗人马泰奥·马里亚·博亚尔多（Matteo Maria Boiardo）的表弟，他与腰缠万贯的文人洛伦佐·德·美第奇（Lorenzo de Medici）②、古典学者安杰洛·波利齐亚诺（Angelo Poliziano）、新柏拉图主义的开拓者马西利奥·斐奇诺（Marsilio Ficino）以及狂热的传教士吉罗拉莫·萨沃纳罗拉（Girolamo Savonarola）都是熟人。此外，他还是一位极具独创性的作家和思想家。除了写下许多动人的诗句，他还梦想让哲学的各个分支形成一个统一的、鼓舞人心的整体，并渴望把世界上的各种宗教结合在一起。

　　从各种意义上说，皮科是"文艺复兴时期的人"（Renaissance man）的典范。在他短暂的一生中，他抓住了意大利历史上一个时期——大致从1300年到1550年——的本质，这个时期被

---

　　①　犹太教神秘哲学。——译者注

　　②　绰号"伟人"（Il Magnèfico），1449~1492。——编者注

普遍定义为文化创造性的空前爆发期，并由艺术和智慧的光辉所主宰。作为一个真正的"全才"（uomo universale），他似乎带着无限的好奇心和兴奋之情看待这个世界，而且怀着极大的热情汲取古代文学艺术的精华，试图为人类创造一个充满无限希望和可能性的、更灿烂的崭新未来。他与那些争名夺利的艺术家交谈，也与那些似乎为艺术和文化而生的有钱有势的赞助人交往，并且渴望从不同的文化和民族中寻求新知识。

皮科最伟大的作品——《论人的尊严》（*Oration on the Dignity of Man*，1486）被视为整个文艺复兴的非官方宣言，这也许并不令人惊讶。它简明扼要地概括了皮科的整个哲学事业，其核心是对人的潜力的不可抑制的信念。"我从阿拉伯人的记载中读到，"他说——

> 当被问及在这个世界上，什么是最值得惊奇的，萨拉森人阿卜杜拉（Abdala）回答道："没有什么比人更奇妙的了。"与这种观点相一致的是三重伟大的赫尔墨斯（Hermes Trismegistus）① 的说法："阿斯克勒庇俄斯（Asclepius），人是一个了不起的奇迹。"[2]

皮科相信，人确实是一个奇迹。在他看来，人有一种独特的能力，能够超越现世的局限，通过诗歌、文学、哲学和艺术，达到更高、更好、更非凡的境界。

站在文艺复兴的任何一个伟大的中心地带，你很难不产生这样一种感觉，即皮科以不同寻常的精准把握住了那个时代的精神。仅在佛罗伦萨，那些与时代有着深刻联系的艺术作品似乎就证明了人类灵魂的奇迹般的绽放。米开朗琪罗的《大卫》

① 相传是西方炼金术与神智学的创造者。——编者注

（*David*）、布鲁内莱斯基的大教堂穹顶（dome）、波提切利
（Botticelli）的《维纳斯的诞生》（*Birth of Venus*），以及马
萨乔（Masaccio）的《三位一体》（*Trinity*），所有这些作品
似乎都表明，生活被美所触动，赞助人和艺术家渴望超越日常
生活中的琐碎。随着时间的流逝，想象力的空间越来越广大，
越来越令人兴奋。的确，这样的作品如此强烈地激发人们的好
奇心，以至于有时人们几乎相信这样的男男女女在某种程度上
不仅仅是人类。他们如此远离世俗琐事，以至于往往显得相当
令人生畏，几乎像上帝一样。"奇迹"一词经常出现在我们的
脑海里。

　　然而，如果说乔瓦尼·皮科·德拉·米兰多拉《论人的尊
严》对文艺复兴在大众想象中所产生的光辉作了一个简洁的总
结，那么他的一生也同样暗示着，在这个最非凡的时期，还有
别的东西在起作用。尽管皮科的思绪总是翱翔于云端，但他自
己也是一个有着发自内心的冲动和对生活阴暗面敏感的人。他
不仅因倡导宗教归并（religious syncretism）而涉嫌异端遭
捕，而且由于无法抑制的私欲卷入了许多相当棘手的事件。在
他第一次拜访佛罗伦萨后不久，他就勾引洛伦佐·德·美第奇
一个堂兄弟的妻子，在被发现试图与那个为爱所惑的女人私奔
后，身受重伤，被关进了监狱。他身体刚康复，就一头扎进了
一个完全不同的新领域。皮科和安杰洛·波利齐亚诺开始了
一段充满激情的友谊，因为他发现他们有很多共同点。后来
这段友谊发展成了一种暧昧的性关系。然而即使后来他们被毒
死——也许是皮耶罗·德·美第奇（Piero de'Medici）① 的命
令——他们之间的关系仍然被人纪念。两人被合葬在圣马可教

---

　　① 　Piero di Lorenzo de'Medici，绰号"不幸者"，"伟人"洛伦佐之子，1472~1503，一说生于
　　　　1471 年。——编者注

堂，尽管教会严厉禁止同性恋。

乍一看，这似乎与皮科将人视为奇迹之源的形象有些不协调，并损害了他作为典型的"文艺复兴时期的人"的声望。然而，事实并非如此。在《论人的尊严》中，皮科提供了一种洞见，既解释了他非同一般的教养，又解释了他朴实真挚的欲望。

在他的理论中，皮科想象上帝以一种不同寻常的坦率对待他的创造物。起初，神的话语似乎强化了皮科对人类非凡能力的信念。虽然"所有其他生命的本性都受到神律的限制和约束"，但神告诉人：

> 你，不受任何限制，按照你自己的自由意志，我们将你置于自由意志的手中，你将为自己设定本性的界限。我们将你放在世界的中心，以便你从那里更容易地观察世界上的一切。我们使你非属天，非属地，非必死，非不朽，这样，你就有选择的自由和荣誉，仿佛你是自己的创造者和塑造者，你可以把自己塑造成你喜欢的任何样子。

但是，就在皮科的上帝似乎最充分地颂扬人类时，他把自由意志的礼物变成了一个巨大悖论的核心。上帝没有预先给"文艺复兴时期的人"规定不受约束的荣耀，而是告诉他，"你将有可能退化到低级的生命形式，那是兽性的，你将有可能，出于你灵魂的判断，重生到更高的形式，那是神圣的"。[3]虽然人确实有能力登上天堂之美的高峰——皮科似乎这么认为，但也有能力探索堕落的丑陋深渊。事实上，人性的这两个方面是密切相关的。天使和魔鬼在人的灵魂中共存，并以一种奇特的、令人着迷的共生关系被捆绑在一起。天堂星辰般美丽，人却有双泥足。

在这里，皮科不仅解释了自己性格中明显的矛盾，而且更全面地表达了文艺复兴的重要事实。不管人们多么容易将文艺复兴看作一个文化重生和艺术之美的时期，在这个时期，男男女女都不可思议地变得文明和有教养，但文艺复兴的成就与黑暗、肮脏甚至是恶魔般的现实共存。腐败的银行家、贪婪的政客、好色的神父、宗教冲突、猖獗的疾病、穷奢极欲的生活随处可见，最可怕的暴行是在雕像和建筑物的注视下发生的，而今天的游客恰恰怀着惊讶和崇拜之情，欣赏着这些雕像和建筑物。事实上，正如皮科本人所证明的那样，如果文艺复兴时期最重要的艺术家、作家和哲学家没有陷入各种堕落和败坏的泥沼，那么文艺复兴最伟大的纪念碑几乎是不可能建成的。两者彼此依存。文艺复兴既是一个文化天使的时代，也是一个世俗恶魔的时代。

然而，正因为文艺复兴时期文学艺术的美丽和优雅很容易让人着迷，所以那个时期丑陋的一面很容易被遗忘和忽视。也许因为其文化成就的浪漫氛围，艺术家令人兴奋的私生活、赞助人肮脏的算计、街道上充斥着的无法容忍的仇恨时常被掩盖起来，用完美无瑕的幻想来粉饰。从历史的准确性来看，这种倾向是无益的，因为它在某种程度上人为地把高雅文化和社会现实分开了。而在更人性化的层面上，这也是不幸的，因为它剥夺了兴奋、生动和真正的惊奇感。只有通过把握文艺复兴更丑陋、更粗鄙的一面，它的文化成就才真正变得更清晰。

本书是力求有所矫正的一个有意识的努力。看看这些画作背后隐藏的故事，这些故事已经主导了对意大利文艺复兴的观点。本书试图重新审视文艺复兴"故事"的三个最重要的特征，所有这些特征在皮科·德拉·米兰多拉的生活中都很明显，每个特征均反映了那个时代艺术和文化创作的不同组成部分。

第一部分通过米开朗琪罗·博纳罗蒂（Michelangelo

Buonarroti）的生活和经历，重新审视文艺复兴时期艺术家为
人们所熟悉的、相当浪漫的形象，他们正是那个时代高雅文化
和良好品位的典型。从米开朗琪罗在佛罗伦萨的早期生活到他
在罗马达到事业的巅峰，本书的几个章节揭示了艺术家所面对
的残酷的社会现实：从他们所在城市的街道和广场到他们所处
的政治、经济和宗教环境，以及从他们与朋友、家人和雇主的
亲密互动，到塑造他们人生观的深层的个人知识领域。

　　从文艺复兴时期艺术家的世界转向文艺复兴时期赞助人的
世界，本书第二部分表明，对艺术赞助的关注更多出于世故，
而不是审美，由此证明艺术的价值不在于它技术上的辉煌，而
在于它可能对重塑公众形象——尤其是重塑一些声名狼藉之人
的公众形象——所作的贡献。该部分考察了商人银行家、教宗
和雇佣兵将领的黑暗世界，探讨了艺术家受委托创作的作品多
大程度上是为了掩盖作为权力和财富基础的残酷、腐败和暴
力，而不是为了肯定艺术最大消费者的文化和学识这一问题。

　　如果文艺复兴时期的艺术家和赞助人并不是他们通常被认
为的那样，那么皮科·德拉·米兰多拉在《论人的尊严》中对
"阿拉伯人的记载"和"萨拉森人阿卜杜拉"的话进行令人振
奋的引用，则显示了文艺复兴时期意大利文化与不断扩大的更
广阔世界之间日益紧密的联系。这个积极的信号通常被认为体
现了文艺复兴和"大发现"之间的关系，而这也是本书第三部
分所要探讨的。该部分将重新评估艺术和文学对"他者"的看
法，重现意大利人与犹太人、穆斯林、非洲黑人和美洲民众的
交往，说明文艺复兴时期的人们对不同文化不仅没有通常认为
的那样开放，反而还乐于利用新鲜的经验和新的思潮来证明和
鼓励各种形式的偏见、迫害和剥削。

　　本书通过审视艺术家所处的残酷的社会环境、赞助人的卑
鄙算计，以及伴随"世界的发现"而来的意想不到的偏执，试

图展示文艺复兴比任何人可能愿意承认的都要"丑陋"得多，而且恰恰出于这个原因，反而更令人印象深刻。在本书的最后，笔者希望在人们心中，文艺复兴不再仅仅是天使和魔鬼的天下，而是展现一种新的面貌。

### 作者说明

在进一步讨论之前，我们有必要解决几个方法层面的问题。

本书中，我将充分利用柯林伍德（Collingwood）[①]所谓的"历史想象"，也就是说，尝试通过创造性地再现特定人物生活中的主要场景和重要时刻填补历史记录的空白，同时尽可能接近现有的证据。我很清楚，对此可以提出许多相关的认识论问题，我甚至不会试图从纯学术的角度来为这种做法辩护。但由于本书的目的是重建文艺复兴时期的精神世界，并生动再现社会现实，而这一社会现实常常被狭隘的、偏颇的、专注于"高雅"文化的事物所遮蔽，所以我认为适当借助想象——或者用文艺复兴时期的"幻想"（Fantasia）这个词更恰当——来帮助读者深入了解书中所讨论的一些人物是合理的。我不认为用电影手法介入许多段落，就能更准确地反映某一天实际发生的事情；但我也不认为，如果读者允许自己享受一下这段旅程，并尝试像米开朗琪罗、加莱亚佐·马里亚·斯福尔扎（Galeazzo Maria Sforza）或菲利波·利比（Filippo Lippi）那样思考片刻，会对这段时期造成太大的伤害。即使我的学术界同事可能会对此皱眉头，我也相当肯定文艺复兴历史学家不会过于反对。

同样，本书对文艺复兴的讨论主要集中于"意大利"，我

---

① 　1889~1943，英国哲学家、历史学家、考古学家。——译者注

意识到，这种地理上划重点的做法可能会受到一些合理的质疑。毕竟，在1871年之前"意大利"尚不存在——尽管像彼特拉克（Petrarch）这样的人文主义者对何为"意大利"有某种概念，但在那时这一概念是相当模糊的。一方面，任何类型的边界——尤其是那些现代政治讨论中所钟爱的固定边界——根本不存在，而那个时代的人可能以某种模糊的方式认定为"意大利人"身份的东西，很快就消失在其他类型的身份认同中，特别是在那不勒斯（Naples）、特伦特（Trent）和热那亚（Genoa）等地。另一方面，即使是那些可能被定义为"意大利"的地区，也存在着方言（毕竟那时还没有所谓的"意大利语"）、独立小国和强烈的地方认同，这使得任何试图将地理一概而论的做法显得有些危险。这一点在南北大分裂问题上表现得尤为明显。大分裂的程度如此之深，至今仍主导着意大利的政治论争，但即使对于文艺复兴早期的托斯卡纳（Tuscany）地区，使用"意大利"的概念也同样麻烦。然而，尽管有这些保留意见，我们还是有可能将"意大利"与文艺复兴联系起来，并从中得到一些有益的启示。正如学者们早已承认的那样，1300~1500年发生在意大利半岛上的文化进程确实有一些共同特征，它们明显区别于欧洲其他地方的文化，这也证明了在此背景下谈论"意大利"是合理的。我还不禁怀疑，文艺复兴时期彼特拉克学派的人文主义者即使不是出于学术上的原因，至少也是出于情感上的原因，已经对此表示了赞同。

在支起我这个"意大利小货摊"之后，有必要指出，本书主要关注两三个主要城市，即佛罗伦萨、罗马，一定程度上也关注乌尔比诺（Urbino）。而这并非意味着其他重要城市没有参与其中。威尼斯、米兰、贝尔加莫（Bergamo）、热那亚、那不勒斯、费拉拉、曼图亚（Mantua），以及其他许多城市都在适当的地方出现在故事中——如果你认为文艺复兴并没有在某种程度上影响到意大利的每一个乡镇和城市，那你就错了。在我看来，对佛罗伦萨、罗马和乌尔比诺——尤其是佛罗伦萨——的关注主要有两个理由。首先，佛罗伦萨构成了整个文艺复兴的历史和精神"家园"。彼时的和现代的历史学家普遍认为，文艺复兴——无论我们如何定义——就是在佛罗伦萨开始并逐渐成熟起来的。罗马和乌尔比诺各自以不同的方式，在不同的程度上构成了艺术和文学创作的主要焦点，尽管是在稍后的阶段。其次，尽管并不意味着任何程度的排他性，但任何叙述都必定有某种顺序，而一项完整的研究要对不同的城市一视同仁，这既不准确，也不现实。

最后，关于年代的说明。任何对本书的主题稍有了解的人都会意识到确定文艺复兴的时间范围是多么困难。鉴于很难定义文艺复兴到底是什么，历史学家们不仅为这一时期的终点在哪里而苦恼，还为把它看作一个（真正意义上的）"时期"是否有用而苦恼，这也许并不令人惊讶。我为这本书选择的时间界限，也就是1300~1550年，并不是为了使它具有权威性或确定性，而是反映了一般意义上的学术共识，也是为了给已足够复杂的一系列现象提供一种结构性的考量。我不想否认这种模糊性是可悲的，但因为这是所有文艺复兴历史学家在某个阶段必须面对的事情，我不禁感到，这不过是又提供了一个例子，说明为什么"丑陋的"文艺复兴以这样或那样的方式与我们所有人同在。

11

# 第一部

# 文艺复兴时期艺术家的世界

# 第一章　米开朗琪罗的鼻子

1491 年一个晴朗的夏日午后，16 岁的米开朗琪罗·博纳罗蒂坐在佛罗伦萨的卡尔米内圣母大教堂（S. Maria del Carmine）里写生。他手指夹着一根红色粉笔，纸放在膝盖上，飞快地画着，眼睛却盯着布兰卡契礼拜堂（Brancacci Chapel）里马萨乔的壁画。他全神贯注。但他并不孤单。他身旁坐着彼得罗·托里贾诺（Pietro Torrigiano）。和米开朗琪罗一样，彼得罗也是雕塑家贝托尔多·迪·乔瓦尼（Bertoldo di Giovanni）的学生，他所在的艺术学校最近在圣马可教堂的庭园里创立。彼得罗比米开朗琪罗大三岁，在当时，两个年轻人皆被认为是冉冉升起的新星。在贝托尔多的指导下，他们得到鼓励，努力在模仿和超越像马萨乔这样的大师方面胜过对方。

然而，米开朗琪罗太聪明、太直率了，他与他的对手不可能完全友好相处。尽管还很年轻，但在那时他已经有了一定的名气，因此自视甚高。他带着艺术家多梅尼科·吉兰达约（Domenico Ghirlandaio）的推荐信，不仅被贝托尔多的学校录取，甚至还受到了佛罗伦萨实际统治者洛伦佐·德·美第奇的欢迎。洛伦佐被这个年轻人迷住了，他将米开朗琪罗介绍给城里最重要的知识分子，包括人文主义者安杰洛·波利齐亚诺、马西利奥·斐奇诺和皮科·德拉·米兰多拉。米开朗琪罗春风得意。他学习那些能代表当时艺术特色的技能。他用心研究解剖学，进一步完善自两个世纪前乔托·迪·邦多内（Giotto di Bondone）的创新以来就不断发展的自然主义风格。他致力于模仿古典雕塑，走上了一条后来让乔尔乔·瓦萨里（Giorgio Vasari）宣称已经"超越并击败了古人"的道路。[1] 根据波利齐亚诺这个时期提出的建议，他创作了一幅浮雕，《半人马之战》

（*Battle of the Centaurs*），"非常美"，似乎"不是一个年轻人的作品，而是一个有着丰富的学识和经验的大师的作品"。[2] 甚至他在卡尔米内圣母大教堂画的素描都得到了"这样的评价，即工匠和所有其他看到他的作品的人都感到惊讶"。[3] 但随着名望和自信心的提升，他的同学也开始嫉妒他。[4]

当米开朗琪罗和彼得罗在布兰卡契礼拜堂一起作画时，他们似乎开始讨论谁更适合接替马萨乔成为佛罗伦萨最出色的画家。考虑到他们所处的环境，这自然是一个话题。尽管马萨乔在世时被誉为天才艺术家，但他在完成礼拜堂壁画之前就去世了。他的画作是由菲利皮诺·利比（Filippino Lippi）完成的，尽管续作成功与否见仁见智。米开朗琪罗可能花了几个月的时间研究壁画，发现利比的才能无法与马萨乔相比，他自己是唯一能达到——即使未必超越——大师标准的人。他也许只是嘲笑了彼得罗的速写，而这显然是他的习惯。[5] 但不管怎样，米开朗琪罗激怒了他的朋友。彼得罗很有天赋，但算不上才华横溢，他无法忍受米开朗琪罗的嘲笑。

"妒忌比自己更受尊敬、创作上更有才能的人"，彼得罗开始嘲笑米开朗琪罗。[6] 如果从他晚些年的行为来推断，米开朗琪罗当时可能只是一笑了之。但无论如何，彼得罗非常生气。他紧握双拳，挥拳直接打在米开朗琪罗的脸上。这一拳太狠了，"几乎把鼻子都打掉了"。[7] 米开朗琪罗昏倒在地上，他的"鼻梁骨断了、碎了"，身上都是血。[8]

米开朗琪罗被急忙送回他位于美第奇 – 里卡迪宫（Palazzo Medici-Riccardi）的住所。洛伦佐·德·美第奇很快就知道了他的情况。他冲进那个受伤的门生躺着的房间，勃然大怒，把一切可以想象到的辱骂都发泄到"野蛮的"彼得罗身上。彼得罗立刻意识到他所犯错误的严重性：他别无选择，只能离开佛罗伦萨。没有人能在得罪洛伦佐后还在他身边逗留很长时间。

虽然据说米开朗琪罗躺在地上"就像死了一样",[9] 但洛伦佐雷鸣般的声音足以使他恢复知觉。他头晕,疼痛,在房间里不知所措地张望着。他逐渐清醒过来,看见愤怒的赞助人——这个 42 岁的将死之人,生命只剩下不到一年时间了——气得脸都红了;他看见成群的仆人在一个挂着富丽毯子的房间里忙碌着;他看见两个少年——他的朋友——穿着镶有毛皮的漂亮绸衣,紧张地朝门里探望;他看见彼得罗因为预见自己会遭流放而浑身发抖。

不经意间,片刻前还意识模糊的米开朗琪罗已被卷入这样一个时刻,它完美地捕捉到了文艺复兴晚期艺术界的一个重要层面,代表了所谓"艺术家的崛起"的成就。尽管他只有 16 岁,但他已经开始淬炼自己独特的天赋——后来同时代的人把这些天赋描述为"神迹"。他擅长雕塑和绘画,也很崇拜但丁,钻研意大利经典作品,还是一位优秀的诗人,最优秀的人文主义者的朋友。这么说没有任何讽刺意味,他就是我们现在所说的"文艺复兴时期的人"。更重要的是,他得到了这样的认可。尽管青春年少,米开朗琪罗还是受到了佛罗伦萨社会和知识精英的款待,他的才能也得到了赞赏和尊重。身为来自偏僻小镇的一个为人谦逊的官吏的儿子,[10] 他通过自己的艺术才华赢得了佛罗伦萨最有权势的家族的喜爱。"伟人"洛伦佐——他本人是一位著名的诗人、鉴赏家和收藏家——把他当儿子看待。事实上,洛伦佐的亲生儿子乔瓦尼(Giovanni)及乔瓦尼叔父的私生子朱利奥(Giulio)——两人后来都成了教宗(分别为利奥十世和克莱门特七世)——也称呼他为"兄弟"。

在此两百年前,任何一位艺术家获得这样的荣誉都是不可想象的。在大多数同时代人看来,13 世纪末 14 世纪初的艺术家不是创造者,而是工匠。作为一个纯粹的工艺艺术的实

18

践者，他很大程度上被限制在某个地方的"作坊"（bottega）内，这个作坊通常受到行会（guild）严格规定的约束。

不管他的能力如何，这位艺术家的社会地位都不会很高。尽管文艺复兴早期偶有一些艺术家会在政府中任职或来自豪门世家，但他们是例外而非普遍现象。[11] 他们中大多数人出身相当卑微，这可以从我们对其父母所知甚少这一点来判断。后来的传记作家，比如势利的瓦萨里，经常跳过这些细节。他们的忽略表明，木匠、旅店老板、农民，甚至没有专业技能的劳动者，可能孕育了文艺复兴早期艺术中一些伟大的人物。我们所拥有的证据似乎证实了这一印象。有些艺术家的出身背景非常普通，他们的家庭从事最低级的手工业。例如，据说乔托·迪·邦多内是一个贫穷的牧童，不过他也很可能是一个佛罗伦萨铁匠的儿子。[12] 对另一些人来说，艺术——如木工——是一项家族事业。杜乔·迪·博宁塞尼亚（Duccio di Buoninsegna）的三个儿子成了画家，西蒙·马丁尼（Simone Martini）和他的兄弟及两个连襟都是艺术家。[13]

然而，从 14 世纪中叶开始，艺术世界和艺术家阶层逐渐发生了一系列根本性的变化。随着古典主题和自然主义风格的日益流行，艺术家逐渐被视为具有学识和技能的自主性创作主体，这使他们有别于单纯的技工。[14] 1334 年，当乔托被任命为罗马大教堂的"工头"（capomaestro），即监工时，佛罗伦萨的神父不仅承认他的名声，还承认他的"知识和学问"，这些都清楚地将艺术家与工匠区分开来。[15] 同样，佛罗伦萨编年史家菲利波·维拉尼（Filippo Villani）在其《佛罗伦萨名人的起源》（*De origine civitatis Florentiae et eiusdem famosis civibus*，1380~1381）中写道，他觉得不仅能对画家与技工一视同仁，还能将他们与艺术界的大师相提并论。[16]

尽管画家和雕塑家仍然依靠赞助人的支持并受合同的约

束，[17] 但他们的社会地位在 15 世纪中叶有了显著的提高。随着艺术被视为一种身份的象征，艺术家本身也获得了更高的地位。现在，成为艺术家的不仅仅有那些来自工匠家庭的人。尽管仍有一些艺术家出身卑微，如安德烈亚·曼特尼亚（Andrea Mantegna，1431~1506），但也有越来越多的艺术家，他们是熟练的经纪人、富裕的商人和受过良好教育的公证人的儿子（极少数情况下，还有女儿）。那些声称自己出身高贵的人——如米开朗琪罗——拿起画笔或凿子也不会感到羞愧。他们的社会地位不是以他们的出身，而是以他们的能力来衡量的。即使并不总是完全平等，他们也可以在相互尊重的基础上与他们的赞助人对话。瓦萨里等历史学家可以用以前只能用在政治家身上的方式来赞颂他们的成就。事实上，艺术家的地位如此之高，以至于据说教宗保罗三世（Pope Paul III）曾表示，像本韦努托·切利尼（Benvenuto Cellini，1500~1571）这样的艺术家"不应受法律的管辖"。[18]

但是，米开朗琪罗不仅代表了那个时期艺术风格的转变和社会变化，也代表了文艺复兴时期艺术家生活的另一个重要方面。如果说"艺术家的崛起"提高了视觉艺术的声望和艺术家的社会地位，那么很明显，它并没有把艺术家本人提升到一个更高、更精致的境界。像米开朗琪罗这样的艺术家仍然给人灰头土脸的感觉。毕竟他刚在一场幼稚的斗殴中被打断了鼻子，这场斗殴由嫉妒引起，而且由于傲慢的吹嘘而加剧。

这是他一生的标志。他完全可以待在权贵们的接待室里，和蔼、敏感、彬彬有礼、风趣幽默。但他也很骄傲、易怒、轻蔑、刻薄。他是小酒馆的常客，对打架也并不陌生。事实上，尽管他是教宗和君王们的朋友，但他并不是优雅的绅士。正如他的传记作者保罗·乔维奥（Paolo Giovio）所写，他的外表是出了名的邋遢，他似乎乐于生活在最肮脏的环境中。[19] 他几

乎从不换衣服，身上总是散发着脏衣物的臭味，而且很少梳理
头发或修剪胡须。他无疑是一个虔诚的人，[20] 但他热情的天性
使他倾向于与两性交往。尽管他后来与佩斯卡拉（Pescara）
的公爵夫人维多利亚·科隆纳（Vittoria Colonna）有过一
段长期而明显的浪漫关系，但他现存的诗歌也涉及了同性恋
主题。举个例子，在写给托马索·德·卡瓦列里（Tommaso
de'Cavalieri）的多首诗中，有一首开头就有一段引人注目、
略带亵渎意味的诗句——

> 在你可爱的脸上，我看到了，我的主，
> 在这一生中无法用言语表达的东西；
> 这样，我的灵魂虽然仍寄寓肉身，
> 却常常升到神那里去了。[21]

　　他有才华却傲慢自大，是个肮脏、散漫、备受折磨的人，
他很容易卷入斗殴，就像他受教宗的意志束缚一样；他容易受
到新柏拉图式的同性恋的影响，就像他容易受教会救赎的保证
和娴静优雅的女士的甜言蜜语的影响一样。

　　在这方面，米开朗琪罗并不是孤例。列奥纳多·达·芬
奇（Leonardo da Vinci）是民间魔法的信徒，他被指控于
1476年4月9日与一个名叫雅各布·萨尔塔雷利（Jacopo
Saltarelli）的著名男妓有鸡奸行为。[22] 本韦努托·切利尼曾两
次被认定犯有同样的罪行（1523年和1557年），多亏美第奇
家族的介入，他才勉强免于漫长的牢狱之灾，[23] 因为除此之外，
他还杀害了至少两名男子，[24] 并被指控盗窃教宗的珠宝。[25] 同
样，弗朗切斯科·彼特拉克（Francesco Petrarca）——常被
称为文艺复兴人文主义之父——担任低级圣职时至少育有两个
孩子。而在谋杀了妻子、情人，可能还包括他的儿子之后，贵

族作曲家卡洛·杰苏阿尔多（Carlo Gesualdo）的音乐才达到最高境界。[26]

因此，当其内涵被揭晓时，米开朗琪罗被打断的鼻梁似乎呈现了某种挑战。从表面上看，米开朗琪罗是所谓的典型的文艺复兴时期的艺术家，而他又是在教堂里打架的骄傲自大的孩子，这两个形象似乎很难调和。毫无疑问，这代表了同一个人的两个方面，但问题是：如何理解米开朗琪罗性格的奇特和明显的矛盾呢？同一种个性，怎么既能创造如此新颖、高雅的艺术，又能沉溺于如此低劣的习性呢？的确，米开朗琪罗被打断的鼻梁怎么能与文艺复兴时期人们熟悉的观念相一致呢？

22

### 文艺复兴时期的问题

问题不在于米开朗琪罗和他的鼻子，而在于人们如何看待文艺复兴本身。乍一看，这似乎相当令人惊讶。"文艺复兴"已经成为一个很常见的词，它的意思可能显而易见，甚至是不言而喻的。"文艺复兴"这个词与文化重生和艺术之美产生了想象上的联系，让人联想起西斯廷礼拜堂（Sistine Chapel）、布鲁内莱斯基的大教堂穹顶、大运河（Grand Canal）和蒙娜丽莎（Mona Lisa）的纯净世界，以及乔托、列奥纳多和波提切利等艺术家的作品。

然而，尽管我们对"文艺复兴"这个词很熟悉，但它是一个很难捉摸的词。自从现代批判学术诞生以来，历史学家们一直在苦苦思索如何才能更好地理解这种"重生"（rebirth），尤其是在视觉艺术方面。多年来，各种不同的解释出现了，每一种解释都反映了我们对年轻的米开朗琪罗印象的不同方面。

对有些人来说，文艺复兴时期从乔托到米开朗琪罗的艺术的根本特征在于鲜明的个人主义。虽然中世纪可以被认为是人类意识"在信仰、幻想和幼稚的共同面纱下沉睡或半醒"

的时期，但伟大的瑞士历史学家雅各布·布克哈特（Jacob Burckhardt）认为，在文艺复兴时期，"人"第一次"成为精神的个体"，能够根据自己独特的禀赋来定义自己，不受群体或社会的限制。[27] 布克哈特的话语明显带有浓重的 19 世纪浪漫主义色彩，但这种解释被证明是有着持久生命力的。尽管与布克哈特相比，最近的学者更重视艺术生产的社会环境（作坊、行会等），[28] 但斯蒂芬·格林布拉特（Steven Greenblatt）近来就文艺复兴时期"自我塑造"（self-fashioning）的能力重新阐述了他的观点，因此，他不仅展现了布克哈特的解读有着持续的吸引力，而且也给理解文艺复兴时期艺术家的性格注入了新的活力。[29]

对其他学者来说，"文艺复兴"的独特之处在于在艺术上实现了更大程度的自然主义。支持这一观点的人只需粗略地将米开朗琪罗年轻时的《半人马之战》中的形象与沙特尔大教堂（Chartres Cathedral）的门面进行比较，就能凸显这一定义的吸引力和分量。在这一解释中，关于线性透视（linear perspective）的完整的理论阐述不仅标志着绘画技巧的决定性变化，也标志着雕塑方式的决定性变化，其中数学和实践层面的表达是最早的，尤以洛伦佐·吉贝尔蒂（Lorenzo Ghiberti）和菲利波·布鲁内莱斯基为代表。[30]

对另一些人来说，"文艺复兴"包含了对装饰的新的兴趣。这种对视觉丰富和过度装饰的狂热被认为是个人主义和线性透视出现的背景。[31]

然而，到目前为止，最重要和最有影响力的学派将"文艺复兴"视为一种更直白甚至更直接的"重生"形式，并把所有其他的发展——个人主义、自然主义、热情洋溢——都看作全面地重新发现古典主题、模式和手法的前奏或必然结果，而年轻的米开朗琪罗那件遗失的《农神头像》（*Head of a Faun*）

的艺术诡计①似乎就是证明。从米开朗琪罗与聚集在洛伦佐·  24
德·美第奇周围的人文主义者的密切联系中，我们可以料到，
这种解释预设了视觉艺术与人文主义者的文学文化之间存在着
密切甚至是过分密切的联系。32

因为它与"文艺复兴"这个词的字面意思的联系最清楚，
而且似乎包含了很多可以被描述为这个时期特征的东西，所以
可以理解，这种解释是最吸引人的。然而，就米开朗琪罗被打
断的鼻梁而言，这正是问题的开始。

正如许多杰出的学者理应观察到的那样，这种对文艺复兴
的解释的独特之处就是，文艺复兴时期的主要知识分子正是这
样看待他们自己的时代的。"14、15、16 世纪那些有艺术头脑
的人文主义者和有人文头脑的艺术家"的自我意识的作品，似
乎流露着一种清晰而明确的感觉：他们生活在一个以复兴古典
文化为特征的新时代。33

这种文化"重生"的自觉意识的起源也许可以追溯到 14 世
纪初。当但丁在《神曲·炼狱篇》（*Purgatorio*）中赞美契马布
埃（Cimabue）和乔托的名声时，34 贺拉斯（Horace）的《诗
艺》（*Ars Poetica*）的读者很快就普遍使用"黑暗"和"光
明"的语言来描述他们所认为的绘画和诗歌的同时复兴。35 彼
特拉克常被认为开创了一种观念，他在《阿非利加》（*Africa*）
中指出人们从中世纪的"黑暗"过渡到了古典的纯粹的"光
明"；36 正是因为他感知到古典拉丁语书写传统在复兴，他和

---

① 米开朗琪罗在仿制一个古代农神头像时，决定对它进行改造以引起人们注意。洛
伦佐·德·美第奇接受他的这种想法并提示他，年迈的农神不可能有整齐无缺的
牙齿。米开朗琪罗意识到洛伦佐给他提出了一项挑战，不多时就用锤子和凿子敲
碎了头像的牙齿，钻开牙床，展示农神的牙齿是连牙根一起缺失的。洛伦佐对这
位年轻艺术家的魄力和天赋大为震惊，决定将他当成儿子收养，赞助其艺术教育，
允许他跟随自己有学识的门客学习并接触他珍藏的大量艺术珍品。——编者注

乔托一道被他的朋友乔瓦尼·薄伽丘（Giovanni Boccaccio）
誉为"新时代的两个先驱"。[37]

然而，正是在 15 世纪，文艺复兴时期的"自我意识"
（self-consciousness）真正出现了，我们看到生活在古典
"重生"时代的感觉得到了充分的表达。1492 年，米开朗
琪罗的朋友马西利奥·斐奇诺给米德尔堡的保罗（Paul of
Middleburg）写了一封信，从中可以窥见这种想法所带来的自
豪感。

> 我们的柏拉图在《理想国》（*The Republic*）一书
> 中，把古代诗人所描述的铅、铁、银、金四个时代，根据
> 人的聪明才智，转化为人的不同类型……因此，如果我们
> 要把任何一个时代称为黄金时代（golden age），那一定
> 是我们的时代，我们的时代产生了"黄金智者"（golden
> intellects）。这个时代的发明提供了许多这方面的证据。
> 因为这个世纪就像一个黄金时代，重新点亮了几近灭绝的
> 人文艺术：语法、诗歌、绘画、雕塑、建筑、音乐，对着
> 俄耳甫斯七弦琴（Orphic lyre）的古老吟唱。这一切都发
> 生在佛罗伦萨。[38]

斐奇诺提及"黄金智者"尤其重要。在整个文艺复兴时
期，"黄金时代"的概念完全依赖于这样一种论点：少数"黄
金般的"个人已经"恢复"了古代的文化成就。斐奇诺的自
豪感油然而生，盛赞这个时代济济一堂的伟人。于是，在此
大约 60 年前，佛罗伦萨执政官列奥纳多·布鲁尼（Leonardo
Bruni）曾（以但丁为对照）称赞彼特拉克是"第一个有足够
才华的人，能够认识并回忆起那种业已失传、不复存在的古
老优雅风格"。[39] 不久之后，马泰奥·帕尔米耶里（Matteo

Palmieri）称赞布鲁尼本人降临人世，是"作为文学之父和典范，拉丁优雅风格的璀璨之光，将拉丁语言的甜美还原给人类"。帕尔米耶里认为，在艺术领域也是如此——

26

> 在乔托之前，绘画已经死了，人物画是可笑的。经过他的复原、弟子的发扬，并传递给其他人，绘画已经成为许多人从事的最有价值的艺术。雕塑和建筑，在很长一段时间里一直制造着愚蠢的怪物，但在我们这个时代，经过许多大师的净化和不断完善，重生并回归光明。40

16世纪，乔尔乔·瓦萨里发现这个清楚觉知到"重生"的时代与"黄金智者"辈出的现象密不可分，并进一步强化了这种关联。瓦萨里——他创造了"rinascita"（重生、复兴）这个概念——给自己设定了一项任务，即收集一系列"最优秀的画家、雕塑家和建筑师"的传记，这些人肩负恢复遗忘已久的古代"原始形式"的重任。但瓦萨里走得更远。他的目标不仅仅是著录那些创造并定义了一个"重生"时代的伟人，而且要将艺术家塑造成理想中的英雄。尽管瓦萨里批评了许多艺术家［例如皮耶罗·迪·科西莫（Piero di Cosimo）］的不雅或"野蛮"习性，但他毫不怀疑，真正重要的、勇敢的艺术家——在一定程度上对新时代的形成产生了重大影响——是那些生活本身就是一件艺术品的艺术家。瓦萨里认识的米开朗琪罗就是这样一个人。

这类例证意义重大。说这些证言是我们对文艺复兴的整体看法的基础，并不意味着我们就绝对相信它们。事实上，正是因为它们如此热情洋溢，布鲁尼、斐奇诺、帕尔米耶里和瓦萨里这类人的自我意识和沾沾自喜的言论自然会引起任何有自尊心的历史学家的怀疑。尽管欧文·潘诺夫斯基（Erwin

27

Panofsky）坚决为这些意识与言论辩护，认为它们清楚地确认了一种文化变迁实实在在地发生了，但事实上，毫无疑问，这种说法可能更多地反映了一种修辞夸张和一厢情愿的倾向，而不是那个时代文化现实的迹象。

然而，与此同时，这些关于文化重生的新时代宣言不能被完全忽视，它们实际上是我们所处时代的最佳指南。尽管它们可能带有玫瑰色的宣传意图，但它们为历史学家提供了一个可行的"文艺复兴"的惯用定义，可以作为研究的跳板。哪怕要质疑彼特拉克是否真的像布鲁尼所宣称的那样，复兴了西塞罗（Cicero）拉丁语的辉煌，"重生"的观念仍然可以作为审视（和质疑）他的作品的一个视角。同样，即使人们承认乔托设计的钟楼（campanile）与古代建筑没有任何明显的相似之处，我们还是有可能承认，当时的人相信他们试图复兴古典文化，并以此为标准来评价那个时代的艺术。

然而，即使历史学家们小心翼翼地避免过于相信像斐奇诺和帕尔米耶里这样的人的话，他们仍然沉迷于文艺复兴"神话"的一个重要部分，以寻求对整个时期的理解。尽管一个多世纪以来，"重生"的概念一直是人们孜孜不倦地审视、批判的主题，但人们仍然倾向于将文艺复兴理解成"伟人"的所作所为。更重要的是，哪怕瓦萨里的溢美之词常被人质疑，事实却证明，大家几乎不可能不信服他的观点，即文艺复兴时期的艺术家是纯粹的文化人物。例如，尽管对文艺复兴时期社会和经济史的研究层出不穷，但仍有一种倾向是把这一时期视同一长串"名人"、一系列"神童"，他们每一个人主要——甚至完全——被看作文化生产的主体（agent）。

不难看出文艺复兴这一观念的魅力，也不难理解为什么它变得如此耳熟能详。初到佛罗伦萨这样的城市，你很难避免与它打照面。站在领主广场（Piazza della Signoria），很容易想象文艺复兴或多或少就是布鲁尼和帕尔米耶里描述的那个模样。被古典优雅的佣兵凉廊（Loggia dei Lanzi）和乌菲齐美术馆（Uffizi），以及米开朗琪罗、多纳泰罗和切利尼创作的俯瞰广场的雕像簇拥着，人们很容易把文艺复兴看作这样一个时代：才华横溢的艺术家在其中复兴了古代文化，创造了城市和社会，而这样的城市和社会本身也堪称艺术品。

但这正是矛盾所在。这并不是说文化和艺术"重生"的含义必然是无用或无效的，而是试图用这样的术语来定义文艺复兴不可避免地排除了更多的东西。在相信"伟人"神话的过程中，人们熟悉的文艺复兴的定义往往排除了日常的、本能的、肮脏的和令人讨厌的东西。它倾向于把文学和视觉艺术从日常生活中抽象出来，仿佛有可能把它们视为完全不同的存在领域。它忽视了这样一个事实：即使最伟大的艺术家也有母亲，会陷入困境，要上厕所，有外遇，要买衣服，有时还是令人讨厌的人。它也忽略了这样一个事实：米开朗琪罗因为骄傲自大而被打断了鼻梁骨。

其结果无疑是给一个丰富而深刻的"人的"时代画下片面和不完整的形象。当人们的艺术成就似乎与其凡夫俗子的性格冲突时，它有效地将身上本就集合了种种特点的完整的人错误地理解为冲突的或矛盾的人物。它让历史学家为秩序和意义而焦虑，别无选择，只能把那些看起来麻烦的特征——通常是最普通的特征——放在一边。换句话说，向我们已熟谙于心的有关文艺复兴的旧观点让步，使我们最终接受了米开朗琪罗这个艺术家，但摒弃了米开朗琪罗这个人。

没有必要马上对文艺复兴下一个全新的定义。但如果米开朗琪罗的鼻梁骨折能说明什么的话，那就是只有将文艺复兴视作一个整体时，才能真正理解它。为了理解米开朗琪罗如何在他的雕塑中完美地综合了古典主义和自然主义的元素，而与

29

此同时，他的鼻梁却在愚蠢的斗殴中被打断了，我们有必要认识到，这是同一个充满人性的个体的两个相互关联的维度，而他所处的时代不只有腾飞的文化成就，还有肮脏、粗野、暴力和极度令人不快的趋向。简而言之，如果要理解文艺复兴，必须将米开朗琪罗置于他真实的社会背景中，去观察孕育了这个人和这个艺术家的纷乱的社会。"文艺复兴"需要被视为一个平衡的整体，而不是以传统的眼光，即从明显片面的角度来看待。这个时代不仅产生了才华横溢的艺术家和令人难以置信的美妙绝伦的作品，而且也产生了暴力的、令人厌恶和丑陋的东西。

＊　＊　＊

　　为了把握意大利文艺复兴时期美与丑的矛盾共存，我们有必要重新认识这个世界——正是这个世界使青春期的米开朗琪罗既能攀登艺术天才的高峰，也能坠入当众打斗的低谷。换句话说，有必要抛开一切成见，从米开朗琪罗自己的视角来看待文艺复兴。他居住在什么样的城市？他所熟悉和喜爱的佛罗伦萨街道和广场的景观、声音和气味是什么样的？社会生活中的哪些戏剧性事件直接引起了这场斗殴？深入城市的内部，那些构建了文艺复兴艺术世界的体制——商业、政治和宗教——是如何运作，又是如何影响他的生活的？在更私人的层面上，他是如何度过日常生活的？当他开始艺术家生涯时，他大脑里有何种平凡、世俗的想法？最后，大量的日常经验如何与信仰、希望和思想观念结合在一起，从而形成了他的艺术——以及他被打断的鼻梁——所依赖的知识框架？

## 第二章　彼得的影子

　　在 1491 年夏日那场致命的斗殴发生之前，米开朗琪罗所面对的是一座什么样的城市？

　　虽然有关他早年生活的文献材料相对不足，但他的一天肯定是从圣马可广场（Piazza S. Marco）的贝托尔多·迪·乔瓦尼学校开始的。清晨一到达那里，米开朗琪罗就会发现那里已经热闹非凡了。他的朋友们坐在丰富的古代雕像藏品和杂乱无序的未雕刻的大理石中间，每个人都在专注地雕刻或绘画。他愉快地向弗朗切斯科·格拉纳奇（Francesco Granacci）——后者将成为他一生的伙伴 1 ——打了个招呼，便拿起纸和粉笔，快步走到老师跟前，讨论当天的工作。贝托尔多听说米开朗琪罗打算再花一天时间在布兰卡契礼拜堂画素描时，他宽厚地笑了。这个孩子很执着。但他必须记住，一些壁画可能比其他的更有价值，而这位重病在身的大师——他只能再活几个月了 2 ——已经有了一个想法。贝托尔多想知道，米开朗琪罗是否考虑更仔细地观摩《用影子治病的圣彼得》（*St. Peter Healing the Sick with His Shadow*，图1①）。米开朗琪罗没有停下来回答。他急于开始画画，已经起身去卡尔米内圣母大教堂，边走边挥手告别。

　　他在佛罗伦萨的行走路线经过了该市一些最著名的地标。从圣马可广场出发，在离布鲁内莱斯基的育婴堂（Ospedale degli Innocenti）和美第奇家族的圣洛伦佐（S. Lorenzo）教堂不远的地方，他会经过他在美第奇－里卡迪宫的住所、圣母百花大教堂（S. Maria del Fiore）和洗礼堂。接着，他冒险走过圣弥额尔教堂（Orsanmichele）和领主广场。他穿过老城

————————————

　　① 见本书彩插部分。——编者注

的街道，走过维琪奥桥（Ponte Vecchio），进入奥尔特阿尔诺（Oltr'arno）城区，然后到达目的地卡尔米内圣母大教堂。

在许多方面，米开朗琪罗的行走路线是一次穿越文艺复兴历史本身的旅程。他途经的建筑物在各种意义上象征着那个时代的艺术和建筑成就。尽管它们今天被当作文物来保护和欣赏，但在米开朗琪罗看来，它们是一个充满生机的城市中作为宗教、行政和公共设施的实用性建筑，也是文艺复兴时期艺术和文化的背景。米开朗琪罗深入佛罗伦萨的中心地带，在这一时期产生文化创新的街道上漫步，见识了促成这些变化的各种影响的明显证据。

11世纪早期，作为随着帝国权威瓦解后出现的独立国家，意大利北部的城市共和国（city-republic）和专制政体（despotism）为庆贺和维护自治政府培育了新的文化形式。[3]受过良好教育的官员学习和模仿优雅的古典拉丁语，他们处理着日益增加的立法、税收和外交事务。佛罗伦萨的科卢乔·萨卢塔蒂（Coluccio Salutati）和列奥纳多·布鲁尼等政府官员从古代经典著作中寻找"共和主义"（republicanism）的修辞，而专制国家的贵族则从罗马帝国的文学作品中寻找杰出首领的典范。[4]特别是在保护其独立于其他政体的斗争中，这些城市有意识地培养一种市民自由意识。大型公共建筑，如佛罗伦萨的维琪奥宫（Palazzo Vecchio），反映共和国的宏伟，并证明共和政府的稳定性和持久性。[5]艺术家受委托装点公共空间，这样的公共空间可以显耀城邦的独立，也可以颂扬"领主"（signori）的荣光。靠贸易和商业利润致富的人也作出了贡献。法人团体，如行会和兄弟会，为同人建造了宏伟的建筑，如诸圣教堂（Ognissanti），还资助了育婴堂等公共机构。为了炫耀他们的财富，或为他们在获取财富过程中所犯下的罪行赎罪，新兴的城市商业精英们也急切地赞助艺术，以期创造他们自己的、非凡的公众形象。装饰华丽的家族礼拜堂层出不穷，华丽的宫殿拔地而起。

　　然而，在另一种意义上，米开朗琪罗的行程也不止于此。这也是一段颇具象征性的旅程，因为社会影响着他作为艺术家和作为人的生活。毕竟城市是日常生活中各种社会戏剧的终极舞台，是文艺复兴时期艺术梦想诞生的摇篮。这里是艺术家生活、工作和死亡的地方，是社会惯例、品位和习俗形成和重塑的地方，也是生活和艺术相互交融、相互作用、相互培育的地方。沿途经过的教堂、广场、宫殿、市场、市政厅和医院构成了日常生活的舞台，因而米开朗琪罗的行走反映了社会、经济、宗教和政治方面的问题，这些问题塑造了他作为画家和雕塑家的职业生涯，也决定了他作为一个人的价值和应当优先考虑的事项。不管他的思绪在哪里，他在途中所遇到的景象、声音和气味都如同纬线，织出他生活和工作的锦缎。然而，米开朗琪罗和他的同时代人在这座城市里工作、娱乐和奋斗的场景，比他旅程中这些地标最初可能暗示的要丑陋得多。

### 佛罗伦萨和理想的幻觉

　　1491年那个夏天的午后，他走到佛罗伦萨的阳光下，投身于一个繁华的大都市。

　　从1350年拥有大约3万人口算起，佛罗伦萨已经渐渐发展成欧洲最大的城市之一。早在1338年，根据编年史家乔瓦尼·维拉尼（Giovanni Villani）的记载，这里的居民每天要喝掉7万多夸脱的酒，每年要宰杀大约10万头绵羊、山羊和猪，才能满足这座城市的胃口。[6] 到16世纪中叶，它的居民人数不少于59000，规模仅次于巴黎、米兰、威尼斯和那不勒斯。

　　1491年，佛罗伦萨经济强盛。尽管表面上处于不利的位置——因为它地处内陆，离主要贸易路线有一段距离——但这座城市与教宗和那不勒斯王国建立了密切的联系，发展出强大的商业和银行业，几乎垄断了整个欧洲服装市场。正如维拉尼解释的那样，1338 年，大约有 3 万名工人受雇于布业，整个行业每年生产价值 120 万佛罗林（florin）①的布料，其中大部分用于出口。同年，有 80 家银行和 600 名公证人登记在册，同时有大约 300 名公民注册为在海外工作的商人。⁷尽管危机时有发生——比如 14 世纪早期的饥荒，巴尔迪（Bardi）、佩鲁齐（Peruzzi）和阿奇奥利（Acciaiuoli）等诸家银行的倒闭，以及 1348 年的黑死病——但佛罗伦萨始终坚韧不拔；它向丝绸业等新行业的扩张，美第奇银行和斯特罗齐（Strozzi）银行的发展，都为这座城市经济奇迹的延续作出了贡献。⁸

35　　　毫无疑问，财富增长和政府机构发挥了作用。在人文主义出现和专业官僚机构成熟的背景下，教育和识字所达到的水平直到 20 世纪仍然遥遥领先，甚至放在今天世界上的许多地方，仍然足以被视为卓越的成就。1330 年代中期，据维拉尼记录，当时该市有 8000~10000 名男孩和女孩在学习阅读，这一数字意味着有 67%~83% 的人口受过基本教育。虽然我们对维拉尼的估计持怀疑态度也可以理解，但当时的税收记录（catasto）对此给予证实。例如，根据 1427 年的税收记录，城里 80% 的男人有足够的文化素养，可以自行完成报税。⁹出于同样的原因，人们也为救济穷人、病人和难民作出了认真的努力。由布鲁内莱斯基设计的育婴堂是作为一个免税机构于 1495 年建立的，目的是照顾孤儿和为有需要的妇女提供分娩设施。1494年，这座城市为瘟疫受害者开设了一家医院，从而确保了市民免受传染病的侵袭，并为病人提供医疗服务。

---

　　① 意大利的一种货币。——译者注

金钱和市民的信心也改变了佛罗伦萨的城市景观。与此同时，私人财富也投入到建筑中，如美第奇－里卡迪宫，人们刻意模仿古代建筑，建设完美的城市。1415 年，佛罗伦萨的波焦·布拉乔利尼（Poggio Bracciolini）重新发现了维特鲁威（Vitruvius）的《建筑十书》（*De architectura*）——论述建筑方法和设计的最完整的经典著作，促使建筑师们将这位古代作家的思想付于实践，并尝试新的城市空间设计和管理方法。人们对理想有一种真正的迷恋。建筑师、艺术家和思想家竞相对城市生活提出各种乌托邦设想，这种趋势在《理想的城市》（*The Ideal City*，图 2）中更为明显。这幅画是 15 世纪末一位不知名画家的作品。

这种对理想的迷恋反映在将古代建筑理论付于实践的共同努力上，随着佛罗伦萨等城邦信心的增长，古典风格的复兴成为公民身份和公民自豪感的有力表达。尤其是在文艺复兴时期的佛罗伦萨人当中，有种感觉认为《理想的城市》的乌托邦主义在很多方面都是真实的，他们的城市真正完美。佛罗伦萨执政官科卢乔·萨卢塔蒂在《抨击安东尼奥·洛斯基》（*Invective Against Antonio Loschi*，1403）中，以其特有的热情描述了佛罗伦萨。"哪个城市，"萨卢塔蒂问道——

> 不仅在意大利，而且在全世界，城邦更安全，宫殿更气派，教堂更华美，建筑更漂亮，城门更雄伟，广场更宽敞，街巷更热闹，人民更伟大，公民更光荣，财富更充盈，田地更肥沃？[10]

事实上，这种自豪和兴奋在佛罗伦萨知识分子中如此明显，以至于一种专门赞美城市的文学体裁迅速发展起来。大致与萨卢塔蒂的《抨击安东尼奥·洛斯基》在同一时期写成，

36

列奥纳多·布鲁尼的《致敬佛罗伦萨城》(*Panegyric to the City of Florence*，1403~1404)旨在向市民展示这座城市的形象，让他们充满共和主义的骄傲和自信，因此也得到了更多的赞扬。

尽管布鲁尼疑虑自己的文笔是否足以形容佛罗伦萨的威严，[11] 但他还是以对这座城市居民的夸张庆典为始，详尽地描述了这座城市的许多优点。然而，他最想强调的是城市环境，由此，他以一种美妙的抒情手法描写了城市这架"织布机"，文艺复兴的"织物"正是在其上织就的。布鲁尼问道："世界上还有什么比佛罗伦萨的建筑更壮观？""无论你去哪儿，"他赞叹道——

> 你总可以看到漂亮的广场和贵族家庭装饰精美的门廊，街上总是挤满了人……在这儿，人们聚在一起做生意，玩得很开心。的确，没有什么比这更令人愉快了……[12]

街道两旁的私宅尤其令人敬畏，"它们的设计、建造和装饰都是为了体现奢华、气派、体面，尤其是富丽堂皇"。布鲁尼宣称，即使他有"一百条舌头、一百张嘴巴和大嗓门"，他也"不可能描述出这些房子的壮丽、豪华、讲究、新奇和优雅"。[13] 在所有这些宅邸、所有这些教堂、所有这些富丽堂皇的建筑之上，赫然耸立着维琪奥宫，这是佛罗伦萨的行政中心。在布鲁尼看来，就像一位海军上将登上他的旗舰，这座骄傲的宫殿矗立在意大利最美丽的城市之巅，以赞许的目光俯视着下方遍布的平衡、和平与美丽。

这种感情随着时间的流逝只增不减。在很可能于15世纪最后几年写成，约莫于1503年出版的《佛罗伦萨说明》(*De illustratione urbis Florentiae*)中，乌戈利诺·韦里诺

（Ugolino Verino）观察到，"每一个来到花园之城的旅行者都羡慕那些在天空映衬下的大理石房屋和教堂，并发誓世界上再也没有比它们更美丽的地方了"。事实上，像布鲁尼一样，韦里诺敏锐地意识到，他的能力不足以描述这座令人敬畏的城市。"我怎样才能恰当地描述这条铺好的、宽敞的街道呢？"他问——

> 这样设计是为了使行人雨天不受泥土之苦，夏天不受灰尘侵扰，不致弄脏鞋子吗？我怎样才能充分赞扬那些由高大圆柱支撑着，用来供奉圣灵（S. Spirito）的宏伟庙宇，或者由虔诚的美第奇建立的圣洛伦佐教堂呢……？我们能对科西莫的壮丽宫殿，对跨越阿尔诺河（Arno）的四座大桥说些什么呢？这条河从城市穿过，然后流入第勒尼安海（Tyrrhenian Sea）。[14]

难怪，正如与韦里诺几乎同时代的商人乔瓦尼·鲁切拉伊（Giovanni Rucellai）所言，"许多人认为我们这个时代……是佛罗伦萨历史上最幸运的时期"，[15] 也难怪韦里诺会嘲笑古人，声称他们的"黄金时代不如我们现在生活的时代"。[16]

一切看起来好得令人难以置信。事实是，现实没有那么美好。尽管萨卢塔蒂、布鲁尼和韦里诺对佛罗伦萨大加赞扬，但这座城市显露在外的财富却与一种截然不同的生存方式并存——甚至产生了依赖。

尽管佛罗伦萨很富有，但它一直在努力克服商业贸易繁荣带来的不良影响。城里的商人大肆炫耀财富，常常成为人们谴责的对象，尤其是多明我会修士吉罗拉莫·萨沃纳罗拉，他对富人的攻击集中在奢华的宫殿、奢侈的服装和豪华的私人礼拜堂上。[17] 这一切都与绝大多数普通佛罗伦萨人的生活水平拉开了不和谐的差距。随着商业财富的增长，非技术工人的工资下降了。[18] 贫困总是近在眼前。[19] 乞讨盛行，犯罪猖獗。由于缺乏将经济活动作为一个独特领域的明确概念，市政当局一直未能成功地解决贫富悬殊、生活水平低下和疾病肆虐等问题。两个多世纪以来，佛罗伦萨被政治分歧和社会对抗所撕裂，这座城市饱受传染病的折磨、犯罪的蹂躏，以及社会边缘化的摧残。这一切就发生在萨卢塔蒂、布鲁尼和韦里诺热诚地赞颂为新的理想世界之中心的街道和广场上，它们恰恰也是米开朗琪罗在 1491 年经过的地方。

### 文化、宗教、革命：圣马可教堂

米开朗琪罗步行路线的起点就体现了这些矛盾。圣马可修道院和教堂规模庞大，设施齐全，是不断壮大的多明我会的家园，处处体现着文艺复兴时期宗教生活中人们所认为的宁静和虔诚。

和附近的多明我会新圣母马利亚教堂（S. Maria Novella）一样，圣马可修道院是博学型修道院的原型。1437 年，从科西莫·德·美第奇 ① 那里得到了 36000 枚金币后，[20] 这里就成了艺术和学术的圣地。教堂里装饰着修道院自己的修士安杰利科（Fra Angelico）创作的壁画，还新建了一座由米开罗佐（Michelozzo）设计的富丽堂皇的图书馆，里面很快摆满了用金钱能买到的最精美的手稿。事实上，根据 15 世纪后期的《佛罗伦萨说明》，圣马可图书馆包含了"成千上万册由希腊和拉丁教父所写的书籍，因此完全可以被称为神圣教义的档案馆"。[21] 再加上洛伦佐·德·美第奇在外侧花园里建立的艺术学校，这一丰富的学术宝库使圣马可成为佛罗伦萨知识生活的

---

① Cosimo "il Vecchio" de'Medici，也称"老科西莫"，1389~1464。——编者注

中心之一。到 1491 年，它已经成为像皮科·德拉·米兰多拉和安杰洛·波利齐亚诺（他俩后来都安葬于此）这样爱书的人文主义者和渴望从花园的雕塑那里学习技艺的艺术家的重要聚会场所。难怪韦里诺认为圣马可是"缪斯居住的地方"。[22]

此外，这座教堂是真正虔诚的场所。圣马可最珍贵的和最引人注目的财富是"圣诞摇篮"（Christmas Cradle），它自 15 世纪就被展出，至今仍然可以看到。它有大量精美的人物雕刻，捕捉了同时代人［包括多梅尼科·达·科雷拉（Domenico da Corella）］的想象力，并成为城里每年主显节（Epiphany）庆祝活动的中心。[23] 这一戏剧性事件是光明与黑暗的相互作用，充满了音乐、服装和熏香的气味。夜幕降临，打扮成东方三博士和天使的修士在燃烧的火把的照耀下，带领这个城市最尊贵的人士进入教堂。圣婴雕像被象征性地放到摇篮里，受"三博士"的礼拜，然后传递给会众亲吻它的脚。这氛围让人震惊。一位姓名不详的年轻人在 1498 年目睹了这一仪式，他注意到"天堂就在这些修士那里，圣灵就这样降到人间，每个人心中都燃起爱的火焰"。[24]

但圣马可也迅速成为宗教极端主义、政治阴谋和公然暴力的温床。1491 年 7 月，吉罗拉莫·萨沃纳罗拉修士当选修道院院长。[25] 作为一个博学而有影响力的演说家，这个骨瘦如柴、自我否定的人对他所认为的虔诚基督徒的真实生活的简朴充满了激情，对炫耀财富和轻浮的装饰充满了轻蔑。在他当选之前，他曾作了一系列措辞严厉的布道，谴责高利贷、贪婪、金融欺诈和对财富的炫耀，而对于挥霍无度却推动圣马可成为重要文化中心的美第奇家族，他致以最严厉的嘲讽。他对那些经常去修道院的人的奢侈生活、淫荡的绘画、精美的服饰，甚至诗歌都大加斥责。在圣马可的阴影下学习和工作，米开朗琪罗也许不可避免地会加入那些挤在一起听萨沃纳罗拉布道的人。

虽然他的热情不像波提切利的那么明显（后者在修士的影响下一度放弃了绘画），[26] 但多年后他仍然记得萨沃纳罗拉强有力的声音。[27]

米开朗琪罗差一点就看到了圣马可最后转变为宗教革命的中心。萨沃纳罗拉从道德活动家变成了政治灾难，谋划推翻洛伦佐·德·美第奇的儿子皮耶罗，并从修道院里精心策划，建立了一个短暂但富有戏剧性的神权寡头政体。萨沃纳罗拉也正是在圣马可倒下的。1498 年圣枝主日（Palm Sunday），当数百名信徒祈祷时，一群愤怒的暴民围攻圣马可，高喊杀死他。[28] 教堂大门着了火，围攻者拥入修道院，伴随着疯狂的钟声攻破了围墙。守卫者——修士和俗人——从屋顶上投掷瓦片，挥舞着剑弩给予反击，这场血腥的激战致使数十人丧生，战斗一直持续到深夜。然而，和米开朗琪罗的鼻子一样，在那个可怕的春夜，圣马可所经历的暴力正是促使它成为佛罗伦萨求学和信仰中心的同一种倾向的产物。

### 街道、广场和仪式：从拉尔加大街到大教堂广场

随着米开朗琪罗的足迹深入城市内部，高雅与野蛮、文化与苦难的奇特混合会变得更加明显。

沿着拉尔加大街（via Larga）行走，他路过他在美第奇-里卡迪宫的临时住处。它是由米开罗佐为美第奇家族设计的，三十年前才完工，它那时尚的宏大结构是年轻的米开朗琪罗的赞助人的财富、权力和文化影响力的明显证明。然而，街道本身是另一回事。尽管以当代标准来看，拉尔加大街宽阔且比例合理，但它没有铺设路面，而且非常肮脏。即便邻近美第奇-里卡迪宫，人们也很难忽略有人从窗户里往外扔粪便，扔得到处都是。正如米开朗琪罗多年后在一首诗中所写的那样：

在我的门口，我发现有大坨的屎，

因为那些暴饮暴食或是吃了泻药的人

找不到更好的地方来排空他们的腹腔。[29]

尽管臭气熏天，大街上还是挤满了各种肤色的人，空气中充满了城市生活的噪声。装着一捆捆布、一桶桶酒或一袋袋谷物的马车嘎吱嘎吱地驶过，气势不凡的商人和公证人聚集在一起，穿着精美的红袍或黑袍，谈论商业或政治问题，穿着宽松上衣和紧身裤的年轻人站在一起说长道短，店主与顾客争吵，神父、僧侣和托钵修士低着头走着。乞丐拿着破碗，或只是伸出双手，绝望地乞求施舍，而病人和残疾者则跪在地上可怜地哀求。

沿着拥挤的拉尔加大街走到尽头，便面向大教堂广场了。他的头顶上方耸立着圣母百花大教堂的圆顶——那是古典时代以来同类建筑中最大的圆顶[30]——以及乔托设计的宏伟的钟楼（campanile）。在他前面有一间洗礼堂，人们误以为它最初被建起来时是一座古罗马神庙；它有着巨大的青铜门，是洛伦佐·吉贝尔蒂为东边的入口铸造的。正是米开朗琪罗自己称赞这些门"配得上天堂"，因此也就称它们为"天堂之门"。[31]

然而广场上也挤满了人，熙熙攘攘、众声喧哗。离6月24日圣约翰节只有几天了，节日准备工作已经全面展开。这个节日是佛罗伦萨日历上最盛大的庆典，会持续好几天，向来是培养公民自豪感的一项大型活动。工人们忙着在洗礼堂周围搭起巨大的金色遮阳篷，在庆典首日，它将成为"富人的秀场"。在巨大的帐篷下，城里的商人们将展示他们最精美的行头：最贵重的珠宝、最高档的丝绸、最精致的衣服……总之，全都是最优质、最有价值的物品。这不是一个赚钱的机会，而是一个让这座城市为自己的财富而狂欢，为自己的巨大繁荣而自豪，

44　让那些碰巧有眼福的可怜的外国人感到羞愧的机会。

　　在接下来的日子里，广场会被游行队伍挤得水泄不通。数百名神职人员穿着最奢华、最夸张的法衣，在喇叭、歌声和吟诵的伴奏下，穿过城市走向大教堂，在那里他们将把市民的财富仪式性地献给这座城市和圣约翰。然后，马基雅维利所钟爱的民兵、"品行端正的"平信徒——主要是商人——和兄弟会的游行队伍将再次以辉煌的方式展示佛罗伦萨的财富。最后，受城市统辖的乡镇必须带着蜡烛和丝绸等象征性的礼物游行到大教堂，向那些几天来在财富和华丽中觉着无聊的主人致敬。

　　然而，这个节日也颇有人情味，并以一场盛大的集体庆祝活动结束，米开朗琪罗无疑早就期待这项庆祝活动了。就像锡耶纳（Siena）的赛马（现在还每年都举行两次）一样，"帕利奥"（palio）是一场穿越佛罗伦萨街道的大型赛马。然而，如果说有什么不同的话，那就是佛罗伦萨的"帕利奥"比它在锡耶纳的同类型活动更有趣，而且相比于邻里之间一较高下，人们也更在意如何赢下赌局。从诸圣教堂附近的草地出发，身穿制服的骑师策马疾驰穿过城市，经过米开朗琪罗在大教堂广场的落脚处，到达终点，即现在几乎已被摧毁的圣皮耶尔大教堂（S. Pier Maggiore）。对大多数佛罗伦萨人来说，这是整个节日的高潮。

　　虽然提供的奖品不是特别丰厚，但像洛伦佐·德·美第奇这样的人经常雇用职业骑手，让他们骑着非常昂贵的骏马参赛，在赌局上大赚一笔。当马匹在街道上奔跑时，整个城市充满了人群的喊叫声、跌倒的骑手的哭声，以及赌徒
45　们下注时喋喋不休的说话声。佛罗伦萨人弗朗切斯科·卡奇尼（Francesco Caccini）在给朋友巴尔托洛梅奥·切德尔尼（Bartolommeo Cederini）的信中提到，1454 年比赛因天气推迟，有些人甚至提议取消比赛，但是当比赛在晚上 7 点开

始时，"大量的金钱和各种各样的东西"都作为赌注押到马身上。最受欢迎的是安德烈亚·德拉·斯图法（Andrea della Stufa）的马"里尔多"（Leardo），它在比赛的大部分时间内领跑，并赢得阵阵欢呼声，但是安德烈亚在离大教堂不远的地方摔了下来，最后一个到达终点。很多人在抱怨。据卡奇尼报道，"潘多尔福（Pandolfo）失去了18个佛罗林，皮耶尔弗朗切斯科（Pierfrancesco）和皮耶罗·德·帕齐（Piero de' Pazzi）失去了50个佛罗林……因为这场雨，马泰奥·里纳尔迪（Matteo Rinaldi）损失了84个佛罗林，皮耶尔莱奥内（Pierleone）和其他许多人也有损失"。[32]之后，大教堂广场充满了欢声笑语，关于打赌的争论，以及没完没了的歌唱、舞蹈和欢饮。到了晚上活动结束的时候，大教堂广场已经远远不是今天这样一个和平而又克制的艺术舞台了。

### 政治戏剧：领主广场

怀着对即将到来的节日的美好憧憬，米开朗琪罗穿过大教堂广场，经过"感化院"（Onestà，1403年成立的特别机构，以便更严格地管制卖淫活动）所在地，然后来到卡采奥里街（via dei Calzaioli）。这儿是城市的金融和商业中心。经过圣弥额尔教堂——最初是谷物市场，但那时候是个教堂——以及羊毛行会（Arte della Lana）和丝绸行会（Arte della Seta），他看到了佛罗伦萨历史上大部分时间里控制着贸易和政府的行会总部。这儿的人群会更密集。街道两旁的商店吸引着男男女女，他们在人堆中挤来挤去，想买到最好的商品。商人们讨价还价，而行会职员在争论规章制度。米开朗琪罗走得很缓慢，人群散发出的臭味和噪声让人感到压抑。

最后，他走进公民权力的中心：领主广场。这个优雅、功能齐全的广场是文艺复兴时期佛罗伦萨政治生活的中心。它

46

呈现着一种令人印象深刻的景观，似乎与施洗者圣约翰的盛典相协调。13世纪末14世纪初，也就是但丁·阿利吉耶里在市民政府任职的时候，宏大的罗马式宫殿维琪奥宫——也称人民宫（Palazzo del Popolo）——被建立起来了，震慑着整个广场。它是城市的立法和行政机关的所在地，是城市最高管理者执政官（the Priors）和法律与秩序的最终守护者正义旗手（Gonfalonier of Justice）的所在地。维琪奥宫像城堡一样坚固而简朴，有力地表明了佛罗伦萨的公民身份和保卫自由的决心。几年后，米开朗琪罗的《大卫》（*David*，1501~1504）就竖立在宫门外，寓意这座城市反抗外来统治的决心。在维琪奥宫的旁边是同样令人印象深刻，但更轻盈、更通风的佣兵凉廊，它是1376~1382年由本奇·迪·乔内（Benci di Cione）和西莫内·迪·弗朗切斯科·塔伦蒂（Simone di Francesco Talenti）建造的，是佛罗伦萨的一个公共集会场所。三个罗马式拱门组成了宽阔的隔间，正面有着对重要美德的描绘，提醒人们保持正直的品性和开放的心态，文艺复兴时期的赞颂者希望将这种正直和开放与佛罗伦萨共和国联系起来。

但是，领主广场的宏伟壮观掩盖了它所主演的戏剧，也掩盖了在大教堂广场举行的庆祝活动给人留下的印象。这个公众的大舞台是暴力和野蛮场景的背景，这些场景说明了米开朗琪罗成长的社会的本质。正是在这里，萨沃纳罗拉在圣马可修道院遭围攻和他的神权政体崩溃后被处以火刑。1498年春，经过数周的残酷折磨，他被烧死在维琪奥宫前的火刑柱上，骨灰撒在阿尔诺河上。

也正是在这里，财富和政治权力的不平衡导致了在1378年漫长炎热的夏天，著名的"梳毛工起义"（Ciompi Revolt）的爆发。因对党派政治导致政府瘫痪感到沮丧，对他们被排除在行会之外感到不满，对他们的贫穷感到愤怒，熟练工人与没有技能、没有财产的工人联合起来造反，要求加入行会并在市政府拥有更大的发言权。他们攻击"肥猫"（grassi）①，占领了维琪奥宫，并于当年7月任命梳毛工米凯莱·迪·兰多（Michele di Lando）为社会革命政权的首脑。尽管这个受民众欢迎的政权最终因封锁而夭折，但起义在8月卷土重来，暴力再次充斥了这座城市的大街小巷。但对梳毛工起义来说，这些不算什么。强大的寡头执政者也不甘示弱，他们与那些被反叛吓倒的工匠联合起来，进行了猛烈的反攻；1378年8月31日，一大群反叛者在领主广场被砍头分尸。

正是在这里，1478年，米开朗琪罗出生三年后，野蛮的帕齐阴谋（Pazzi Conspiracy）失败后，比萨总主教弗朗切斯科·萨尔维亚蒂（Francesco Salviati）被一群暴民吊死在维琪奥宫的窗户上。15世纪中叶，米开朗琪罗未来的赞助人、极其富有的美第奇家族已经确立了他们在佛罗伦萨事实上的统治地位，但这一统治地位也开始在这座传统上躁动不安的城市引起不满。帕齐家族——成功和雄心勃勃的银行家——与萨尔维亚蒂家族一起，在教宗的默许下，决心将美第奇家族赶下权力宝座。1478年4月26日，朱利亚诺·德·美第奇（Giuliano de Medici）②在大教堂内被一伙阴谋家（包括一名神父）当众刺死。他的哥哥洛伦佐，也就是后来保护受伤的米开朗琪罗的人，浑身是血地逃脱了，并和人文主义者波利齐亚诺藏在一起。政变失败了。佛罗伦萨人听到风声，立即采取了行动。其中一名合谋者雅各布·德·帕齐（Jacopo de Pazzi）被从窗户扔出去，裸体拖过街道，扔进了河里。帕齐家族很快从佛罗伦萨的历史中被抹去，失去了一切。弗朗切斯科·萨尔维亚蒂

48

---

① 指有钱人。——编者注

② 1453~1478，"痛风者"皮耶罗之子，教宗克莱门特七世之父。——编者注

本人立刻被私刑处死，26 岁的列奥纳多·达·芬奇那时在维琪奥宫的祭坛上作画，他为另一名同谋者贝尔纳多·迪·班迪诺·巴龙切利（Bernado di Bandino Baroncelli）画了一幅素描，取材于巴龙切利被执行绞刑时身体在风中扭动的情景。后来，米开朗琪罗告诉米尼亚托·皮蒂（Miniato Pitti），他当时是怎么被扛在他父亲的肩膀上，去看 4 月 28 日对其余同谋者的处决的。[33]

### 赌徒、妓女和游手好闲者：老城区

如果圣马可修道院、大教堂广场和领主广场的故事与科卢乔·萨卢塔蒂和列奥纳多·布鲁尼所讲述的故事截然不同，那么当米开朗琪罗离开广场，走向维琪奥桥，从宏伟的公共建筑走向上演日常生活戏剧的大街时，这一画面会变得更加生动。我们可以仔细看看这幅"全景图"——《链条地图》（*Pianta della catena*，图 3）①，约作于 1471~1482 年的佛罗伦萨，揭示了在大教堂和维琪奥宫的宏大结构外，存在着大量更小、更为普通的建筑。由于数量太多，佚名艺术家无法详细描绘，这些建筑构成了一幅杂乱无章的画面，缺乏统一的风格，也没有任何连贯的秩序感。住宅、作坊、旅舍和商店混杂在一起，混乱而拥挤的布局使得佛罗伦萨那些仍然著名的建筑看起来颇为格格不入。

米开朗琪罗一头扎进老城区的中心地带，眼前一片昏暗，狭窄的小巷（vicoli）被仓促搭建的房屋所遮蔽，刺鼻的气味、震耳欲聋的喊叫和喋喋不休的闲聊混合在一起。当他转向南、

---

① 这幅地图创作者不详，一说为弗朗切斯科·迪·洛伦佐·罗塞利（Francesco di Lorenzo Rosselli）所作，原作已佚失，目前留有多个版本的复制品。地图得名于画面外沿的链条图案。此图展示了从蒙特奥利维托（Monteoliveto）修道院俯瞰佛罗伦萨城的画面，画面右下角出现画家本人的形象，正在为城市写生。——编者注

走向河边时，他可以听到附近老市场（Mercato Vecchio）喧闹的声音。这里到处都是货摊和小贩，从水果、蔬菜到鱼肉，从糖果和美食到陶器和布料，应有尽有。即使隔着一段距离，也能感受到空气中不仅充斥着托斯卡纳炎热地区的植物逐渐腐烂的恶臭，还有市场商人的叫卖声、顽皮孩子的笑闹声，以及连续不断的讨价还价声。

　　除了合法的贸易，还有更邪恶的交易方式在进行，尤其是在米开朗琪罗可能会经过的市场附近的小街上。艳俗的妓女从清晨就开始招揽生意，亡命徒持刀抢劫，扒手浑水摸鱼，畸形的乞丐敲打着木碗，赌徒在各个角落掷骰子。时不时地会有人为一些鸡毛蒜皮的事情发生争吵。即使对佛罗伦萨人来说，这也是一个引人注目的场景。正如诗人安东尼奥·普奇（Antonio Pucci）在米开朗琪罗的徒步之旅之前一个多世纪所写的那样：

> 每天早晨，街上挤满了人
> 市场上有驮马和货车，
> 许多人站着看热闹，
> 陪伴妻子的绅士
> 和女摊贩讨价还价。
> 还有不少赌徒，
> 妓女和闲汉，
> 混迹其间的强盗、劳工和傻子，
> 守财奴、无赖和乞丐。[34]

　　在老市场能浅尝到的世俗乐趣，人们可以在附近街上众多的酒馆和妓院中以更从容的方式享受，这些都是佛罗伦萨生活的永久特征。无论是偶尔供应简单食物的小酒馆，还是设有马厩的、可供旅客住宿的大旅馆，客栈总是热闹而放荡的地方，充满了质朴的社会生活的嘈杂和臭味。人们大口喝着烈性葡萄酒和麦芽酒，与精力充沛的酒吧女郎跳舞，谈生意，打牌，计划抢劫，争吵不休。

米开朗琪罗在佛罗伦萨老城区游逛时，经常看到大大小小的酒馆，饮酒者的生活常常支离破碎，这一点在 16 世纪早期佛罗伦萨一幅宗教画中得到了生动的描绘。[35] 这个由 9 部分组成的道德寓言讲述了安东尼奥·里纳尔德斯基（Antonio Rinaldeschi）的故事，他于 1501 年 7 月 22 日在佛罗伦萨被绞死。里纳尔德斯基本性虔诚，据说他在无花果旅馆遭遇了厄运。里纳尔德斯基坐在院子中的一张简易木桌旁，喝得酩酊大醉，愚蠢地与一个靠不住的家伙玩起了掷骰子的游戏。他当然输了，但又暴跳如雷。他咒骂上帝不公，摇摇晃晃地走开，自找麻烦。他找不到更合适的发泄怒气的方法，最后在大教堂南边的阿尔贝里吉圣母堂（S. Maria degli Alberighi）附近将屎扔向圣母马利亚的画像。最终，他被捕了，被判亵渎神明，并处以绞刑。除里纳尔德斯基死前忏悔这一事实外，这个故事完完全全就是佛罗伦萨酒馆的典型故事。

犯罪不可避免地成为酒馆生活的主要特征，城市档案中充满了发生在酒馆的暴力、勒索、抢劫甚至强奸的描述。例如，在 14 世纪晚期，有两个叫洛伦佐（Lorenzo）和皮基诺（Picchino）的人被判有罪，因为他们在皇冠客栈（The Crown）欺骗了一个去罗马的名叫托马索·迪·皮耶罗（Tommaso di Piero）的匈牙利人。他们把可怜的托马索灌得半醉，并使他相信他们是富有的商人，在意大利各地都有合作伙伴，进而说服托马索以 18 个佛罗林金币的价格把他的马"卖"给他们。洛伦佐承诺，他将从罗马的"合伙人"那里得到报酬。更糟糕的是，洛伦佐和皮基诺又向托马索"借"了 28

个金币，从一个朋友那里"买"了一些子虚乌有的珠宝，并再次承诺通过在罗马的客户偿还给他。不用说，老实的托马索一分钱也没拿到。[36] 在缺席审判的情况下，洛伦佐和皮基诺被判当众受鞭刑；但当然，他们毫发无损地逃走了。

说到底，妓院与客栈的等级大致相同。如果没有猥亵的性和更猥亵的疾病，事实上，要把它们与酒馆区分开是比较困难的。实际上，这两者之间的关系往往非常密切。据报道，1427 年，在位于马拉库奇纳小巷（Chiasso Malacucina）入口的罗索·迪·乔瓦尼·迪·尼科洛·德·美第奇（Rosso di Giovanni di Niccolo de Medici）的房子楼下，有"6 间小店铺"租给妓女，"她们通常每月支付 10~13 里拉（一个房间）"。[37] 有个叫朱利亚诺（Giuliano）的旅馆老板负责经营。朱利亚诺保留着所有房间的钥匙，"想让谁进去就让谁进去"。想必他收取租金，还从利润中提成。

然而，并非所有妓院都是小规模经营。佛罗伦萨的这一地区之所以特别出名，主要是因为它的妓院规模比较大。的确，老城的妓院如此有名，以至于有人还写诗庆贺。最有趣的是，诗人安东尼奥·贝卡代利（Antonio Beccadelli）① 在他的作品《阴阳人》（*The Hermaphrodite*）中引领读者访问他最喜欢的地方，并通过推荐的方式，提供了一幅生动活泼的素描，描绘了所能期待的乐趣。

> ……这就是适宜的妓院，
> 一个散发着恶臭的地方。
> 进来，代我向太太和姑娘问好，
> 你将被她们的酥胸俘获。

---

① 1394~1471，人们也叫他 Panormita，意为"巴勒莫人"。——译者注

全发的海伦和可爱的玛蒂尔德会向你跑来，

她们俩可都是翘臀专家。

吉安妮塔会带着她的小狗来看你

（狗向女主人摇尾，女主人向男人献媚）。

不久克洛迪娅就要来了，她裸露乳房，涂着脂粉，

克洛迪娅，一个甜言蜜语讨人喜欢的姑娘。

……

安娜会和你见面，唱一首德国小曲献身于你

（安娜唱歌时，呼出浓浓的酒味）；

还有皮索，摇着两片肥臀来迎你，

和她一起来的娥萨，妓院的宠儿。

附近的邻居，以被屠宰的奶牛命名，

派泰伊思来迎你。

总之，在这个著名的城市里，无论妓女怎么样，

她们都会找到你，一群快乐姐迎接你的到来。

在这里，可以说脏话，做脏事，

任何拒绝都不会让你脸红。

在这里，你可以干你一直想干的，

你想干多少就干多少，伙计。[38]

除了私人经营的场所，还有官方的性交易中心。米开朗琪罗走过维琪奥桥，进入奥尔特阿尔诺（Oltr'arno，意为"经过阿尔诺河"）地区，这里曾有一块地皮用来建造公立妓院。早在1415年，圣灵教堂（S. Spirito）辖区的官员就提出计划，市府通过扩展合法色情业，尽管并不能完全消除，但至少可以控制和规范卖淫行为。[39]政府甚至出资1000佛罗林来建造、装修和管理圣灵街区的妓院，以及圣十字大教堂（S. Croce）辖区的另一家妓院。尽管奥尔特阿尔诺的妓院从未建

成，但文艺复兴时期的精英中比较实际的成员乐于承认这些设想有着积极意义。

当米开朗琪罗穿过老城，走向奥尔特阿尔诺时，他看到了佛罗伦萨生活中真正出于本能的一面。面对相似的景象、声音和气味，一个多世纪前的彼特拉克会如此激烈地抱怨当时的现实，大概不足为奇。在给朋友隆巴尔多·德拉·塞塔（Lombardo della Seta）的信中，彼特拉克用来描述周遭环境的词语充分反映了这个城市的阴暗面。"对我来说，"他宣称——

> 这种生活似乎是我们辛苦劳作的坚硬土地，危机训练营，欺骗的剧场，错误的迷宫……愚蠢的野心，低贱的沾沾自喜，徒劳的卓越，卑劣的高尚，黑暗的光芒，未知的高贵，一个千疮百孔的钱包，一个漏水的罐子，一个无底的洞穴，无限的贪婪，有害的欲望，虚夸的浮华……罪恶的作坊，欲望的渣滓，愤怒的熔炉，仇恨的渊薮，习俗的枷锁……罪恶之火……和谐中的嘈杂……虚伪的美德，邪恶的借口，欺诈的赞扬，耻辱的荣誉……恶魔的国度，魔王的天下……[40]

54

米开朗琪罗的想法也许没有那么尖刻，但他不可能不知道圣弥额尔教堂的宏伟与潜藏在它下面的犯罪、性和堕落的世界之间的对比。

### 另一侧：奥尔特阿尔诺

然而，米开朗琪罗在奥尔特阿尔诺的圣雅各布街（Borgo S. Iacopo）也见到了这座城市中简陋的住宅区。在 15 世纪晚期，这里主要居住着布料工人，特别是那些梳洗和弹松羊毛的工人。圣灵教堂附近还有个活跃的小市场。这个地方无疑很热闹，但既拥挤又肮脏。与阿尔诺河北岸的要道形成对比的是，这里的街道基本上没有铺设地砖，到处都是泥土和污物。米开朗琪罗步履艰难，走路的时候必须非常小心，可能还得时不时捂住鼻子。尽管市政官员多次尝试改善公共卫生，但这里卫生环境仍然很糟糕，老市场臭鱼烂虾的可怕气味都比佛罗伦萨穷人居住的街道散发出的气味要好得多。很大程度上，只要有机会，人们就会故态复萌，把污水倒到窗外。尽管城市的某些地方设置了专门的污水池，但这些污水池不足以处理城市人口增长所产生的大量污水，而且经常溢到路面上。例如，1397 年6 月，市政官员对 3 名男子处以 10 里拉的罚款，理由是他们没有修建足够的污水池，并对街上满地屎尿放任不管。[41] 与此同时，动物在街上奔跑是很常见的，而马（以及马粪）是日常生活的一部分。对米开朗琪罗来说，看到牛拉着大车、羊被赶到市场上，或者猪在泥土里拱着鼻子，都是很平常的事。事实上，在向帕多瓦（Padua）领主老弗朗切斯科·达·卡拉拉（Francesco "il Vecchio" da Carrara）就统治者应该如何治国理政提供建议时，彼特拉克对这个问题的态度非常明确，他认为一个好的政治家应该特别小心，确保猪不会在城里到处乱跑。[42]

　　这些街道两旁是许多平民男女居住的房屋。虽然这一地段仍有一些"豪宅"，比如内利（Nerli）家族的府邸，但大多数住房都带有生活艰难的印记。尽管古典理念在城市设计中很流行，但穷人的房子要么盖得没有章法，要么看不出政府为改善民生作过什么努力，这些房子大多因资源有限，盖得比较简陋。尤其在奥尔特阿尔诺，这些房子很窄——宽一般不超过 15英尺——但很深，通常也很高，有四层楼高，许多家庭每年花几个佛罗林租几个狭小的房间住在里面。[43] 墙壁上涂一薄层灰泥，通常有很多裂缝，没有油漆或装饰，展现了一种沉闷和令人生厌的外观。

从附近圣灵教堂一幅大致创作于同时代的画作中，我们可以感受到奥尔特阿尔诺街道的状况。在他的《卡尔米内圣母》（*Madonna del Carmine*）——也称《内利宫的圣母》（*Pala de Nerli*，约 1493~1496，图 4）——的背景中，菲利皮诺·利比画了一幅街景图，从内利宫（Palazzo dei Nerli）向西延伸到圣弗雷迪亚诺门（gate of San Frediano）。尽管这座三层楼高的豪宅如人们所料那般富丽堂皇，但道路两旁的房屋却小得出奇。它们的屋顶明显随意倾斜，盖得粗糙，事先也没有规划。街上——虽然艺术的需要使它人为地安静下来——人不少，男女老幼，还有动物。离豪宅最近的地方，两只猪在泥土里拱鼻子，一个小孩从一辆可能是骡子——从它的大小来看——拉着的两轮拖车旁跑过。稍远一点的地方，有个人在与负重的驮马较量，另有人通过窗户做什么生意。在大门外，有个女人走到外面的田野里，她一手扶着顶在头上的一大盘货物，一手稳稳地抱着她的婴儿。母亲对孩子的关怀侧面印证了该地区的实际情况。如果这个小男孩能在早年克服重重困难活下来，在奥尔特阿尔诺活到 35 岁以上，他就算是幸运的了。

### 在彼得的影子下

正是走过这些街道，米开朗琪罗来到卡尔米内圣母大教堂的门口。在他离开圣马可教堂庭园的旅途中，他看到故乡佛罗伦萨既是一个追求理想的城市，也是一个不平等、分裂、动荡、暴力和贫困的城市。当他跨过门槛，进入教堂神圣的宁静，他也许有理由在去布兰卡契礼拜堂时反思这个世界的双重特性。

礼拜堂祭坛的左边有马萨乔画的《用影子治病的圣彼得》，

这是贝托尔多那天早上提到的。在这幅作品中，安详的雕像般的人物圣彼得在圣约翰和一位留着胡子、戴着蓝帽子的老人的陪伴下，平静地走在一条典型的城市街道上。尽管他右边的两个同路者都很惊讶，但圣彼得似乎没有意识到，他圣洁的影子奇迹般地减轻了利达（Lidda）的瘫痪病人埃涅阿斯（Aeneas）和他年长的残疾伙伴的病痛。尽管画的主题可能是宗教性的，但却非常符合现实。这幅画多方面概括了这座城市的两面性，正是这种两面性造就了像米开朗琪罗这样的人的艺术和性格，并说明了这座城市的两张面孔为何相互依存。

抛却其宗教的外衣，这幅壁画是米开朗琪罗时代佛罗伦萨的一幅肖像画。马萨乔努力使场景尽可能自然，并试图将戏剧性带入 15 世纪的这座城市。虽然人物穿着古典服装和仿效了古代雕塑，但圣彼得所在街道两旁却是公认的当代建筑。画面前景是一座属于有钱人的豪宅的质朴的门面；沿着这条没有铺设路面的路往下走，有两三幢简单得多的楼房，涂着灰泥，上面几层的支撑很差，倾斜到街道上方。而且街上的不是普通的乞丐，而是残疾的乞讨者。即使在马萨乔的壁画中，财富与贫穷也共存着。换句话说，米开朗琪罗会认为这是一个生活场景。

但与此同时，米开朗琪罗也应该知道，尽管马萨乔对自然主义进行了大量研究，但他的壁画实际上是对现实的高度净化。这是一种理想化的表现，就像科卢乔·萨卢塔蒂和列奥纳多·布鲁尼笔下佛罗伦萨的形象一样。正如米开朗琪罗那天上午看到的那样，15 世纪的佛罗伦萨没有哪条街道会布置得如此整洁，也没有哪条街道会如此干净和秩序良好。撇开这两个在表现上已经很克制了的乞丐不谈，城里的小街小巷竟没有丝毫混乱、喧嚣和吵闹的迹象，而米开朗琪罗途中会遇到的街头摊贩、店主、强盗、妓女和动物则完全不在马萨乔的描绘范围内。与其说这是对现实本身的表现，不如说这是马萨乔所期望的一种景象。因而，圣彼得影子的故事心照不宣地——也许讽刺性地——证明了文艺复兴时期佛罗伦萨的自信的艺术乌托邦主义，也证明了马萨乔和米开朗琪罗所熟知的这个城市的冷酷且常常令人不快的性格。

因此，当米开朗琪罗坐下来临摹《用影子治病的圣彼得》画速写时，他看到的其实是他所住城市的公共生活的一个非常简洁的缩影。作为一件举世赞赏的杰作，它反映了一个靠贸易和商业致富的城市的艺术抱负。作为一种对街景的"理想化"描绘，它体现了一些乌托邦式的话语，而列奥纳多·布鲁尼、科卢乔·萨卢塔蒂和乌戈利诺·韦里诺这类人正是用这样的话语来歌颂佛罗伦萨的。不管多么隐晦，这幅画暗示了一个世界，在这个世界里，丑陋的乞丐、肮脏的街道、开放的妓院和摇摇欲坠的房屋几乎是常态，它小心翼翼地证明了与崇高的艺术理想并存的残酷现实。

## 第三章 大卫所见

尽管米开朗琪罗对 1491 年城市生活的热闹景象很熟悉，但相对而言，他对那些在幕后影响他生活的社会、政治和经济力量却一无所知。他是洛伦佐·德·美第奇家的座上客，是著名的人文主义者的朋友，也是贝托尔多·迪·乔瓦尼的学生，他几乎没有理由担心钱的问题，也没有理由为政治和宗教这些令人厌烦的话题操心。

但这一切都将改变。1492 年 4 月 8 日，洛伦佐·德·美第奇去世。他的儿子皮耶罗继承了他的职位。作为一个不够成熟且脾气暴躁的年轻人，皮耶罗缺乏他父亲的政治技巧。正如弗朗切斯科·圭恰迪尼（Francesco Guicciardini）所说，"他不仅被他的敌人憎恨，而且被他的朋友厌恶，他们几乎无法忍受他：傲慢而卑劣，宁愿被人恨而不愿被人爱，凶狠而残暴"[1]。他很快就疏远了大多数政治精英。局势持续紧张，1494 年 11 月 9 日，皮耶罗被驱逐出佛罗伦萨。在他之后，性格火暴的多明我会修士吉罗拉莫·萨沃纳罗拉逐渐确立了他对共和国的控制。

然而，甚至在皮耶罗垮台之前，米开朗琪罗就察觉到了危险。到 1493 年秋，即使是政治上最迟钝的人也能看出美第奇之星正在迅速下沉，而且有谣言开始传播，说法国国王查理八世（Charles VIII）不仅打算率军进入意大利，还打算攻打佛罗伦萨。混乱似乎即将到来，1493 年 10 月中旬，米开朗琪罗逃离了佛罗伦萨。[2]

没有赞助人，没有钱，也没有任何明确的计划，他突然陷入了文艺复兴时期生活的残酷现实。他先去了博洛尼亚（Bologna），然后去了罗马，在那里他决定尽力站住脚。尽管他取得了一些显著的成功，尤其是《哀悼基督》（Pietà），但他的几个项目却严重失败，在材料和付款方面也遇到了一连串的麻烦。他挣扎着。

到了 1500 年末，米开朗琪罗的处境变得相当糟糕。12 月 19 日，他收到了父亲洛多维科（Lodovico）的一封坦诚的信。洛多维科很担心。他的三儿子博纳罗托（Buonarroto）刚从罗马探访米开朗琪罗回来，他所听到的消息使他担忧。"博纳罗托告诉我，你过得很节俭，"洛多维科写道，"或者更确切地说，过得很悲惨。"[3] 米开朗琪罗手头拮据，这一点显而易见。正如洛多维科警告的那样，他有陷入贫困的危险。事实上，博纳罗托还说，米开朗琪罗的身体已经因为贫穷和过度劳累而受损。现在，既然萨沃纳罗拉死了，旧共和国恢复了，洛多维科劝儿子回佛罗伦萨。在那里，他可能会时来运转。[4]

米开朗琪罗很少听从父亲的劝告，但这一次，他的态度改变了。他料理好自己的事务，从雅各布·加洛（Jacopo Gallo）那里借了一笔钱来支付旅途的费用，他于 1501 年春天出发前往佛罗伦萨。

是金钱说服米开朗琪罗回来的。他急需现金。他从家人和朋友那里得知，大教堂事务会（Opera del Duomo）——负责管理大教堂事务的四人委员会——正在找人接手一项已经搁置了超过 35 年的工程。早在 1464 年，为了给大教堂的一个拱壁雕刻一座雕像，他们买了一块巨大的大理石。之前有两位艺术家接手了这项工程，但都失败了。现在事务会急于物色新人。回到佛罗伦萨时，米开朗琪罗风尘仆仆，灰头土脸，但对未来充满希望。由羊毛行会——事务会的实际控制人——提供资金，这将是一个利润丰厚的项目。

他很幸运。在短暂地考虑了列奥纳多·达·芬奇之后，大教堂事务会最终委托米开朗琪罗雕刻《大卫》雕像，这尊雕像最终成为他最著名的作品之一。起初，酬金很低。当事务会在

61

1501 年 8 月 16 日授予 26 岁的米开朗琪罗这份合同时，他们同意在两年的固定期限内每月支付他 6 枚佛罗林大金币。[5] 考虑到这个项目的规模，报酬算不上慷慨。当时佛罗伦萨最好的织工的工资高达每年 100 佛罗林；换句话说，比米开朗琪罗的报酬多了 38%。[6] 考虑到日常开支，他有可能手头很紧。然而到了 1502 年 2 月，雕像已经"完成过半"，这给事务会留下了深刻的印象，他们把米开朗琪罗的工资提高到 400 佛罗林。这很容易让他与城里主要的商人银行的一位薪酬丰厚的经理平起平坐。他的经济状况现在很稳定了。

他从不止步：从此，他不再是一个苦苦挣扎的雕塑家，而是成了一个富人。更重要的是，他成了一个不可小觑的人。有了稳定的收入，口袋里有钱，他可以指望佛罗伦萨一些最有权势的人物的支持，包括任职"正义旗手"的这个城市的首席执行官皮耶罗·索代里尼（Piero Soderini），以及商人雅各布·萨尔维亚蒂（Jacopo Salviati）、塔代奥·塔代伊（Taddeo Taddei）、巴尔托洛梅奥·皮蒂（Bartolomeo Pitti）和阿尼奥洛·多尼（Agnolo Doni）；他还得到了城里主要机构，如行会、执政官和教会的支持。在接下来的几年里，他不断获得成功。他后来的作品——包括未完成（及现已失传）的《卡欣那之战》（*Battle of Cascina*）和《神圣家族》（*Doni tondo*）——巩固了他的名声，并为他带来了工作机会，这些机会分别是 1505 年罗马教宗尤利乌斯二世（Pope Julius II）和 1506 年君士坦丁堡的奥斯曼帝国苏丹巴耶济德二世（Bayezid II）提供的。

当米开朗琪罗开始雕刻《大卫》时，他有充分理由回顾过去十年的命运，并反思文艺复兴的一个重要事实。不管这位艺术家多么受青睐，多么高尚，他在一个永远变化和不稳定的世界中生存、生活和发展的能力，都与支配当时佛罗伦萨生活并塑造社会现状的三种制度密不可分，即政治、商业和宗教。在

很多方面，他的出走和回归都是这些制度相互影响和相互作用
的结果。更重要的是，《大卫》本身就是这三种制度——直接
或间接——的产物。

　　然而，即便说商业、政治和宗教为米开朗琪罗在 16 世纪
早期的佛罗伦萨的作品提供了制度背景，这也并不意味着这些
制度在城市生活中的角色就像它们培育的艺术品一样美丽。恰
恰相反。正如 1491 年夏天米开朗琪罗在佛罗伦萨的行程所揭
示的鲜明反差，商业、政治和宗教的世界隐藏着绝望的，有时
甚至是可怕的矛盾。

　　如果我们更详细地考察这一时期影响米开朗琪罗的三位人
物的生活，就会更清楚地看到这三大制度之间的冲突。看一下　63
雅各布·萨尔维亚蒂、皮耶罗·索代里尼和总主教里纳尔多·
奥尔西尼（Rinaldo Orsini）的个性和背景，我们就会知道，
《大卫》诞生自一个不平等的世界，那里充满强烈的排斥、猛
烈的叛乱、激烈的争斗和痛苦的灵魂。

### 雅各布·萨尔维亚蒂：经济不平等

　　雅各布·萨尔维亚蒂是佛罗伦萨最富有、最有权势的人之
一。他是洛伦佐·德·美第奇的女婿，也是政府的堡垒，处理
公共事务的杰出人物，佛罗伦萨经济发展的主要推动者。他是
华丽的贡迪府邸（Palazzo Gondi）的主人，无数人的生存仰
赖着他，艺术家则希望得到他的青睐。

　　一个拥有如此庞大财富的人成为《大卫》故事中的一个
角色，这也许是不可避免的。米开朗琪罗就是需要像他这样的
人。艺术家追求艺术的能力取决于他过上体面生活的能力。这
并不容易。尽管据说拉斐尔（Raphael）"生活得更像一位王子
而不像画家"[7]，卢卡·德拉·罗比亚（Luca della Robbia）
也在为法国的弗朗索瓦一世（Francis I）服务时变得富有，[8]

但许多艺术家经常入不敷出。柯勒乔（Correggio）年老时无奈地成了一个守财奴，[9] 而安德烈亚·德尔·萨尔托（Andrea del Sarto）也过得很"寒酸"。[10] 事实上，皮耶罗·洛伦蒂诺·安杰洛（Piero Lorentino d'Angelo）作为皮耶罗·德拉·弗朗切斯卡的学生，经历了一种几乎是狄更斯式的贫困。有一次，他儿子央求他按照传统宰杀一头猪来庆祝狂欢节，洛伦蒂诺一个铜板都没有，除了祈祷什么也做不了，他那些可怜的孩子只能将就。然而，洛伦蒂诺同意为一位贫穷的赞助人画一幅画，以换得这头备受期待的猪，因此孩子们不必为此落泪。[11]

哪怕是为了讨论《大卫》的构思，也必须有多余的现金可以用在画作或雕像上。米开朗琪罗和其他文艺复兴时期的艺术家一样，依靠赞助人的财富和意愿，不知不觉地与文艺复兴时期的经济命运联系在一起；最为重要的是，与萨尔维亚蒂这样的富豪联系在一起。

萨尔维亚蒂的财富来自他对商人银行的投入。他进入这个行业的时机正好。我们将在后面的章节中对此进行更详细的解释。佛罗伦萨的商人银行最初是在 14 世纪早期的贸易大发展中出现的，是当时促进异地商业交易的一种手段。在几十年的时间里，大公司形成了，它们不仅利用遍布欧洲大陆的分支机构从事投机活动，而且像银行一样运作。[12] 即使在商人银行的雏形阶段，所能获得的利润已很可观。例如，早在 1318 年，巴尔迪家族就有 87.5 万佛罗林的营运资本（等量的黄金放在今天价值 1.052 亿英镑；以工资水平来衡量，则大约相当于 7.041 亿英镑）。[13] 这比法国国王管理整个国家的开支还多。而当萨尔维亚蒂接管家族银行的时候，商人银行的利润已经达到了一个全新的水平。

尽管萨尔维亚蒂通过贷款和货币兑换发了大财，但真正使他跻身佛罗伦萨最富有者行列的，是他愿意拿更多的钱投资这座城市的第二产业，也是最有特色的产业——布料贸易。羊毛和丝绸业持续不断地产生远远超过商人银行的利润，这是佛罗伦萨繁荣的真正引擎，米开朗琪罗接受羊毛行会控制的一个委员会委托雕刻《大卫》，就证明了该行业无比重要。

　　萨尔维亚蒂很好地选择了他的投资方向。虽然萨尔维亚蒂家族的利益一直没有得到很好的研究，但很明显，他们进入服装业（尤其是丝绸贸易）的时机——至少可以追溯到雅各布的一位有开拓精神的亲戚，阿拉曼诺·迪·雅各布（Alamanno di Iacopo，死于 1456 年）——甚至比他们开展商人银行业务的时机还要好。[14] 起初，佛罗伦萨对布料贸易的参与仅限于加工从欧洲其他地方进口的成衣。然而，不久之后，城里的商人意识到，从西班牙和英国进口最好的羊毛，生产他们自己的高质量布料并在国际市场上销售，可以赚更多的钱。由于获得新型商人银行投资的支持，以及佛兰德地区（Flanders）布业逐渐衰落，到 1370 年前后，佛罗伦萨挺过了 14 世纪中叶的危机，在欧洲贸易中占据了主导地位。

　　这个行业在本质上是分散的。到 14 世纪末，佛罗伦萨大约有一百家相互竞争的羊毛公司，每家公司拥有的羊毛产量不超过总产量的 1%~2%。但利润是丰厚的。1346~1350 年，由安东尼奥·迪·兰多·德利·阿尔比齐（Antonio di Lando degli Albizzi）创立的公司管理羊毛生产的各个方面，在佛罗伦萨经营两个工厂和一个分销部门，并受益于与威尼斯的安东尼奥商人银行的密切联系。其年利润超过 22%，这一数字放在今天，任何公司都会羡慕。[15] 事实上，羊毛贸易的发展如此之快，以至于到 15 世纪中叶，商人乔瓦尼·鲁切拉伊估计，这座城市的货币与商品总计价值约为 150 万佛罗林（等量黄金相当于今天的 1.8034 亿英镑，以工资水平衡量则约为 6.314 亿英镑），几乎可以肯定，这个数字低估了它的真正价值。[16]

　　随着向优质丝绸和廉价棉布的多样化发展，布匹贸易在
1501 年前后进入了最繁荣的时期，这也大约是萨尔维亚蒂全
力投入这一行业的时候。当米开朗琪罗开始创作《大卫》时，
羊毛和丝绸的年销售额约为 300 万佛罗林，并在该世纪的大部
分时间里持续增长。即使是博纳罗蒂家族也无法抗拒在这一行
碰运气的诱惑，几年后，1514 年，米开朗琪罗出资 1000 佛罗
林，开始经营由博纳罗托主持的家族羊毛产业。[17]真正的黄金
之河流入城市，而像萨尔维亚蒂这样的人，他们的财富则用于
像"巨人"（il Gigante）①这样的大型市政工程。

　　这个城市正处于商业扩张的浪潮中。然而，尽管萨尔维亚
蒂呈现的是一个富裕而满足的城市贵公子的形象，但他以及整
个佛罗伦萨的成功掩盖了一些非常丑陋的事实。他的财富有赖
于他的布料生意，他的经营方式表明：可怕的经济不平等是必
然的，地方性贫困也是不可避免的。

　　正如萨尔维亚蒂向几乎所有愿意听他说话的人骄傲地宣称
的那样，他无疑是佛罗伦萨最富有的人之一。但他非常富有这
件事仅仅凸显了一个事实，即这个城市的绝大多数居民非常贫
穷。1427 年，城里约 25% 的财富为 1% 的家庭所有。更令人
惊讶的是，最贫穷的 60% 的人口仅拥有城市资本的 5%。在城
市纳税记录上登记的大多数人实际上什么都没有。[18]

　　这是萨尔维亚蒂业务的运作机制。为《大卫》买单的服装
业占了 1427 年佛罗伦萨 21% 的就业岗位；与许多其他大型制
造业一样，这个行业也需要高水平的专业化。[19]为了生产让他
获利的布料和丝绸，萨尔维亚蒂不得不把整个生产过程分解成
大量的工序，如纺纱、梳理、染色和织布。尽管一些公司——
如安东尼奥·迪·兰多·德利·阿尔比齐公司——成功地控制

----

　　① 指《大卫》。——编者注

了布料生产的大部分环节，但像萨尔维亚蒂这样的公司将特定的任务外包给小作坊或个人的现象更为普遍。专门的生产车间往往是租来的狭小场地——通常是合伙人住房的一部分，而且往往位于城市的特定区域。个体工匠，如织布工或纺纱工，几乎总是在家里干活。[20]

正如萨尔维亚蒂所知，这种所谓的"外包"作业在商业上用途广泛，反应灵活。他可以在具体的生产环节上调控与他签约的各个生产商，从而对环境的变化作出反应，而不会危及整个企业的赢利能力。实际上，萨尔维亚蒂有几十个作坊和工匠任其摆布。他的话就是法律，他可以片刻之间成就或毁掉数百个人。至少，让雇工尽可能贫穷对他是有利的，而且他有讨价还价的资本来确保他总是按最低的税率纳税。在这方面，他当然是个典型。例如，尼科洛·斯特罗齐（Niccolò Strozzi）和乔瓦尼·迪·克雷迪（Giovanni di Credi）在1386~1390年共同经营一家非常成功的布料作坊，[21] 他们的大部分成本都花在了各个分包商的计件工资上。工资差额很大。科隆的梳毛工弗罗西诺（Fruosino）和德国织工阿尼奇诺（Anichino）、盖拉多（Gherardo）的收入不错，甚至可以说相当可观，但其他人就没那么幸运了。那二十来个在家干活的纺纱女工工资甚至比小工乔瓦尼·迪·奈利（Giovanni di Neri）和学徒安东尼奥·迪·邦西诺尔（Antonio di Bonsignore）还低。但即便如此，女工中间似乎也没有多少公平可言。某个玛格丽塔（Margherita）纺10磅羊毛获得2个里拉，而妮珂莎（Nicolsa）纺43磅羊毛只拿到2里拉43苏。我们并不了解这种专断分配背后的原因，但它至少说明了计件工人——尤其是女性，她们在纺织劳力中所占比例越来越大——是如何受雇主支配的。[22] 尽管萨尔维亚蒂对像米开朗琪罗这样的艺术家来说很有缘，但几乎可以肯定的是，对他在纺织生意中雇用的那些人来说，他是一个可怕的人物。

然而，不管萨尔维亚蒂在雇员面前的强权有多么可怕，布业工人仍是一众工人中待遇较好的。1344 年，两个木匠写信给阿维尼翁的一个朋友，要求得到一份工作，因为"今天佛罗伦萨的工匠和下层阶级的状况很悲惨，他们挣不到什么钱"。[23] 尽管这是在历史上劳动力市场处于一个特别低迷的时期写的，但这种情绪具有普遍性，在熟练工人和非熟练工人的处境中都很常见。在米开朗琪罗最熟悉的人，以及他在工坊里实际雇来帮助他完成绘画、雕塑和各种不同建筑项目的人当中，有许多处于文艺复兴时期佛罗伦萨经济体系的最底层。米开朗琪罗的石匠朋友托波里诺（Topolino）和米凯勒·迪·皮耶罗·皮波（Michele di Piero Pippo）都是技艺精湛的工匠，他们通常每天工作 10~12 小时，每周工作 5 天，但他们的工资总是赶不上物价。[24] 对于半熟练或非熟练的建筑工人，比如米开朗琪罗多年后在圣洛伦佐教堂雇用的工人"胖墩"和"皮球"[25] 来说，情况更糟。他们通常要么按件计酬，要么按日计酬，冬天的工资往往更低。即使在夏天，建筑工人的收入也很低，以至于现代历史学家用它来衡量文艺复兴时期佛罗伦萨的贫困程度。

### 雅各布·萨尔维亚蒂：结构不平等

然而，使雅各布·萨尔维亚蒂成为佛罗伦萨社会如此强大的一员，并对《大卫》的创造如此重要的，不仅是他的财富，还有他在城市行会（Arti）中的主导地位。毕竟，委托米开朗琪罗雕刻这个"巨人"的事务会是由羊毛行会掌控的，他们对这一重要项目的责任反映了行业协会及其成员对佛罗伦萨社会有着更广泛的重要性。在佛罗伦萨经济中，行会才是真正的"木偶大师"（puppet-master），1499 年，作为整个行会系统的首领（即行会在政府中的代表），萨尔维亚蒂在某种意义上是木偶大师中的木偶大师。

羊毛行会只是佛罗伦萨 21 个行业协会之一。在最基本的情况下，行会是一个高度排外的商人自我保护组织。在一个特定的行业中，行会规定工艺、熟练程度和培训的标准，并代表行会成员的利益。但其意义远不止这些。行会拥有广泛的权力，执行各种其他职能，包括危机管理、仲裁和赏罚。在经济衰退的情况下，它可以限制特定部门的产量，或者调动劳动力以避免不必要的干扰。同样，如果行会成员之间或与外部人员之间发生争吵，行会可以作为调停者介入。也许最重要的是，行会强调标准意味着他们的大部分精力都花在确保遵守规则上。那些擅自付给工人太高工资或生产质量不合格的人将被问责。

佛罗伦萨的 21 个行会几乎涵盖了技术或专业贸易的各个方面。有屠宰行会，面包师行会，木工和家具制造商行会，律师和公证人行会，石匠、木匠和砖匠行会，皮革和毛皮商行会，铁匠和工具制造商行会等。

然而，这些行会并不是平等的，它们分为 14 个"小"行会和 7 个"大"行会。造成这种差异的主要是政治原因，但这种划分也反映了佛罗伦萨经济中不同行业的相对重要性。比如，本地银行家、国际商人和丝绸工人就比旅馆老板或锁匠的地位更高。

然而，到目前为止，羊毛行会是佛罗伦萨所有行会中最重要和最有影响力的，它的活跃表现在米开朗琪罗所处的商业环境中十分典型。

就规范佛罗伦萨羊毛工业而言，羊毛行会在很大程度上负责确保这座城市在欧洲布料贸易中保持绝对的龙头地位。然而，尽管羊毛行会的地位在理论上似乎是明确和合理的，但该行会不仅具有高度排外性和严格的等级制度，还使佛罗伦萨经

71　济所固有的许多不平等现象长期存在。该行业协会总部（富丽堂皇的行会大楼）位于圣弥额尔教堂对面，距离领主广场仅一步之遥。行会由佛罗伦萨最富有的厂商主导，并坚持优先考虑他们自身的利益。较低级的工人，如漂洗工、拉幅工和梳毛工，一直被排除在行会之外，也不得自行建立行业组织。结果他们只能任由商人摆布，与行会的关系也比较紧张。

　　对于那些有些许经济影响力的人来说，当生活境况特别困难时，他们总还可以尝试罢工这个办法。1370 年，染工以此为手段，要求提高有色布料的价格。但对于那些体力劳动者来说，他们的工作只涉及有限的专业技能，而且几乎没有经济影响力，他们的选择也就有限。例如，弹毛工（用柳条将刚洗过的原始毛料中的杂质拍掉，并帮助拍松纤维）和梳毛工（用平头梳把准备纺线的羊毛纤维分开）对毛料的生产至关重要，但他们的工资最低，经常徘徊在赤贫的边缘，尤其是在经济困难时期。在 14 世纪七八十年代，这类工人大约有 15000 人，但他们处于经济阶梯的最底层，基本没有建立组织的机会，而这类组织本可以让他们进行集体谈判，但他们人微言轻，势单力薄，难以产生任何影响。

　　行会制度的持续不平等导致了冲突，尤其是在羊毛行业。冲突迹象早在 14 世纪中叶就出现了，当时人口的减
72　少使无产者获得了力量。1345 年，一个叫丘托·布兰迪尼（Ciuto Brandini）的人因为给羊毛行业的"小人物"（popolo minuto）组织行会而被定罪。法庭记录显示——

　　　　他和许多被他蛊惑的人一起，计划组织一个协会……包括粗纺工人、精梳工人和毛纺行业的其他工人，人数众多。为了让他们有办法聚集起来，选举协会领导人……他在不同场合和不同时期与许多地位低下的人开会讨论。除了在这些

集会上所做的事情，丘托还下令从参加这些集会的人那里募集资金……这样他们就会更强大，更坚韧……[26]

显然为了进行集体谈判，在现代人看来，丘托的组织大体上并无害处。但对那时的商人来说，这无异于灾厄。丘托要组织的行会被法院视为"邪恶的"，其目的是"对那些希望阻止丘托实现这些目标的善良的公民犯下暴行"。[27] 所谓"暴行"其实就是要求"合理的报酬"，而"善良的公民"则是"贪婪的商人"。

这只是一次浅尝。1378 年夏天，这些日积月累的怨恨终于引发了新的叛乱："梳毛工起义"。"小人物"对仍然被排除在行会之外感到愤怒，并对市政府的明显无能感到苦恼，他们以几乎与 1345 年相同的方式聚集在一起，起草了一份申诉书，在 7 月 21 日向执政官员提出。当中包括与债务和强迫贷款有关的条款，但主要诉求是为一直受羊毛行会控制的"精梳工、梳毛工、修衣工、洗涤工和其他布业工人"建立一个独立的行会。[28] 他们的要求被市政官员断然拒绝。

73

愤怒的"小人物"冲进了维琪奥宫。在那里，"他们把找到的每一份文件都扔掉、烧掉"，而且不肯让步。第二天早上，他们推选米凯莱·迪·兰多，"一位负责把粮食卖给斯丁兹监狱（Stinche）① 的囚犯的羊毛精梳工"作为"正义旗手"，[29] 并开始从他们自己的同伴中选举一批全新的领袖。当庆贺的钟声敲响之时，新成立的执政团（Signoria）② 立即着手对行会结构进行比原先要求的更为戏剧化的重组。[30]

---

① 佛罗伦萨的城市监狱，建于 1301 年，1835 年被拆毁，关押过诗人弗朗切斯科·贝尔尼、编年史家乔瓦尼·维拉尼、政治家尼科洛·马基雅维利等著名人物。——编者注

② 也译作"长老会"，指工商业行会和行政区选出的代表团。——编者注

　　尽管吸引了一些其他方面的支持，但它是一个真正的"平民政府"，而且在很多方面，它是真正的革命。但它坚持不了多久。米凯莱·迪·兰多的新行会的集体谈判能力根本无法抵抗佛罗伦萨商人精英的财富积累。羊毛行会的成员停止了贸易，从而使羊毛行业的梳毛工人无法挣得面包和黄油。支撑起义的利益联盟瓦解了。梳毛工人作了最后的努力，但在 1378 年 8 月 31 日的一场激战中被银行家、商人和工匠聚集的力量击败。革命结束了，而行会制度的极度不平等浸透了无产者的眼泪，成为佛罗伦萨经济的长久特征，直到 1534 年，亚历山德罗·德·美第奇公爵（Duke Alessandro de' Medici）①重组了行会。

　　作为行会内部的主导力量之一，雅各布·萨尔维亚蒂不仅对整个佛罗伦萨的经济运作，而且对《大卫》创作的每个阶段都产生了巨大影响。16 世纪初，米开朗琪罗开始这座雕像的工作时，完全被佛罗伦萨的行会束缚住了，仿佛他自己就是行会的一名活跃成员。³¹ 这座不朽的雕像是由该市最有影响力的艺术机构委托建造的，他的其他赞助人是主要行会的关键人物，他的得力助手的生活受到行规的限制，他手下的非技术工人被行会组织推到贫困的边缘。作为一名艺术家，即使是一个自由（不从属于行会的）艺术家，米开朗琪罗必须服从行会，并心照不宣地遵守行会为佛罗伦萨的经济生活制定的准则。

### 皮耶罗·索代里尼：政治不平等

　　如果雅各布·萨尔维亚蒂体现了《大卫》所依赖的经济条件，他的好朋友和同事皮耶罗·索代里尼则代表了在创作期间给米开朗琪罗带来的政治影响。

---

　　① 佛罗伦萨公爵，绰号"摩尔人"，1510~1537。——编者注

　　索代里尼是佛罗伦萨政府的首脑，他面容清瘦，表情严肃。[32] 他在政府部门长期任职，在萨沃纳罗拉政权倒台后，他被视为可靠的领导人选，并被授予"正义旗手"的终身职位，为这个分崩离析的城市带来一些表面上的稳定。他是个不错的人选。尽管远非完美，但他的统治是明智和公正的，而且似乎有一种强烈的公共道德感指导着他对所有事情的判断。他目睹了近来美第奇家族和萨沃纳罗拉政权的兴衰，决心要让这座城市最后一次尽可能充分地享受"平民的"政府。[33]

　　索代里尼敏锐地意识到艺术的宣传潜力，认为像《大卫》这样的雕塑可以在培养公民精神方面发挥重要作用，他希望这种精神能成为未来几代人公共生活的堡垒。[34] 这当然不是一个全新的想法。差不多两个世纪前，类似的情况在锡耶纳共和宫（Palazzo Pubblico）的九人会议厅（Sala dei Nove）中安布罗焦·洛伦泽蒂（Ambrogio Lorenzetti）的壁画《好政府与坏政府的寓言》（*Allegory of Good and Bad Government*）上也有体现。洛伦泽蒂的这幅壁画是对共和美德的一种丰富而复杂的讽喻式颂扬，证明了他对当代政治思想基调的敏锐意识，以及艺术家与地方官员之间持续不断的对话。[35] 但是考虑到他所处的政治形势，索代里尼对《大卫》特别关注，并从一开始就热心参与米开朗琪罗的计划。虽然最初是受大教堂事务会的委托，但这座雕像最终是为了庆祝共和国的"自由"。它最后的安放位置是维琪奥宫的大门外面，它不仅是佛罗伦萨摆脱外部侵略者赢得独立的象征，也是城市自治能力的有力象征。在索代里尼看来，《大卫》象征着一个团结在共和国自由旗帜下的城市的力量和韧性。

　　与现代民主政体一样，索代里尼领导的共和国也被分为两部分。行政官员由"执政团"组成，包括八名执政官（prior）和索代里尼本人，即"正义旗手"。执政官每人的任期只有两

75

个月，"正义旗手"也通常是遵守任期制的，但就索代里尼而言，他是终身的。这样组成的九人委员会具有极大的影响力。正如格雷戈里奥·达蒂（Gregorio Dati）在大约 70 年前所观察到的那样，执政团通常只是被委托执行法律，但他们拥有"无限的权力和权威"，可以在紧急状态下做任何他们认为合适的事情。[36]

76　　然而，索代里尼的执政团既不是行政权力的唯一部门，也不是中央权力的决策机构。还有许多其他部门组成行政机构。除了向执政团提供建议的十六名"旗手"（gonfalonieri），还有"十二贤人"（Dodici buoni uomini）、战时处理国防事务的"十大护卫"（Dieci di balia）、监督共和国内部安全的"八守望者"（Otto di guardia）以及其他处理更具体需求的地方行政长官，例如提供粮食或维修桥梁。

　　为了支持执政团和其他行政机构，一个由受过高等教育的人文主义者组成的官僚阶层出现了。领导这个日益壮大的专业行政机构的是国务秘书厅（the office of chancellor），以前那里都是像科卢乔·萨卢塔蒂和列奥纳多·布鲁尼这样的名人，但也有大量其他职员，还有许多人会积极参与公民艺术，还有一些人将升迁到相当引人注目的位置。受到索代里尼特别奖掖的是第二国务秘书，一个名叫尼科洛·马基雅维利（Niccolò Machiavelli）的后起之秀。[37]

　　立法的处理方式则不同。在索代里尼的时代，通过法律的权力属于"大议会"（Consiglio Maggiore）。大议会由数量惊人的 3000 名成员组成，大约占 29 岁以上成年男性人口的20%，[38] 负责所有关于征税、强制贷款和外交关系的决定。

　　当索代里尼把米开朗琪罗置于自己的羽翼之下时，他自得地夸口说，佛罗伦萨可能拥有它所经历过的最"平民的"政府。大议会的庞大规模似乎保证了一定程度上的民众参与，而行政部门的短期任职保证了人员的高流动性，从理论上讲，这使得政府向广大民众开放。[39] 提到那些为后来 16 世纪早期宪法铺平道路的改革时，列奥纳多·布鲁尼写出以下宣言，大概并不奇怪——

> 人人都有平等的自由……赢得公众荣誉和晋升（公职）的希望对所有人都是一样的，只要他们勤奋和拥有天赋，并遵循一种诚实且受人尊重的生活方式；因为我们的城邦需要公民的美德（virtus）和正直（probitas）。拥有这些资格的人可被视为具有足够高贵的血统，可以加入共和国政府……因此，这才是真正的自由，这种共同体的平等：不惧怕任何人的暴力或恶行，享受公民在法律面前的平等和参与公职的权利。[40]

出于同样的原因，佛罗伦萨政府分散的、近乎拜占庭式的特点似乎也意味着权力制衡。

与这座城市的过去相比，毫无疑问，1501 年的佛罗伦萨政府格外开放，拥有广泛的基础，我们有充分的理由将《大卫》这座雕像视为对自由的真正承诺。

在 14 世纪的大部分时间里，佛罗伦萨的宪政历史一直以"民众"和"寡头"政治之间的长期紧张关系为特征，这种紧张关系展现了明显的社会经济不平等，而且往往会恶化"下层市民"的整体地位。政府一直是行会的专属领地。每一名官员都是从不同等级的行会中挑选出来的，主要行会拥有巨大的影响力。这就自然排除了成千上万的技工和工匠，他们的经济职能使他们无法加入行会。而且在那时，即便成为一个重要行会的成员也不能保证能够获得政府职位。我们今天熟知的选举根本不存在。在每个行会内部都有一个审查委员会，审查哪些人有资格担任公职，通过审查的成员随后以抽签方式获得提名，参加选举。在 14 世纪晚期，理论上有资格获得公职的五六千人中，可能只有 30% 曾经担任公职。考虑到"执政官"、"贤人"和"旗手"分别任职两个月、三个月和四个月，担任这些职务的人数实在很少。

由于审查和提名工作掌握在一众人数有限的商业精英手中，政府不仅是富人的玩物，而且政治也难免腐败盛行。借助对商业和赞助的广泛操纵，超级富有的行会成员在幕后通过贿赂、裙带关系和威胁来影响官员的选用。1361 年，八人因行贿、四人因受贿被定罪；1364 年和 1367 年，类似的丑闻再次出现。[41] 在他们的编年史中，马泰奥·维拉尼（Matteo Villani）和菲利波·维拉尼经常抱怨，在审查过程中，委员会成员收受贿赂以获得好处，反过来又对公众对公职的态度产生了破坏性的影响。正如马泰奥·维拉尼所写：

> 头脑简单的公民和新获得公民身份的人，通过贿赂、送礼和巨大的花费，设法使他们的名字多次在三年一度的审查中登上候选人名单。这样的人太多了，那些久负盛名的善良、明智、谨慎的公民很少能处理公众事务，也不可能完全支持他们……现在每个人都把他在职位上的两个月看作难得的机会，利用政府的影响来帮助他的朋友或伤害他的敌人。[42]

由于严重的腐败，文艺复兴早期的佛罗伦萨政府不可避免地会受到内部问题的影响。这座城市被派系冲突和暴力撕裂，1302 年但丁被他的派系对手圭尔夫黑党（Black Guelfs）流放便是最有力的证明。[43] 但最重要的是，佛罗伦萨政府的寡头政治性质引起了那些因为职业或地位而无法参与政治进程的人的怨恨。考虑到这座城市的财富建立在布料贸易的基础上，最大的动荡发生在那些没有财产的雇佣劳工中就毫不奇怪，因为他们被系统性地排除在行会之外。除了抗议半熟练和非熟练布料工人工作的恶劣条件，"梳毛工起义"也是一场争取政治权利的斗争。除了努力在行会中获得更大的影响力，抗议活动还旨在建立更公平的政治权力分配制度。人们理所当然地认为，经济上的不公正和政治上的不公正是相互作用的，"梳毛工起义"试图建立一个基础更广泛的政权，尽管没有成功。

改革是不可避免的。1382 年，一个更为"平民"的政权的建立，为米开朗琪罗所熟悉的政治世界奠定了基础。行会从这一体制中被移除，获得政治职位的资格被大大放宽，审查由一个中央机构处理，人们开始有意识地培养"公民"精神。在随后的几十年里，议会（parlamenti）——全体公民的大型公共集会——偶尔会被召集以便作出重大的政治决定，"大议会"最终建立起来，替代了以前较小的、更受限制的委员会。"人民"（如果可以这样说的话）似乎终于走上了历史舞台。

但一切只是一场骗局。1382 年的改革远不是为了扩大真正的"共和"政府的民众参与，而仅仅是为了保护同样狭隘的商业精英的利益，通过制造民众同意（popular consent）的假象来限制动乱的发生。同样，尽管很少出现在公众视野中，一小群特别富有的人继续主导着佛罗伦萨的政治进程，而穷人和没有技能的人仍然处于政治进程的边缘。

"大议会"远不是一个独立的立法机构，而是受到了很大的限制。它只允许对执政团提出的措施进行表决，而且还被禁止就动议进行辩论，除非遇到了非常特殊的情况。同样，议会也容易受到公开的蛊惑、煽动和贿赂的影响。更重要的是，在符合行政职位资格的人数增加的同时，还引入了新的、更有创意的限制，即限制中央审查委员会的权限。政府采取了一系列的选举防控措施，包括"资格审查"（accoppiatori）、"代理人制"（balie）和"保证金制"（borsellini），以确保选出"合适的人"担任公职。

这个共和国在 15 世纪和 16 世纪早期一直保持着寡头政治的固有倾向。尽管美第奇家族很少亲自担任公职，但从 1434 年起，他们通过操纵赞助人制度和上一个世纪末建立的选举规则，使佛罗伦萨的政治蒙上阴影，直到皮耶罗·德·美第奇被驱逐。[44] 正如米开朗琪罗在洛伦佐·德·美第奇家时所看到的那样，这个家族决定谁该"加入"、谁该"退出"，并成功地确立了该家族作为一个无情而强大的寡头政治集团首脑的地位。事实上，埃涅阿斯·西尔维乌斯·皮科洛米尼（Aeneas Silvius Piccolomini）——后来的教宗庇护二世——注意到洛伦佐的父亲科西莫，"与其说是一个公民，不如说是城市的主人"。皮科洛米尼指出，"政治会议在他家举行，他提名的地方行政官赢得了选举，他是名副其实的国王"。[45]

这并不是说这样一个"政权"（reggimento）没有批评者。一方面，美第奇家族的寡头政治不可避免地招致嫉妒其影响力的家族的敌意。正是这种敌意导致了 1478 年血腥但流产了的帕齐阴谋，在这一事件中，洛伦佐的弟弟，相当英俊的朱利亚诺，在圣母百花大教堂被刺死，而罪魁祸首雅各布·德·帕齐被愤怒的暴民驱逐。[46] 另一方面，有些人在意识形态上反对如此专制的寡头统治，他们把美第奇"政权"等同于暴政。在他的《回忆录》（*Memorie*）中，马可·帕伦蒂（Marco Parenti）指出，科西莫·德·美第奇把"一种奴役"强加给了这座城市，这是违反自由的；[47] 后来，前美第奇拥护者阿拉曼诺·里努奇尼（Alamanno Rinuccini）使用他在《自由之对话》（*Dialogus de libertate*）一书中提出的理由，对洛伦佐发起了尖锐的抨击。[48] 后来吉罗拉莫·萨沃纳罗

拉进行的攻击也如出一辙。萨沃纳罗拉在《论佛罗伦萨市政
权》（*Trattato circa il reggimento e governo della città di
Firenze*，1498）中阐述了他的观点，他猛烈抨击只考虑自身
利益的个别统治者的"暴政"，并将其与（他心目中）佛罗伦
萨在 1382~1434 年享有的"公民政府"进行了鲜明的对比。[49]

　　但批评并不等于意识形态分歧。美第奇的批评家们很少 <sub>82</sub>
（如果有的话）对佛罗伦萨政治的基本结构进行抨击。这与其
说是原则问题，不如说是人事问题。例如，帕齐家族的同谋者
主要是想用他们自己家族来取代美第奇集团，而美第奇家族的
其他敌人中，实际上也很少有人支持明确的宪政改革。帕伦蒂
和里努奇尼似乎都对实质性的政治变革不太感兴趣，就连萨沃
纳罗拉的《论佛罗伦萨市政权》也对"公民政府"和"暴政"
在结构层面上有何不同不甚了然。因此，虽然某些寡头有时会
遭到憎恨，但造就寡头统治的政治制度几乎没有受到挑战。因
此，从美第奇家族的寡头政治到萨沃纳罗拉的"神权政体"，
再到新佛罗伦萨共和国，只不过是在不扰乱基本结构的情况
下，围绕着社会顶层的人物进行洗牌而已。事实上，在大多
数情况下，这种洗牌甚至不是特别极端：米开朗琪罗的赞助人
皮耶罗·索代里尼在 1481 年是一名执政官，在 1502 年被选为
"终身旗手"之前一直是皮耶罗·德·美第奇的密友。

　　因此，当米开朗琪罗 1501 年回到佛罗伦萨竞标《大卫》
合同时，他遇到了一个陌生而又熟悉的政界。佛罗伦萨共和国
比以往任何时候都更致力于"共和"理想，却远不如以往那样
是一个"平民的"政府。在所有的花言巧语，所有的个人兴
衰，所有关于"变化"和"改革"的高谈阔论中，与美第奇家
族统治时期（1434~1494）相同的寡头政治倾向仍然存在。尽
管人们为使"新"家族的成员进入行政团队做了大量的工作，
但在 1501 年，执政团中没有一名成员属于此前从未任过公职

83 的家族，[50] 1516 年，米开朗琪罗的弟弟博纳罗托被选为执政官，这真是个奇迹。

同样，米开朗琪罗也回到了一个因社会及经济差异而有着政治排斥文化的城市。事实上，一个多世纪前导致"梳毛工起义"的政治不平等现象仍然存在。尽管《大卫》具有象征意义，但与 14 世纪中叶相比，佛罗伦萨并没有向自由平等之城进步多少。虽然披着共和主义的外衣，但深刻的社会经济差异继续表现为一种无情的政治排斥文化，在这种文化中，最贫穷和最缺乏资源的人在政府运作中沦为被动的角色，而持不同政见者则受到无情、严厉的对待。[51]

《大卫》进展越顺利，米开朗琪罗与佛罗伦萨政治人物的接触就越多，不论愿意与否，他也越发成为一场盛大的化装舞会上的演员。在暴力、派系斗争和反抗的历史背景下，米开朗琪罗和《大卫》正准备在一出政治戏剧中占据舞台中心，这出政治戏剧的目的是欺骗和误导被剥夺和被压迫者。尽管《大卫》有可能作为自由的象征，但它守望的这座城市肯定不是一个由政治平等主导的城市。

## 里纳尔多·奥尔西尼：宗教

然而，如果说萨尔维亚蒂和索代里尼在米开朗琪罗创作《大卫》时能让人感觉到他们的存在，那么这尊雕像也同样受到了另一个几乎看不见的人物的影响。里纳尔多·奥尔西尼是一位低调、谦逊的佛罗伦萨总主教，虽然深藏不露，但在离教堂84 大门仅几米远的地方，他对艺术家的作品产生了浓厚的兴趣。

奥尔西尼关注米开朗琪罗的雕塑并不奇怪，尽管他采取的是一种谨慎的方式。毕竟，这个雕塑项目是宗教性的。尽管它后来成了一个强有力的政治象征，并有赖于佛罗伦萨商业活动所带来的财富，但《大卫》披上了信仰的外衣，并以一个人人熟悉的圣经故事作为主题。更重要的是，大教堂事务会还期待这个"巨人"装饰大教堂的一个拱壁，奥尔西尼几乎不可能对这件作品的性质不产生兴趣，而这件作品原本就是为他的主教席位设计的。

但还有一个更根本的原因，使经常消隐在雕像故事之外的奥尔西尼成为《大卫》的历史中一个微妙的存在。奥尔西尼是佛罗伦萨宗教生活名义上的领袖，不管索代里尼和萨尔维亚蒂有多强悍，都无法回避这样一个事实：在米开朗琪罗所处的佛罗伦萨，宗教是日常生活中不可分割的一部分。尽管奥尔西尼的知名度远不如他的许多前任，但他无疑是维系社会的黏合剂。

在最基本的层面上，宗教提供了一种框架，其他一切都可以纳入其中。宗教涉及时间。宗教给生活以结构。人生的里程碑——受洗、坚信礼、结婚、死亡——都是在教堂里发生的，而礼仪日历系统地标记着一年的进程。法律文件和法庭记录的日期通常不是按某月某日，而是按宗教节日来书写；租金也常常在节日里收取。宗教也安排了一天的日程。家庭成员虔诚地聚在一起或分开礼拜，每天至少参加一次弥撒或晚祷，各种庆祝活动的钟声为一个基本上没有时钟的城市提供了工作和休闲的标志。而且宗教也涉及地点。堂区（parish）仍然是城市组织的基本单位，地方教会不仅将个人固定在一个地方，而且为社区组织提供了一个聚会地点。宗教也同样塑造和定义了各种肤色的居民的人际关系。私下里，家庭（尤其是富人）培养对特定圣人的崇拜，就像罗马人崇拜家庭神灵拉雷斯（lares）和佩纳特斯（penates）一样。无论个别还是集体，行会被赋予深刻的宗教内涵，正如在圣弥额尔教堂装饰方面的竞争所展示的那样；而宗教团体的存在确保了慈善活动仍然扎根于宗教世界。[52] 也许最重要的是，宗教也为城市身份的形成提供了重要的时间节点。毕竟佛罗伦萨市民日历上最为盛大的节庆是在施洗者圣约翰节前后举行的，而正如乌戈利诺·韦里诺的赞美文所证明的那样，佛罗伦萨的圣泽诺比乌斯（St. Zenobius）的形象是城市骄傲的源泉。53《大卫》通过宗教语言来表达政治信息并不奇怪。

然而，教会虽为佛罗伦萨的生活画卷提供了主色调，里纳尔多·奥尔西尼所主持的机构却不仅仅是日常生活的一个抽象框架。尽管他自己经常处于幕后（也许是萨沃纳罗拉统治时期的恐怖导致的），但奥尔西尼负责将教会与世俗生活更紧密地联系在一起。和所有其他总主教一样，他手下有成百上千的教士、僧侣、修士、修女和第三会会员，他尽其所能鼓励更多的人以这样或那样的形式进入宗教生活。从某种意义上说，他的工作就是让宗教和世俗之间的界限尽可能地模糊；总的来说，他成功了。

由于奥尔西尼及其下属的努力，男孩经常发现，在世俗职业之外，宗教生活提供了另一个诱人的安全选择，尤其是在大家庭里；而贫穷多半使嫁妆少的女孩被送进修道院。例如，米开朗琪罗的哥哥利奥尔纳多（Lionardo）成为多明我会修士，而他的侄女弗朗切斯卡（博纳罗托的女儿）在她父亲死后被送进了修道院，直到她的伯父筹集到合适的嫁妆，可以想见，腼腆的总主教会为这样的选择感到高兴。这种安排并不总是带来家庭或修道院的和谐。女孩们一想到要被关在修道院里就很沮丧，这是很常见的情况。1568 年，一个 14 岁的锡耶纳女孩试图毒死她的家人，她在晚餐时磨碎一面镜子，在沙拉中混入水银粉末，以此来逃避戴上修女头巾。同样，僧侣和修士们常常发现，尽管宗教生活在经济上是有利的，但它并不必然带来谦逊和虔诚。母亲去世后，菲利波·利比的姐姐再也无法供养他，他 8 岁时就被送到一所加尔默罗修道院（Carmelite

convent）。然而，长大后，利比发现，他与世隔绝的生活与
他难以抑制的欲望产生冲突，他的上司和赞助人都无法成功地
让他摆脱困境。[54]

　　然而，正如奥尔西尼所知，许多家庭都有成员是神职人
员，这意味着宗教和世俗之间存在着普遍的交叉。这不仅仅包
括传统的交流、街坊的谈天或者弥撒后的闲聊。性也是生活的
重要组成部分。在这方面，薄伽丘的《十日谈》（*Decameron*）
提供了一些有用的见解。虽然僧侣和修士有时被认为是不知情
的中间人，[55]但在薄伽丘的故事中，他们更频繁地出现在放纵
的性活动中，是极其活跃的参与者。在一个故事中，一个托斯
卡纳修道院院长对虔诚的佛隆多（Ferondo）的妻子产生了强
烈的欲望，但只有在她禁欲的丈夫身处"炼狱"并在那里认识
自己的错误的时候，修道院院长才能从她那里得到满足他欲望
的承诺。聪明的修道院院长给佛隆多下了药，让他看起来像死
了一样，然后把他从埋葬他的坟墓里移走，藏在一个地窖里。
佛隆多醒来时就相信自己在炼狱里。与此同时，修道院院长与
佛隆多的妻子尽情玩乐。[56]在另一个故事中，一个本笃会修士
被发现与一个女孩有染，但为了避免受到严厉的责罚，他提醒
修道院院长，院长本人也曾与这个女孩共享过几次欢乐时光。[57]

　　不出所料，这招致了大量批评，而当奥尔西尼突然走进
来看看米开朗琪罗的雕像进展如何时，他发现自己受到了许多
（并非毫无道理的）批评。人们通常认为，神父的鬼把戏并不
总是能一笑了之的。特别是在15世纪早期，佛罗伦萨文学中
充斥着反教权的思想，主要集中在神职人员的贪吃和好色上。
例如，波焦·布拉乔利尼和列奥纳多·布鲁尼就是热切的抨击
者。[58]

　　然而，在奥尔西尼担任主教时期，宗教和世俗世界之间的
联系比单纯的性关系更为深入。里纳尔多·奥尔西尼不仅是一

位教士，还是一位商人。这就是他在《大卫》历史中的影子开始变得模糊的地方。

无论修道院和托钵修会的僧侣、修女和修士们多么坚定地致力于消除贫困，他们都需要资金，每个教会机构都争取广泛的经济利益。位于佛罗伦萨郊外加卢佐（Galluzzo）的加尔都西修道院（Carthusian monastery）"在马乔街拥有一家布厂，在嘉宝街拥有一家裁缝店，在圣皮耶罗加托利诺教区（S. Piero Gattolino）拥有一家理发店，在桑蒂街拥有一处住宅"。59同样，城里一些宗教机构也在自己的院墙内进行有利可图的商业活动。例如，从 13 世纪晚期开始，谦卑派修士（Umiliati friars）就拥有并经营着河边的一家羊毛厂。60修道院在这方面特别积极。弗朗切斯科·迪·马尔科·达蒂尼（Francesco di Marco Datini）的妻子曾经写信给她的丈夫，向他描述她在一个修道院订的漂亮桌布，以及她从另一个修道院买的毛巾。61然而，世俗的神职人员拥有最大的投资组合。由于得到遗赠和捐献，个别教堂和神职人员拥有大片土地、建筑物甚至整个产业，这些都使他们能从租金和利润中获得稳定的收入。有些产业可能会有惊人的高额回报。尽管意大利本土（不包括西西里和撒丁岛）有多达 263 个教区，62但很少有主教——尤其是佛罗伦萨的总主教——的口袋里没有源源不断的金钱。

这一切都使教会机构成为佛罗伦萨经济活动的主要参与者，但同时也将神父和主教与邪恶的家族野心联系在一起。由于能从圣俸中积累财富，佛罗伦萨最重要的家族自然渴望通过把一些成员送进教会，不断争取教会的提拔来增加他们的集体财产的价值。1364 年，弗朗切斯科·德尔·贝尼（Francesco del Bene）游说教宗秘书弗朗切斯科·布鲁尼（Francesco Bruni），坚持要把圣母马利亚之门教堂（S. Maria sopra Porta）交给他的儿子贝尼，而博纳科尔索·皮蒂稍后卷入旷日持久的争斗，与尼科洛·达·乌扎诺（Niccolò da Uzzano）恶性竞争，为他侄子取得阿尔托普西奥（Altopscio）医院的所有权。科尔西尼家族（Corsini）把主教的收入据为己有，用于家族所需，而他们的亲戚安德烈亚（Andrea）和内里（Neri）都是菲耶索莱（Fiesole）的主教（1344~1377），[63] 这说明了这些圣职的重要性。事实上，里纳尔多·奥尔西尼也不例外。奥尔西尼并非由一个虔诚的大教堂圣职团选出来的，而是因为洛伦佐·德·美第奇于 1474 年向教宗西克斯图斯四世（Sixtus IV）提出了请求，才被任命为佛罗伦萨总主教的。尽管讨厌美第奇家族的西克斯图斯最初想任命雅各布·萨尔维亚蒂的亲戚弗朗切斯科出任空缺职位，但洛伦佐决定让奥尔西尼担任。这并不是说他对里纳尔多·奥尔西尼信奉基督教的美德有什么特别的信心：他更在意的是，奥尔西尼是他的小舅子。通过任命他妻子的弟弟为下一任总主教，洛伦佐希望能够进一步巩固他的家族对权力的控制，并将教会的收入转移到他自己家族的金库中。

　　任命奥尔西尼是洛伦佐·德·美第奇谋划的结果，这点明了总主教在佛罗伦萨的生活中的另一个重要角色。由于文艺复兴时期佛罗伦萨的宗教和世俗领域之间有着密切关系，如果教会与政治和商业之间的广泛联系不是同样混乱，反倒会令人惊讶。的确，正是因为世俗与神职人员之间存在着家族和经济上的联系，所以不同机构之间必然存在着相当多的交叉。不过，虽然我们今天习惯于看到坎特伯雷大主教就政治和财政问题发表长篇大论，但在文艺复兴时期，这种关系要紧张得多，而且并不友好。

　　正如教宗国在意大利半岛的政治中发挥了至关重要的作用，教会在佛罗伦萨的国内事务中也显得举足轻重。在某种程度上，丰富的教会福利不仅使晋升之争成为家族和派系斗争中的一个关键问题，而且也使对教会财产的征税成为总主教和资金紧张的佛罗伦萨政府之间的一个主要摩擦点。不管继任的主教和执政官喜不喜欢，他们都被困在一场永无止境的、相当肮脏的交易中。然而，在另一个层面上，教会更广泛的经济和政治重要性使其成为佛罗伦萨商业运作的必要条件，并成为争夺政府控制权的关键因素。一方面，城里的银行不仅依赖教宗的钱财，而且城市经常发现它的生存也依赖于它与教宗国的联系。良好的关系至关重要。另一方面，教会也需要确保佛罗伦萨政府——比如佛罗伦萨的银行——的支持。这就需要积极参与日常政治活动。教宗西克斯图斯四世与美第奇家族闹翻后，积极支持帕齐的阴谋，据说比萨的总主教弗朗切斯科·萨尔维亚蒂是这场未遂政变的关键人物。

宗教、商业和政治之间的这种交叉也催生了另一层面的更危险的紧张局势。无论联系有多紧密，教会中有一种因素总是让人感到不安，它既不适应现代商业的肮脏，也不适应神父和教士的世俗生活。例如，在整个时期，高利贷一直受到神父的谴责，布道者们受到托钵修会宣扬的安贫乐道的信念激励，也一直将金融机构的贪婪当作重要的攻击目标。但这只是冰山一角。

对纯粹主义者来说，教会应该是纯洁和简朴生活的堡垒，政治应该是神学的一个分支，商业应该由基督教的慈善来调节。在一些神父看来，对财富的不懈追求，对利益的不断竞争，以及教会事务的政治化，不仅象征着信仰的堕落，也象征着一个本该神圣的共和国的堕落。早在15世纪的第一个十年，多明我会修士乔瓦尼·多米尼奇（Giovanni Dominici）就坚决捍卫这样一种观点，即政府应该以美德为导向，为国家服务是基督教的义务；但与此同时，他也猛烈抨击那些追求权力者的贪婪和野心（他声称"世界上所有的不幸都源于野心，源于这个世界的骄傲"）。[64] 在攻击派系斗争时，他哀叹说："这里没有正义，只有欺骗、权力、金钱、友谊或父母。"[65] 为了改变这一点，基督教的重生是必要的。

正如米开朗琪罗亲身经历过的那样，吉罗拉莫·萨沃纳罗拉在该世纪末强有力地提出了同样的主题。在他早期的布道中，萨沃纳罗拉抨击富人，尤其是抨击他们豪华的宫殿、华丽的服装和奢华的私人礼拜堂。[66] 他对围绕教会职位之争的钩心斗角感到震惊，痛斥教会成了盗贼的窝点，意图欺骗穷人和一无所有的人。他指出，不仅公共道德和教会脱离了基督的教导，而且政府本身也成了暴政的游乐场。他公开表达了社会经济和政治不平等所引起的不满，断定人民——下层市民、低收入劳动者、苦苦挣扎的计件工人、老人和年轻人——的利益在追求金钱的过程中被遗忘了。整个佛罗伦萨需要进行改革，以符合对《圣经》的纯正解读。政府将以美德和慈悲为核心进行重组，教会需要净化，商业将学会谦逊和克制。"佛罗伦萨，"萨沃纳罗拉宣称，"基督是你的国王！"在皮耶罗·德·美第奇倒台的几周内，萨沃纳罗拉修士开始了一场真正的革命。成千上万的年轻人在街上横冲直撞，捣毁一切看似炫耀财富的东西；"执政团"被清除；正如他的批评者所指出的那样，整个佛罗伦萨变成了一座修道院。这是极端、血腥、暴力的；但是，在商业、政治和宗教相互作用的背景下，这只不过是自食恶果。

1501 年，当米开朗琪罗回到佛罗伦萨时，萨沃纳罗拉已经死了，宗教极端主义的浪潮似乎已经退去。然而，造成如此恶劣反应的力量仍然存在。宗教仍然是佛罗伦萨人生活中不可或缺的部分，它与商业和政治制度的联系一如既往地紧密。事实上，这些制度在里纳尔多·奥尔西尼的世界也别无二致。正如《大卫》所证明的那样，宗教语言仍然是公民身份形成的核心，也是佛罗伦萨自我形象的核心。事实上，宗教——正如虔诚的米开朗琪罗所熟知的那样——仍然制约着人们的日常生活。但是，非正常性关系、圣职之争、政治阴谋及改革的热情仍然暗流汹涌。

### 大卫所见

当完工的《大卫》终于在 1504 年 9 月 8 日在领主广场揭幕时，雕像凝视着周边的城市生活，凝视着将米开朗琪罗带到那个时刻的制度性景观。广场充满生气，五彩缤纷。维琪奥宫装饰着共和国旗帜，城里各区的武装人员骄傲地站在那里，高举着战旗。事实上，整个佛罗伦萨的人们似乎都来参加了这个重大活动。但活动的中心是《大卫》左边、维琪奥宫正门外面的一个有台阶和栏杆的平台。沿台阶站着新当选的执政团成员，为此活动遴选出的勇敢的公民也自豪地站在那里等待宣誓。皮耶罗·索代里尼，这位威严的终身"正义旗手"，穿着精美的红色长袍，戴着闪闪发光的珠宝，自然占据了重要位置。执政团的首席传令官弗朗切斯科·菲拉雷特（Francesco Filarete）站在他身旁；在他身后，可以看到尼科洛·马基雅维利的大鼻子伸在空中。不远处，雅各布·萨尔维亚蒂的矮胖身材从他那可笑的高档服装中显露出来，锐利而老辣的目光流露着显而易见的狡黠。附近还有总主教里纳尔多·奥尔西尼，他周围的神父都来自最高贵的家族，穿着华丽的金色法衣。平台周围站着各行会的首领，他们是佛罗伦萨经济界的代表和主人。

然而，在广场平台下面，雕像大卫看到一大群人，他们为新雕像欢呼雀跃。当中有市民也有没有身份的人，有男人也有女人，有老人也有年轻人，有平信徒也有僧侣。他们都很高兴能参加这次盛会。但如果大卫能看明白，就会发现他们和站在

平台上的人是不一样的。大多数人穿着破旧衣服，许多人买的
是旧货，还有很多人光着脚。有些人带着自己的工具，忙里偷
闲溜出作坊一会儿。他们可能不太清楚站在台上的人是谁。在
笑声和欢呼声中，悄无声息的大卫偶尔会听到哭声。也许有个
染工对一个行会成员喊叫；有个丈夫对总主教手下的一名神父
进行粗鲁漫骂，因为神父与他妻子有染；也许有个市民谴责某
些执政官员的腐败。兴奋和自豪的外表下隐藏着强烈的怨恨，
等待大卫去发现。

　　一切都在那里，在雕像的注视下。这是一个共和制的城
市，通过贸易致富，并按照信仰的方式进行管理，所有人都对
米开朗琪罗的雕像表示赞赏。但佛罗伦萨也是一个因行会而面
临严重社会经济不平等的城市，一个披着自由外衣而实行政治
排斥的城市，一个在宗教狂热和宗教迫害之间挣扎的城市。如
果大卫目能视物，他就能看到过去十年中塑造了米开朗琪罗生
活轨迹的三种制度，也正是这促成了它自身的存在。政治、商
业和教会都现身于广场上，它们的外表都有欺骗性，一切都是
紧张、怨恨和暴力的根源，而如此种种对于文艺复兴的艺术又
都是非常必要的。

## 第四章 工坊世界

当米开朗琪罗雕塑《大卫》时，他的艺术生活无疑是由不断变化的商业、政治和宗教世界塑造的。但社会制度只是故事的一部分。尽管这座雕像充满了那个时期复杂的不平等现实所赋予的意义，但雕塑《大卫》的缓慢过程是在日常生活的现实环境中进行的。米开朗琪罗一心想用他的巨型新雕塑引起轰动，然而却在最普通的日常事务中摸索着逐渐走向他的目标。

1501~1503年，米开朗琪罗是公认的神秘人物。米开朗琪罗获准在大教堂附近的事务会的工坊里开展这项工作，于是他在大理石周围竖起"大块木板和支架，不停地在上面工作，没有人看得见雕像……"[1]。他已是一位经验丰富的雕塑家，但这是一项艰苦的活计。无论是用凿子凿，还是用钻头钻，都很费力、嘈杂，也很脏。据列奥纳多·达·芬奇记载，雕塑家的工作是这样的——

> 大滴汗珠流下来，与灰尘混合，成了泥浆。他脸上全是大理石灰，看起来像个面包师，身上全是细小的大理石碎片，弄得他像个披着雪花的人。[2]

尽管米开朗琪罗渴望保密，但他的工作状况远非与世隔绝。他总是被人围着，工坊也总是熙熙攘攘。助手和学徒拿着材料跑来跑去，朋友——如笨拙的石匠"小老鼠"（多梅尼科·迪·乔瓦尼·迪·贝尔蒂诺·凡切利）——也总是突然登门。日复一日，米开朗琪罗得应付一些临时来访，如大教堂事务会来人，他们渴望了解最新进展；又如强势的地方人物，比方说"终身旗手"皮耶罗·索代里尼；再如塔代奥·塔代伊这样的潜在客户，他们手头还有项目要委托，或是要在酬金上讨价还价。有时，商人来推销货物或者要求付款，税务员来找碴儿；有时，好奇的路人探进头来瞅一眼。除此之外，也免不了要与洛多维科及他的兄弟们共进晚餐，要处理家庭事务，要对仆人交代事情等。

尽管米开朗琪罗可能是个工作狂，但这些年来，他作为艺术家的生活不断地被家庭生活的压力、对赞助人的义务、对雇主的关心，以及诸如购买食物、与邻居打交道、与朋友见面、保持健康等琐事，还有不可避免的性冲动所打断。

姑且来看看1501~1504年米开朗琪罗工坊的里里外外，这样我们可能会对这位文艺复兴时期艺术家的日常生活有个粗略的了解。当我们想起"文艺复兴"这个熟悉的概念时，可能很容易忘记它是由艺术生产（artistic production）造就的；但在这里，在忙碌的工坊，我们可以看到米开朗琪罗被日常生活的洪流所席卷，被无数普通的社会交往所环绕，这些交往不仅影响了他的作品，也影响了他对艺术和生活的整体看法。在 97 这个社会旋涡中，忧心和焦虑、希望和梦想、义务和偏见，都制约了文艺复兴时期艺术家的思维方式，也塑造了这一时期许多艺术品的内容，并以生动的细节呈现出来。

### 圈子和社交

米开朗琪罗雕塑《大卫》的时候，他的日常生活保持了充分的社交属性。即使对他工坊的来往人士作最粗略的一瞥，也能看到来自城市各个角落的一大群人。在这方面，他很典型。尽管米开朗琪罗的同时代人皮耶罗·迪·科西莫（Piero di Cosimo）是出名的厌世者，但大多数艺术家不得不生活在一个巨大的人际关系网中。正如瓦萨里所报道的那样，菲利波·布鲁内莱斯基总是"要和别人竞争"，[3] 而多纳泰罗被各种要求和义务所困扰，声称自己"宁愿饿死也不愿去想这些事情"。[4]

但米开朗琪罗在 1501~1504 年每天接触的人并不是一群可有可无的个体。他们属于不同的社会圈子，代表了当时社会存在的不同领域。这些圈子由自己的价值和规则支配，并带有明确的义务，不仅为工作，而且为日常生活方式提供了框架。然而，这些圈子的实际状态并不像人们从熟悉的文艺复兴概念联想出来的那样，全然反映一个纯粹的、理想的世界。米开朗琪罗的现实世界有时令人愉快，有时令人沮丧，而这才是那个时期的典型。

### 1. 家庭

米开朗琪罗的第一个也是最重要的社交圈是他的家庭。在文艺复兴时期的意大利，没有比这更重要的纽带了，它的重要性可以从莱昂·巴蒂斯塔·阿尔贝蒂（Leon Battista Alberti）的《关于家庭的对话》（*On the Family*）等作品中得到佐证。家庭是决定一个人社会生活的过程和特征的主要因素，这一点比今天更加明显。这不仅极大地促进了人们对社会地位的认识，而且也解决了"一系列人类需求：物质和经济的需求、社会和政治的需求、个人和心理的需求"。[5]

1501 年，米开朗琪罗开始雕塑《大卫》时，他回到了自己的家中，加入了一个典型的忙碌的家庭。在那个时期，家庭的平均规模随着人口的增长而扩大。[6]那个时代的许多艺术家——特别是未婚的——都生活在一个平均由五个人组成的家庭里，两代人甚至三代人居住在同一屋檐下，最年长的男性是一家之主。[7]米开朗琪罗回到了嘈杂的家庭环境中。尽管母亲在他还是个孩子的时候就去世了，但他父亲始终积极地操持着这个家庭。米开朗琪罗有不少于五个兄弟姐妹，其中四个还生活在家里。他的长兄利奥纳多几年前加入了多明我会，而他的妹妹卡桑德拉（Cassandra）和他的三个弟弟博纳罗托（1477~1528）、乔万西莫内（Giovansimone，1479~1548）、吉斯蒙多（Gismondo，1481~1555）则刚刚开始在家庭的庇护下去碰碰运气。

家庭成员之间的关系被扭曲了。对米开朗琪罗和他的兄弟姐妹来说，高高在上的是他们令人敬畏的父亲，57 岁的洛多维科。从法律的角度看，他控制着一切。米开朗琪罗挣的钱，他留着；但如果他在物质上帮助了米开朗琪罗，洛多维科可以合法地要求得到一半的利润。同样，米开朗琪罗没有洛多维科事先许可就不能签订任何合同，甚至没有他父亲的同意就不能立遗嘱。事实上，直到米开朗琪罗 31 岁时，他才从父亲的控制中正式解放出来。至少从法律层面看情况如此。但实际上，事情要复杂得多。

正如他在 1500 年末写给米开朗琪罗的信中所暗示的那样——这封信对米开朗琪罗的财务状况发出警告——洛多维科是一位慈爱的甚至溺爱孩子的父亲。但他同时也把他的次子当作家里主要的经济来源，并期望得到照顾。他把自己想象成一个年事已高的老人，对米开朗琪罗说："我必须先爱自己，然后再爱别人。直到现在，我爱别人胜过爱自己。"[8] 未婚的米开朗琪罗很高兴能回到家庭的怀抱，这是他乐意承担的义务，在这方面，他有点像他的同时代人安东尼奥·柯勒乔，"为了他的家庭……勤奋工作"。[9] 不过偶尔，米开朗琪罗也会抱怨他对家庭的支持没有得到足够的重视。[10]

然而，洛多维科对米开朗琪罗也有一点怀疑，慈爱的神情中隐隐透出一丝不满。他对自己的社会地位感到自豪，对儿子选择如此不稳定的职业则感到遗憾。他有点势利。他声称祖上与美第奇家族有关系，而他的已故妻子与强大的鲁切拉伊（Rucellai）家族和德尔塞拉（Del Sera）家族也有联系。尽管他并不富裕，但他出身于一个靠银行业和布业发家的家族（这很有佛罗伦萨风格），而且这个家族在公共服务方面有悠久的历史。洛多维科本人曾是丘西（Chiusi）小镇的佛罗伦萨政务官（podestà），他在1473~1506年至少有35次出任公职。[11]尽管他觉得从事一份具体的职业有失他的绅士身份，[12]但他曾希望米开朗琪罗在服装业或在法律界有所作为，他似乎很难理解儿子的选择。尽管他很乐意收下米开朗琪罗的钱，[13]但他与家人聚餐时总不失时机地拿儿子选择的职业开涮。不难想象，米开朗琪罗听到类似"如果他是一个银行家会有多好"的讥讽时，大概会缄默不语。

与此同时，可以预见米开朗琪罗与家庭其他成员的关系也是复杂的，既有情感上的亲密，也有压抑的沮丧。他时而高兴，时而埋怨。博纳罗托——后来当选佛罗伦萨的执政官——无疑是他最喜欢的弟弟，但其他的兄弟就另当别论了。乔万西莫内是一个比较难相处的人。尽管他愿意与乔瓦尼·莫雷利（Giovanni Morelli）共同投资，但他显然很懒，不适合做生意。仅仅过了几年，他和米开朗琪罗就因为钱的问题以及乔万西莫内想要榨取父亲的财产一事发生了激烈的争吵。最小的弟弟吉斯蒙多也有类似的癖好，但迄今为止，他一直在幕后。其他更疏远的家庭成员则又是另一回事。尽管米开朗琪罗从未逃避自己的责任，但他也不能免于痛苦，1508年，洛多维科的兄弟去世后，米开朗琪罗毫不留情地把他的伯母称作"那个泼妇"，因为她在丈夫死后试图追回她的嫁妆，从而引发了一场法律诉讼。[14]

### 2. 朋友

家人之后是朋友。对于文艺复兴时期的人来说，友谊的纽带比我们今天想象的更加紧密和亲密。事实上，友谊经常被理想化。对彼特拉克来说，朋友"比黄金更珍贵"[15]：他是"另一个自我"，是良心的镜子，是完美美德的光芒。[16]人们选择理想的朋友只是因为他有内在的优点：社会地位并不重要，而友谊一旦缔结，即使死后也依然存在。[17] 薄伽丘则想象，出于这种亲密无间的友谊，两个朋友——提图斯（Titus）和吉西普斯（Gisippus）——为了彼此的利益，甚至愿意牺牲自己的妻子（至少在新婚之夜）或事业。[18]

友谊也有非常实际的一面。正如公证人拉波·马泽伊（Lapo Mazzei）与普拉托商人弗朗切斯科·迪·马尔科·达蒂尼之间生动的通信所揭示的那样，朋友们既能给予，同时也期待得到物质上的帮助。[19] 例如，马泽伊就如何报税[20]、如何处理债务的催收[21]、如何拟定女儿的婚约[22]等问题向达蒂尼提供了详尽的建议。作为回报，达蒂尼送给马泽伊一份精心挑选的礼物：凤尾鱼[23]、许多酒桶[24]，甚至还有柴火[25]。1355年，彼特拉克也推荐他的朋友"莱利乌斯"，即莱洛·迪·彼得罗·斯特凡诺·托塞蒂（Lello di Pietro Stefano Tosetti），为皇帝查理四世（Charles IV）工作，[26] 而佛罗伦萨大法官科卢乔·萨卢塔蒂在1403年和1405年帮助他的朋友，人文主义者波焦·布拉乔利尼和列奥纳多·布鲁尼，在教廷中谋得职位。同样，圣马可教堂的巴尔托洛梅奥修士（Fra Bartolomeo）教拉斐尔如何正确使用色彩，而拉斐尔则教他的托钵修会朋友透视原理。[27]

然而，更重要的是，友谊——作为交流新闻、见解的框架，并提供零星的帮助——是培养习惯、品味、幽默和观点的环境。焦尔焦内（Giorgione）喜欢"用他的音乐来娱乐他的朋友"，[28] 足可见这里是欢笑与泪水、庆贺与怜悯、劝导与责备的场所，没有朋友的参与，很少有艺术家会成为今天的他们。

米开朗琪罗的朋友们是一个包括三教九流的群体。位于社会等级上端，接近米开朗琪罗自己家族的地位的，是商人雅各布·萨尔维亚蒂，以及后来出任大教堂神父的乔万弗朗切斯科·法图奇（Giovanfrancesco Fattucci）。这些人无疑都很有教养，米开朗琪罗写给他们的信件中充满了优雅、措辞得体的词句；但见面交谈时，却几乎不会拘泥形式。这种友谊通常带有一些愚蠢的玩笑和粗俗的幽默。比如《十日谈》中，薄伽丘写乔托（Giotto）和他的朋友，著名的法学家法雷塞·达·拉巴塔（Farese da Rabatta）在旅途中互相开玩笑的故事，他们一个被雨淋成了落汤鸡，另一个"畸形得像侏儒一样……长着一张塌鼻子的脸，即使和史上最丑的巴龙奇（Baronci）相比，大概也足够令人厌恶"。[29] 米开朗琪罗喜欢开玩笑，会忍不住和他那些有钱的朋友开开玩笑。

然而，这也说明米开朗琪罗最亲近也最长久的朋友大多是社会地位较低的人。像萨卢塔蒂、布鲁尼和布拉乔利尼这样的人文主义者倾向于在他们自己的社会文化阶层中形成紧密（即使偶尔也会闹别扭）的圈子，而米开朗琪罗和那个时代的许多艺术家则不同，他们常常把目光投向自己的专业领域之外。尽管在后来的生活中，他与圣索维诺（Sansovino）、蓬托尔莫（Pontormo）和瓦萨里（Vasari）交朋友，[30] 但在这一时期，除了弗朗切斯科·格拉纳奇和朱利安诺·布贾尔迪尼（Giuliano Bugiardini），他结交的艺术家寥寥无几，尤其不喜与和他同水准的艺术家结交。相反，他更喜欢与多纳托·本蒂（Donato Benti）或米凯勒·迪·皮耶罗·皮波这样的石匠为伴，或者笨拙的托波里诺。他们在工坊或塞蒂尼亚诺（Settignano）采石场一起干活，也经常一起吃午饭，灌同一瓶酒和喝同一碗汤，他们会互相说一些淫秽的故事和街头的笑话。多年后，米开朗琪罗和他的学生兼好友安东尼奥·米尼（Antonio Mini）在罗马相互传递的一张纸，一定程度上记录了他们之间的友谊。米尼画了一只可怕的畸形长颈鹿，而米开朗琪罗则用一幅精美的人体素描反击，画的是一个炫耀肛门的男人。这样的玩闹绝对说不上高尚。试想米开朗琪罗对着他的肛门漫画放声大笑，而《大卫》就在他身后，尚未完工。

3. 工作圈：赞助人、助手和学徒

在家人和朋友的世界之外，米开朗琪罗的大部分社交活动不可避免地与工作有关。但就此而言，我们再次遇到了一种意想不到的混合，既有正式的关系，也有不乏人情味但通常是粗鄙的行为，反映了一种受约束的义务和不敬之习的结合，这是文艺复兴时期艺术家的典型特征。

当然，最重要的是赞助人。这些赞助人中包括大教堂事务会的董事、"终身旗手"皮耶罗·索代里尼和商人塔代奥·塔代伊、巴尔托洛梅奥·皮蒂和阿尼奥洛·多尼。正如现存画像所示，他们都是威严的人，非常清楚自己的地位。尽管索代里尼是个干瘪的老人，腰弯背驼，但他华丽的衣着以及从那鸟喙一样的大鼻子上方射出的锐利目光为其赢得了尊敬。而多尼，一个比他年轻得多、漂亮得多的男子，却摆出一副高傲的姿态，手指上戴的多枚金戒指显示了他的财富。他们自视甚高。尽管米开朗琪罗之前与洛伦佐·德·美第奇关系密切，但在他人生的这一阶段，他与赞助人的关系非常实际。

当然，他的大部分时间都花在了佣金的具体谈判上，比如《大卫》。谈判可能很费事。赞助人不仅习惯性地要求艺术家给他们提供草图或模型，有时还坚持要详尽的合同，偶尔还会在工程的执行或类似的细节上吹毛求疵。[31] 但也有些赞助人会闯进工坊，要求做一些更小、更日常的作品，比如多纳泰罗做的烟囱装饰或柳条箱[32]，或者皮耶罗·阿尔多布兰迪尼（Piero Aldobrandini）后来委托米开朗琪罗制作的青铜刀[33]。艺术家被迫答应，以迎合这些富人和权贵。

然而，无论佣金多少，总是会有麻烦的，当一个赞助人出现在工坊时，人们往往会发出一声叹息，或是咬着牙咕哝着简短的问候。付款尤其困难。在其自传中，切利尼严厉抨击拖欠酬金的现象，[34] 瓦萨里讲述了多纳泰罗因不满一位热那亚商人对账单的无理要求而把一座青铜半身像砸得粉碎。[35]与艺术家的经历相似，小心谨慎的人文主义者弗朗切斯科·菲莱尔福（Francesco Filelfo，1398~1481）——政治家和著名的密码专家——甚至被迫向他的朋友西乔·西莫内塔（Ciccio Simonetta）求助，因为米兰公爵的财务主管在他要求结账时总是敷衍他。[36]

但也可能会有更多琐碎而让人头疼的麻烦。比如，保罗·乌切洛（Paolo Uccello）在画圣米尼亚托（S. Miniato）教堂神父生活的一些场景时，因为修道院院长只给他奶酪吃而愤愤不平。[37]奶酪馅饼、奶酪汤、奶酪面包：总是奶酪。由于"性格温和"，他一开始什么也没说；但过了一段时间，他再也忍不了这种节俭单调的饮食了。乌切洛离开修道院，拒绝在那里工作，直到有更好的食物。

米开朗琪罗有更令人沮丧的经历。完工后的《大卫》被安置在维琪奥宫外，米开朗琪罗正在梯子上作最后的调整，皮耶罗·索代里尼来到现场。索代里尼极具自信，提醒米开朗琪罗，说他怀疑鼻子是不是太厚了一点。米开朗琪罗礼貌地走下梯子"查看"，然后暗暗抓了一把粉末，再次爬上梯子，作出了索代里尼建议的"改变"。他假装用凿子敲打，让粉尘从指缝间滑落。"你再看看。"他对索代里尼喊道。"哦，好多了！"对方回答说，"你真是弄得栩栩如生。"[38]然而，不管他们有多么令人恼火，像索代里尼这样的赞助人还是支付了账单（至少理论上是这样），米开朗琪罗和他的同事不得不保持微笑。

米开朗琪罗与助手和学徒（他们是所有艺术家工坊的重要成员）的关系更为愉快，即便也不总是这样。人们不知道他在1501年和1504年间的工作场地究竟有多大规模，但当他几年后在西斯廷礼拜堂作画时，他的工坊雇用人数在任何时候都不少于12个人。[39]除了托波里诺和格拉纳奇这样的老朋友，与米开朗琪罗一起工作的大多是年轻人，青少年居多，经常和他同住，鱼龙混杂。后来几年，他从罗马写信给他父亲，请求帮助寻找这样一名助手，如此，我们可以了解到在他工坊里和他在一起的是什么样的人。

> 如果您能留意一下佛罗伦萨是否有这样的小伙子，穷人家的孩子，但很诚实，习惯过艰苦的生活，愿意到这里来为我服务，做与这儿有关的一切事情，我会很高兴，如购物和跑腿，业余时间也能学习。[40]

106

这种关系自然是建立在工作基础上的，因此经常会有纠纷，甚至有解雇的情况。米开朗琪罗总是与他的助手发生冲突，有时不得不解雇几个人，理由是手艺差、懒惰，甚至——特殊情况——因为那个小伙子是个"自命不凡的小混蛋"。[41]有时，米开朗琪罗甚至事先就将他们拒于门外：例如，1514年，一位父亲推荐他儿子当学徒，实则作为性玩具而非学徒。[42]

然而，通常情况下，这种关系是亲近的，而且常常是充满活力的。比如，尽管某次波提切利的一个助手由于疏忽大意差点毁掉了他的一幅肖像，波提切利还是积极鼓励人们要有好心情。还有一次，他和一个名叫雅各布的学徒捉弄他的学生比亚焦（Biagio），在比亚焦的一幅画上把纸帽子粘在天使身上，使他们看起来像可怜的老人。[43]看似简单，但孩子般的娱乐有助于活干得更快更好。

4. 直接交易或登堂入室

在这一切之上，也许最常被历史学家忽略的，是大量偶然的、几乎被遗忘的社会交往，它们支撑着基本的生活状态。这些交往也构成了一个类似的圈子，就像我们可能认为，我们的邻居，当地的店主，甚至邮递员是我们今天日常生活的松散圈

107 子的一部分。与现代世界一样，在社会生活的这个领域，几乎没有正式或理论的手段来管理这种交往模式，但与众多的商人、市场摊贩和仆人打交道的重要性不应被低估。米开朗琪罗的信件——通常由商店或贸易商转交给家人——有很多是要付账单或下订单的请求，有时是需要蜡和纸，有时是需要衬衫和鞋子。质量和价格一直是人们关注的主要问题，但公平竞争和体面的感觉也同样重要。从米开朗琪罗的信件中，我们可以隐约看到关于老市场的一些闲聊，或者商店里的愤怒争吵，这些争吵会打扰他的生活，并影响他对自己在更广阔的城市环境中所处位置的看法。

在文艺复兴时期的佛罗伦萨这样一个有社区意识的社会里，还有一些邻居是值得考虑，而且事实上是不容忽视的。尽管在历史学家看来，这些超越了家人、朋友、客户和工坊的界限的更为世俗的社会交往常常被隐藏起来，但它们偶尔也会显露端倪。虽然在某些情况下这些交往无疑是和谐的，但我们所掌握的证据却指向类似肥皂剧的东西。例如，当一名织布工搬到波提切利的隔壁时，他勃然大怒。这名织布工把家当工坊，每天都有不少于 8 台织布机在工作。噪声震耳欲聋，更糟的是，织布机的震动将墙壁震得摇摇欲坠。波提切利很快发现自己无法工作。怒不可遏。波提切利冲上楼，把一块大石头放在自家屋顶（比织布工家的屋顶高）上，大声说，如果震动不停，石头就会砸下来。由于害怕被压死，可怜的织布工别无选

108 择，只能妥协。[44] 尽管这件事可能有些极端，但毫无疑问，米开朗琪罗必须处理类似的问题。

\* \* \*

正如米开朗琪罗的社交圈所暗示的那样，也许并没有一个

清晰的、整体的画面来概括这位文艺复兴时期艺术家所处的社会。那是一个不断变化、相互重叠、环环相扣，有时甚至相互冲突的社会网络。正式的义务与理想化的关系共存，低俗的笑话与愤怒的争论及习以为常但不真诚的谀词并存。对家人和朋友的责任同样与跟学徒或紧张或有趣的关系相互作用，并随着赞助人因素的加入，跨越了阶级和社会地位的界限。文艺复兴时期的艺术家，如米开朗琪罗，总是"身不由己"，总是被这样或那样的趋向所牵引，总是受一个群体的品位、另一个群体的性情和第三个群体的要求的影响。

最重要的是，这些不断变化的关系、义务和价值观在这一时期的艺术中熠熠生辉。一方面，总有一个明确的概念性、创造性的联系。米开朗琪罗在《神圣家族》中描绘的马利亚、约瑟夫和圣婴基督及吉贝尔蒂雕刻在洗礼堂门上的青铜像《以撒的献祭》(*Sacrifice of Isaac*)都隐含着家庭观念，甚至家庭生活的矛盾经历；从波提切利的一幅狡黠、略带轻蔑的自画像，以及《三贤朝圣》(*Adoration of the Magi*，图 5)中科西莫、皮耶罗①、乔瓦尼·德·美第奇②的形象，我们可以窥见艺术家对他的赞助人的依赖和双方之间紧张的关系；友谊的重要性体现在塔代奥·加迪(Taddeo Gaddi)将"友谊"形象化，添加到圣十字大教堂的巴龙切利小圣堂(Baroncelli Chapel)壁画所描绘的美德之中；工坊式玩笑的价值不仅体现在瓦萨里笔下的许多艺术家素描上，也体现在大型艺术作品中许多有趣的细节上，反映了艺术家和助手之间往往富有成果的关系。但另一方面，在艺术品背后，这些社交圈的影响也在发

109

---

① Piero di Cosimo "il Gottoso" de' Medici，绰号"痛风者"，科西莫之子，1416~1469。——编者注

② Giovanni di Cosimo de' Medici，科西莫之子，1421~1463。——编者注

挥作用。艺术的生产本身或多或少就是由对家人、朋友、赞助人甚至助手的义务推动的；正是在这些社会关系的大熔炉中锤炼出来的价值观形成了艺术生产的形式。

## 妇 女

关于米开朗琪罗这一时期的社交圈构成的证据中，最引人注目的也许是，他的社交界被描绘成了一个男性主导的世界。除了他那个难以捉摸的妹妹卡桑德拉（她的出生日期显然不确定）、他那"泼妇"似的伯母和家庭女管家，其他女人几乎都是看不见的。他似乎与她们没有任何关系。

在某种程度上，米开朗琪罗 1501~1504 年的故事在这方面并不出彩。这并不是说米开朗琪罗所谓的对女性不感兴趣在当时是个普遍现象。事实恰恰相反。大多数艺术家，包括愤世嫉俗的皮耶罗·迪·科西莫，要么结婚，要么热情不减地追求风流韵事，拉斐尔就是这样。[45] 米开朗琪罗也没有比其他艺术家更远离女性。考虑到她们占城市人口的 50%，日常生活中很自然到处都遇到女性，一个艺术家，不论对女性的魅力多么无动于衷，都无法避免与女性互动，无论是在家庭内部还是外部。然而，关于米开朗琪罗这一生活阶段的文献资料中几乎没有女性的身影，这反映了文艺复兴时期对性别的建构，以及女性在男性主导的书面文化中的反映。

女性通常被置于一种混合着虔诚的理想主义、家长式的优越感和法律上的厌女症的视角之下。对于许多诗人和文学家来说，她们绝对是弱者。即使在写一部特别为赞扬女性成就而设计的作品——《仕女录》（*De mulieribus claris*，1374）时，乔万尼·薄伽丘也觉得有必要指出，鉴于女性天生和重大的性别局限，颂扬杰出女性是必要的。事实上，他们所声称的这些成就都是在他们假定的"男性"特征的基础上获得的。"如果我们承认，无论什么时候，只要人们用赐予他们的力量做了伟大的事情，他们就值得称赞，"薄伽丘问道，"那么当女子——几乎所有的女人天生都有柔软、脆弱的身体和迟钝的头脑——表现出男子气概，（并）显示出非凡的智慧和勇气时，她们应该受多大的赞美呢……？"[46]

　　这种完全符合当时宗教意识的观点在法律条文中得到了表达。在结婚之前，像米开朗琪罗的妹妹卡桑德拉这样的年轻女孩完全听命于她的父亲，她的作用和地位取决于家庭需要。在这个城市最富有的家庭里，受过一点教育的女孩被看作进行有利的家族联姻的棋子，但除了在语言、音乐和舞蹈方面受过一点训练，很少有人重视学习。"书本知识"是男人的专长。[47]在不太富裕的家庭中——可能包括米开朗琪罗缺失了母亲形象的家庭——未婚女孩不过是一个没有工资的仆人。教育并不是最重要的，而保罗·乌切洛的女儿"掌握了一些绘画知识"，这就让人有些吃惊。[48]在大多数佛罗伦萨家庭中，人们期望女儿不仅要帮助做繁重的家务，而且要在很小的时候就为家庭收入作贡献。例如，她可能要去市场上卖农产品，操作织布机，或者和她的母亲一起纺羊毛。然而，最重要的是，她们必须保护最宝贵的财产：她们的童贞。在这方面，女性形象的隐形是意料之中的。

　　婚姻是女人的终极目标：事实上，在文艺复兴时期，这是一个女孩生来的目标。从法律上讲，女孩12岁以后任何时候都可以结婚，但女孩结婚的年龄很大程度上取决于她家庭的社会经济地位。如果她出身贵族家庭，她的家庭就会在她13~15岁的时候安排她嫁给一个合适的丈夫，总是以追求门当户对为目标，并按惯例准备一份令人满意的嫁妆。女孩在这件事上很少有选择余地。事实上，女孩对婚礼的任何安排都没有发言权：1381年，乔瓦尼·达梅焦·德尔·本尼（Giovanni

111

d'Amergio Del Bene）抱怨未来儿媳对绸缎礼服的追求"过于奢侈"，并要选一件更适合她未来的丈夫安德烈亚·迪·卡斯泰洛·达·夸拉塔（Andrea di Castello da Quarata）的衣服。[49] 尽管这个可怜女孩的母亲对这段婚姻并不满意，但乔瓦尼认为她的行为"古怪"而且有失体面。[50] 在社会地位较低的家庭，女孩往往稍微大一点就结婚了。但即使如此，也很少有女孩在选择丈夫方面有什么发言权，许多女孩发现嫁给了比自己年长得多的男人。在佛罗伦萨的婚礼上，新郎一般要比新娘大 12 岁。

112 　　如果说有什么区别的话，那就是女性的法律地位在婚后实际上进一步恶化了。与意大利几乎所有其他城市一样，佛罗伦萨的市政法规剥夺了已婚妇女订立合同、花费自己的收入、出售或赠送财产、立遗嘱，甚至在未经丈夫同意的情况下选择墓地的权利。合法分居几乎是不可能的，离婚根本不被承认，即使是在家暴和明显通奸的情况下。

　　与此同时，一个年轻的已婚女子也会发现自己受制于佛罗伦萨社会苛刻的要求。公众都期待她把自己完全奉献给家庭，尤其是奉献给丈夫。关于这一切，我们可以从威尼斯人弗朗切斯科·巴尔巴罗（Francesco Barbaro）的《妻子职责论》(*On Wifely Duties*)一书中窥见一斑，此书是他在 1416 年老洛伦佐和吉内芙拉·卡瓦尔坎蒂（Ginevra Cavalcanti）结婚的时候送给他们的。

　　在巴尔巴罗看来，要有一桩值得称赞的婚姻，妻子有三项必要的职责："爱丈夫、为人谦逊、操持家务。"[51] 其中最重要的也许是第三项，因为妇女"天性软弱"，所以特别适合第三项。[52] 这是一项艰巨的任务。像吉内芙拉这样高贵的女人应该管理家务，特别是要恰当地指派仆人，任命"头脑清醒的管家"，安排用人的食宿，以及管理家庭账目。[53] 除此之外，还有儿童教育，尤其是女童教育。在不那么显赫的家庭里，包括洛伦佐·吉贝尔蒂和保罗·乌切洛等艺术家的家庭，但尤其是在底层家庭，人们期望妻子承担一切责任：做饭、打扫、洗衣、织补，以及她丈夫可能指派的任何其他这类杂活。倘若需要钱，妻子也可能被迫从事某种卑微的职业。尽管女帽和花边的制作一直是女性的专属，但大多数女性仅限于从事纺纱、洗衣、护理等工作，或者在餐馆和酒馆里找份工作，又或者像莫娜玛格丽塔（Mona Margherita）那样，做博纳罗蒂家庭长期的女管家。不管她们做什么，工资都很低。

谦逊是一种更为复杂的义务，但同样受到严格的约束。对巴尔巴罗来说，一个妻子应"穿着并重视所有好看的衣服，这样一来，不仅她自己的丈夫，其他男人也会喜欢并高兴"，[54]而实际上她不得不忘记自己的品味。米开朗琪罗的同行们显然也有同样的看法。例如，佩鲁吉诺（Perugino）非常喜欢他妻子穿漂亮衣服，所以"他经常亲自给她穿衣服"。[55]而他的妻子对于强加给她的优雅而端庄的服装如何看待并没有被记录下来。巴尔巴罗声称，谦逊也同样适用于"行为、言谈、衣着、饮食以及"——把最好的留到最后——"性爱"。[56]甚至在生育（婚姻就是以此为目的）过程中，女人也要维护自己和丈夫的美德。理想情况下，她做爱时也应有所遮掩——穿着整齐。不用说，性的谦逊应该包括对丈夫的绝对忠诚，这是不容置疑的。正如马泰奥·帕尔米耶里所表达的，即使最轻微的不忠暗示也应该被视为"最严重的耻辱"，应当施以"当众羞辱"。[57]

爱情也同样严格。像米开朗琪罗可怜的妹妹卡桑德拉这样的女人，被强加的"爱情"观念远非今天的浪漫爱情，而是在几乎所有意义上都等同于屈从。正如巴尔巴罗所说，女人应该"以极大的喜乐、忠诚、深情来爱她的丈夫，使他除了勤勉、爱心、亲善，再无所求。让她对他如此亲近，没有丈夫，她就什么都不会称心如意"。[58] 显然，这意味着任何情况下都不能抱怨。巴尔巴罗认为，妻子"必须非常小心，不要因为听到传言就心生怀疑、嫉妒或愤怒"。[59] 如果丈夫喝醉了，或者犯了通奸，或者把家庭收入浪费在赌博上，她只能微笑着继续生活。

然而，如果男人找到抱怨的理由，情况就完全不同了。薄伽丘不遗余力地赞扬虚构的格里塞尔达（Griselda），因为她娴静地忍受着丈夫几乎是例行公事般的羞辱。[60] 这个故事来自 1494 年"格里塞尔达故事大师"（Master of the Story of Griselda）为装饰一所房子而设计的三幅系列绘画（现存于伦敦国家美术馆）。殴打和家庭暴力被公众接受，甚至得到鼓励。比如，佛朗哥·萨凯蒂（Franco Sacchetti）在他的《故事三百篇》（*Trecentonovelle*）一书中轻快地指出，"好女人和坏女人都得挨揍"。[61] 虽然有妇女在遭受暴力后向法院请求赔偿的记录，但这类案件很少见。

如果这幅画是可信的，那么焦尔焦内 16 世纪早期的一幅《老妇人》（*Old Woman*，藏于威尼斯美术馆，图 6）更是为我们提供了动人的画面，描绘了米开朗琪罗时代佛罗伦萨许多妇女的命运。焦尔焦内的模特可能已经五十多岁了（但也可能更年轻），她生活中有太多的劳累和压迫。一顶可怜的布帽勉强盖住她那稀疏的头发，发丝一缕缕地垂在干瘪、布满皱纹的脸上。她眼睛灰黄，有眼袋，嘴张得大大的，露出许多缺牙的地方。她身上简陋的粉色长袍和白色披肩质量很差，随意的穿着表明希望已经不复存在。她指向自己，手拿一幅卷轴，上面写着"col tempo"（时间流逝）。如果有来自手工艺家庭的女子看到这幅画，她们就会知道，这就是她们临死时的样子和感受。

然而，与文艺复兴时期的许多理论一样，这一理论与现实并不完全相符，尽管 1501~1504 年米开朗琪罗的生平记载中没有女性的身影，但种种迹象表明，她们在日常生活中扮演的角色要比瓦萨里和孔迪维（Condivi）的传记所描述的更为多样。[62]

虽然受到法律的限制，但妇女经常发挥许多经济职能，特别是当她们成了寡妇之后。[63] 有时，可以发现已婚女子在她们丈夫的工坊里承担一些行政事务，佛罗伦萨档案馆的许多记录表明妇女参与了雇用工人、支付工资和记账这一类工作。更重要的是，我们发现女性用自己的名义经商。她们利用信贷机会，进行了多次大额采购；她们借贷，根据自己的意愿订立遗嘱。同样，在某些行业中，也有已婚妇女充当助产士、放债人和工匠的例子。在创作《大卫》期间，米开朗琪罗与女性在生意上有很多往来，在以后的生活中，他称赞科妮莉亚·科洛内利（Cornelia Colonelli）很好地管理了她已故丈夫乌尔比诺（Urbino）的事务。

同样，女性越来越多地表现出受过相当程度的教育和拥有相当程度的学识。尽管出身卑微，主要关注家庭事务，科妮莉亚·科洛内利仍是米开朗琪罗晚年最忠实的通信者之一。她们也经常以独立的文化角色出现。尽管近年来学者们越来越重视女性作为文学艺术的自主性客户，但我们必须认识到，女性也越来越多地扮演着创造性主体的角色。几年后，我们可以看到，米开朗琪罗的爱慕对象维多利亚·科隆纳不仅迷人，而且口才好，文采极佳。像伊莎贝拉·德斯特（Isabella d'Este）这样的贵妇人开始被视为具有创造性的大胆的思想家。甚至米开朗琪罗也鼓励女性从事自己的职业。作为一个长者，他热情鼓励索福尼斯巴·安圭索拉（Sofonisba Anguissola）继续绘画，并得到了她父亲由衷的感谢。[64]

婚姻也不完全是巴尔巴罗描绘的顺从的玫瑰床。比如，薄伽丘的故事里有很多头脑发热、完全独立的新娘惩罚她们的

116

丈夫的例子，从文学作品中也不难找到其他例子来证明同样程度的女子自主性，尤其是在处理家庭事务方面。例如，在给伊尼戈·达瓦洛斯（Iñigo d'Avalos）和卢克雷齐娅·阿拉格莫（Lucrezia Alagmo）的一封充满诗意的信中，相当粗鲁的弗朗切斯科·菲莱尔福注意到了这一点：

> 妻子……喋喋不休，丈夫便听不进。她痛骂女仆。她诬告仆佣：地产经理耕地太迟。她说，谷仓坏了，酒变质了。从来没有片刻的安宁。她先发牢骚，然后又抱怨仆人贪睡。她明知是好事非说是坏事。她对什么都不满。妻子在哪方面都很贪婪。她想家里堆满金钱。[65]

这样的妻子听起来令人生畏，不过她也绝对不会对丈夫卑躬屈膝。有迹象表明，米开朗琪罗的"泼妇"伯母可能正是这种类型。

同样，在婚姻生活中，谦逊和爱的义务并不总是得到严格遵守。尽管佩鲁吉诺喜欢给他的妻子穿衣服，但女性可以而且也确实是时尚的主要代表，她们常常穿着大胆，甚至可以说带有挑衅意味。

在 15 世纪和 16 世纪早期的不同时期，像意大利的许多其他城市一样，佛罗伦萨引入了专门限制女性衣着过于大胆和奢华的立法，这既是对那个时代女性恣意大胆的品味的证明，也是对公民政府偶尔失之偏执的证明。例如，1433 年，执政官建立了一个地方法院来"限制女性服饰"，并强调防止女性用挑逗性服饰来刺激城市男性的必要性。新任官员要"约束女人野蛮的、无法抑制的兽性，她们不考虑天性的脆弱，而是放纵她们堕落和恶魔的天性，她们用甜蜜的毒药强迫男人屈从于她们。但是，让女人拥有这么多昂贵饰品，是不符合自然规律的……"。[66] 同样，在 15 世纪 90 年代，萨沃纳罗拉猛烈抨击女性奢侈品，在他的授意下，"小混混"——一群街头劫掠的男孩——随意侵害穿着不"体面"的女性。[67] 在 1498 年 2 月 27 日萨沃纳罗拉的"虚妄之火"（Bonfire of the Vanities）中，大量"不雅"服装、皮毛和其他饰品被扔进了火堆。

撇开萨沃纳罗拉及禁止奢侈的立法不谈，毫无疑问，女性常常不顾一切，着装既时尚，又不乏挑逗意味。事实上，偶尔甚至也会超越调情的界限。在他的一首更活泼有趣的诗中，一向心胸开阔的乔瓦尼·焦维亚诺·蓬塔诺（Giovanni Gioviano Pontano）觉得有必要开玩笑地要求某个名叫赫尔迈厄尼（Hermione）的女士把自己的胸遮起来：

> 我，已经被寒冷的岁月冻结，
> 你热得不舒服。所以
> 我告诉你，给闪亮的乳房穿上胸衣，
> 给你的胸脯套上像样的笼头。
> 那些白皙的乳房，那些裸露的乳头
> 为何要带着它们到处跑？
> 你说"亲吻这些乳房，
> 抚摸这些闪光的乳房"，这是真的吗？[68]

118

这样的诗句会让人联想到皮耶罗·迪·科西莫笔下热那亚贵妇西莫内塔·韦斯普奇（Simonetta Vespucci，1453~1476）打扮成裸体克利奥帕特拉（Cleopatra）的画像（图 7）。据说她是风华绝代的美人，米开朗琪罗年轻时一定有所耳闻。

虽然米开朗琪罗在他人生的这个阶段可能真的对女性没有什么浪漫的兴趣，但他的传记作者对女性的沉默应该被谨慎对待。和米开朗琪罗与女性的实际交往相比，对女性适当角色的建构似乎更充分地说明了这种沉默。尽管当时最普通的法律和家庭观念要求女性（尤其是已婚女子）几乎隐而不见，但很明显，她们在文艺复兴时期的城市生活和文艺复兴艺术家的生活中都扮演着十分突出和多样化的角色。

确实，作为妻子、母亲和女儿，她们在米开朗琪罗这样的艺术家的家庭生活中很活跃，有时甚至是主要人物，承担着繁重的责任，受到法律约束，但她们也给家庭生活带来了变化，并在经济和创作灵感方面起了重要作用。在某些情况下，她们本身就是独立的经济角色，对男性艺术家来说，她们要么是不可忽视的令人敬畏的商人，要么是收支相抵的"合伙人"。但更重要的是，她们也远非一味谦逊和压抑：她们是时尚的引擎和激情的发电机。即使没有正式"解放"，她们也完全意识到性的存在，意识到自己的女性身份，并非常愿意追求自己想要的快乐。

虽然焦尔焦内的《老妇人》代表了女性生活经历的一个特征，但在米开朗琪罗的佛罗伦萨，女性所扮演的不同角色也反映在她们以多种多样的方式出现在艺术中。的确，如果认识不到女性在文艺复兴时期社会中的地位超出了法律和社会习俗的严格限制，有些作品是难以理解的。正如许多艺术家所认识的那样，女性不仅刻板地被视为性对象或稳定的苦力，也被视为意志坚强、自信、自制的人。

米开朗琪罗同时代人的作品充分说明了这一点。虽然桑德罗·波提切利的《埃斯梅拉尔达·布兰迪尼的肖像》(*Portrait of Esmeralda Brandini*，现存于伦敦维多利亚与艾伯特博物馆)表现的是巴尔巴罗所描述的端庄可敬的主妇形象，但他的《朱迪斯归来》(*Return of Judith*，现存于佛罗伦萨乌菲齐美术馆)和《年轻女人肖像》(*Portrait of a Young Woman*，现

存于法兰克福施塔德尔艺术馆）揭示了社会图景的复杂性。在
《年轻女人肖像》（图 8）中，主人公西莫内塔·韦斯普奇美得
令人着迷，穿着最时髦的衣服，精心设计，别出心裁。她头发
上插的羽毛有一点异国情调，几乎看不到传统佛罗伦萨禁奢法
的痕迹。同样，她脖子上挂着的"尼禄之印"① 首饰也体现了
她的学识和人文品位，而她用辫子围成的"项链"似乎表明，
她是唯一能够约束自己的人。她是一个有自制能力的女人，本
身就是一个文化使者，一个大胆的时尚先驱。而在《朱迪斯归
来》（图 9）中，同样的特征更加明显。虽然在《圣经》中朱
迪斯形象经常被认为是贞洁、公正和刚强的象征，因为她砍了
淫欲和骄横的亚述将军霍罗佛内斯（Holofernes）的头，波提
切利为她回到以色列人民当中的场景赋予了一种女性独立甚至
是性自主的含义。在侍女的陪同下，波提切利的朱迪斯有着惊
人的美丽，但也完全掌控着自己的女性气质。尽管她是"弱势
女性"中的一员，但她手持一把"阳刚之气"十足的利剑，迈
着大步，非常自信，无论男性的目光多么淫荡或专横，她都能
控制住自己。她是自己的主人，显然不受任何人的干扰。假如
米开朗琪罗的"泼妇"伯母恰好在她竭力从她的夫家亲戚手中
抢回嫁妆时看到这幅画，你可以很容易地想象她挥拳并喊叫：
"姐妹，好样的！"或者至少是这个意思。

### 家　　居

就像米开朗琪罗与从贵族到贫民等来自不同社会群体的
人交往一样，他和他的邻里居住的房屋揭示了家庭生活模式的
多样性及丰富性，从崇高到卑下，包罗万象。只有一点是一致
的，那就是现实与我们惯常的认识截然不同。

───────────────

① 　Seal of Nero，古罗马的一块著名玉雕，曾被皇帝尼禄占有。——译者注

### 1. 豪宅

121

可以肯定的是，米开朗琪罗对佛罗伦萨名门望族富丽堂皇的宅邸并不陌生。十年前，他住在美第奇-里卡迪宫，1501年回到佛罗伦萨后，他又重新认识了这些宏伟的建筑。为博取有影响力的赞助人的青睐，享受有权势的朋友的陪伴，他会在豪宅①周边待上很长一段时间，或坐在外面的"班基"（banci，即木凳或石凳）上，或在相对私密的内院中漫步。"班基"一般安置在豪宅外边，供访客等待他们的赞助人时歇息。例如，他肯定会去参观塔代奥·塔代伊"最宽敞、最美丽"的府邸——位于当时的基诺里大街（via de' Ginori），就在美第奇宫后面——并讨论一座描绘圣母子和施洗者约翰的浮雕的委托事宜，以及去巴尔托洛梅奥·皮蒂位于奥尔特阿尔诺的有点过时的宫殿——后来被美第奇家族买下并扩建——为一个类似的项目作最后的安排。

豪宅的唯一作用就是给人留下深刻印象。建造豪宅的成本高得令人难以置信，它"完全没有投资效益"，[69] 只是用来美化业主的财富，正如莱昂·巴蒂斯塔·阿尔贝蒂在他的建筑专著中所解释的那样。[70] 因此，即便最简朴的宅邸也往往非常高大气派。一座典型的15世纪中叶的佛罗伦萨宅邸有三层，却和现代十层建筑一样高。同样，宫殿式建筑最好的一个例子——斯特罗齐宫（Palazzo Strozzi）的面积是华盛顿特区白宫的两倍多，真是令总统官邸相形见绌。[71]

但当时的豪宅并不是它们现在外表看起来的那样。今天在佛罗伦萨可以看到的比例和谐的建筑通常是很久以后的、文艺复兴之后重建的产物，掩盖了散布在文艺复兴时期佛罗伦萨各

---

① Palazzo（单数）、Palazzi（复数），指文艺复兴时期意大利城市兴建的豪华气派的宫殿式宅邸。——译者注

处的数百座"宫殿"的真实面貌。

豪宅的外观尤其容易误导人。虽然它们规模宏大，但实际上可容纳的人并不太多，而且只包含少量适合居住的房间。在大多数情况下，每座豪宅只供一个核心家庭居住。因此，一般宅邸包括大约 12 个可居住的房间，大部分位于"主层"（piano nobile），即二楼。然而，每个房间的空间都很大。用一位历史学家的话说，文艺复兴时期豪华宅邸的主要特点是"围绕一个中等大小的核心房间，私人空间奢华膨胀"。[72] 这些房间的大小可以在多梅尼科·吉兰达约为新圣母马利亚教堂的托尔纳博尼礼拜堂（Tornabuoni Chapel）所作的壁画《圣母诞生》（*Birth of Mary*）中看到（图 10）。

然而，最具误导性的是现存的一些较为著名的宅邸给人留下的秩序井然的印象。从建筑上看，宫殿式豪宅并不是为单一住宅目的服务的紧凑的建筑结构，直到 16 世纪中期，这类豪宅都是令人十分困惑的建筑。即便在最简单的层面上，佛罗伦萨建筑实践的混乱本质也意味着，通常很难确定一座宅邸的起点和终点。例如，14 世纪末，帕戈洛·迪·巴库乔·韦托里（Pagolo di Baccuccio Vettori）发现，他家宅邸的构架与他邻居家的交织在一起，以至于他无法确定他的房产和邻居房产的分界线。[73]

即使在功能层面上，佛罗伦萨的宅邸也相当混乱。尽管"主层"及二楼以上的房间几乎都是用来住的，但一楼的大部分空间往往可以用于不同的用途，直到米开朗琪罗去世的时代，豪宅才整合成更紧凑的住宅结构。在 14 世纪和 15 世纪的大部分时间里，宅邸有几道临街的拱门是很常见甚至是标准的，这些拱门被用作商店的入口。即使对最自大的人来说，家庭生活也总是伴随着在他们自己的院墙内进行交易的声音和气味，宏大的宅邸实际上与街道融为一体。

## 2. 博纳罗蒂之家

尽管——可能也因为——佛罗伦萨的名门望族经常把他们的住宅称为"宫殿"，但我们有时还是很难将一幢较小的豪宅和一幢较大的私人住宅区分开来。尽管规模上确实存在差距，但富人的房子在许多方面与望族的宅邸相似，像会计师米凯勒·迪·诺弗里·迪·米凯勒·迪·马托（Michele di Nofri di Michele di Mato，1387~1463）——他对住家的描述可能是唯一留存下来的记载——这样的专业人士正是在有意识地模仿权势者的生活方式并建造他们的住所。[74] 的确，房间的特征和家具的款式如此相似，以至于人们自然注意到，"将不同社会阶层的物质世界视为互不相关的独立实体是一种误导"。[75]

在米开朗琪罗的童年时代，博纳罗蒂家族在佛罗伦萨居住过这样的房子，他可能在 1501 年和 1504 年间又回到了这里。1508 年 3 月 9 日，他还将以 1050 大佛罗林的价格购买三套这样的住宅。[76] 与他的赞助人的宫殿一样，它们都是嘈杂的场所。如同会计师米凯勒的房子，博纳罗蒂的宅邸也坐落在众多的店铺、客栈、商场之间，周遭环境甚至更糟。离今天的威尔第剧院（Teatro Verdi）只有几百米远的地方就有斯丁兹监狱，这座监狱以关押犯了凶杀和叛国罪的死囚闻名。在寂静的夜晚，你可以想象，远处受刑者的哭喊声夹杂着马粪和烂菜的恶臭，弥漫在街上。

在街面之上，会计师米凯勒的房子有 9 个房间。[77] 二楼有一间客厅兼接待室、一间主卧、一间书房和一间次卧。考虑到文艺复兴时期对夹层的偏爱，而且米凯勒自己的描述亦相当混乱，我们很难精准地确定其余楼层的布局。不过很明显的是，三楼主要是个大厨房（有个大火炉），有一个门廊和一个露天平台。四楼有两三个房间，包括一间仆人房和一间储藏室兼餐具室。撇开房子的布局不谈，米凯勒能够根据功能来区分不同的房间，这一点很能说明问题。在之前的几个世纪里，为了一个固定的目的而使用一个特定的房间是不常见的，房子的任何区域都可以用来承担许多不同的功能。直到米凯勒买下房子的年代，有的房间才被专门用来做饭和吃饭，[78] 像"书房"这样的室内空间也得到了明确定义。

　　米凯勒的住宅最具特色的还是它的内部物件。随着房间定义日益清晰，人们对室内装饰产生了一种新的态度。卧室、厨房和书房的确立使得人们需要更多的、越来越特殊的家具，以匹配不同房间的功能。椅子、桌子和箱子变得越来越普遍，尤其是放在主层的家具越发精致。橱柜在今天如此普遍，以至于很容易被忽略，但它们是那时才开始流行起来的，且最初是作为奢侈品。米凯勒还列举了一种带装饰板的长沙发，以及一个可能刷过漆的大柜子。这些不仅证明了有钱人家内部空间的日益"家庭化"，而且证明了舒适和装饰成为人们主要关心的问题。

　　然而，最能说明问题的是武器的存在。与家具的普及所带来的安全与稳定的印象相反，从米凯勒的描述中可以清楚地看出，文艺复兴时期的住宅仍然容易受到暴民的袭击，或者陷入破坏性的骚乱之中。像他的贵族朋友一样，米凯勒确保关键位置安放着许多武器，尤其是刀剑。在书房楼上的夹层里，他也藏了一些武器。然而，他特别想强调的是，大门旁边就藏着一堆武器。这说明中产阶级家庭是多么不堪一击，文艺复兴时期许多关于理想家庭的论述都强调家是保存武器的最佳场所。[79] 舒适需要花钱，钱会带来风险，风险需要武器。

　　3. 工匠之家

　　虽然米凯勒的住宅能很好地反映米开朗琪罗家房屋的性质和他未来的财产，但它几乎不能说明他的大多数朋友和其他艺术家在 1501~1504 年是如何生活的。虽然提请人们注意物质

125

文化（餐具、宗教用品等）某些方面的延续性是合理的，但会计之家和工匠之家是有天壤之别的。那些与米开朗琪罗最亲近的人——比如托波里诺和皮耶罗·皮波——以及许多艺术家，可能会以一种更低调的方式生活。就连非常成功和著名的艺术家多纳泰罗也选择住在"科科莫罗街（Via del Cocomero）的一所简陋的小房子里，靠近圣尼科洛（San Niccolò）女修道院"。[80]

126

大多数工匠居住的房子自然与宫殿或豪宅有很大不同，然而它们之间存在一些共同点。它们正是米开朗琪罗从奥尔特阿尔诺前往卡尔米内圣母大教堂途中所见到的那些建筑。这些房子设计粗糙，从外面看（或闻）可能比从里面考察更容易。地面是用夯实的泥土或宽木板铺成的，简单而肮脏。屋子几乎没有窗户，甚至好几个世纪以来都只是靠木头百叶窗来抵挡风雨，偶尔使用粗铁条或格栅来防止不速之客的侵入。

这样的房子又暗又臭。只有几个小门洞和窗户，房间小，光线也很差。通风条件也因而不甚可控：窗户和门开着的时候，空气能很好地流通，但关上门窗，抵御恶劣天气的效果并不好。炎热的夏天里，有时可以使屋里保持相对凉爽，但在冬天，要把酷寒挡在外面就很困难。这是个严重的问题。大多数家庭只有一种既可做饭又可取暖的炉子，通常设置在一楼大房间的中央。由于需要生火做饭，房子的其他部分并无暖气，而门窗上挂着的布幔是唯一的保暖材料，这使得冬天的几个月里，房子的大部分地方都冰冷刺骨。但越要保暖，屋内空气就越差。

对于许多工匠，如织布工或纺纱工来说，一个逼仄的小家

127

也是一个作坊。在有些情况下，房子的底层被用作特定行业的车间，而楼上则作为不同功能的生活区。但更普遍的情况是，通常没有什么能把车间和住家分开来。例如，当米开朗琪罗回

到佛罗伦萨时，他同时代的皮耶罗·迪·科西莫就住在离新圣母马利亚教堂不远的一座房子里，并在那里工作。[81] 也是在完成《大卫》后不久，大教堂事务会为米开朗琪罗建了一座房子，为他给大教堂雕刻十二使徒提供方便，可以想象，他可能在那里居住过。[82]

　　文艺复兴时期典型的工匠住房环境拥挤而嘈杂。比如，当米开朗琪罗最终离开佛罗伦萨去博洛尼亚工作时，他告诉弟弟乔万西莫内，他曾在最糟糕的环境中生活过，被迫与他的三个助手睡一张床（家里只有一张床）。[83] 这暗示许多艺术家——尤其那些不如米开朗琪罗富有的人——住的房子非常像沙丁鱼罐头，更说不上隐私和秩序了。

　　但最糟糕的是，那会是一个臭烘烘、肮脏不堪的地方。饭菜的怪味、汗淋淋的身体和四处溜达的动物……清洁自然是个大问题。许多报道显示，在泥土地面、被褥简陋的房子里做家务尤其辛苦，而洗衣服更是一件特别麻烦的事情。由于最近的水源往往就是一口井，为附近几十户人家供水，洗衣服多半成了一种社交活动。家庭主妇和管家婆会聚在一起，冲洗衣服污垢、交换流言蜚语、谈婚论嫁、互相辱骂。把水拧干后，"洗净"的衣物被铺在草地上晾干，或者更有可能是在佛罗伦萨城区里，搭在破旧房屋之间临时拉起的绳子上。在佛罗伦萨这样一个人口稠密、肮脏、尘土飞扬的城市里，不难想象，洗过的衣服比脏衣服干净不了多少。

　　一般来说，简单的实用主义意味着身体清洁不是普通人优先考虑的事情，洗个热水澡是一种罕见的奢侈。同时代的记述很少提及洗浴，它被描述为一种仅限于上层人士的活动（对他们来说，这通常是一种仪式或社会交往），或者是局限于澡堂里的活动。那时的澡堂散布在较大城镇周围，后来被认为是疾病传播和卖淫的窝点，到 17 世纪早期，大部分被关闭了。大

128

多数情况下，佛罗伦萨那些收入一般的男女如果想给人留下美好印象，他们会偶尔洗洗手，用水抹一下脸。在文艺复兴时期的佛罗伦萨，体味成为识别社会地位的主要标志，这也许并不奇怪。但值得注意的是，直到很晚，大多数人实际上讨厌保持清洁，即使他们本已"一贫如洗"。例如，在 1500 年得知米开朗琪罗在罗马生活的艰难境况后，父亲洛多维科写信给他，提供的建议表明了当时人们的态度。"要谨慎而明智地生活，"他劝告说，"注意保暖，千万别洗澡；身上擦擦，别洗澡。"[84]

### 健康和疾病

考虑到佛罗伦萨许多居民区的拥挤和不够卫生，疾病是日常生活中不可分割的一部分，洛多维科敦促米开朗琪罗回家时，多半注意到他身体不好，这正说明了当时的环境状况。

尽管米开朗琪罗长寿（他活到了 89 岁），但他一生中却患过许多疾病，其中大部分是由生活条件和饮食引起的。小时候，他有点病恹恹的，[85] 成年后也经常头痛脑热。洛多维科 1500 年提到米开朗琪罗肋部肿胀疼痛是一种预兆。在给西斯廷礼拜堂作画时，他得了甲状腺肿（他认为多半是喝了伦巴第的脏水造成的）。[86] 到 1516 年，他开始为疾病使他无法工作而感到惋惜。[87] 当他在罗马步入晚年，身体状况真的开始恶化了。他的脸像只"装了老骨头的麻袋"，呈现一副可怕的样子；他患了白内障，甚至无法入睡。[88] 更糟糕的是，他得了前列腺炎，很痛苦，老要上厕所，晚上睡觉时不时会醒来。

尿尿！我就知道——哩哩啦啦
硬让我一早醒来，
黎明还在躲猫猫……[89]

就在他写这首自嘲诗的时候，他病得很重，朋友们开始为他的生命担心。[90]

米开朗琪罗的情况在他那个时代当然并不罕见。从留存的肖像画看，疾病的高发率是显而易见的，在文艺复兴时期，人们也普遍迷恋怪诞事物。列奥纳多·达·芬奇的一个怪诞女人的素描——后来被荷兰艺术家昆廷·马西斯（Quentin Matsys）创作成一幅完整的肖像画——很可能是对佩吉特骨病（骨骼增大和变形）患者的描绘；人们猜测，波提切利的《一位青年男子的肖像》（*Portrait of a Young Man*，华盛顿国家美术馆，图 11）中，人物特有的手势暗示着早发性关节炎。同样，马萨乔在布兰卡契礼拜堂的壁画《用影子治病的圣彼得》中清楚地表现了一个跪着的人，他因先天性疾病而残疾，双腿萎缩。

130

虽然并不是所有疾病都像毁容、变形那么严重，但疾病在文艺复兴时期的佛罗伦萨十分猖獗，米开朗琪罗自己的经历就是一个证明。在一定程度上，恶劣的生活条件可能对人们的生活造成严重破坏，对经济条件好的社会精英而言也是如此。例如，1476 年 4 月，出名的美人西莫内塔·韦斯普奇死于肺结核，年仅 22 岁，潮湿的环境如果不是导致了病发，至少也很可能加剧了她的病情。还有一些症状较轻但仍然是创伤性的、由生活环境引起的疾病。饮食不当经常会导致泌尿或肾脏问题，类似于米开朗琪罗的经历；眼睛感染尤其常见，白内障——米开朗琪罗也患此疾——很普遍，最常发生在老年人身上，有时会有意想不到的严重后果。根据瓦萨里的说法，皮耶罗·德拉·弗朗切斯卡"60 岁时因患白内障而失明"。[91]同样，水肿也并不陌生，它经常由营养不良引起，还夺去了米开朗琪罗的朋友雅各布·蓬托尔莫（Jacopo Pontormo）的生命。[92]不用说，虽然不致命，蛀牙也是个严重的问题，将切利尼折磨得够呛。[93]

在这个城市肮脏拥挤的居民区，每年都有大量的疾病夺走数百人的生命。大街上偶尔也会有毁容的麻风病人，他们不顾禁止入城的长期禁令，溜达进城，并晃动铃铛警告路人避开他们。然而，家是主要的发病地点。冬天，潮湿、寒冷的房子是支气管炎、肺炎和流感发作的理想环境。婴儿和老人尤其脆弱，死亡甚多。高温闷热的夏天，水源不洁导致痢疾肆虐，而食物在高温下变质所导致的腹泻则是儿童的致命疾病。此外还有许多其他疾病造成佛罗伦萨人生活的灾难。

维罗纳医生吉罗拉莫·弗拉卡斯托罗（Girolamo Fracastoro）在其著作《传染病》（De contagion，1546）中将斑疹伤寒描述为一种持续的威胁。佛罗伦萨的穷人只有几身衣服，而且长期无法保持房屋的清洁，因此虱子一直侵扰他们，他们对斑疹伤寒毫无抵抗力。当流行病暴发（时常发生），它会以惊人的速度从一户人家传播到另一户人家，从一个家庭传播到另一个家庭。在人口密集的恶劣环境中，斑疹伤寒可以在很短时间内消灭数百人。米开朗琪罗的《大卫》雕塑工作始于意大利暴发最严重的斑疹伤寒之前，这场流行病从 1505 年一直持续到 1530 年。

同样，疟疾成了令人沮丧的生活常态，尤其在佛罗伦萨和费拉拉这样的地区，众多的沼泽和湖泊为传播疟疾的蚊子提供了理想的家园。特别是夏天，疟疾会对城市发动猛攻。男女工人常常露天工作，对疾病如何传播所知甚少，他们经常成为受害者。疟疾有时会要人命。亚历山德拉·斯特罗齐（Alessandra Strozzi）在信中写道，她儿子马泰奥（Matteo）在感染该病后不到一个月就去世了。[94] 更多的时候，这种病仅仅让人痛苦、消沉和乏力。本韦努托·切利尼是意大利最著名的患者之一，他很可能青年时期在比萨首次患病，但他将该病归咎于"不健康的空气"。[95] 后来的发病让他精神错乱而"胡言乱语"，无意中冒犯了曼图亚公爵（Duke of Mantua），[96]

131

132

这使他既不能工作又感到恐惧。[97]

　　然而，就在米开朗琪罗回到佛罗伦萨开始创作《大卫》之前不久，欧洲发现了一种新的疾病，它不太容易成为传染病，但同样严重。因为哥伦布和那些跟随他到美洲的人，梅毒在15世纪90年代首次出现在欧洲，很快蔓延开来。1497年，医生试图对米开朗琪罗的赞助人阿方索·德斯特（Alfonso d'Este）的病情进行诊断，结果令人困惑不解。该病也夺去了一位名叫弗朗切斯科二世贡扎加（Francesco II Gonzaga）的曼图亚侯爵（marquis of Mantua，1466~1519）的性命。1503年，他与卢克雷齐娅·博尔贾（Lucrezia Borgia）开始了一段风流韵事。这种疾病引起恐慌，不仅因为人们对它不熟悉，而且因为它会产生可怕的后果。正如吉罗拉莫·弗拉卡斯托罗所说的那样：

　　　　大多数情况下，性器官开始出现小溃疡……接着，皮肤上出现结痂的脓包……脓包越长越大，最后长到橡子大小……接下来脓包溃烂侵蚀皮肤……有时不仅感染皮肉，甚至烂到骨头。如果这种病是在上半身发作，病人就会得恶性黏膜炎，侵蚀上颚、小舌、咽喉或扁桃体。在某些情况下，嘴唇或眼睛会溃烂，在另一些情况下，整个性器官都烂掉……除了以上所有症状，更严重的是，肌肉会有剧烈的疼痛，日夜不断地折磨患者，这是所有症状中最令人痛苦的。[98]

133

　　梅毒的突然出现和神秘的病因使佛罗伦萨的公众感到困惑和恐惧，似乎这种传染病只能理解为来自上帝的惩罚。但真相并不复杂。梅毒主要通过性接触传播，它在文艺复兴时期城市拥挤不堪的房屋中找到了理想的归宿。随着频繁的贸易往来，城市妓院的生意兴旺起来，人们（毫不夸张地说）趋之若鹜。虽然梅毒可能会发生在任何地方，但在佛罗伦萨较贫穷的区域，则是一种不可避免的可怕现象。

但迄今为止，文艺复兴时期佛罗伦萨最严重的疾病是淋巴腺鼠疫。从1348年鼠疫出现的那一刻起，它就成了佛罗伦萨人生活中常见而可怕的特征。这种疾病经由跳蚤从老鼠传染给人类，在城市污秽的街巷和混乱的道路上找到了完美的滋生地。在没有任何特效药物的情况下，加上居民区拥挤和不卫生的状况，疾病迅速蔓延，往往产生毁灭性的结果。历史学家估计，大约30%的佛罗伦萨人死于黑死病，之后发生的疫情经常导致成百上千人死亡。[99]虽然1374年和1383年的疫情似乎没有那么严重，但以1400年为例，鼠疫据说夺去了12000人的生命，仅7月就有5000余人丧生。[100]

米开朗琪罗和文艺复兴时期的艺术家们都非常清楚这种风险。例如，在他完成《大卫》后仅仅4年，瘟疫就在博洛尼亚暴发，并产生了特殊的病毒，米开朗琪罗和他的朋友之间频繁来往的信件告诉了我们这一点。正如瓦萨里所报道的，1510年，焦尔焦内在与无意中染上此病的"某位女士"调情时，成了瘟疫的受害者。[101]米开朗琪罗的弟弟博纳罗托1528年10月死于瘟疫。更重要的是，艺术家们常常心惊胆战。切利尼和博洛尼亚妓女福斯蒂娜（Faustina）的女仆睡觉之后，也染上了类似的病，他害怕自己会染上瘟疫。[102]每个角落都潜伏着死亡；或者，在某些情况下，每张床上都有死亡。

### 性与欲望

尽管不断受到疾病的威胁，文艺复兴时期的家庭生活仍然"性趣盎然"，正如梅毒发病率所表明的那样，毫不夸张地说，尽管有宗教情结和道德偏见，家庭是欲望的工作间。哪怕米开朗琪罗本人在他生命的这个阶段似乎对性（男性或女性）没有什么欲望，但他确实被性包围着，这势必会影响他的人生观。

1. 婚前性行为

无论锡耶纳的圣贝尔纳迪诺（San Bernardino）这样的教会道德家多么不愿意，性行为绝对不局限于婚姻关系，米开朗琪罗的社交圈里肯定充斥着婚前性关系。

虽然有禁忌，但几乎可以预料，未婚男人会偶尔放纵一下。许多与米开朗琪罗差不多同时代的人的行为说明了这一时期人们在性事方面的典型态度。例如，拉斐尔从来没有考虑过婚姻，他恋情不断，"不加节制"。[103] 更糟糕的是菲利波·利比修士。据报道，尽管利比是神职人员，但他"非常渴望得到一个他想要的女人，如果可能的话，他愿意付出一切"。确实，据瓦萨里说——

> 他欲望如此强烈，一旦欲火燃烧，他就无法集中精力工作。正因如此，有一次，当他在科西莫家里为科西莫·德·美第奇做事时，科西莫把他锁在室内，这样他就不会到处游荡，浪费时间。被囚禁了几天之后，菲利波修士坐立不安，更确切地说，肉欲难忍，一天晚上他拿起剪刀，用床单做了根绳子，从窗户逃出去，连续几天寻欢作乐。[104]

女孩也如此，她们的风流韵事与男性不相上下。事实上，年轻女性的性体验如此盛行，以至于1428年，贝卢诺（Belluno）地区颁布了一条法令，规定20岁以上的女性除非有确凿的证据证明自己是贞洁的，否则不能被认为是处女。[105]

这种行为可能多此一举，但也有更邪恶的一面。婚外强奸（或轮奸）大多由男子实施，这是日常生活中一个令人苦恼的普遍现象。例如，有无数贫寒的女子在穷乡僻壤被男子劫持

性侵的报道，建立育婴堂的其中一个目的就是照顾大批因强奸
出生而被遗弃的私生子。更可怕的是针对女童的性侵案的高发
率。1495~1515 年，"49 名被定罪的强奸犯中，超过三分之一
侵害了 6~12 岁的女孩，强奸案受害人至少有一半年龄为 14 岁
或以下；还有许多儿童被诱拐或被鸡奸"。[106]

### 2. 婚姻

当然，性爱的典型环境是婚床。尽管一些相当极端的男作
家，如马里奥·菲莱尔福（Mario Filelfo），甚至在婚姻中也
提倡独身，[107] 但生育通常被认为是所有女性的主要职能，生孩
子被认为是婚姻的目标。因此，很自然，性应该是婚姻生活的
一个主要特征。但是，尽管女性受制于"婚姻债务"，应该拒
绝以愉悦而非生育为目的的"非法"性行为，但很明显，已婚
夫妇通常享受着积极而令人兴奋的性生活。甚至在他年老的时
候，蓬塔诺还能给他的妻子阿里亚娜（Ariane）写一首诗，讲
述他们晚年健康的性关系。

> 我的妻，你老伴多么快乐，
> 爱和信任是我们贞洁的床，
> 你让我永葆青春，
> 把老人的忧虑抛于脑后，
> 帮助我战胜衰老，
> 白发翁歌唱青春的激情；
> 仿佛青春的火焰又燃烧，
> 你既是初恋，又是新人，
> 激情涌起，冲锋陷阵，
> 我要煽起那些古老的火焰。[108]

米开朗琪罗的父亲洛多维科也有同样的想法。1485 年 5

月第二次结婚后，他很高兴自己重回夫妇性行为的世界。

在这种背景下，当时的宗教教义规定，男人总被认为要处于上位，性仅限于最基本的活动。口交是绝对禁忌，到 15 世纪下半叶，异性恋的鸡奸行为尤其被列在性侵犯的前列。[109] 但正如我们所预料的那样，实际情况真的大不相同。尽管在某种程度上，贝卡代利（Beccadelli）的评论的直接背景与婚姻无关，但是他的相关观点可以被认为充分反映了文艺复兴时期的婚姻性行为情况。他不仅是一个谨慎的女性上位主义者，[110] 而且他也高度评价性行为的多样性。[111]

然而，已婚夫妇沉溺于这种夫妻间的欢乐到什么程度，倒是一个相当引人注目的问题。即使在"中产阶级"家庭，普通的家庭生活的本质并不是完全以隐私为导向的。文艺复兴时期的房子又小又窄，几代人住在同一个屋檐下，很多人挤在一个房间里。无论夫妻之间发生了什么，即使没有被看到，几乎肯定也会被其他人听到——从孩子、仆人到学徒和房客。因此，尽管羞耻是妻子谦逊伦理的一个组成部分，但家庭日常生活中的性行为几乎不可能有什么羞耻。

138

3. 婚外性行为

然而，婚姻并不意味着忠诚。已婚男子的不忠行为如此普遍，几乎成了生活的一个既定事实。即使是像蓬塔诺这样忠诚的丈夫也痛苦地意识到，婚姻可能会变成一件令人厌烦的事情，爱妻的性吸引力可能会减弱。[112] 人们习惯性地移情别恋。弗朗切斯科二世贡扎加与卢克雷齐娅·博尔贾的绯闻，以及朱利亚诺·德·美第奇对西莫内塔·韦斯普奇的色欲是社会精英扭曲的性生活的典型例子，但也有很多其他情况存在。女仆和女奴是已婚男人最常见的欲望对象。《大卫》完成几年后，因为想到"年轻女孩在床上可以比老女人更好地服侍男人"，米开朗琪罗的弟弟博纳罗托才同意妻子找一个年轻女仆料理家务的要求，他显然以为他妻子会容忍这种明目张胆但相当普遍的家庭通奸行为。[113]

已婚女性也被认为"对精液有强烈的渴望"，[114] 而婚外性行为的诱惑几乎是不可抗拒的。女人——尤其是已婚女子——的性欲几乎是众所周知的，许多男性作家对妻子忠诚的能力感到绝望。正如多梅尼科·萨比诺（Domenico Sabino）在《论妻子的便利与不便》（*On the Conveniences and Inconveniences of Wives*，1474）的对话中所写的那样，"在低洼的平原上保卫一座未设防的城堡，远比保护妻子不受淫欲之扰容易"。他哀叹道："事实上，几乎不可能保护每个人都渴望的东西。"[115] 女性通奸如此普遍，以至于克里斯托福罗·兰迪诺（Cristoforo Landino）觉得可以公开嘲笑他的朋友"独眼"宾多（Bindo）戴上了绿帽子。可怜的宾多似乎过得特别艰难。

> 那有什么奇怪的呢，马可？如果只有一只眼睛，
> 你无法让通奸者远离你的妻子。
> 从前，约诺尼安·阿尔戈斯有一百只眼睛，
> 但他的仙女他也没守住多久。[116]

即使把他那个放荡不羁的妻子托付给神职人员照看，也不能抱什么希望，因为他们会像其他人一样乐意满足她，使她快乐。正如兰迪诺所说，她只是"一只托付给狼的羔羊"。[117]

在文艺复兴时期的佛罗伦萨，女性通奸的普遍可以从它在同时代文学中的地位来判断。例如，在《十日谈》中，薄伽丘就以激情满怀的妻子对丈夫不满并成功地使戴了绿帽子的丈夫出乖露丑的故事来挑逗读者。

在一个大致从卢修斯·阿普列乌斯（Lucius Apuleius）的《金驴记》（*Metamorphoses*）衍生而来的故事中，一个名

叫佩特罗内拉（Petronella）的美丽迷人的女人嫁给了一个贫穷的泥瓦匠。当她的丈夫外出打工时，她吸引了年轻的吉安内洛·斯克里尼亚里（Giannello Scrignario）的注意，他们很快开始了一段恋情。[118] 偷情带来了巨大的快乐，但有一天，当她丈夫意外回家时，她吓坏了。担心丈夫会发现她的秘密，头脑灵活的佩特罗内拉赶紧把吉安内洛藏在浴缸里，而她去开门。他刚跨进门槛，她就开始数落他贫穷，一边强调自己的不幸，一边泪如雨下。为了安抚妻子，泥瓦匠告诉她，他已经解决了缺钱的问题：他要卖掉吉安内洛正藏身其中的那个大浴盆，换 5 个银币。一瞬间，佩特罗内拉开始了进攻。他怎么能卖得这么便宜呢？她说，她找到了一个愿意付 7 个银币的男人！她指着浴缸对丈夫说，他们说话的时候，客户——吉安内洛——正忙着在里面检查浴缸。吉安内洛心领神会，爬了出来，告诉佩特罗内拉和她丈夫，他很乐意买下浴缸，条件是把浴缸里的污垢清除掉。泥瓦匠很高兴，马上表示要把污垢刮干净，然后便爬进去开始干活。当她的丈夫正忙着刮污垢时，佩特罗内拉斜靠在浴缸边，好像在指点他干活，而吉安内洛"就像一匹发情的种马骑上了帕提亚母马……从背后满足了年轻人的激情"。[119] 完工后，厚脸皮的吉安内洛让可怜的泥瓦匠帮他把浴缸搬回家。

140

在另一个故事中，麦当娜·菲利帕（Madonna Filippa）事实上被丈夫里纳尔多·德·普利耶西（Rinaldo de' Pugliesi）在她年轻英俊的情人拉扎里诺·德·瓜兹扎格里奥蒂（Lazzarino de' Guazzagliotti）的怀里抓了现行。[120] 里纳尔多压住当场杀死她的念头，赶到市政当局告发他妻子通奸，并确信他有足够的证据将她定罪并处死。然而，当法院开庭时，麦当娜·菲利帕耍了个聪明的花招。她迫使丈夫承认，她心甘情愿地答应了他在性方面的任何要求，然后她问了法官一个尖锐的问题。"如果他需要多少就拿多少，或者说想要多少就只拿多少，"她问，"我该怎么处理盈余呢？把它扔给狗？我把它送给一位比他更爱我的先生，而不是让它变质或浪费掉，这不是更好吗？"[121] 旁观者笑得前仰后合，地方官不得不承认她说得有道理，并释放了她，这让她尴尬的丈夫懊恼不已。如何处理这些"盈余"，显然是米开朗琪罗时代佛罗伦萨的许多妇女所关心的问题。

### 4. 卖淫

141

卖淫是城市生活的一个重要特征。不管米开朗琪罗在雕刻《大卫》时多么纯洁，但当他走过佛罗伦萨的街道，他所遇到的妓女数量之多丝毫不影响他对性的态度，这还是相当令人难以置信的。事实上，妓女在当时许多最杰出的文学家和艺术家的日常生活中扮演着重要的角色。显然，贝卡代利频繁光顾妓院，几乎上瘾，他的《阴阳人》是对他最喜欢的妓女的赞歌。切利尼也是妓院的一个热心客户，他显然认为花钱买性服务太平常了，所以在《自传》中承认自己的冒险行为，一点也不感到羞耻。同样，薄伽丘的《十日谈》至少有两个故事是专门讲卖淫的，其中一个隐晦地讲述了为物质利益而操纵性行为的现象。[122]

与婚内性行为一样，对卖淫的看法也充斥着双重标准。当然，官方是严格禁止卖淫的，文艺复兴时期的意大利城市一开始就承认卖淫是对公共道德的冒犯。妓女在 1266 年和 1314年被驱逐出威尼斯，1327 年被驱逐出摩德纳（Modena）。[123]但尽管如此，视卖淫为一种必要之恶却是强大的传统。圣奥古斯丁（St. Augustine）和圣托马斯·阿奎那（St. Thomas Aquinas）都认识到，既然男人的欲望之杯总是会满溢，那么在一个性受挫的社会里，为了防止淫乱或鸡奸的蔓延，卖淫活动是必要的。文艺复兴时期的立法者倾向于认同卖淫，菲拉雷特·菲莱尔福（Filarete Filelfo）甚至在他的理想城市——

"斯福尔扎城"（Sforzinda）的规划中设计了一家大型公共妓院。

尤其是佛罗伦萨，该城相对早地接受了性交易，然后又接受了对性交易的管制。起初，宽容多少有点勉强。到 1384 年，执政官们已经承认妓女的存在，但要求她们穿着特定服饰（喇叭裤、高跟鞋、手套），即既要表明她们是一个独特的群体，又要表明她们是欲望"蔓延"的源头。[124] 出于同样的原因，起诉也时有发生。[125] 然而，在 20 年内，卖淫进一步融入社会，尽管性工作者仍被禁止在某些区域从事性交易，但控制——而不是歧视——成为主流态度。1403 年 4 月 30 日，该市成立了一个名为"感化院"的地方机构，专门负责监管妓女事务。[126] "感化院"最初位于圣克里斯托法诺（S. Cristofano）教堂内，在卡采奥里街和大教堂广场的拐角处；到了米开朗琪罗的时代，"感化院"已经在稍往南一点的地方，也就是现在被称为维科洛德尔奥内斯塔（Vicolo dell'Onestà）的巷子里，靠近圣弥额尔教堂。从此，八人委员会规定至少设立三家公共妓院（在 1403 年和 1415 年），并负责妓女的"注册"。仅仅 30 年后，76 名妇女登记成为政府批准的妓女（她们大多数是外国血统），[127] 妓女按特殊的税率缴税，以帮助支付佛罗伦萨日益增长的开支。此外，妓女还能提供宝贵的法律服务。在某些情况下，如果一名女子以没有得到满足为由向法院请求取消婚姻，那么她可以请一名妓女来证明她那不幸的丈夫性无能。

到 1566 年，卖淫已被广泛接受，老市场的公立妓院被三位特别受人尊敬的市民买下并继续经营，这三位市民是基亚里西莫·德·美第奇（Chiarissimo de' Medici）、亚历山德罗·德拉·托萨（Alessandro della Tosa）和阿尔比耶拉·斯特罗齐（Albiera Strozzi）。[128] 前一年，威尼斯甚至出版了一份《威尼斯受尊敬的杰出妓女名录》（*Il Catalogo di tutte le*

142

143

*principale e più honorate cortigiane di Venezia*），完整包含她们的姓名和地址。

　　然而，在米开朗琪罗所处的佛罗伦萨，性产业的规模被"感化院"充满希望的行为所掩盖。到 1501 年，在佛罗伦萨操业的妓女人数远远超过"官方"数字，毫无疑问，无照的私人妓院比比皆是。这种状况甚至可以通过当时的艺术窥见一斑。例如，弗朗切斯科·德拉·科萨（Francesco della Cossa）为费拉拉的希法诺亚宫（Palazzo Schifanoia）创作了作品《四月》（*April*，图 12），画中衣着暴露的妓女在赛马节招摇过市，一位年轻的绅士和一个孩子注视着她们。对"非法"卖淫的起诉仍不断进行，而有大量记录表明，男人相当公开地将他们的妻子和女儿卖为娼妓。[129] 正如贝卡代利对妓女乌尔萨（Ursa）的热情所展示的那样，这些女人不仅成了性伴侣，而且成了朋友，成了灵感的来源。

　　5. 同性恋

　　然而，米开朗琪罗时代佛罗伦萨异性性行为的放纵，不应掩盖这一时期同性恋关系的普遍现象。尽管他对此讳莫如深，但值得注意的是，人们对米开朗琪罗晚年的性取向提出了不少疑问。[130]

　　就像婚前性行为和婚外性行为一样，同性恋通常被认为是一种十恶不赦的罪恶，人们用惊讶和恐惧的语气谈论它。同性恋性行为通常与手淫和兽交联系在一起，经常受到像波焦·布拉乔利尼（将它比作通奸 [131]）这样的平信徒以及当时教会人士的攻击。脾气暴躁的锡耶纳的贝尔纳迪诺（1380~1444）①尤其给予强烈谴责。1424 年，在圣十字教堂举行的一系列大斋节（Lenten）布道中，贝尔纳迪诺列举了佛罗伦萨最容易犯下的罪

---

　　①　即前文提及的圣贝尔纳迪诺，于 1450 年封圣。——编者注

行，在他的九次布道中，至少有三次是专门讲鸡奸的。他开始时比较温和，仅追溯了佛罗伦萨同性恋的起源，讲述了 14 世纪中期该城人口的减少。[132] 但是，当他最后一次布道时，贝尔纳迪诺已经义愤填膺、满腔仇恨。他谴责鸡奸罪和那些试图将鸡奸犯从监狱释放的人，他喊道："烧死他们！他们都是鸡奸犯！如果你想帮助他们，你就犯了大罪！"[133] 他的言辞铿锵有力，以至于会众冲到外面，点起篝火，要烧死城里的同性恋者。

尽管贝尔纳迪诺的布道因其对同性恋极度不满而引人注目，但他却基本上代表了教会的立场，以及佛罗伦萨政府对这种"瘟疫般的恶习"的态度。该市的治安官对同性恋持非常负面的态度。1432 年，当局建立了一个特别的地方法院——"夜间审判庭"（Office of the Night）[134]——来根除同性恋，该城对那些被判有同性恋行为的人施加严厉的刑罚，并允许使用各种惩罚手段，甚至包括死刑。就在地方法院成立之前不久，一个叫雅各布·迪·克里斯托法诺（Jacopo di Cristofano）的人因鸡奸两个男孩而被判有罪：罚款 750 佛罗林，判处当众鞭刑，并烧毁房子（如果他有房子的话）。[135] 这类指控层出不穷。在"夜间审判庭"活跃的 70 年间，估计大约有 17000 人被指控鸡奸罪。佛罗伦萨被描述为"在任何前现代城市中对同性恋活动进行了最广泛、最系统的迫害"，这并非没有道理。[136]

但是，就像性活动的其他领域一样，法律和道德上的严厉约束或许更多反映了同性恋活动的普遍存在，而不是其他。事实上，佛罗伦萨当局表现出某种程度的官方的虚伪以及双重标准。

虽然同性恋者在 15 世纪和 16 世纪早期遭到了逮捕和无情的指控，但他们受到的对待并不像法律条文所描述的那样严厉。虽然"夜间审判庭"存在期间有 17000 人——包括列奥纳多·达·芬奇——被控鸡奸，但只有不到 3000 人被判有罪，而那些受

145

到惩罚的人得到的实际惩罚比本可以判处的刑罚要轻。

在某种程度上，这与以下事实有关：大多数"同性恋"行为实际上是由已婚的，或用今天的话来说自认为是"直男"（straight）的男性实施的。与其说这是一个性偏好问题，不如说是一个性冲动问题。许多男人太好色了，他们并不把自己的欲望对象局限于一种性别。例如，在多梅尼科·萨比诺关于妻子的对话中，埃米莉亚（Emilia）这个人物观察到，"男人不满足于女仆、情妇或妓女，还追逐青年男子，以满足他们狂野的欲望"。[137] 我们也可以看到，贝卡代利的《阴阳人》讨论了异性性行为和同性性行为，却没有意识到已婚男人应该把自己限制在其中一种性行为上。

在某种程度上，它也与同性恋群体内部的差异有关。1564年，同性恋中占多数的老男人通常被罚款 50 斯库多（scudi d'oro）①，判处两年监禁，而年轻的被动伴侣通常被鞭打 50 下，这反映了当时人们对主动伴侣和被动伴侣、老情人和年轻情人之间所作的道德区别。[138] 如果能找到一个更宽容的理由，法官们似乎乐于抓住机会从轻发落。

但在相当大的程度上，佛罗伦萨的法官们时常愿意对他们理论上强烈谴责的同性恋行为视而不见，这是文艺复兴时期人们对柏拉图式友谊概念的热情使然。通过对柏拉图《会饮篇》（Symposium）的评论，马西利奥·斐奇诺——米开朗琪罗的年轻朋友——成功地使男人之间在智力上和精神上的亲密友谊这一概念获得了新生，这个概念在佛罗伦萨人文主义者圈子里迅速流行起来，被称为"柏拉图学园"（Platonic Academy），[139] 这多少有些误导人。虽然这种亲密关系主要被定义为两个追求理想的灵魂相互接近，但它被赋予了独特的身体维度，这一点

①　佛罗伦萨发行的一种金币。——译者注

并不罕见。在《论爱情》（*De amore*，1484）一书中，斐奇诺认为，同性间的性吸引是真正的柏拉图式友谊不可分割的一部分，他甚至认为，男人之间的爱几乎比男女之间的爱更自然。[140]因此，同性恋和男性同性关系被赋予了一种智力上的正当性，这就在一个官方反对同性恋行为的社会环境中原谅甚至促进了同性恋行为。斐奇诺本人经常被怀疑是同性恋，米开朗琪罗在这个问题上吸收了他朋友的一些思想，这是很明显的。

确实，法律和道德规范与性现实如此不同，佛罗伦萨的"夜间审判庭"似乎不仅把精力更多地放在了对强奸的处罚和对男妓的监管，而不是消除同性恋行为上，还采取了一种务实的宽容态度。在佛罗伦萨复杂而高智商的同性恋世界里，那些彼此忠诚的男人偶尔会被"夜间审判庭"的人视为"已婚"，尤其是如果他们曾在教堂里对着《圣经》发誓。确实，有证据表明，在意大利中部的一些地方，同性婚姻甚至在礼拜仪式中得到祝福，我们有理由相信，在佛罗伦萨也可能发现类似的做法。[141]

事实上，人们有充分的理由不仅要宽容，还要鼓励这种同性恋关系。稳定的伴侣关系通常会受到家庭的欢迎，因为他们认识到同性"婚姻"可能和异性婚姻一样对社会有利。只要这门亲事安排得巧妙，就会带来利益、保障和财富。朋友们经常接受同性婚姻，虽然那时还没有形成所谓的"亚文化"，但同性恋关系的形成是男人们在工作和商业世界中增进彼此利益的强大工具。

\* \* \*

尽管米开朗琪罗在 1501~1504 年对性明显淡漠，但是那时佛罗伦萨的氛围充满了性能量。火花四溅。不顾法律和道德的约束，人们从小就耳濡目染。失意的青年男子、精力充沛的年轻女子、无聊的家庭主妇、徘徊不定的丈夫，似乎从来没有放弃同他人一起娱乐的机会，或者选择了纵情于城市里各种各样的妓院。如果说还有什么特别之处，那就是男人之间的同性关系和当今世界的一样普遍和活跃。在文艺复兴时期狭小的室内，没有——确实没有——隐私可言。

## 工坊世界

随着《大卫》雕像逐渐成形，米开朗琪罗的工坊也活跃起来。这位脏兮兮、经常蓬头垢面的艺术家身上满是大理石灰尘，身边围着一堆人，反映着周遭对他生活的影响和关注。

148

每天都有所不同，但每天都展现相似的问题。每天开始工作的时候，他都会满怀喜悦地拿起凿子，为自己能挣到足够的钱来养家糊口而感到高兴，但由于担心洛多维科的年龄越来越大，以及想起父亲不断的冷嘲热讽，他也会感到沮丧。一天之中，切削和打磨的工作会时不时被打断。有时，助手讲了个下流的笑话，他会突然哈哈大笑起来。过了片刻，或许有个商人气冲冲地上门来讨账，他不禁皱起了眉头。他挥挥手，不理会质询，答应过一两天付款；商人一边喃喃自语，一边答应耐心等待。

到中午，米开朗琪罗已经饿坏了，很高兴能有机会和那些意外来访的朋友一起吃个午饭。他们喝点酒，聊聊天。有人抱怨他的邻居；有人说他新居的家具；也有人——一个瘦削的中年银行家，长着一口烂牙——担心妻子不忠贞。

米开朗琪罗从餐桌旁站起来继续干活，刚干了一会儿又想起心事来。不知什么原因，他老是想起那天在教堂里遇到的一个年轻人。那种天真、挑逗的微笑萦绕在他的脑海。但腰部突然一阵疼痛使他回到了现实：他的健康没有好转。最好能把事情做完，他想：拖延没有意义。

他仔细看看"大卫"的肩膀，停了下来。有些不对劲。他 149
昨天要求把这个部位打磨一下，但有人——学徒——疏忽了。还
得再加工。浪费时间。米开朗琪罗从梯子上下来，大步走到助手
们站着的地方。他们围着的工作台上爆出一阵笑声。有人——一
个负责打磨的 16 岁左右的小伙子——在讲他前一天晚上去妓
院的事情，其中的细节非常吸引人。米开朗琪罗一出现，笑谈
停止了。艺术家要求对干活马虎作出解释。无法解释。毫无疑
问，这个男孩不学好，他得走人。米开朗琪罗不再发火，他叹
了口气，让男孩去收拾东西。

又开始干活，但心神不定。剩下的时间不多了。光线越来
越暗，米开朗琪罗的肩膀开始疼痛。他的雕刻有点乱。他精力
不够了。他又慢慢地从梯子上下来，站远一点看着雕像。他抚
摸着凌乱的胡子，想着如何对付右手。这是一个棘手的问题。
过几天大教堂事务会就要来验收了，他知道必须让他们满意。
这只手对整个雕像来说至关重要。不过，至少他还有几张草图
可以给他们看。他耸了耸肩，放下凿子和锤子，拿起外套。今
天不想再干了。

他走到街上。天渐渐黑了，但到处都很热闹。他大步走过
一幢豪宅，看见还有客户在等着某个赞助人；附近有个憔悴的
老妇人在向一群叽叽喳喳的年轻姑娘兜售幸运符。他继续往前
走。他太累了，别的事都不想做了。他就想早点回家，躺在床
上。他想要睡觉。明天的事明天再说。

事情就这样继续下去。工坊——米开朗琪罗生活的枢纽—— 150
是艺术生产的中心，但它也是社会生活的节点，是所有支配着
日常生活的顾虑和烦忧的场所。在某种意义上，与其说它是一
个工坊，不如说它是文艺复兴时期艺术家的"世界工坊"。观
察日常生活的纷纷扰扰，我们可能会发现，艺术不仅是一种高

尚的、抽象的创造，而且是一种被家庭生活的烦恼、友谊的欢乐、生意的困扰、病痛的折磨和相互冲突的欲望冲动笼罩着的事业。正如米开朗琪罗的工坊所展示的那样，文艺复兴时期的艺术比我们熟悉的那些概念所表现的要丑陋得多，但也要普通、人性化得多。

## 第五章　恋爱中的米开朗琪罗

1532 年秋，米开朗琪罗在位于罗马的马塞尔德科尔维街区（Macel de' Corv）的家中工作。自从 28 年前完成《大卫》，他的生活就是由一连串不间断的艺术成就组成的，1512 年完成西斯廷礼拜堂天花板画作之后，接二连三的任务使他不得不在家乡佛罗伦萨和永恒之城 ① 之间不停穿梭。然而，使他在那年秋天回到罗马的是一个旧项目。他暂时放弃在佛罗伦萨圣洛伦佐教堂的工作，前往南方重新商谈教宗尤利乌斯二世之墓的设计合同，他 1505 年就接手了这一项目，但至此仍未完成。

一天下午，米开朗琪罗在修改他的陵墓设计时，一个名叫皮耶罗·安东尼奥·切基尼（Piero Antonio Cecchini）的默默无闻的雕塑家来看他。[1] 他是一位值得信赖的老朋友，觉得米开朗琪罗在罗马的房子随时向他敞开大门，经常来和米开朗琪罗聊天。尽管人们对他的生平所知甚少，但他似乎是个好人，米开朗琪罗当然很高兴地迎接他的到来。但当皮耶罗·安东尼奥跨进门槛时，米开朗琪罗发现，分散注意力原本是一种愉快的消遣，现在却成了意外的惊喜。

跟往常不同，似乎皮耶罗·安东尼奥并非一个人来。[2] 他带来了一个年轻的朋友——托马索·德·卡瓦列里。皮耶罗·安东尼奥把两人撮合在一起，也许是再自然不过的事了。考虑到托马索一家住在离现在的银塔广场（Largo Argentina）不远的地方，他们实际上是邻居。更重要的是，卡瓦列里家族祖辈是著名的古典雕塑收藏家，而托马索也特别喜欢艺术。[3]

但托马索·德·卡瓦列里本人也不是一个普通的年轻贵

---

① 指罗马城。——译者注

族。年仅 20 岁的他是文艺复兴时期真正的万人迷。正如米开朗琪罗后来为他画的肖像所显示的那样，他具有一种质朴的天然之美。他皮肤白皙，眼睛大，眼神坦诚，五官那么娇嫩，几乎像个女人。他虽然出身贵族家庭，却没有人们所预料的那种傲慢，他时尚而朴素的衣着衬托着他谦逊的姿态。更重要的是，他无疑很有教养。在接受与他身份相适应的全面的人文主义教育之后，他能够机敏、老练而优雅地谈论诗歌、哲学和绘画。[4]

两人第一次见面时究竟发生了什么并不清楚，但很明显，57 岁的米开朗琪罗立刻就迷上了托马索。尽管他才华横溢，但这位艺术家后来承认，他觉得没有什么可以与托马索的可爱相比，虽然他们年龄悬殊，但他的内心充满了吞噬一切的激情。

这是一种强烈的、充满感情的关系的开始，这种关系主导了米开朗琪罗的思想，直到生命结束。但也并非一帆风顺。在之后的 32 年中，有时甚至一想到那个年轻人，他就会感到莫大的快乐。然而，这种关系也会给他带来很大的痛苦。尽管米开朗琪罗全身心地爱着托马索，但他的深情厚谊并不总是能得到同样的回报。早在 1533 年，他就注意到了托马索的"恐惧"，[5]而从那以后，这个年轻人偶尔的冷淡继续折磨着他。有时，他甚至开始怀疑这种爱——或情欲？——是不是错的。

虽然托马索和米开朗琪罗在接下来的 30 年里相处了很长时间，但尤为重要的是，他们之间的关系主要是通过艺术来表现的，而那位老人是艺术大师。第一次见面后不久，他们就开始了一段充满柔情蜜意的通信时光，他们之间接连不断地写信，几乎不加掩饰地表露感情。米开朗琪罗在诗歌上驾轻就熟，爱"会激发前所未有的诗意"。[6]艺术也成了米开朗琪罗激情的媒介。到 1532 年底，米开朗琪罗已经给托马索送去了两幅精美的画作，之后又送去了两篇古典主题的诗作。

这些诗歌和画作强烈唤起了他对文化和知识世界的回忆，

他的感情正是在这个世界中形成的。面对米开朗琪罗精美的作品，我们很难不被其打动，在某种程度上，他将"文艺复兴"的思想模式运用到自己的目的上，而艺术创作与人文热情的对话，不仅是为了复兴古典文学的精神，也是为了"重温"古代文化。

但与此同时，米开朗琪罗的诗歌和礼品画也表明，这一时期文化和知识发展是由个人经验和日常生活的现实塑造的。米开朗琪罗送给托马索·德·卡瓦列里的诗和画，并不是宣扬高尚理想的作品或引人入胜的游戏之作，而是他灵魂的流露，所运用的古代和现代素材不仅是传递他矛盾情感的一种方式，而且是他的爱、他的激情和他的犹豫的独特表达方式。

因此，米开朗琪罗与托马索·德·卡瓦列里之间的关系为我们提供了一个审视这位文艺复兴艺术家的精神世界的理想机会，重新评判我们固有的那种将文学艺术创作与一些"人性的"东西割裂开来的认知是否恰当。虽然爱和性肯定不是文艺复兴思想的全部，但它们是文学、艺术和哲学与严峻而残酷的现实联结的一个节点，象征着那个时代文学和艺术创新与现实中人们的希望和恐惧之间更广泛的相互作用。就此而言，米开朗琪罗不仅汲取了丰富多样的文化遗产，而且将文艺复兴时期其他男女的经历与自己的感受相结合，通常包括对爱和性的想象，还扮演那些前人的角色，试图找到最适合他自己的、快乐或痛苦的感觉。他的作品为我们提供了一个动态观察的视角，这就将日常生活中不乏污秽的细节与文化的崇高境界联系了起来。

通过解析米开朗琪罗与托马索关系中的"多幕"戏剧，我们不仅可以看到文艺复兴时期艺术家知性世界发展的不同阶段，还可以看到塑造着这个世界的一段段人生故事以及爱和性的体验。将文学艺术作品与充满矛盾情感的"现实"联系起来，这样一个世界与我们对那个时代的固有印象相去甚远，而构建起这个世界的，并不是对超脱了常人悲欢离合的非凡事物的纯粹审美关注，而是那些没有回报的激情、破碎的心灵、性的痴迷和痛苦。

### 第一幕：理想化

从米开朗琪罗第一次见到托马索·德·卡瓦列里的那一刻起，他不仅被这个男孩的聪明优雅迷住了，而且可以说是完全地、神魂颠倒地爱上了这个看起来相当完美的年轻人。在他们交往的最初几个月里，他是一个为理想而着迷的艺术家。在他看来，他并不是倾心于某个人，而是倾心于一个鲜活的化身，这个化身象征着身体、道德和文化所能达致的完美境界。年轻人的俊美使米开朗琪罗神采飞扬，他很快就相信，托马索远超凡人的美为"天主所造，是其神奇之作的明证"。的确，他的一切都很美好，这提醒人们：人可以——也应该——如此美好。

面对这种绝对的完美，米开朗琪罗想象自己完全无能为力。在他早期的诗中，爱不只是一种感情，还是一种自然力量，一种半神半人的化身，把他牢牢地控制在自己的手中。爱向米开朗琪罗揭示了理想之后，就变成了一个专横的主人，不顾他的意志而奴役他。

将爱人视为理想的美和美德的化身，将爱比作强硬、不妥协的捕手，这样的想象指向了文艺复兴时期爱和性的概念的起源。在这里，米开朗琪罗无疑是在扮演但丁的角色。

早在 14 世纪 20 年代，但丁就因"将已死的诗歌从黑暗中带回光明"而受到赞扬。[7] 就像他的许多同时代人一样，米开朗琪罗是在这样一种氛围中长大的：人们赞美但丁是无与伦比的天才，可以与古代伟大的诗人相提并论。米开朗琪罗在学生时代学习过《神曲》（*Commedia*），[8] 倾向于将但丁的作品视为意大利本土诗歌的典范。但他的赞美不仅仅是诗艺方面的。他最初钻研但丁作品的热情是由他在佛罗伦萨结识的洛伦佐·德·美第奇周围的人文主义者所激发的。此外，他与克里斯托福罗·兰迪诺的相识也很重要，因为兰迪诺对《神曲》作过极具影响力的评论。[9] 在后来的几年里，他通过与博洛尼亚的乔万弗朗切斯科·阿尔多弗兰迪（Giovanfrancesco Aldovrandi）一起阅读但丁，[10] 丰富了自己的知识，并发现自己对那些他不断发现的宝藏充满了崇敬之情。正如他后来所认识到的，但丁是一颗"光芒四射的明星"，"他的光芒对于我们昏暗的眼睛来说太闪耀了"。[11] 事实上，对于米开朗琪罗，如同对于薄伽丘和早期诗人来说，但丁是足够神圣的，他的死亡被认为是"回归"天堂，因为他的天才就来自天堂。[12]

尽管但丁为米开朗琪罗提供了一个自然的——却也很明显的——原型，鼓励他借助诗歌来探索一种对近乎神性的理想的强烈欲望，但这并不是说，我们就可以透过玫瑰色的眼镜看待但丁对文艺复兴时期爱和死亡的概念的贡献。恰恰相反。但丁对爱情的认识源于一种没有回报的激情和带给他多年痛苦与沮丧的挫折。

但丁的故事始于 1274 年 5 月 1 日，当时这位诗人还不到 9 岁。少年但丁在著名的佛罗伦萨人福尔科·波尔蒂纳里（Folco dei Portinari）举办的五朔节（May Day）聚会上玩耍，[13] 幸运的是，他对生活还一无所知，只关心那些最好玩的游戏。但这时他看到了一个会改变他整个人生轨迹的身影。她名叫贝阿特丽丝（Beatrice）。虽然只有 8 岁多一点，但福尔科的女儿已经很引人注目了：不仅是她的美貌和衣着，而且更重要的是她的善良。但丁惊呆了。他后来在《新生》（*La Vita Nuova*）中记录了见到她的那一刻："潜藏在内心深处的生命的精灵开始剧烈地震颤，连身上最小的脉管也可怕地悸动起来。"[14] 这意味着什么，毋庸置疑。"从那时起，"但丁承认，"爱支配着我的灵魂。"15

　　从那时起，少年但丁的生活完全围绕着贝阿特丽丝。她的形象不断出现在他眼前，他脑子里只有对她的思念。日复一日，他在佛罗伦萨久久徘徊，徒劳地希望见到他的爱人，哪怕是最遥远、模糊的一瞥。9 年后的一天，他又见到了她，"穿着纯白色衣服，走在另外两个举止高雅的女人中间"。16但丁因兴奋和期待而颤抖。她目光投向他，礼貌地向他问好。这并不特别，但足以让但丁"体验到极度的幸福"。他是爱情的囚徒，也是贝阿特丽丝本人绝望的俘虏。他欢天喜地地回到自己的住所，他看到了爱的幻影披着火焰般的云彩，手中握着但丁的心。如他后来所写：

　　　　我感到了快乐的爱，被他拥有，
　　　　他抓住了我的心；在他的怀里躺着我的爱人，
　　　　她裹着一件披风，熟睡。
　　　　他唤醒了她，她出于惊恐没有理会，
　　　　我燃烧的心虔诚地供养着她。
　　　　然后他哭着离开我的视线。17

　　但丁对贝阿特丽丝的迷恋如此强烈，以至于对她美貌的持续思念使他病倒了。朋友们开始担心，他们发现是女孩导致了他病情恶化，便催促他说出她的名字。他坚决拒绝与他们分享秘密，但很快有关他的流言蜚语让人无法忍受，于是但丁不得不假装他爱上了另一个人。

　　这是个愚蠢的错误。不久，贝阿特丽丝听说但丁爱上了别人，由于先前以为他对自己有感情，便非常生气。他们再次在街上相遇时，贝阿特丽丝故意冷落他。但丁崩溃了。"我悲痛欲绝，"他在《新生》中写道，"我……走到一个偏僻的地方，在那里我苦涩的泪水湿透了大地。"[18]

抛开所有的伪装，但丁不再掩饰对贝阿特丽丝的爱。虽然他始终希望她会心软，但他的热情并没有得到回报。她不再以微笑让他愉快，即使他们在路上相遇，她对他悲伤的眼神和无尽的叹息视而不见。他慢慢成了笑柄。在一次婚礼上，他对心爱之人的美貌所表现出的痴迷引起在场所有人的嘲笑，甚至连贝阿特丽丝也取笑他。[19]

在这耻辱的一幕上演之后，一些嘲笑但丁的女士提出了一个解决他悲伤的办法。[20]当然，他的爱没有错，但他错在对贝阿特丽丝的轻蔑所作的反应。虽然他之前写了大量的诗歌，在典雅爱情传统中，他的诗歌完全是自怜，他遭受了痛苦，因为他愿意在绝望中沉沦。既然大家都认为贝阿特丽丝是最接近人类完美的人，但丁就不应该关注他自己的痛苦，而应该关注她无与伦比的美丽和美德。用诗歌赞美她时，他可以用另一种或许更有效的方式来表达他的爱。贝阿特丽丝将激发一种新的艺术，而这种艺术将被证明是但丁的救赎。

这种转变是瞬间发生的。但丁没有把贝阿特丽丝想象成一个未来的情人或者一个迷人的爱慕对象，而是把他心爱的人塑造成一个充满诗意的形象，作为一种美的理想，是一切纯洁美好的典范。她成了神性的反映、美德的典范，以及一种强有力的救赎诗歌的灵感。由此，但丁的爱不再给他带来痛苦，反而通过他的诗歌成为他道德世界的中心。

贝阿特丽丝 1290 年 6 月 8 日的意外死亡使但丁悲痛欲绝。他悲伤得几乎失去知觉，虽然他决定永远不提及她的"离去"，但《新生》的最后部分证明这场悲剧给他的心灵和思想造成了多么大的打击。然而，无论多么令人心碎，她的死亡似乎只是进一步促使但丁将她理想化为美德和美丽的原型。她死后成了哲学和完美的象征，成了一种更强大的写作动力，一颗恒星，但丁破碎的生活可以通过它走上正道。

但丁对贝阿特丽丝的爱的新态度在《神曲·天堂篇》（*Paradiso*）的开篇得到了最充分和最清晰的表达。在诗篇开头，但丁衷心请求阿波罗赋予他足够的技巧来歌唱他即将进入的"天国"，并渴望得到象征爱情和文学天才的桂冠。这是他的请求，然后他惊奇地看到贝阿特丽丝出现在他面前，她凝视太阳，思索着创造的庄严。罗马诗人维吉尔（Virgil）曾是但丁穿越地狱和炼狱的向导，而贝阿特丽丝显然将是他神游天堂的同伴。她的角色很能说明问题。她不仅是一个"解释者……贝阿特丽丝智力超群……是个女性导师，她解释大自然的奥秘、天堂的结构、从尘世到天国的分阶段上升"。[21] 在上升的旅途中，她的美丽变得越发鲜明，她逐步揭示了普遍真理和神圣美德，这是但丁诗歌的主题，也是他生活的目标。虽然他身上有亚里士多德（Aristotel）和阿威罗伊（Averroes）哲学的成分，但很明显，他对美德和美丽的感知皆因她而起。

米开朗琪罗羞愧、紧张，也许还有一点自卑，他把自己想象成一个新的但丁，让托马索扮演一个更被动，也许更友善的贝阿特丽丝。

### 第二幕：罪恶与悲伤

不幸的是，对米开朗琪罗来说，对但丁的模仿到此为止了。他很快发现，在他的境况中，有很多东西是不能用但丁的语言来描述的。而且更重要的是，他的感情甚至比但丁所经历的还要痛苦。米开朗琪罗并不仅仅满足于崇拜托马索所代表的理想，而且与这种痛苦的理想主义的影响抗争，这种感情在他们关系的第二阶段尤其强烈。正如巴尔托洛梅奥·安焦利尼（Bartolomeo Angiolini）在1533年中期注意到的，米开朗琪罗的诗歌开始表达一种明显的痛苦。[22] 喜悦和兴奋很快就被悲伤和内疚所取代。

　　一方面，因为他深爱着托马索，即使最轻微的冷淡也能把米开朗琪罗的内心刺痛。事实上，这个年轻人通常有点冷漠。尽管他声称自己比世界上其他任何人都更尊重这位艺术家，[23]但他的信件有时还是显得有些疏远和客气。有时——尤其是1533年他们分开期间——托马索甚至以一种介于善意的嘲笑和年轻人的残忍之间的方式取笑他。[24]托马索对米开朗琪罗怀有深厚的感情，但这并不意味着他愿意屈从艺术家的肉欲，也不意味着愿意打消后者无法实现的希望。

　　因为走得太近、太快而受罚的感觉可能在《法厄同的坠落》（*Fall of Phaethon*，图13）中得到了最有力的表达，这幅画（现存三个版本）似乎是米开朗琪罗与安焦利尼通信前后寄给托马索的。法厄同说服父亲太阳神赫利俄斯（Helios）允许他驾着战车在天空中穿行，不久却被自己上升的高度吓坏了。慌乱中，他疯狂地冲向天穹，大神宙斯急忙用雷电将他击倒。显然，米开朗琪罗把自己画成了法厄同。

　　但另一方面，米开朗琪罗的痛苦也是一种更深层、更令人不安的不确定感的产物。他意识到他无力抵抗爱情的侵袭；但事实上，这种爱往往会逐渐变成同性恋欲望，从而引发道德危机。尽管在当时的意大利，男人之间的亲近甚至亲密关系是一种时尚，但米开朗琪罗似乎已经感受到世俗和宗教权威谴责同性恋的恶毒言辞。作为虔诚的基督徒，他知道托马索的出现对他而言昭示着上帝的仁慈，对托马索的性欲是错误的。神圣的审判迫近了，面对理想主义的影响，他看见坟墓在他面前恐怖地打开了。

　　1532年底，米开朗琪罗作为新年礼物送给托马索的两幅画就很好地体现了这种不断增强的内疚感。《提提俄斯的惩罚》（*Punishment of Tityus*，图14）改编了一个关于遭受天罚的神话故事。因为试图强奸宙斯的情人莱托（Leto），巨人提提俄斯被抛入地狱最深处，忍受着可怕的折磨。在米开朗琪罗所赠的画作中，他俯卧在地下世界的岩石上，一只巨鹰贪婪地啄着他的肝脏。[25]虔诚的米开朗琪罗把自己想象成提提俄斯，这不仅表明他对托马索怀有一种非理性的、肉体上的激情，还表明他害怕因为自己的欲望而受到永远的惩罚。

这种悲伤和内疚感不仅指向文艺复兴时期爱情和性观念演变的第二阶段，也指向米开朗琪罗在与托马索的关系中扮演的第二个"角色"。如果说但丁是这位艺术家的挚爱，那么他依恋的第二个对象无疑是彼特拉克，后者也许是但丁最重要的精神继承者。米开朗琪罗于1494年10月匆匆离开佛罗伦萨后滞留博洛尼亚期间，与乔万弗朗切斯科·阿尔多弗兰迪一起读了彼特拉克的白话诗以及但丁的爱情诗，并在随后的几年里继续阅读。他对彼特拉克作品的喜爱至少与他对《神曲》和《新生》的喜爱一样强烈。

就米开朗琪罗与托马索·德·卡瓦列里的关系而言，彼特拉克真正的重要性在于他对但丁主题的转换，使之包含悲伤和内疚感。彼特拉克以但丁对贝阿特丽丝的爱作为自己情感的模型，同时又添加了一种全新的成分，而这来自一种更加痛苦的折磨和苦难。

1327年4月6日，彼特拉克在法国阿维尼翁踏上了一段改变他人生的旅程。那天清晨，天刚亮，他就来到圣克莱尔（St. Clare）教堂，参加复活节弥撒。[26]他22岁，相当时髦，衣着光鲜、香气袭人，一如既往煞费苦心地打扮自己。他后来回忆说，他经常花几个小时把头发卷成最新潮的样式，每次出门都会烦躁不安，担心微风吹乱他精心梳理的头发。[27]此外，他还把自己想象成一个通晓世故的人。以当时的标准来看，他无疑受过良好的教育。在附近的卡庞特拉（Carpentras）接受孔韦内沃莱·达·普拉托（Convenevole da Prato）的拉丁语法和修辞学的全面训练后，他继续在蒙彼利埃（Montpellier）和博洛尼亚的两所欧洲最好的学府学习法律。但是，尽管他已具备成为一名律师的良好条件，他还是决定不去追求他原本打算从事的职业。[28] 在他父亲去世前一年，他继承了一大笔钱，回到阿维尼翁过着优雅悠闲的生活，远离父母施加的压力和经济上的烦恼。他是一个梦想家，除了让自己看起来漂亮以外，没有太大的抱负。

复活节是一个引人注目、招摇过市、受人赞赏的机会。圣克莱尔的小教堂自然挤满了人，几乎座无虚席。当时阿维尼翁是流亡教宗的所在地，是一个繁荣、热闹的城市，似乎城里每个人都来参加受难周（Holy Week）的高潮活动。当彼特拉克从人群中挤过去，答谢那些赞赏的目光时，充满了熏香味道的空气中传来嗡嗡的说话声。但是，当他坐下来专心祈祷时，有什么东西引起了他的注意。

有个年轻女孩站在中殿的另一侧，她名叫劳拉（Laura）。彼特拉克几乎没有给我们提供关于她身份的任何线索，最大胆的猜测是，她可能是臭名昭著的萨德侯爵（Marquis de Sade）的祖先劳拉·德·诺维斯（Laura de Noves）；但至少可以肯定的是，她十六七岁的时候已经美如天仙了。[29] 她使彼特拉克喘不过气来。就在那一刻，他们的目光相遇了。他后来回忆说，"无论在我们这个年龄的年轻人中，还是在婴幼儿中，从来没有这样可爱的眼睛"；这双眼睛融化了他，"就像太阳融化了雪"。[30] 从那一刻起，他就无可救药地、彻彻底底地坠入了爱河。[31] 仅仅见到她就使他欣喜若狂，虽然彼特拉克的感情中偶尔也有柏拉图式爱情的成分，但毫无疑问——不像但丁对贝阿特丽丝的爱——他的激情主要是肉体上的。

但正如但丁与贝阿特丽丝，彼特拉克的爱亦是单相思。尽

164

管仅仅看到劳拉就让他的心燃烧起来，但她并没有被丘比特的箭射中。她没有像贝阿特丽丝折磨但丁那样鄙视或嘲笑他，她只是对他漠不关心。她对彼特拉克既不表示喜爱，甚至也不表示认可。如果说他激情燃烧，那么劳拉便是冰川女王。从任何意义上说，她都是高不可攀的；事实上，彼特拉克曾暗示她可能已经结婚了。冰与火的比喻在他的诗歌中反复出现，作为两人关系的隐喻。

这一切很容易让人想起阿波罗追求达芙妮的神话，彼特拉克也忍不住用这个故事来比喻他的困境，后来波拉约洛（Pollaiuolo）也以此来作画（图15）。像阿波罗一样，他注定追求一个逃避爱情的女人；然而，就在他似乎要追上逃跑的仙女时，她却逃脱了他的控制。天神朱庇特把达芙妮变成了一棵月桂树（英语：laurel；希腊语：Δάφνη；拉丁语：laurus），从而把她从诗歌和智慧之神阿波罗手中救了出来，这个细节耐人寻味。

在接下来的 21 年里，彼特拉克被他的爱和劳拉的冷漠所折磨，在他对这一时期的描述中，但丁的影子经常出现。彼特拉克的生活充满了渴望和绝望。在初次见到她之后不久，他在沃克吕兹（Vaucluse）附近买了栋小房子，希望能"治好"自己的痴情。尽管他过着田园式的孤独生活，爱却无处不在。[32] 作为劳拉的"猎手"，他自己也成了被追捕的对象。在一首诗中，他甚至把自己比作阿克泰翁（Actaeon），阿克泰翁因为看到赤身裸体的女神狄安娜（Diana）洗澡而被变成了一头牡鹿，被自己的猎犬永远追逐，这正是欲望的象征。[33]

他被带入一个没有出路的绝望的迷宫，越走越深。他满怀悲伤，"在田野丘陵、在大山之间"漫游，被爱和悲伤吞噬。[34] 他发热的头脑捉弄了他。他的思想不再是他自己的了。[35] 无论他走到哪里，似乎都能遇到劳拉。他在岩石上和河流中看到

165

她，在晨风中听到她的声音。在他们第一次见面之后很久，他还会"在清澈的水里，在碧绿的草地，在山毛榉的树枝上，在白云间……在我所能到达的最荒僻的地方和最荒凉的海岸看见她"。[36] 很多时候，他觉得自己正在经历一次活生生的死亡，有时甚至渴望死亡。

在痛苦之中，彼特拉克转向诗歌，就此而言，他的思想开始与但丁有所不同。他利用自己的古典学识和对游吟诗人传统的深厚了解，开始创作直抒胸臆的《歌集》（*Canzoniere*）——他最著名的抒情诗集。他有意识地把"爱"和"荣耀"等同起来，希望通过文学上的名声赢得劳拉的芳心。

然而，真正使彼特拉克与但丁不同的是隐藏在这些苦难和野心之下的痛苦。尽管他 1341 年在罗马被加冕为桂冠诗人，但他为单相思和荣耀似乎只给他带来悲伤这一事实所困扰，而同样的问题显然并没有给但丁带来太大的困扰。这似乎造成了一个深刻的，亦即道德层面的问题。为何无论做什么，他都得不到快乐甚至安慰呢？

彼特拉克在他最私密的自传体作品《隐秘》（*Secretum*）中提出了这个问题。对话一开始，他就虚构了一个自我形象，沉思着自己的死亡和痛苦。"弗朗西斯"害怕死亡迫近，且被自己的不幸所困扰，不知道如何最有效地摆脱影响他的灵魂的悲伤。

一个神秘女人——真理的化身——奇迹般地出现在他面前，告诉他，他的状况是在错误的地方寻找幸福的结果。为了更好地解释这一点，她邀请奥古斯丁（Augustinus）的幽灵——代表圣奥古斯丁——来指导弗朗西斯。正如奥古斯丁所解释的那样，弗朗西斯所认为的"幸福"根本不是幸福。他对劳拉的单恋和对诗意荣耀的追求都基于这样一个信念：幸福就在现世。但是，奥古斯丁说，这样的信仰是荒谬的。既然一切短暂的事物都会不可避免地改变、消失或死亡，任何试图从中寻找快乐

166

的尝试都注定失败。如果执着于这个世界，爱、性和荣耀的吸引力带给弗朗西斯的只有悲伤和绝望，因而这个不幸的人不得不承认，正是"贫困、悲伤、耻辱、疾病、死亡和所有这些问题"使他如此痛苦。[37] 如奥古斯丁所说，"真正的"幸福只存在于不朽和永恒之中。只有死后在上帝的陪伴下才能获得。缓慢但坚定地，他说服弗朗西斯：要获得这样的快乐，唯一可靠的办法就是抛开所有世俗的欲望，献身于美德。

奥古斯丁解释说，解决之道就是以更大的真诚和热情来冥想死亡。奥古斯丁认为，如果弗朗西斯能够认识到死亡是不可避免的，那么他一定会意识到在短暂的事物中寻找幸福是多么愚蠢。有了对"自我"——囚禁在凡人身体里的不朽灵魂——本性的正确理解，弗朗西斯自然会把注意力集中在让灵魂为来世作好准备上，并毫不犹豫地献身于美德。[38]

然而，这都是美好的理论。虽然彼特拉克在理智上相信自己的论点，但他仍然没有被彻底说服，当 1347 年接近尾声时，他的爱之火仍然像以往一样熊熊燃烧。但随后意大利发生了一场悲剧，其规模之大，使他不得不信服。

1347 年初，彼特拉克刚完成《隐秘》初稿时，黑死病到来了。它从东方来，登上 12 艘热那亚人的大船，首先抵达了西西里的墨西拿港（Messina），然后迅速而无情地蔓延到整个意大利。在袭击了最近的沿海城市卡塔尼亚（Catania）后，病毒在几周内就扩散到西西里岛的大部分地区。3 个月后，也就是 1348 年 1 月，瘟疫通过从东部运香料的船只到达热那亚，并以惊人的速度席卷了利古里亚（Liguria）海岸。春天时，瘟疫已经到达佛罗伦萨。夏天还没有到来，从巴勒莫到威尼斯，几乎每个小镇和城市都已遭受这种神秘而可怕的疾病的侵袭。

当人们争相寻找治疗这种疾病的药方时，恐慌情绪和困惑感蔓延开来。许多城市匆忙建立专门的瘟疫医院，这些医院的工作人员往往是来自托钵修会的志愿者。在威尼斯，外科医生拿到了难得的特许证，可以一展身手。但是，由于对瘟疫如何传播没有任何确切的了解，防控疫情几乎没有希望。在皮斯托亚（Pistoia），当局禁止进口布料和亚麻制品，严格控制市场，禁止人们前往已知是疫区的地方旅行。在米兰，政府采取了更为严厉的措施。瘟疫刚来的时候，疫情发生的三栋房子被完全封闭。门被钉死，窗户用砖封闭，里面的人——无论健康与否——任其死亡。

　　但这一切仍无济于事。1348 年，瘟疫肆虐，威力丝毫未减。它"不分青红皂白"地袭击：富人和穷人、老人和年轻人、男人和女人都成了这种传染病的受害者。死亡率高得惊人。尽管历史学家仍在争论确切的数字，但至少有 45%——可能高达 75%——的人口在 3 年的"恐怖袭击"中丧生。据《埃斯滕泽编年史》（*Chronicon Estense*）记载，短短 2 个月内，就有 63000 人死亡。在繁荣的威尼斯，瘟疫最严重的时候，每天约有 600 人死去。在佛罗伦萨，马尔基翁内·迪·科波·斯特凡尼（Marchionne di Coppo Stefani）估计 1348 年 3 月到 10 月有 96000 人死亡，虽然这可能是一种夸大，但它让人们对一个城市的受灾情况有了一些印象。[39]据报道，在博洛尼亚，每 10 人中就有 6 人死亡，一位编年史家称，在相对较小的奥维多镇（Orvieto），1348 年春天到秋天，超过 90% 的居民成为瘟疫的受害者。

　　可以想象的是，瘟疫对道德观念产生了巨大影响。传道士、忏悔者和艺术家对死亡和罪恶产生了一种成见。人们深刻地认识到生命的脆弱，并试图将瘟疫解释为对道德松弛的惩罚，"死之凯旋"（triumphus mortis）的主题获得了一种强烈的意义。弗朗切斯科·特拉伊尼（Francesco Traini）有关比萨墓园（Camposanto）的画作对这一主题进行了精确描绘，展现了这样一个场景：到处都是遭受瘟疫之苦的人，他们给人一种罪恶感，而这种罪恶感正是死亡的临近所带来的。两个长着翅膀的小生物在一堆尸体上方盘旋，高举着一卷写有题词的羊皮纸——

> 知识和财富，
> 高贵和勇气
> 面对死亡的摧残毫无意义。

为了说明这一点，一个高大、邪恶的女人，脚上长着爪子，翅膀像蝙蝠一样，飞到画面中央，这就是死亡的一个可怕的化身。她的侍从簇拥着她。恶魔咯咯笑着俯冲下来，把罪人带到地狱，而几个温和的天使为了天堂的安宁，把无辜的孩子带走。两位留着胡子的神父站在悬崖上看着这一切，他们思索着人类的现状，焦虑地研读着《圣经》。目前还不清楚他们在读哪篇经文，也许他们在寻找安慰的话语，也许他们更热切地讨论基督的教导，也许他们在《启示录》中体会到一种令人不寒而栗的感觉，即他们确实目睹了世界的末日。

彼特拉克深受瘟疫及其带来的道德变革的影响，程度不亚于特拉伊尼。1348 年的头几个月，他心神不宁地在帕尔马（Parma）和维罗纳（Verona）之间来往，目睹了瘟疫的可怕后果。他几乎每天都收到一个朋友或亲戚去世的消息，他的信里——比如听到他的亲戚弗朗切斯卡诺·德利·阿尔比齐（Franceschino degli Albizzi）的死讯时所写的 [40]——充满了令人心碎的哀痛。但最糟糕的还在后头。

1348 年 5 月 19 日，彼特拉克收到他朋友"苏格拉底"路德维希·范·肯彭（Ludwig van Kempen）的一封可怕的信。劳拉死了。他悲痛欲绝。"我的爱人死了，"他哭着说，"我的

心也和她一起死了。"[41] 他不再留恋生命。正如他在一首特别
感人的十四行诗中所写的那样：

> 生命飞逝，一刻不停歇，
> 死亡则大步紧随其后；
> 现在的事、过去的事，
> 还有将来的事，彼此争战。
>
> 回忆和期待都很沉重
> 顾此失彼，难以周全；
> ……
> 我在航行中遇到狂暴的风浪，
>
> 我看到港口狂风暴雨，
> 水手疲乏，桅杆和缆绳断裂，
> 我凝视的美丽星光也熄灭了。[42]

　　但渐渐地，他在《隐秘》中重新审视奥古斯丁的话语。现
在这一点很清楚，对他来说，既然像劳拉这样的、他所珍爱
的人能被如此残忍地夺去生命，世界上就不可能找到真正的幸
福。她的死似乎说明这个世界是多么脆弱，而世俗欲望又是多
么愚蠢。

　　但他并没有停止对劳拉的爱；事实上，诗歌的火焰也没
有熄灭。他的爱情经历了最后一次戏剧性蜕变。彼特拉克发现
自己被一种更强烈的精神渴望所吸引，而不是像年轻时那样欲
火焚身。他仍然爱她，不是爱她的身体，而是爱她的灵魂。在
彼特拉克的诗中，劳拉形象也改变了。从前，她是一个严厉
的、爱嘲弄人的女主人，现在却成了一个赎罪的形象，一个能

171 够引导他走向美德的灵魂。在一首尤为典型的诗中，彼特拉克避开了诱惑的炙烤，躲到代表他爱人的月桂树下。"美丽的树叶"保护他远离世俗欲望的风暴，当他沉思它的美德的树荫，月桂树再次变化，呈现十字架的形状。在死后的世界，劳拉指引方向，不是引向欲望或荣耀，而是引向天堂。[43] 这是一个恒久的想法。这一形象后来被彼得罗·本博（Pietro Bembo，1470~1547）、塞拉菲诺·奇米内利·德拉奎拉（Serafino Ciminelli dell'Aquila，1466~1500）采用，也出现在马泰奥·马里亚·博亚尔多的作品《热恋的奥兰多》（*Orlando innamorato*，写于1476~1483）中，并最终在巴尔达萨雷·卡斯蒂廖内（Baldassare Castiglione）的作品里得到了体现。卡斯蒂廖内声称，"我们每天在堕落的身体看到的那种美"根本配不上一个高尚情人的爱。[44]

死亡确实取得了胜利，可怕的瘟疫所带来的痛苦提醒人们必须放弃世俗享乐。考虑到生命的短暂和末日审判的迫近，人应该拒绝性，甚至爱——通常意义上的爱——也应被鄙视。取而代之的是，人应该坚守美德，追求神圣之爱，以期在彼世获得幸福。尽管彼特拉克一再违反自我戒律（甚至担任圣职期间还生了几个孩子），但他清楚地认识到，贞洁和忠诚是前行的唯一道路。正如盖拉尔多迪·乔瓦尼·德尔·福拉（Gherardodi Giovanni del Fora）在《爱与贞洁的战争》（*The Combat of Love and Chastity*，约1475~1500）中阐述的那样，欲望的利箭会刺穿灵魂的贞洁之盾。它是在悲伤之夜锻造出来的，是一种严酷的道德规范，使人在肉体上成为一个没有知觉的朝圣者，要求人闭着眼睛跪着生活。更重要的是，支撑它的爱、性和死亡之间的紧张关系似乎在一段时间里对米开朗琪罗颇有吸引力。

### 第三幕：肉体的快乐

正如《提提俄斯的惩罚》暗示的那样，米开朗琪罗似乎已经把彼特拉克的肉欲—死亡二分法牢记于心。在他写给托马索·德·卡瓦列里的所有诗句中，因为他意识到了自己必死的命运，他不遗余力地强调他的爱是完全纯洁的。的确，这就是米开朗琪罗恳求与这个冷漠的年轻人建立更亲密关系的依据。"你的灵魂，"他在 1533 年写的一首诗中宣称，"更愿意回应 / 我不敢奢望那纯洁的火焰会发光 / 在我心中，也许会有怜悯和亲近……" [45]

尽管米开朗琪罗一再如此声明，但他的举止似乎表示他的意图并不完全纯洁。早在 1532 年末或 1533 年初，人们就议论纷纷。闲话者非但觉得米开朗琪罗不贞洁，还猜测他实际上是个肮脏的老头。当流言传到托马索的耳朵里时，他无法完全打消疑虑，有一段时间他甚至拒绝见这位艺术家。心烦意乱的米开朗琪罗觉得有必要写一首诗来反驳这些指控。[46]

然而，不管米开朗琪罗多么希望托马索相信那些流言蜚语只是误解，但他暗自知道这些流言事出有因。尽管他曾真诚地想要克服身体激情，但未能成功。事实上，恰恰相反。就在他抗议关于自身节操的流言时，他承认他想要"我亲爱的、渴望已久的主人永远在我身边 / 被这双虽无价值但时刻准备好的手臂拥抱"。[47] 有时，他似乎真的陶醉于性渴望，在不断回顾他虔诚意图的同时，放纵于性欲与不知羞耻的兴奋。

米开朗琪罗试图证明他的欲望是正当的，他把彼特拉克的观点颠倒过来。正因为生命如此短暂，犯罪会招致天谴，他觉得他真的应该让自己完全屈服于无法克服的激情。在一首写于 1534 年或 1535 年的诗中，他承认，他仍然感到痛苦，因为他意识到，他对托马索的"不幸"的感情对他来说比美德更重要；但是，既然上帝没有惩罚他，置他于死地，他就找不出任何理由来克制自己的欲望。由于无法抗拒这种将会把他带进地狱的欲望，米开朗琪罗相信托马索的拥抱可能是他唯一希望体验的天堂滋味。作为这个美少年的失去力量的俘虏，他不得不承认：他死前最好扮演一个虔诚、好色的殉道者角色。他会屈服，在罪恶的痛苦中微笑。正如他在诗末所说的那样：

> 要是在这里被抓获、被征服就好了，
> 难怪我光着身子，孤零零一人，
> 成了全副武装的骑士的俘虏。[48]

米开朗琪罗不顾死亡的痛苦，屈从于肉体的激情，使自己与但丁和彼特拉克保持了一定的距离。然而，在偏离两种较为主流的爱情文学的同时，他也在利用一种完全不同的思想传统，即把人类存在的脆弱性当作放纵情欲的理由。就此而言，米开朗琪罗与其说是在重演某个人物的经历，不如说是在扮演代表整个文艺复兴时期之精神的巴库斯酒神（Bacchus）。它由两条平行线组成，每一条都以一种比以往任何事物都更加强烈、更令人兴奋的方式，将艺术和生活结合在一起。

1. 及时行乐：性与死亡

174

最初，正是黑死病的经历为快乐的盛筵铺平了道路。随着死亡在每个角落潜伏，人们不仅更加敏锐地感受到来世的迫切性，而且也开始意识到，只要活着，就应该活得精彩。正如薄伽丘在《十日谈》的序言中所提到的，持续的感染风险把人们推向了极端。有些人选择闭门不出，想方设法躲避瘟疫；而另一些人则认为，预防瘟疫的最好方法是"喝得酩酊大醉，充分享受生活，唱歌跳舞，寻欢作乐，一有机会就满足自己的欲望"。[49]那些持后一种观点的人由于认识到生命比他们原本想象的更宝贵而变得更加放纵无度。有关衣着的严格的禁奢法几乎被遗忘了，突然间出现了大量色彩艳丽的织物、精美迷人的刺绣和大胆出格的女装。享乐成了一种生活方式，而滥交似乎也是家常便饭。由于家庭生活的破裂打破了主要的社交障碍，人们一有机会就纵情欢乐，沉溺性爱。就连僧侣和执政官也打破了"服从的规则，陶醉于肉体享乐，从而想要逃避，以及……变得放纵和淫荡"。[50]

薄伽丘目睹瘟疫的到来，深受这种新的、爱好享乐的道德伦理的影响。虽然他早期的许多作品表露着一种强烈的情爱甚至情欲的色彩，尤其是《菲埃索拉的女神》（*Ninfale fiesolano*），其"攻击性和施虐性的细节"偶尔会被谴责为"品位低下"[51]；但他年轻时的生气勃勃的散文总是包含着一种道德上的不确定性，他甚至激动地写下了自我批判性极强的《乌鸦》（*Corbaccio*）。然而，在黑死病的第一次暴发之后，薄伽丘打消了疑虑。当他开始写《十日谈》的时候，他已经完全接受了后瘟疫时代那种不以为耻的"生活乐趣"。

《十日谈》被普遍认为是薄伽丘的散文代表作，故事发生在瘟疫最严重时期的佛罗伦萨。作品的主要人物——七个姑娘和三个小伙子——对灾难感到惊恐，决定在城外的一处田庄躲避瘟疫。他们置身于"赏心悦目的花园和草地"，尽情地"吃喝玩乐"，并决定在接下来的十天里讲故事打发时间。这些故事恰恰证明了 14 世纪意大利人对欲望的态度发生了深刻的转变。虽然有些故事——比如格里塞尔达的故事——涉及美德和荣誉的问题，但绝大多数都是放荡淫秽的故事，到处可见戴绿帽子的丈夫、好色的僧侣、酗酒狂欢和几乎持续不断的淫乱。

并不是死亡使薄伽丘完全忘记了道德约束；相反，死亡的幽灵使他相信，只要多一点性生活，生活就会变得有趣得多。有时，这是一个很微妙的界限，他显然很谨慎，不愿走得太远。但同时他也为自己的一些故事添加了一个道德结论，以避

175

免被指责为无视道德。很明显，无论是他还是他的读者，都认为这些只不过是象征性地对传统礼仪表示认同。一个很好的例子是贝尔托·德拉·马萨（Berto della Massa）的故事，这个小流氓决定把自己伪装成一个修士，以便满足他邪恶的欲望。他称自己为阿尔贝托（Alberto）神父，前往威尼斯，在那里他很快就对蒙娜莉莎塔·达·卡基里诺（Monna Lisetta da Ca'Quirino）产生了强烈的欲望，后者是个"轻浮的少女"，来找他进行忏悔。[52] 为了克服她的道德顾虑，他说服她，大天使加百利爱上了她，并希望那天晚上去家里拜访她。神父阿尔贝托用一对假翅膀伪装自己，然后出现在她卧室，欺骗天真又心怀敬畏的蒙娜莉莎塔让他为所欲为。只有当她的亲戚及时发现了他的伎俩，突然袭击并逮住了他，他的乐趣才不光彩地结束。他从窗户跳进大运河，但最终没有逃脱，被绑在里亚尔托（Rialto）附近的一根柱子上，身上涂满蜂蜜引来苍蝇。显然，这是一个"道德"的结局。但是当讲故事的人讲到贝尔托·德拉·马萨得到了"应得的惩罚"时，她表达了她的愿望，希望"同样的命运降临到他的每个同类身上"。[53] 而同样清楚的是，这个故事的功能和主旨正是用幽默逗乐听众，用荒唐的性冒险故事来增添情趣。贝尔托·德拉·马萨受到的惩罚并没有使它变成一个道德高尚的故事，反而增加了它的娱乐价值，并为性爱话题加入了一些不雅的笑料。

　　然而，在大多数情况下，薄伽丘并不费心去掩饰他对性爱快乐的欣赏。事实上，有时，他甚至非常明确并愉快地玩弄基督教概念，强调应在可能的情况下享受生活的价值。也许最好的例子就是薄伽丘笔下的人物，他们设法证明没有什么可以消除人类对性的自然欲望。在一个故事中，一个来自巴巴里（Barbary）的美丽的14岁女孩名叫阿丽贝卡（Alibech），她对基督教信仰如此着迷，因而决定逃到沙漠去，这样她就可以从住在沙漠的虔诚的隐士那里了解宗教。她历经波折，最终被虔诚而年轻的鲁斯蒂科（Rustico）吸引，他不仅要教会她美德，还要抵抗她的魅力。但是在严厉地教给她为什么通过"把魔鬼送回地狱"来服事上帝很重要之后，鲁斯蒂科发现他的道德品质并不像他最初想的那么坚强。[54] 短短几分钟，鲁斯蒂科就无法抑制自己猛烈的勃起。接下来的交谈是薄伽丘道德伦理观的精彩演绎。

177

> "鲁斯蒂科，"阿丽贝卡问，"我看见的那个你有而我没有的是什么呀？"
>
> "噢，姑娘，"鲁斯蒂科说，"这就是我对你说的那个魔鬼。你看到他在做什么了吗？他在伤害我，我几乎受不了了。"
>
> "啊，赞美主，"姑娘说，"我明白我比你走运，因为我不用对付这个魔鬼。"
>
> "你说的对，"鲁斯蒂科说，"但你有别的东西，而我没有。"
>
> "是吗？"阿丽贝卡问，"那是什么？"
>
> "你有地狱，"鲁斯蒂科说，"我深信上帝差你到这里来，是要救我的灵魂，因为这魔鬼如果继续折磨我的生命，而你又愿意怜悯我，让我把他丢回地狱，你会给我极大的安慰，也会服务上帝并带来无法估量的快乐，这就是你来这里的根本目的。"
>
> "噢，神父，"姑娘天真地回答，"如果我真的有地狱，只要你愿意，我就照你说的去做。"
>
> "上帝保佑你，我的姑娘。"鲁斯蒂科说……说到这里，他把姑娘抱到床上，教她怎样监禁那个可恶的魔鬼。[55]

薄伽丘——也许像他的读者一样——不认为这有什么问题。事实上，在故事的结尾，他赞扬鲁斯蒂科为阿丽贝卡后来与内尔巴里（Neerbal）的婚姻作了准备，然后又补充说，女士们"应该学会把魔鬼放回地狱，因为这是（上帝）所喜悦，也是彼此所乐意的，在这个过程中会产生和获得很多好处"。[56]

这种坚信死亡的临近几乎直接诱使人们纵欲的观点在瘟疫最严重的影响消退之后依然存在，并在 15 世纪中叶从《十日谈》进入了文艺复兴时期的主流文化。虽然彼特拉克自我否定的道德信条继续被人们阅读和模仿，但就连他最忠实的崇拜者也开始采纳快乐原则，并遵循薄伽丘的思路，以生活的不确定性为纵欲辩护。

享乐的胜利——以及它与死亡的关系——最明显的例证之一是狂欢节歌曲，它于 15 世纪中期开始在佛罗伦萨流行起来，这个潮流甚至可能是洛伦佐·德·美第奇亲自鼓动起来的。这类歌曲由一位富有的赞助人或一个"朋友圈"（brigata）委托制作，专门服务于狂欢节这个场合，它们是音乐刺激和视觉效果的戏剧性结合，通常由专业歌手在一辆装饰华丽的马车上演唱。它们当然是令人兴奋的事情。然而，文艺复兴鼎盛时期最受欢迎的两首圣歌证明了文化想象中死亡与性之间的共生关系，以及神的审判在提升快乐方面的重要性。《死亡之歌》（*Canzona de' morti*）以一辆装满骷髅的灵车为舞台，一开始就提醒我们，"痛苦、眼泪和苦修不断地折磨我们"，接着强调死亡总是出乎意料地降临到我们每个人身上。[57] "我们曾经是你现在的样子，"骷髅表演者唱道，"你将和我们一样；如你所见，我们已经死了，因此我们将看见你的死。"然而，尽管它是人之脆弱的可怕展示，但它在狂欢节中的作用似乎实际上补充了放纵肉欲的精神。在《巴库斯和阿里阿德涅的胜利》（*Trionfo di Bacco e Arianna*）中，洛伦佐·德·美第奇仿效薄伽丘，利用死亡的临近来提醒人们抓住感官享乐的重要性。洛伦佐在著名的咏唱中很好地总结了这一点：

> 青春多么美丽，
> 然而它飞逝而去！
> 要想幸福，就得把握今天，
> 因为明天可能不会到来。[58]

如果死亡和地狱在等待你，洛伦佐似乎在问，为什么不趁现在及时享受生活呢？作为一个年轻人，米开朗琪罗肯定听说过——也许是洛伦佐自己说的——这个问题，在他遇到托马索·德·卡瓦列里之后，他的脑海里仍然萦绕着这个问题。

2. 从人的尊严到快乐理论

然而即使薄伽丘和洛伦佐·德·美第奇在面对死亡时提倡性放纵有很好的现实理由，但如何处理他们试图掩盖的道德和宗教困境仍然是个问题。但"为什么不呢？"是淫秽故事和狂欢作乐的充分依据，确切地说，它既不是对反对肉体享乐的神学禁令的令人信服的哲学回应，也不是对彼特拉克的严酷和自我否定的道德观的有效回击。

性放纵的主要障碍在于肉体与灵魂或智力之间的区别。比如，对彼特拉克来说，灵魂是肉体不情愿的囚徒。物质世界是一种较低的、"扭曲的"现实形式，而只有死后才能享受的精神或智力领域才是真理和幸福的唯一真正来源。确实，只有从肉体中解脱出来，才能成为他自己；只有远离尘世的诱惑，才能获得救赎。只要这种区别继续存在，就不可能耍什么花招。

对利古里亚的人文主义者巴尔托洛梅奥·法西奥（Bartolomeo Facio，约1400~1457）来说，生理愉悦是人类尊严的对立面。法西奥在他的《论人的卓越》（*De hominis excellentia*）一书

180

中解释说，虽然人是按照上帝的形象和样式创造的，但只有灵魂是神圣的。与死后腐烂分解的肉体不同，灵魂是不朽的，能够回归它的起源。因此，很明显，人的尊严不在于实现肉体的快乐，而在于属灵生活和对上帝的沉思。法西奥甚至严厉斥责了那些盲目的人，他们"忘记了自己的美德和尊严，如此急切地追求……腐朽和短暂的东西"。[59] 换句话说，性绝对是"令人难堪"的。

然而，到了 15 世纪中叶，这种长期被接受的二分法开始受到挑战。也许纯粹受到了鼠疫带来的生理恐惧的影响，男人和女人开始怀疑肉体和灵魂是否真有那么大的不同，于是他们试探性地设问，人是否比彼特拉克和法西奥所认为的更有尊严。

不拘一格的佛罗伦萨博学者吉安诺佐·马内蒂（Giannozzo Manetti，1396~1459）打破了这一模式。马内蒂在他的《人的尊严与卓越》（*De dignitate et excellentia hominis*）一书中反对前几个世纪的强硬和刻板的道德观，并着手对人性提出一种更为积极的看法。[60] 他的看法当然是新颖的。这并不是说他在基本问题上与彼特拉克、法西奥，甚至那位令人生畏的中世纪教宗英诺森三世（Innocent III）都有分歧。他乐于承认肉体和灵魂是有区别的。但对马内蒂来说，这并不意味着生活必须是悲惨的。恰恰相反。在马内蒂看来，上帝创造了供人类使用的世界。虽然人类确实具有两种本质——肉体和精神，但上帝创造的人不仅作为一个完整的人，还被赋予了所有必要的能力来实现上帝在创世计划中的目标。人是按照上帝的形象创造的，他被赋予了理性、智力、视觉、听觉、味觉、触觉、嗅觉等一系列能力，既能按照自己灵魂的意愿来解释物质世界，又能根据自己的理性来掌控周围的一切，以获得救赎。因此，人类几乎成了普罗米修斯式的发明家，不仅能够享受周围的世界，而且能够塑造自己的命运。人不是如彼特拉克和法西奥相信的那样注定要忍受尘世生活的浮躁和动荡，而是万物的主宰和尺度。因此，马内蒂相信人类是所有生物中"最美丽、最灵巧、最聪明、最丰富、最强大的"。[61]

这确实令人兴奋，而它的影响甚至更震憾。从马内蒂的推理来看，上帝似乎已经通过让一些事情比其他事情更令人愉快的方式确保了人类会追求正确的道路。那些他想让男人和女人去选择的东西，就会成为一种享受。必要的事情变得令人愉快；正是对快乐的追求使人类不仅得以生存，而且变得文明。正如奥雷利奥·利波·布兰多利尼（Aurelio Lippo Brandolini，约 1454~1497）在他的《关于人类生活状况和身体疾病的对话》（*Dialogus de humanae vitae conditione et toleranda corporis aegritudine*）中所认为的那样——[62]

182

> 由于大自然赋予那些与人类营养和繁殖有关的事物某种快乐和愉悦，以免任何人因厌倦或劳动而忽视了自己的生命或子孙后代，从而使人类自身走向灭亡，生活的必需品就逐渐变成了奢侈品；不仅是人们大量需求的东西，而且是欲望所渴求的东西。事情逐渐发展到这样一种地步，即人们认为生活中离不开小麦、葡萄酒、羊毛、建筑这样的东西，甚至认为没有香水、油膏、羽毛和其他的享乐品就无法生存。除此之外，人类还发明了农业、航海、建筑和数不清的赚钱的艺术，最后，通过所有这些劳动，他们吃得很好，穿得很讲究，住得很舒适，享受那些（有时被认为）如此痛苦和麻烦的快乐。[63]

换句话说，身体的快乐是人类存在的固有部分：男人和女人只是为了在上帝的人类计划中完成他们的角色而享受自己。

"这将是困难的，"马内蒂认为——

> 如果说这不是不可能的话，那么我们可以说，人是被快乐吸引的，例如看到美丽的身体，听到美妙的声音以及其他各种各样了不起的东西，闻到花香和其他类似的香味，品尝甜食和可口的葡萄酒，（以及）触摸最柔软的物品……因此，如果人们……在生活中享受到的快乐多于他们所感受的烦恼和痛苦，他们就应该感到欢乐和得到安慰，而不是抱怨和悲伤；特别是大自然为寒冷、炎热、劳作、疼痛和疾病提供了更多的补偿方式……而这些补偿是柔和、甜蜜、令人愉悦的；因为当我们可以取暖，可以歇凉，可以休息，就如吃喝满足饥渴一样，我们会非常快乐。

183

在性快感方面更是如此，马内蒂持有一种准达尔文主义的观点，主张性高潮是出于一个非常明确的原因而产生的。

> 那些通过触摸生殖器而感受到的（乐趣），在某种程度上似乎比其他任何可触摸的东西带来的愉悦都更大。哲学家们说，这是天性（nature）使然……不是盲目或偶然的，而是出于某些原因和明显的目的，因此，在饮食中可以获得更大的快乐是因为她（指"天性"）认为，保护"人"这个物种比保护作为个体的人更重要。[64]

马内蒂认为，如果一个人不能享受身体的快乐，他不仅会忘记自己的本性，还会伤害自己和整个人类。

虽然马内蒂的观点可能鼓舞人心，但他还是给了批评他的人可乘之机。即使人们承认人类有义务享受生命提供的所有快乐，但马内蒂继续区分肉体和灵魂的事实，提出了一个问题：事实上，是否存在一种幸福的尺度。批评家可能会说，肉体的快乐是美好的，但灵魂仍然是整个人类最高贵的部分。既然如此，我们不妨问一下，灵魂的快乐是否仍然高于肉体的快乐。

解决这个问题的任务落在了马内蒂的同胞、神父兼语言学家洛伦佐·瓦拉（Lorenzo Valla，约 1407~1457）身上。好斗、易怒、善辩的瓦拉弥补了马内蒂思想的缺陷，在《论快乐》（De voluptate，1431）中为性快感提供了有力的辩护。[65]这部作品设想三个朋友之间的对话，每个人代表不同的哲学流派，作者致力于探索快乐，沉思生活的相对价值，并在此过程中重点关注幸福的本质。[66]

瓦拉从观察已由亚里士多德确定的三种生活方式——享乐的生活、公民的或政治的生活、沉思的生活——开始，注意到人们对每一种生活方式的追求都是为了自身以及为了幸福（happiness）。[67]然而，瓦拉认为，这种区别中存在一个问题。你怎么能说这三种生活方式都是为了自身，同时也是为了幸福呢？这种区分表明幸福既是这三者固有的，但又有所不同。两种情况不可能同时存在。因为幸福必须是一种绝对状态。对瓦拉来说，很明显，如果要找到幸福，这三种生活方式必须结合起来。[68]没有高下之别，三种方式都是"美好生活"的一部分。

然而，瓦拉不是傻瓜。他知道这种观点会引起不满。特别是，他预料到他的一些比较固执的朋友会试图争辩：即使"快乐"是幸福的一部分，也有理解这个概念的不同方法。的确，瓦拉知道，有些人必然会争辩说，智力的快乐高于身体的快乐，而"沉思"是一种理想的生活方式。瓦拉决定先发制人，于是他立刻把这种论点打得粉碎。

因为"快乐"（Pleasure）这个词既可以用来描述智力的享受，也可以用来描述身体的享乐，所以很明显，瓦拉认为

184

185  两者是相同的：两者都是快乐的一部分。他认为，人为地将这两种享乐区分开来是愚蠢的；虽然肉体的和精神的享受是截然不同的体验方式，但肉体和灵魂仍然享受着同样的快乐。因此，要把沉思的生活说成是一种独特的或更好的东西是不可能的。即使一个人可以谈论沉思的生活，瓦拉也像伊壁鸠鲁（Epicurus）那样认为，由于所有类型的享乐都是相同的，沉思实际上也是为了快乐，既是智力的也是身体的。[69] 反过来说，对快乐的追求显然又是沉思的一部分，因此很明显，肉欲是最高尚的，事实上也是唯一的生活方式。

在他们之间，瓦拉和马内蒂不仅成功地对人类的存在提出了一种更加积极和令人振奋的看法，还为薄伽丘和洛伦佐·德·美第奇所描述的那种充满激情和欢乐的感官放纵的新精神提供了一种可行的理论依据。事实上，性和快乐并非令人难堪的事物，而是人类尊严的本质。这是米开朗琪罗特别铭记在心的一个教训。

### 第四幕：解决

米开朗琪罗模仿过但丁，将托马索·德·卡瓦列里理想化，也曾以彼特拉克的方式用悲伤和自憎来折磨自己，还一度带着薄伽丘、瓦拉和洛伦佐·德·美第奇式的全部热情，暂时让位于欲望，最后发现自己陷入了困境。总之，他左右为难。一方面，他喜欢疏远、偶尔冷漠的托马索，认为他是一切美好和真实的化身，在迫近的死亡面前，除了最纯粹、最神圣的爱，他逃避一切。但另一方面，他又被一种无法抑制的性欲所驱使，他享受、欣赏和赞美这种性欲。利用文艺复兴思想中对立的传统来表达这种冲突，他的自我在撕裂。他需要找到一种方法来调和他性格中的两面性。他需要找到一条将爱、性和死亡结合在一起的道路。

　　随着 1533 年的临近，米开朗琪罗有了新的发现。不知道他是慢慢明白过来的，还是突然间醒悟；但是，就在朋友之间相互中伤的闲言碎语开始起作用的时候，他那种痛苦关系的阴云中渐渐出现解决问题的光亮。他开始明白，根本不需要有任何冲突。大地和天空连接在一起，形成了一条善与美的链条，将身体直接与上帝联系在一起。托马索之所以如此俊美、如此撩人，并不是因为他代表了所有完美的东西，而是因为他的俊美本身就是神性的一部分。肉体的快乐、对理想的热爱和对美德的向往可以同时存在。他可以同时在身体上和精神上爱托马索。事实上，这种新的爱情形式本身就像是一种崇拜行为。米开朗琪罗在灵感的启发下，把这一切写进了他最具启迪意义的诗篇之一。

> 在你可爱的脸上看到了，我的主，
> 今生无法用言语表达的东西；
> 这样，我的灵魂虽然仍在肉身中，
> 却常常升到神那里去了。
> 如果愚蠢、堕落、恶毒的人群
> 指出别人是在分担自己的痛苦，
> 我不会不珍惜这一份思念，
> 爱、信心、对善的纯洁愿望。
> 对于智者来说，能被称作我们所源出的
> 仁慈之泉的东西，
> 莫过于世间一切美好的事物；
> 在地上也没有别的榜样，别的
> 天上的果子；真心爱你的，
> 就飞升到天神那里，以死为甘甜。[70]

187

　　米开朗琪罗 1532 年底送给托马索的两幅画作中的第二幅——《劫掠伽倪墨得斯》（*Rape of Ganymede*，图 17）也流露了同样的情感。这是一个关于天神意乱情迷的故事。从奥维德（Ovid）的《变形记》（*Metamorphoses*）中托马索应该知道，伽倪墨得斯只是一个卑微的特洛伊牧羊人，但他非凡的美貌点燃了宙斯的激情。出于欲望和冲动，天神要将伽倪墨得斯占为己有。在米开朗琪罗的这幅画中，宙斯将自己变成一只老鹰，然后把这个小伙子带到奥林匹斯山去当他的斟酒人。但伽倪墨得斯没有表现任何惊讶，他似乎陷入了爱的迷醉和纯粹的狂喜。[71] 在这里，米开朗琪罗似乎想象自己同时扮演这两个角色。像宙斯一样，他显然对这个男孩的身体有强烈的欲望，并渴望把这个英俊的年轻人带走，享受永恒的柏拉图式的快乐；又像伽倪墨得斯一样，他觉得自己被一种无法抗拒的爱带到了天堂。他对肉体的爱，换句话说，不仅仅是一种崇拜行为，更是一种超然的体验。爱、身体的激情、精神的亲密、宗教信仰……一切都融合在一起。

　　在他与托马索·德·卡瓦列里戏剧性关系的最后"一幕"中，米开朗琪罗重演了他年轻时代的一部分。作为客居洛伦佐·德·美第奇家中的一个年轻人，他受到了人文主义者圈子的欢迎，其中最杰出的成员包括马西利奥·斐奇诺和乔瓦尼·皮科·德拉·米兰多拉。[72] 这些新柏拉图主义者是希腊哲学的爱好者和翻译家，他们成功地调和了文艺复兴时期各种不同的思想流派，当时的环境不仅充满对人体美的盲目崇拜，还呈现了知识视野的迅猛扩展。虽然没有直接证据表明米开朗琪罗曾深入研究他们的作品，但毫无疑问，他是在美第奇 – 里卡迪宫常有的智力辩论和感官放纵的令人兴奋的氛围中接触到他们的思想的。几年后，米开朗琪罗在消解内心的折磨时，转而回忆青少年时期的那些讨论，尽管记忆已有些模糊。在他对托马索·德·卡瓦列里的爱情发展的最后，也是最引人注目的阶段，斐奇诺和皮科·德拉·米兰多拉为他的思考提供了原型。

不难看出这两个人物在米开朗琪罗眼里的个人魅力。真正的"文艺复兴"时期的人有着渊博的学识和千变万化的兴趣，马西利奥·斐奇诺（1433~1499）和乔瓦尼·皮科·德拉·米兰多拉（1463~1494）都是不拘一格、热情洋溢、头脑活跃的人，他们对各种各样的创造和物质世界的乐趣满怀好奇。斐奇诺是希腊学者卜列东（Plethon）的学生，是第一个把柏拉图的全部著作译成拉丁文的人。尽管身为神职人员，但他怀有强烈而隐秘的同性恋欲望，这种欲望在他写给乔瓦尼·卡瓦尔坎蒂（Giovanni Cavalcanti）的充满激情的信中得到了表达；此外，他对占星术也有很大的兴趣。同样，出身高贵的皮科不仅早年就能流利地说拉丁语和希腊语，而且他在阿拉伯语和希伯来语方面的渊博知识也让他显得与众不同。他追求一种非凡的融合，同时拥抱从柏拉图和亚里士多德到卡巴拉和三重伟大的赫尔墨斯的著作，他与洛伦佐·德·美第奇的一位已婚堂兄弟有一段不光彩的风流韵事，被罗马教宗英诺森八世指控为异端。与在卡瑞吉（Careggi）死在自己床上的斐奇诺不同，皮科是被毒死的，原因也许是他与萨沃纳罗拉有着密切关系。

189

但在他们惊人的广泛兴趣当中，最吸引和影响米开朗琪罗的要素与他们聚集的社会环境有关。尽管有人质疑这一不境是否可以被称为"学园"，[73] 但斐奇诺和皮科——还有其他人，包括克里斯托福罗·兰迪诺——组成了一个群体，他们应"伟人"洛伦佐的邀请，定期在卡瑞吉的美第奇别墅会面，讨沦最新的想法。气氛总是令人激动不已，尽管在美第奇－里卡迪宫，米开朗琪罗只看到其暗淡的影子。由柏拉图主义和新柏拉图主义文本的重新发现和翻译所推动，在卡瑞吉，这些非凡的人沉浸于一种真正的对美的崇拜，一种对人类思想无限可能性的明显的喜悦，一种对友谊的爱，一种潜在的性张力，以及一种对新学问与基督教信仰调和的强烈渴望。在这些充满智慧的聚会中，斐奇诺和皮科意识到人类经验视野的扩大，超出了以往任何想象的范围，而且更重要的是，他们觉得有一种无法抑制的需要，要把所有的东西结合在一起，形成一个令人满意的思想体系，来解释和证明他们在洛伦佐别墅里发现的所有东西的本质。

在这样的环境中产生了一种对万物统一的迷恋。这个观念围绕着两个紧密相连的想法，最终带来了真正令人兴奋的人类尊严的概念和对爱的热情承诺。一方面，所有事物都是有联系的。新柏拉图主义者认为，宇宙不是由两个截然不同的领域——精神的或神性的，物质的或世俗的——组成，而是由一系列"层级"（hierarchies）构成，每个层级都与其他层级连成链条，越往下越远离完美。另一方面，链条上的每个层级都是以它们对柏拉图式的"形式"或"理念"的表现程度来定义的。因此，虽然"宇宙意识"（cosmic mind）——最高端和最完美的层级——是柏拉图式理念和天使的不朽领域，但"自然王国"（realm of nature）——人类居所——是由形式和物质的易于腐败的化合物组成的。

这其中的含义很重要。虽然不同的层级在某种意义上是不同的，但它们仍然受到"来自上帝的神圣影响"而联系在一起，[74] 并且都借着自身的创造而参与上帝本身；而且更重要的是，每一层级必然反映了上一层级的特征。例如，"宇宙意识"中的形式和理念，是"存在于较低层级的任何事物的原型"；而且推而广之，"自然王国"的一切事物都是更高领域的原型的不太完美的表现。正如皮科在他的《创世七日》（*Heptaplus*）中所说的那样：

整个世界里的一切也存在于每个世界里，而每个世界
都不包含任何在其他世界找不到的东西……存在于下层世
界的东西，也会在上层世界里找到，只不过是一种更高级
的形式；在更高的层面上存在的东西在下面也能看到，但
某种程度上是退化的，也就是说，是掺杂的形状……在我
们的世界，火是一种元素，在天空世界，相应的实体是太
阳，在超天空的世界，是智慧的纯粹之火。但考虑一下它们
的不同：元素之火燃烧，天火赋予生命，超天界有爱。[75]

这对新柏拉图主义者来说是显而易见的：由于"自然王国"
在创造计划中处于较低的地位，完美之美在地球上不可能存在。
但与此同时，这一点可以颠倒过来。任何以某种不完美的方式
表现出来的美，都是一种更崇高的、神圣的美，因此反映了一
种更高的"理念"或真理的片段。推而广之，即使某个人拥有
一个不完美的身体，他的身体形态有时也能反映某种程度的理
想，而他的理性灵魂——非物质的——则更直接反映了神性。

如果这是真的，那么，斐奇诺和皮科认为，人类完全有可
能超越自身肉体存在的极限，达到一种与更高的、神圣的"理
念"的"统一"，而其他一切都建立在这个理念之上。这完全
是一个沉思默想的问题，因为人类具有独特的理性，使他能够
"上升"和"下降"到更高和更低的领域，这是最理想的。[76] 因
为只有在沉思中，"灵魂才会从身体和所有外在的事物中抽离
出来，进入它自己……在那里，它不仅发现了自己的神性，而
且在逐渐上升的过程中，发现了可理解的世界、超然的思想，
以及上帝本身和它们的共同来源……"[77] 当人上升到这个神圣
理念的终极境界时（斐奇诺追随柏拉图，将这种经历描述为一
种神圣的狂热，并将其归因于希伯来先知和古代女巫），他感
到一种无与伦比的喜悦，一种纯粹而销魂的狂喜。

　　然而，这种沉思和狂喜结合的观念与爱的观念是密切相关的。上帝创造宇宙的动力是爱。这种爱以一种美的形式表现出来，这种美指明了通向上帝本身的道路。因此，沉思的生活以超越性的统一为目标，使人充分认识到美的本质，从而产生了一种最终实现美的渴望。对斐奇诺和皮科来说，这种渴望无非是爱。换句话说，沉思需要爱，而爱需要对美的渴望。因此，对美的享受与狂喜甚至崇拜都是内在地联系在一起的。

192
　　尽管对这幅画有许多不同的解释，但桑德罗·波提切利在《维纳斯的诞生》(*Birth of Venus*) 中表达的似乎就是这种观念。这幅画可能是为卡瑞吉的美第奇别墅设计的。在这幅经典作品中，波提切利描绘了女神维纳斯（她是克罗诺斯把乌拉诺斯切下的睾丸扔进海里之后蹦出来的）被吹到西瑟拉岛（Cythera）的岸边。无疑，她是美的经典，爱的完美之神。但是她的美所激发的欲望和爱不仅是纯洁的（从她所站的象征物贝壳和四季女神荷赖将要给她穿的长袍可以看出），而且是指向天国的。她的美充分代表了一种神圣的爱，她激发的狂喜与对这一事实的沉思紧密相连。

　　但斐奇诺进一步拓展了思考的边界，并有意识地在他对《会饮篇》的翻译和评论中重新提出了柏拉图式的爱的概念。斐奇诺认为，沉思的本质可以与他人的爱以及追求相同目标的人之间的友谊联系起来。当然，他心里想的是志同道合的人之间强大的精神纽带；但是，尽管斐奇诺很小心地避免放纵情欲，他对沉思与"美的渴望"(desiderio di bellezza) 的认同也迫使他用美——尤其是同性恋之美——的分享来加深这种联系。

　　其结果是文艺复兴思想长期以来的不确定性得到了有效的解决。新柏拉图主义者认为所有的创造都是统一的，他们通过一种沉思的形式来提升人与上帝结合的能力，这种沉思不仅要求人们欣然享受美（作为神性的反映），而且要求人与人之间有一种深沉而持久的爱。这种爱本身就是一种崇拜和超越的行为；它把个体从自身中抽离出来，并将他提升到天国；它把宗教信仰、物质世界的奇迹，以及精神的无限可能都联系在一起，形成了一个近乎性高潮的整体。

正是在这种新柏拉图主义的维度中，米开朗琪罗找到了救赎。虽然无法完全实现与托马索·德·卡瓦列里的性关系，但他终于找到一种方法，把托马索当作神的化身来崇拜，当作人类美的典范来爱，而不惧怕罪恶，从而享受他所熟悉的那种狂喜。放弃彼特拉克自我鞭笞的道德，放弃薄伽丘和瓦拉勉为其难的自由主义，他从斐奇诺和皮科那里学到，托马索可以成为他自己的维纳斯，一个指引通往天堂之路的半神，可以在身体上、精神上和贞洁上加以崇拜。

\* \* \*

在米开朗琪罗与卡瓦列里初次见面后的几年里，他经历了极度的痛苦和欢乐。他深爱过，他为遭到断然拒绝而难过，他因内疚而痛苦，他也因崇拜而狂喜。但也许最重要的是，在他的诗歌和绘画中，他试图通过从他人对世界和爱情的经验中产生的思想和形象来理解和表达他内心深处的感情。他常常求助于古典时代的语言，重新体验但丁、彼特拉克、薄伽丘、马内蒂、瓦拉、斐奇诺和皮科等人的快乐和悲伤，试图从中找到慰藉和满足。在此过程中，他重演了自己的戏剧，催生了文艺复兴时期的文化杰作。因此，米开朗琪罗对托马索的痛苦的爱，不仅可以作为文艺复兴本身的一个缩影，而且说明了文艺复兴时期艺术家的知性世界并非派生自脱离现实的崇高理想，而是基于一种绝望的尝试，即试图去理解那些构成日常生活的严酷而愉快的经历。

# 第二部

# 文艺复兴时期赞助人的世界

第六章　权力的艺术

　　1459年4月17日下午，15岁的加莱亚佐·马里亚·斯福尔扎走进美第奇－里卡迪宫的一个私人礼拜堂。他是个英俊而有口才的年轻人，有一种与年龄不符的王子的尊严和理智。那天早晨，他在一大群衣着华丽的骑士的陪同下抵达佛罗伦萨。[1] 尽管很年轻，但他还是被父亲米兰公爵派到佛罗伦萨执行一项重要的外交使命。那天早些时候，在科西莫·德·美第奇——这个城市实际上的统治者——府上受到执政官们欢迎后，便开始了谈判。[2] 但狡猾的科西莫并没有在大门口迎接这位客人，而是在礼拜堂里等候他。[3] 作为国际政治游戏的老手，他精心选择了这次会面的场合。

　　加莱亚佐·马里亚·斯福尔扎出生于米兰公爵府邸，对富丽堂皇习以为常。但当他跨进门槛时，他看到的一切也会让他感到惊讶。礼拜堂几乎没有足够的空间容纳他的随从，却充满了生机和光彩。大幅色彩浓烈的壁画《东方三博士伯利恒之旅》（*Journey of the Magi to Bethlehem*，图18）占据了整整三面墙，尽管它们尚未完成，但气派令人敬畏。故事发生在一个"欢乐而迷人的童话世界"，三位国王"在赏心悦目的风景和真正的皇家气派"中旅行。[4] 画面充满了现实细节，艺术家贝诺佐·戈佐利（Benozzo Gozzoli）似乎完美地捕捉了丰富和令人兴奋的《圣经》意象。画作完全没有节省开支的考虑。[5] 为了满足赞助人的愿望，戈佐利给画像涂上了最耀眼的色彩，当然也不吝惜最昂贵的金漆和深蓝色颜料。

　　加莱亚佐·马里亚大吃一惊。他感到意外，甚至忘了跟主人打招呼。然而，69岁的科西莫并不在意。事实上，他脸上掠过一丝微笑。这正是他所期望的反应。他也知道这仅仅是开始。戈佐利的壁画比第一眼看到的要丰富得多，他想让加莱亚佐·马里亚多领会一点。科西莫用锐利并充满期待的目光打量他的客人，他默默等待着。

慢慢地，年轻人回过神来。壁画内容丰富，形象生动，但它并不只是讲述东方三博士的故事。这些壁画完全另有深意。尽管每年主显节（Epiphany），佛罗伦萨都会举行壮观的游行，[6]但毫无疑问，壁画《东方三博士伯利恒之旅》将《圣经》故事变成了对美第奇财富和权力的颂扬。戈佐利壁画中的一个个人物都是佛罗伦萨大公会议（Council of Florence）参与者的肖像，该会议于 1439 年召开，旨在调和东西方教会。自然，美第奇家族在其中扮演了主角。

加莱亚佐·马里亚一个个地认出了画中的人物。在南面墙上，穿着精美的东方长袍、头戴缠着头巾的王冠的是拜占庭前代皇帝约翰八世（John VIII），他扮演三博士之一的巴尔塔萨（Balthazar）的角色。他旁边是君士坦丁堡牧首约瑟夫二世（Joseph II），位于西墙，扮演另一位博士梅尔基奥（Melchior），骑一头驴，留着长长的白胡子。尚未完工的东面墙上出现了关键的一幕。卡斯帕（Caspar）是东方三博士中的第三个，也是最年轻的一个，由一个穿着华丽的金色斗篷的英俊年轻人扮演，那只能是科西莫的孙子洛伦佐的理想再现。这个"伟人"（il Magnifico）当时还是个 10 岁男孩。在他身后出现了科西莫本人的形象，还有他罹患痛风的儿子皮耶罗和一群外国仆人。在他们身后的人群中，加莱亚佐·马里亚可能会瞥见主教们的脑袋，包括基辅的伊西多尔（Isidore）和后来成为教宗庇护二世的枢机主教埃涅阿斯·西尔维乌斯·皮科洛米尼（Aeneas Sylvius Piccolomini），还有著名的学者，比如希腊人阿伊罗普洛斯（Argyropoulos）和乔治·杰米斯图斯·卜列东（Georgius Gemistus Plethon）以及包括戈佐利本人在内的艺术家们。画面的最左边有两个还没有完成的人物，但从坐骑可以清楚地看出，他们"注定"是有权势的贵族。事实上，其中一人已经可以辨认出是里米尼领主西吉斯蒙多·潘多尔福·马拉泰斯塔（Sigismondo Pandolfo Malatesta）的画像，而另一人则是加莱亚佐·马里亚本人的画像。

这真是奇思异想。尽管赞助人作为"神迹剧的参与者或见证人"并不罕见，[7]但《东方三博士伯利恒之旅》与众不同的是，在彻底成为美第奇家族的附属物之前，《圣经》故事在里面就已经充满了市民礼仪的回声。事实上，"从来没有一个家族，其整体如此明确地融入神圣的历史"。[8]在此后很长一段时间里，再也没有一个家族敢如此明显地使用艺术手段来展示如此强大的自信和雄心壮志。

### 赞助人的崛起

仔细观察戈佐利的壁画，加莱亚佐·马里亚·斯福尔扎首先想到的是，科西莫·德·美第奇身上有着卓越的文化修养和高雅的气质。他不仅有良好的鉴赏力，委托佛罗伦萨最杰出的艺术家之一创作了一系列真正令人惊叹的画作，还把自己描绘成与当时一些最杰出的知识分子为伍的人。毫无疑问，他是一个非常老练的人，并且他显然是那种任何人都愿意把金钱或政治权力托付给他的人。

这正是科西莫的意图。这是他努力塑造的形象。在银行业赚了一大笔钱之后，他非常乐于全面了解艺术并雇用最优秀的艺术家。他委托米开罗佐重新设计了美第奇－里卡迪宫，并热情地赞助当时最有才华的艺术家。他从多纳泰罗、布鲁内莱斯基、安杰利科修士和菲利波·利比修士那里征集了几十幅作品，家族官邸里经常举行艺术讨论。科西莫总是欢迎新的人才进入他的豪宅，与那些有特殊能力的人成为朋友，考虑新的委托，讨论未来项目的模型和草图。

确实，科西莫不仅努力树立一个赞助人的形象，还凭借自己的能力建立了博学的鉴赏家的名声。艺术家、诗人和音乐家在他似乎用之不竭的金库的支持下，竞相吹捧他的学识，并为了迎合科西莫想构建的个人形象，不失时机地把他的文化修养与公共美德等同起来。他的好友、书商韦斯帕夏诺·德·比斯蒂奇（Vespasiano de Bisticci）说道：

> 他在会见学者时，谈了一些有关字母的问题；和神学家在一起时，他表现出对神学的了解，这是他一直乐于研究的一门学问。对哲学也是如此……音乐家也以同样的方式觉察到他对音乐的精通，并从中得到极大的乐趣。雕塑和绘画方面也是如此，这两种技艺他都很精通，对所有有才能的工匠也很偏爱。在建筑方面，他是一位出色的判断者；没有他的意见和建议，任何重要的公共建筑都无法动工或竣工。[9]

由于他的学识和恩惠，科西莫已成功地成为所有人的偶像。他的洞察力本身不仅值得赞赏，而且特别值得肯定，因为他愿意用它来为城市服务。韦斯帕夏诺似乎要问，谁会不喜欢这样一个人呢？被他的赞助和学识迷住了的一位同时代艺术家后来若有所思地说："啊，他在不确定的事情上表现得多么谨慎，他清醒时的思想充满了对国家的热爱！"[10]

《东方三博士伯利恒之旅》只是一场漫长的宣传活动的最新进展，目的是以一种令人眼花缭乱、印象深刻的方式展示科西莫成熟和富有的形象，并表明他准备付出极大的努力，以确保这种印象得到最大限度的传播。科西莫和皮耶罗·德·美第奇并不是简单地花钱请戈佐利来装饰礼拜堂，而是与这位艺术家密切合作。事实上，他们自己也积极参与了壁画的创作，而且有充分的理由认为他们是共同创作者。他们欣赏艺术的特性和力量，由此对作品本身的内容和形式施加了明显的影响，既用具体的合同义务控制戈佐利，又与这位艺术家保持持续的沟通。就这样，科西莫和他儿子成功地利用戈佐利的才能成就他们自己的文化抱负，并确保他们作为值得称赞的、有公德心的鉴赏家，在学识方面无懈可击。他们将艺术家和他们的意志捆绑在一起，有效地提升了自己的地位。

　　《东方三博士伯利恒之旅》充分反映科西莫努力通过艺术和文化来提高地位，说明了"赞助"（patronage）对文艺复兴文化发展的重要性，堪称"赞助人的崛起"的顶点。伴随及推动着"艺术家的崛起"，这一发展过程不仅涉及赞助人的社会和知识背景的转变，还涉及赞助人与艺术家互动方式的转变。结果，它对艺术本身的产生方式施加了巨大的影响。

　　文艺复兴时期的赞助活动主要是在艺术品上砸钱，有两个主要因素促成了"赞助人的崛起"。一方面，文艺复兴见证了"文化事业"的社会经济转型。当然，艺术赞助并不是什么新鲜事。自古以来，艺术的赞助就被认为是财富和地位的可靠标志，奥古斯都（Augustus）、梅塞纳斯（Maecenas）、查理大帝（Charlemagne）、腓特烈二世（Frederick II）等有权势的人物大都凭借在艺术上的大笔投入提升了他们的公众地位。但由于文艺复兴时期政治和经济的彻底变革，委托生产艺术作品的赞助人的数量大幅增长，赞助的范围也显著扩大。从13世纪中期开始，随着贸易扩张和政治权力的分散，那些有钱和有动机委托艺术品的人显示了他们的权力和地位，这样的人越来越多。到15世纪早期，不仅皇帝、国王和教宗投资建筑、绘画和雕塑，地方领主、社团、行会、商人、公证人，甚至卑微的小商贩也加入了这一行列。从小型宗教作品到巨大的世俗绘画和精致的遗赠物，再到托钵修会教堂，每个买得起艺术品的人都在购买艺术品，渴望享受自己的购买力带来的荣耀。美第奇家族——原本只是穆杰洛（Mugello）地区的一个名不见经传的家族——只是那些突然变得非常富有的赞助人中最引人注目的例子之一，他们赚了大钱，想用以前只属于真正的伟大人物的辉煌来装点自己。

另一方面，文艺复兴早期的政治和经济变迁导致了新兴赞助人对艺术所依赖的学问的重视程度发生了变化，进而对文化本身的兴趣也发生了变化。至少早在 13 世纪中叶，人们就清楚地认识到，如果没有一批精通拉丁语和人文学科的人，一个主权国家的事务就不可能管理得好。法律需要起草，记录需要保存，使节需要派遣，面对上下层的人都需要晓之以理。因此，对古典文学的研究和模仿——历史学家认为这是人文主义的一个本质特征——不仅成为日益壮大的专业官僚阶级（如科卢乔·萨卢塔蒂和列奥纳多·布鲁尼）的必备技能，而且也成为商业寡头和贵族政要的必备技能。

但随着学问在治理实践中变得越来越重要，它也成为一种基本的身份象征和公共生活所必需的"美德"的标志。任何希望被视为非常适合掌握政治权力的人很快就意识到，全面了解最新的文化和知识潮流是至关重要的。很典型的例子是，不仅彼特拉克建议老弗朗切斯科·达·卡拉拉培养对文科的欣赏趣味，以便他可以公正而明智地统治国家，[11] 而且马基雅维利也认为真正的君主既是一个实干家，也是一个有学问的人。[12] 但不久之后，"必要"技能的范围扩大到包括对视觉艺术、本国文学以及古代经典的了解，这一点也不足为奇。例如，在《侍臣论》（*The Book of the Courtier*）中，巴尔达萨雷·卡斯蒂廖内就认为："我希望我们的廷臣至少在那些被我们称为人文学科的研究中是比一般学者更优秀的人。""而且，"卡斯蒂廖内接着说——

　　他应该既懂希腊语又懂拉丁语，因为用这种语言写出来的东西非常不同。他应该对诗人很熟悉，对演说家和历史学家也不例外，他还应该擅长写诗和散文，尤其是用我们自己的语言……[13]

　　同样的道理也适用于绘画和雕塑。对卡斯蒂廖内来说，廷臣有义务掌握这些艺术知识，不仅因为它们可以传授"许多有用的技能……而不单单用于军事目的"，而且因为它们可以让他充分理解世界的复杂性和权威性，这有助于他治理这个世界。[14]

　　由于人文科学逐渐被视为社会地位的关键标志，新的赞助人阶层希望通过资助艺术家和文学家来尽可能展示他们的学识。一个挤满了画家、雕塑家、诗人和哲学家的宅邸、宫廷或城市，显然是值得尊重和敬仰的。正是因为这个原因，这一时期，"君主镜鉴"（mirrors of princes），即统治指南之类的创作强调了赞助艺术的重要性，每个参与赞助的人——尤其是科西莫·德·美第奇——都学到了这一课。

205

　　由于艺术被认为是一种身份的象征和一种学识的展示，新兴阶层中那些聪明、有知识的赞助人与他们雇用的艺术家建立了更为密切的关系。他们习惯了商业和政治的实用性，也理解合同的重要价值，并想要确保他们的钱取得最好的收益。正如米开朗琪罗后来看到皮耶罗·索代里尼对《大卫》提出的"建议"一样，赞助人——无论个人还是机构的代表——热衷于提出一些细微的改变，甚至要求进行彻底的修改。特别是科西莫和皮耶罗·德·美第奇，他们经常与他们委托的艺术家进行讨论。例如，大约在加莱亚佐·马里亚来访的时候，皮耶罗要求戈佐利把天使从壁画中移走，因为他发现他们的存在令人不安，而且违反了合同约定。然而，尽管戈佐利总体上乐意倾听（其实他实际上并没有去掉天使），但美第奇的干预措施并不总是受欢迎。菲利波·布鲁内莱斯基付出了巨大努力，为美第奇－里卡迪宫设计了一个宏大而漂亮的模型，但他被科西莫以过于夸张为由拒绝了，他感到非常震惊。他愤怒至极，就把模型砸成了碎片。[15]

当加莱亚佐·马里亚·斯福尔扎到佛罗伦萨会见科西莫·德·美第奇的时候，艺术赞助已经有了很大的规模，这不仅是因为越来越多的人想要证明他们已经"出名"了，同时也是对学问和艺术的显著价值认同的结果。对于"新人"和新兴机构来说，戈佐利的《东方三博士伯利恒之旅》这样的作品代表了一种通过赞助来表明自己地位，以及通过艺术功力来显示自己功德的可靠方式。为了确保能得到他们想要的东西，他们倾向于用合同和持续的谈判把艺术家和他们的意志联系得更紧密。

考虑到这一点，文艺复兴时期的艺术赞助人如今常被视为文化超人，这或许并非巧合。考虑到他们对绘画、雕塑、建筑、音乐和文学的热爱，以及他们雇用最优秀人才所付出的巨大努力，人们往往很容易把他们视为品位高雅的典范，并怀着敬畏之心看待他们，而这种敬畏之心通常是由他们委托创作的作品激发出来的。事实上，考虑到艺术家和赞助人之间的亲密关系，人们很难不将赞助人视为一个黄金时代的先驱，认为他们的重要性与为他们工作的人不相上下。当你站在加莱亚佐·马里亚·斯福尔扎的位置上，仰望《东方三博士伯利恒之旅》，科西莫·德·美第奇和他的同道们似乎确实沐浴在一种高雅文化的氛围中，这种氛围带有一种公共美德和庄重感。

## 艺术的力量

但这只是故事的一部分。我们有充分理由抵挡诱惑，拒绝将艺术家视为近乎完美的、拥有超人才华的人；同样，更深入地考察文艺复兴时期赞助人的社会环境以及赞助人的目的，也是为了不再透过玫瑰色的眼镜来看待这些人。因为这一切都源于这样一个事实：艺术不仅仅是艺术。

当加莱亚佐·马里亚·斯福尔扎仔细观看《东方三博士伯利恒之旅》时，他意识到美第奇家族已经设法利用壁画传达一种特定的政治信息，这种信息远远超出了对他们地位和学识的单纯赞赏。通过对画中人物——从艺术家和哲学家到僧侣、贵族、帝王和牧首——的观察和对其隐含意义的解读，他逐渐认识到，此教堂的全部意义在于通过艺术"使美第奇家族在佛罗伦萨政治中的统治地位合法化"。[16]

这并非小事。按官方的说法，科西莫不过是个普通公民。他已经多年没有担任过任何公职了。然而，他是佛罗伦萨政治生活的主导力量，这是一个公认的事实。就像一只蜘蛛占据一张大网的中心，他操纵着一个由客户、合同和朋友组成的网络，让执政团按他的指令行事，并采用贿赂和胁迫相结合的手段，确保他的话就是法律。正如教宗庇护二世所说——

> 科西莫畅通无阻。在战争与和平的问题上，他的决定具有最终效力，他的话被视为法律，他与其说是一个公民，不如说是这个城市的主人。政府会议在他家举行；他推举的候选人被选为公职人员；除了没有头衔和宫廷，他实际上已是王权的享用者。[17]

尽管佛罗伦萨仍以 1459 年成为共和国而自豪，但这不过是一个善意的谎言。佛罗伦萨是科西莫的。他是名副其实的国王。

《东方三博士伯利恒之旅》是一场大规模宣传运动的一部

分，旨在赋予科西莫和他的继承人政治合法性的光环，也正是因为这个原因，美第奇家族才煞费苦心地与戈佐利讨论壁画的每一个细节。一方面，美第奇家族含蓄地指向了支持他们的"重量级人物"。美第奇家族在自己的形象周围画上了伟人和好人的肖像，这不仅展示了一个完整运作的政治网络，而且也为他们希望在未来建立的关系网提供了一个模型。[18]另一方面，他们热衷的这种角色扮演毫不羞报地宣示着美第奇家族的政治地位。年轻的洛伦佐·德·美第奇被选中扮演卡斯帕的角色，与约翰八世和约瑟夫二世平起平坐。换句话说，科西莫一家把自己描绘成"值得与国王为伴的人，即使不是在名义上，至少在荣誉和地位上像是君主"。[19]总的来说，壁画是对科西莫的无比自信和雄心的明确肯定，也是美第奇家族意图继续统治这座强大而充满活力的城市的明确声明，而这座城市自认为是文化和政治世界的中心。

通过形象中蕴含的微妙的政治信息，戈佐利的壁画揭示了赞助人崛起的另一面。《东方三博士伯利恒之旅》揭示了这样一个事实：赞助人知道，作为一种可以随意操纵和塑造的公关形式，艺术就是力量。

这种力量恰恰也是激发了"赞助人的崛起"现象中更美好、更高尚的方面的动力。这完全是一个合法性问题。在政治领域迫切需要一种权威感。帝国权力的崩溃导致意大利北部支离破碎，阿尔卑斯山脉和圣彼得的世袭领土之间，相互争斗的各个城邦有如鹑衣百结。[20]在佛罗伦萨、锡耶纳、佩鲁贾（Perugia）和博洛尼亚等地，资产阶级商人成功地驱逐了贵族残余势力，以"公民"的名义建立了至高无上的共和国。在其他地方，如米兰、帕多瓦和曼图亚（Mantua），这些城市（不管愿意还是不愿意）服从于拥有全权的显贵或领主的统治。然而，尽管各城邦之间存在分歧，但城邦和"专制政体"都面临

着一个共同的挑战。面对外部控制的持续威胁，以及派系争斗 209
和内乱的重大危险，这些城市需要想出一些方法来捍卫它们作
为自治国家存在的权利和它们的政府系统的合法性。而在经济
领域，人们同样迫切需要一种道德感。在贸易、商人银行和布
业的扩张中致富的社群及专制政权内，到处可见暴富的新贵，
他们要竭力证明自己在政府中的重要性，以及为他们所获得的
巨额财富辩护。

人文主义的出现提供了一系列不同的方法来解决这种对合
法性的双重需求，而受过高等教育的公证人和官僚们越来越多
地参与维持城邦的运转，他们把自己的古典思想知识提供给富
人和权贵，为他们提供急需的知识支持。

然而，无论文学和政治哲学在赋予城邦合法性方面有多
么重要，它们也只能走这么远。这类作品的读者受到严格的限
制，而且考虑到它们大多是由官僚和公务人员（而不是寡头和
暴君）或拼命巴结讨好的文人创作的，我们甚至忍不住要问，
这样的作品除了沾沾自喜的献媚，到底还有什么意义。

获得合法性的另一个途径是用充满自信的肯定代替文学上
的辩护。伴随着广泛的经济增长和艺术技能的逐渐发展，新的
学识使那些寻求巩固其地位的人认识到了建筑和视觉艺术作为
权力游戏中的一种工具的潜在价值。的确，富人和权贵对人文
学科有深刻的了解，他们意识到绘画和雕塑开辟了书面甚至口
头文化几乎无法企及的可能性。赞助人对艺术作品和建筑项目 210
的设计和制作保持紧密的控制，他们意识到，视觉艺术的权力
表达可以使用比书面表达更多样化、更灵活、更微妙的语言，
而且能够解决在纸上几乎不可能解决的问题。借助它，可以谨
慎地建立政治关系模型，可以炫耀财富，可以通过设计和使用
大量的肖像特征与其他团体和个人建立联系。而且通过艺术或
建筑，赞助人有可能将高度复杂和精妙的合法性和权威的形象

传达给社会的广大阶层，毕竟社会的大多数人仍然是文盲或半文盲。因此，虽然"艺术家的崛起"是不可否认的，但赞助人同时发现，对合法性的需求使他们变成了"经验丰富的、在某些情况下甚至是高度专业的形象塑造者"。[21]

从 13 世纪晚期开始，艺术能赋予城市、机构和个人合法性的独特力量导致了"图像市场"（image market）的大爆发。新兴的城邦是向艺术投入大量资金的最典型的赞助者之一，它们开始建造具有宏伟气派的公共建筑，这展现了城市的宏图大略。佛罗伦萨市政厅（1299~1314）和锡耶纳市政厅（1298~1310）被视作城市稳定和持久的见证，[22] 而米兰的斯弗兹科城堡（Castello Sforzesco，大约始建于 1310~1320）等堡垒式的宫殿则强调"领主"也具有同样的品质。因此，艺术也被用于公共空间的委托项目，以赞颂城市的独立性或专制者的强权光辉。比如在锡耶纳，九人委员会征召安布罗焦·洛伦泽蒂，委托他在共和宫新教堂的墙上创作巨幅的《好政府与坏政府的寓言》（*Allegory of Good and Bad Government*，1338~1339），作为共和政府功绩的视觉展示。[23] 后来，安德烈亚·曼特尼亚受委托（1465~1474）创作壁画装饰曼图亚公爵宫（Mantuan Palazzo Ducale）的"婚礼堂"（Camera degli Sposi），这些壁画描绘卢多维科·贡扎加（Ludovico Gonzaga）在家人的簇拥下，与他的儿子、枢机主教弗朗切斯科·贡扎加（Francesco Gonzaga）、皇帝腓特烈三世（Frederick III）和丹麦的克里斯蒂安一世（Christian I）在一起。在经历了文艺复兴混乱的起步阶段后，就连教宗也双手抓住了赞助权，到 15 世纪中期，教宗已经成为意大利最有权势、最有影响力的艺术赞助人之一。

机构也与艺术家合作，创造成熟和"可被接受的"公共形象。宗教团体和行会在艺术赞助上投入了大量资金，也许没有什么比佛罗伦萨圣弥额尔教堂装饰华丽的外观更能说明这一点了。普通公民也参与其中。无论是暴富的商人、有权势的寡头，还是争强好胜的侍臣，个体也追随市镇和专制政权，用绘画和雕塑来证明他们在管理、咨询和财富方面占据主导地位是合法的。事实上，每个人都在嚷嚷：艺术是一种权力形式。

艺术在表达合法性方面如此成功，以至于有学问的赞助人利用他们的影响力，为达到这样的目标而将绘画和雕塑推向新的、更具创新性的方向，或许是不可避免的。不久，这一进程的逻辑不仅导致了宗教主题日益"世俗化"，以服务于赞助人的野心，还模糊了"公共"和"私人"之间的区别，并使"地位肖像学"（iconography of status）蓬勃发展。科西莫·德·美第奇和他的直接继承者，以及更富有冒险精神的同时代人，站在了这一发展的前沿，并拥有令人印象深刻的智力资源，成功地引导艺术家们接受反映他们自己愿望的新形式。戈佐利的《东方三博士伯利恒之旅》将丰富的视觉元素、艺术才华和宏大的抱负结合在一起，这也许是人们第一次表达鼓励艺术创新以追求合法性的意愿，也是表达得最充分的一次。

尽管总是有一种诱惑，把赞助人的性格与他们委托创作的绘画和雕塑的美混为一谈，但"艺术的力量"表明，赞助被习惯性地用来服务于非常世俗的现实世界，这并不能证明那些掌握钱袋子的人的文化和学识，而是证明了那些最努力培养艺术的人的非正当性根深蒂固。在每一幅重要的绘画或壁画的背后都隐藏着一个更黑暗的故事，关于赞助和不受制约的权力的故事。即便如此，文艺复兴时期赞助人真正的丑陋也不过是在此初见端倪。

### 权力的艺术

尽管加莱亚佐·马里亚·斯福尔扎可能很年轻，但他并不愚蠢。他会看出科西莫·德·美第奇曾与戈佐利合作，为他在佛罗伦萨的统治合法性提供了有力的证明。但在他父亲米兰公爵的详细指点之后，他也看出，科西莫比大多数人更需要这种以艺术形式表现的合法性。而更重要的是，他知道，科西莫向他展示戈佐利的壁画是有明确目的的。

科西莫·德·美第奇绝不是一个白手起家而异常成功的人，他的非凡能力迫使他不情愿地承担起权力的重担，他的飞黄腾达并不仅仅依靠他的财富和良好的判断力。虽然他很富有，也很老练，但科西莫不过是一个贪财、渴望权力的自大狂，他通过腐败、暴力和残酷的手段爬上了权力的顶峰。

213

通过放贷和在高度动荡的市场上投机赚取了巨额利润后，科西莫将他的巨大资源用于实现他无限的野心。尽管他很少屈尊担任公职，但他并不耻于收买自己渴望的影响力，并在必要时公开收买选票。他在幕后操纵，对反对派的态度冷酷无情。1433 年，在被帕拉·斯特罗齐（Palla Strozzi）和里纳尔多·德利·阿尔比齐（Rinaldo degli Albizzi）领导的派系流放后，他便勒索佛罗伦萨，让这座城市缺乏急需的现金，从而将他召回。1434 年，他一回到佛罗伦萨，就把斯特罗齐和阿尔比齐终身流放。

就在加莱亚佐·马里亚·斯福尔扎到来的前一年，科西莫发动了一场激烈而强硬的政变。他在广场周围部署武装人员，迫使公民"议会"对新宪法进行徒有其名的表决通过，从而让他对执政团拥有绝对的控制权，并在外国雇佣兵的支持下，确保任何反对声音都将被压制。而且他毫不犹豫地开始了一场迫害运动。他剩余的政敌——彻底的共和党人，或斯特罗齐的拥护者——被剥夺了政治权力。他成立了一个新的委员会（Cento），以确保他的命令不受阻碍地得到执行。

到 1459 年，科西莫牢牢控制了佛罗伦萨。但他仍然有麻烦。尽管他试图为这座城市做些好事（如商人马可·帕伦蒂所言[24]），但非法和违法的污点仍在他身上留下了不可磨灭的印记。正如庇护二世在他的《闻见录》（*Commentaries*）中所记载的那样，科西莫仍然是这个城市的"非法统治者"，并且总是因"残酷地奴役这个城市的人民"而有罪。[25] 无论他如何努力压制反对派，总有那么一部分人会抗拒他束缚他们的那种关系。

214

科西莫放弃了任何享受合法权威的机会，不得不加倍努力来制造一种虚假的合法光环。正是这种冷酷无情的作风促使他奋力拼搏，登上权力的顶峰，他在艺术中寻找的不只是一种含糊其辞的、感伤的体面。作为长期赞助运动的顶峰，《东方三博士伯利恒之旅》旨在掩盖他的许多罪恶。科西莫具有真正的狡黠，他利用戈佐利的艺术才能来帮助消除暴政的可怕污点，并把自己描绘成一个仁慈的国父（pater patriae），让每个有正义感（即轻信）的公民都能同情他。

考虑到科西莫控制佛罗伦萨的手段，加莱亚佐·马里亚·斯福尔扎应该意识到壁画是美第奇家族权力的有力证明，这一点至关重要。科西莫毫不含糊地用图像宣示权力，彰显其家族（终究不合法的）地位的稳定和优势。这一切都归结为一个互利的问题，戈佐利的壁画成了一场更广泛的讨价还价游戏的视觉组成部分，这样的元素放在如今的黑手党影视剧中大概一点儿也不突兀。

长期的经验告诉斯福尔扎家族和美第奇家族，他们彼此需要。1440 年，加莱亚佐·马里亚的父亲弗朗切斯科在佛罗伦萨的支持下从维斯孔蒂（Visconti）手中夺取了米兰的控制权，而科西莫在这一过程中起了关键作用。而回到当下，就在一年前，即 1458 年，科西莫的政变得以实现，原因是弗朗切斯科提供了强有力的军事支持。这一联盟不仅使两国和平相

处，而且使这两个家族在面临内部和外部威胁时仍然大权在
握。如果要长治久安，双方需要确保彼此的安全。弗朗切斯科
知道他依赖佛罗伦萨的支持，如果他觉得另一个家族更能确保
他所需的金钱和外交关系，他可以轻易抛弃美第奇家族。科西
莫在《东方三博士伯利恒之旅》中强调了美第奇家族的强大和
稳定，他巧妙地指出，他的家族牢牢地控制着这座城市，而且
仍然有能力履行他们的承诺。换句话说，这些壁画是为了给弗
朗切斯科和加莱亚佐·马里亚一个他们无法拒绝的提议而存
在的。

215

既然礼拜堂装饰的全部意义已经清楚了，加莱亚佐·马里
亚向后退了一步，他看了主人一眼，会意地点了点头。有着鹰
钩鼻的科西莫仍然盯着他并咧嘴笑了。尽管有肮脏和可耻的过
去，他已经达到了目的。他此刻知道斯福尔扎—美第奇轴心仍
然稳固。事实上，尽管有些波动，这一轴心仍将是未来 20 年
意大利政治的中流砥柱。而最重要的是，科西莫知道他已经取
得了成功，不仅是通过复杂而冗长的外交谈判，而且是通过艺
术手段——后者甚至更为有效。

加莱亚佐·马里亚·斯福尔扎记住了这一课。在 1466 年
接受公爵头衔后，他迅速赢得了支持艺术发展的声誉，并努力
在各方面超过美第奇家族，从而被他的许多同时代人认为其拥
有一个风度翩翩、有教养的王子形象。例如有人认为——

> 他在家具陈设和生活方式上都很讲究，他的宫廷也无
> 比华丽。他送给侍从非常贵重的礼物……他以高薪吸引任
> 何学科的能人。[26]

216

他以爱好绘画而闻名，资助过博尼法乔·本博（Bonifacio
Bembo）和温琴佐·福帕（Vincenzo Foppa）等艺术家，也

曾为波尔蒂纳里礼拜堂（Portinari Chapel）宏伟的壁画项目
等投入大量资金；他会时不时地放纵自己的幻想，并给予那些
响应他呼召的人慷慨的回报。例如有一次，他突发奇想，要在
一夜之间给一个房间装饰精美的"高贵人物"的画像，而为这
一时的兴致，他会不惜任何代价。[27] 然而，他的初恋是音乐。
他的宫廷总是回响着最具创新性的、最迷人的旋律，而且他的
宫廷因拥有大批才华横溢的音乐家而闻名，他不惜重金将这些
（大部分来自低地国家的）音乐家召至米兰。[28]

　　加莱亚佐·马里亚对艺术的慷慨赞助确保了他在米兰统治
早期的极高声望，甚至他父亲的篡权经历也似乎从大众的记忆
中消失了，因为他的宫廷成了欧洲最耀眼的地方。他作为一个
文化巨子的名声日隆，赢得了国王、教宗、贵族和寡头们的尊
敬和赞赏，他们有幸看到或听说他委托创作的作品。事实上，
艺术与权力观念之间的联系是如此紧密，以至于洛伦佐·德·
美第奇甚至把波拉约洛（Pollaiuolo）为加莱亚佐·马里亚画
的肖像放在自己的卧室里。

　　但就像科西莫·德·美第奇一样，加莱亚佐·马里亚·斯
福尔扎对艺术的资助是为了掩盖更加黑暗和邪恶的现实。那只
是一个烟幕。没有了意志坚强、纪律严明的父亲的管束，加莱
亚佐·马里亚很快成了一个虐待狂和性放纵者。由于被怀疑谋
杀了他母亲比安卡·玛丽亚（Bianca Maria）（这一点不无理
由），米兰人对他感到恐惧。因为放肆的野蛮行为和邪恶的坏脾
气，他甚至招致马基雅维利本人的批评。[29] 他喜欢看到人们受
折磨，有时自己也痛苦得受不了，甚至还让人将一个神父饿死。
然而，没有人比该国的女子更有理由害怕。尽管有人认为他与
曼图亚使节扎卡里亚·萨吉（Zaccaria Saggi）有同性恋关系，
但他毫无顾忌地强迫任何他喜欢的女人屈从于他的性暴力。年
龄、地位和婚姻的束缚都不能阻止他。甚至修女也不安全，他

217

似乎特别喜欢闯入修道院，随心所欲地与修女寻欢作乐。[30]事实上，1476年12月26日，年仅32岁的加莱亚佐·马里亚被暗杀，三个谋杀者都受过其虐待，这一点也不奇怪：乔瓦尼·安德烈亚·兰普尼亚尼（Giovanni Andrea Lampugnani）的妻子和卡洛·维斯孔蒂（Carlo Visconti）的妹妹都被他们的君主强奸了，而书生气十足的吉罗拉莫·奥尔加蒂（Girolamo Olgiati）的导师科拉·蒙塔诺（Cola Montano）则因捏造的罪名在米兰被当众鞭打。加莱亚佐·马里亚的统治时间很短，但若没有侍臣的忠诚和他对艺术赞助的影响，他的掌权时间恐怕还坚持不了这么久。

在加莱亚佐·马里亚·斯福尔扎和科西莫·德·美第奇达成默认协议的那一刻，《东方三博士伯利恒之旅》成功地阐明了"赞助人的崛起"的全部含义，它的赞助形式后来也启发了米兰的赞助人们。一方面，它代表了艺术家与赞助人之间复杂关系的实现。在旧帝国之崩溃引起的一系列激进的政治和经济变革的背景下，新一代的赞助人出现了，他们不仅越来越重视将知识作为地位的象征，而且也愿意并且能够利用赞助，将其作为一种赋予他们自己高度重视的合法性的方式。他们与受他们委托的艺术家建立了更紧密的合作关系，从而成为文艺复兴时期艺术的共同创造者，并努力引导艺术朝着创新的方向发展，以满足他们自身的需求。

另一方面，《东方三博士伯利恒之旅》也证明了这种新型赞助人往往是由相当讨厌和高度危险的人组成的，而使"赞助人的崛起"得以产生的那种力量所创造的机会，促使他们更加无情地追逐自己的野心。虽然他们当然希望通过艺术展现一种合法性形象，但由于他们使用非法、不道德、经常是暴力的手段而声名鹊起，他们对合法性的需求就更加强烈了；而且进一步说，他们对赞助的需求更加极端。这些最邪恶的人（偶尔也有女性）是"赞助人的崛起"的缩影，尽管他们无疑是艺术品的"联合创作者"，但他们委托创作艺术作品往往是为了掩盖最令人发指的罪行。的确，赞助人所委托的艺术越卓越、越优美，他本人的罪过就越邪恶，他的意图也就越无耻。所以，尽管科西莫·德·美第奇和加莱亚佐·马里亚·斯福尔扎是他们那个时代最了不起的赞助人，但他们也是整个时代最可怕的人，他们所培养的艺术既是艺术家自身技艺的证明，也是赞助人道德败坏的证明。

这其中自有深意。如果赞助人在塑造文艺复兴艺术的形式和方向上和艺术家一样重要，那么，如果不揭示他们所生活的社会环境，不探讨他们私生活中黑暗和卑鄙的细节，就不可能完全理解那个时代的艺术。与其被他们委托创作的华丽作品所诱惑，还不如揭开画作背后的世界。这是一个充满了野心、贪婪、强暴和谋杀，而不是"文艺复兴"这个词常常让人们联想到的对色彩及和谐进行完美把握的世界。

在《东方三博士伯利恒之旅》中，有三个人的肖像隐藏在众多面孔中，他们代表了文艺复兴时期三类最重要的赞助人。追溯银行家、雇佣兵和教宗的生活和职业历程，一个全新的、与过去完全不同的文艺复兴变得清晰起来；这场文艺复兴并非万事静好，而是有着非常丑陋的一面。

219

## 第七章　点石成金的人

　　加莱亚佐·马里亚·斯福尔扎看得很清楚，《东方三博士伯利恒之旅》有力地证明科西莫·德·美第奇已经到达了令人眩晕的高度。然而，尽管很明显，这位年老的银行家热衷于显示他的财富和权力，但加莱亚佐·马里亚注意到，这件作品似乎也揭示了科西莫性格中一个相当不同的侧面。尽管构图华丽而自信，但科西莫还是有意以一种低调的方式来描绘自己。他没有如观者预料的那样占据显要的位置，反而在离戏剧中心有一段距离的地方出现。他骑着一头不起眼的驴子，温顺地跟在儿子皮耶罗身后，几乎与后面的人群融为一体。尽管绘有金色的缰绳和毛皮的袖口，画中人却并没有过多金钱方面的炫耀。他衣着简朴，外表甚至带有忏悔的意味。就连他那顶圆锥形的红帽子似乎也是为了减小视觉冲击力而设计的。的确，这给人的印象不是傲慢或冷酷，而是谦逊甚至谦卑。

　　这是个谜。一方面，加莱亚佐·马里亚不知道科西莫是否在平衡他不容置疑的财富和权力，就好像他担心自己会被视为一个专横的暴君。尽管在商业和政治上，他几乎可以为所欲为，但同时科西莫——正如加莱亚佐·马里亚稍后将要知道的那样——也"急于退居幕后，隐藏自己的巨大影响力，必要时通过代理人行事"。[1]甚至在马基雅维利出生十年前，科西莫似乎就已经对掩饰的价值有一种直觉上的欣赏。

　　但另一方面，加莱亚佐·马里亚发现自己很难不去怀疑，已经拥有巨大影响力的科西莫或许是真心想表现得谦卑。毕竟，人们都知道，他会偶尔尝试逃离他为自己创造的生活。加莱亚佐·马里亚听说过这样的传言：科西莫喜欢把自己关在一间小房子里，那是在圣马可教堂为他预留的，他常常一连好几天默默祈祷，或者和他的朋友安东尼奥·皮耶罗齐修士（Fra

Antonio Pierozzi）虔诚地进行讨论。² 科西莫这个人物静静地骑在驴子上，带着一丝真正的悔过之意。

作为面前这个人的生活、性格和公众形象的写照，《东方三博士伯利恒之旅》向加莱亚佐·马里亚呈现了一幅混乱的，甚至是矛盾的奇怪画面。铺张的排场、政治欺诈、冷酷的诡计，以及介于马基雅维利式的欺骗与由衷的虔诚之间的温顺在科西莫身上同时出现。这个老人是一个"难以辨认的斯芬克斯"。³ 这就好像不只有一个科西莫，而是有两个甚至三个科西莫。

但是，尽管存在明显的矛盾，加莱亚佐·马里亚所看到的是一个完整和连贯的科西莫·德·美第奇的形象。尽管科西莫在政治和金融上的影响力不同寻常，但他仍是文艺复兴时期典型的商人银行家。戈佐利的壁画充分表现了他获得财富和权力的手段，这些手段浓缩了这类新型商人出现的过程，以及他们的狡猾计谋。与此同时，他对辉煌、补偿和掩饰的强烈要求，生动地说明了几代阴险狡诈的商人银行家所面临的全新挑战。也许最重要的是，《东方三博士伯利恒之旅》概括了科西莫和他的商业前辈们在多大程度上利用对艺术的赞助来塑造一种公共形象，从而应对这些问题。

科西莫·德·美第奇成了那个让加莱亚佐·马里亚·斯福尔扎感到困惑的人；而如果我们追溯这条令人惊奇，甚至是令人震惊的路径，我们就可以看到文艺复兴时期商人银行家的阴暗而令人不快的世界，以及他们作为文艺复兴时期最重要的艺术赞助人的那些丑陋而世故的心理。这样的路径确实与政治诈骗、腐败和权术的世界有千丝万缕的联系，但这个关于大宗交易、巨额利润以及——不可避免的——道德沦丧的故事，足以使今天的商人银行家们的丑闻黯然失色。随着《东方三博士伯利恒之旅》背后的故事被揭露，很明显，这类超级富豪的生活真相与他们委托创作的那些美丽壮观的作品相去甚远。

### 从货币兑换商到银行家

从许多方面来说，文艺复兴时期是商人银行家的黄金时代。他们因惊人的财富而闻名，更甚于今日。但在 1459 年，没有一个银行业家族像美第奇家族那样富有。相比之下，克洛伊索斯（Croesus）① 都像个穷光蛋。例如，1435~1450 年，科西莫·德·美第奇个人获得了 203702 佛罗林的利润。⁴ 如果乔瓦尼·鲁切拉伊的估算立得住脚，那么仅这个数字就相当于佛罗伦萨总资产的 13%。⁵ 但这只是利润，而且是家族中一个成员获得的利润。如果把美第奇家族的全部投资都考虑在内，他们的财富很容易就超过欧洲任何一个大国。

然而美第奇家族并不是从一开始就富有的。他们的钱是由一代代狡猾的家族成员缓慢地、耐心地积累起来的，他们受到对金钱的强烈欲望的驱使。他们走了很长一段路，而他们所走的路恰恰体现了意大利文艺复兴时期商人银行业出现的路线。

与许多其他银行业家族一样，美第奇家族的起源也笼罩在神秘之中。在后来的几个世纪里，他们喜欢声称自己是中古骑士阿韦拉尔多（Averardo）的后代，据说阿韦拉尔多杀死了卡洛林王朝统治时期的一个江洋大盗。但现存的一些证据似乎表明，其家族起源更为平凡。正如他们的名字所暗示的，祖上的职业很可能就是医生或药剂师。⁶ 然而，对于大多数与科西莫同时代的人来说，似乎更有可能的是，他们一开始只是卑微的当铺老板。唯一可以肯定的是，当他们第一次出现在 13 世纪早期的历史记录上时，他们似乎就有一种与钱打交道的才能。

当时，意大利北部城邦的经济刚刚起飞。布匹和谷物的贸易开始扩大，欧洲各地的常规市场如雨后春笋般出现。不久，

---

① 古代吕底亚国王，大富翁。——译者注

意大利商人不仅与半岛上的其他城市进行贸易，还与更为遥远的其他国家进行贸易，从英国和低地国家，到埃及、塞浦路斯，甚至基辅罗斯。确实，正如弗朗切斯科·巴尔杜奇·佩戈洛蒂（Francesco Balducci Pegolotti）在《贸易实践》（*Pratica della mercatura*）中所解释的那样，一个真正的商人如果不掌握至少五六种不同的语言，不熟悉地中海周围许多不同港口和市场上交易的货物类型，就不可能在生活中有所成就。

225

　　但是，尽管贸易开始繁荣，商业却受到一个非常严重的实际困难的阻碍——现金。尽管今天，使用纸币、信用卡、电子银行转账及固定汇率使世界上任何地方都可以快捷方便地进行交易，但在 13 世纪，这些东西都不存在。硬币和金子是仅有的货币交换媒介，由于每个城市都有自己的货币，流通中的货币种类繁多，货币之间的汇率只能靠估算。当你不得不带着几箱沉重的硬币，与摊贩争论你钱包里那些奇怪的外国硬币的价值时，去市场买一些零碎的东西就可能是件苦差事。跨越更长距离的高价值业务可能会更加复杂。在长途旅行中，一个商人不得不带着笨重的装满硬币的箱子或成堆的金子，他不仅要冒着在途中被抢劫的风险，还要冒着被所带的钱币的重量拖累的风险。即使一个商人及时到达了目的地，而且他的资本储备完好无损，他也有可能在讨价还价中损失一大笔钱，因为交易涉及多种不熟悉的货币，而这也正是交易的本质。尽管佩戈洛蒂对地中海周围使用的一些较普通的金币和银币的相对纯度进行了仔细的测定，但《贸易实践》中的这些换算表根本不足以防范金融世界的变化和不确定性。[7]

　　虽然早在 1240 年，乌戈（Ugo）和加尔加诺（Galgano）这两位美第奇家族成员就以小额放贷人的身份开业了，但事实是，几十年后，有个叫阿尔迪尼奥（Ardigno）的人和他的兄弟在老市场开了一家兑换货币的公司，这更好地表明了他们知

226　道怎么获利。[8] 正是这种职业为贸易问题提供了唯一真正的解决办法，而且大型商人银行正是以货币兑换商而不是放贷人的身份起步的。[9]

　　最初，像美第奇家族这样的货币兑换商只是在一个货币混乱的世界里充当金融秩序的代理人。他们通常在城里市场附近的小店里经营，用一种统一的货币兑换大致等值的不同货币。那是一种嘈杂而忙碌的生活方式。马里努斯·范·雷默斯韦勒（Marinus van Reymerswaele）的《货币兑换商和他的妻子》（*The Moneychanger and his Wife*，1539）（现存于马德里普拉多博物馆，图19）尽管是在美第奇兄弟在老市场开店两个世纪之后才创作出来的，但它很好地刻画了货币兑换交易的场景。画面中，货币兑换商周围是成袋的钱币和成堆的文件，他在仔细地给硬币称重，以检测它们的纯度，并对照妻子手中的手册估算价值。这是一份冗长而艰辛的工作，但像美第奇这样的人能够胜任，他们可以从交易费用和汇率差价中赚取很多钱。

　　随着贸易日益繁荣，商人们需要随身携带大量现金，货币兑换商开始允许人们将大量的钱币存入银行代为保管。由此产生原始活期账户，处理方式与今天的大致相同。钱币可以由账户持有人或债务人支付，并且是根据持有人的意愿来支付的。这一切让交易变得容易多了。但由于它最初建立在银行柜台面对面交流的基础上，因而要解决大规模国际贸易的严重问题，要获得可观的利润，还有很长的路要走。[10]

227　第一个真正引人注目的创新是汇票。汇票于12世纪末出现在热那亚，这使得商人能够避免运输大量金币或金块的危险，并便利了国际货币交换。比方说，如果一个商人（付款人）在佛罗伦萨，希望向在布鲁日的某人（收款人）付款，他将必要的钱交给他选择的佛罗伦萨分支银行，加上一定的佣金，他就会得到一张价值相当的汇票。然后，佛罗伦萨的付款人将这张票据寄给布鲁日的收款人，收款人就可以从同一家银行的布鲁日分行或其分支机构兑换约定金额的当地货币。虽然其中有明显的风险，但银行家是根据商定的汇率来获利的。与此密切相关、同样有利可图的一种手段是信用凭证，它的功能很像现代的旅行支票。

产生利润的第二个重要步骤是有息贷款。这是由存款账户（因银行提供储蓄利息而得到鼓励）的演变，以及汇票也给了银行家一个"窗口"的事实促成的。在这个"窗口"内，银行家可以得到正被转移的那笔钱，而手头有了大量的现金，他就可以利用这些资金在规定的期限内，以规定的利率提供大量贷款。有时，贷款要求提供担保，如珠宝首饰，但很多时候，双方在信任的基础上就能达成贷款协议。

毫无疑问，美第奇家族很快就意识到了这些创新的潜力，并从汇票、信用凭证和计息贷款中获利，他们在 14 世纪上半叶开始投资房地产和羊毛贸易。不久，"像美第奇一样"成了老市场店主们祈愿发财致富的口头禅。

228

### 补偿的艺术

但当美第奇家族开始赚钱时，他们遇到了一个严峻的挑战。尽管从早期银行业务中获利没有什么实际障碍，即使有也很少，但该行业固有的做法引发了一些令人不安的道德问题。

长期以来，教会一直认为对财富的贪婪是实现基督教美德最令人不安的障碍之一。毕竟，基督曾给予警告，骆驼穿过针眼要比富人进入天国容易得多，并敦促所有希望追随他的人放弃所拥有的一切。事实上，13 世纪早期圣方济各（St. Francis of Assisi）正是因此认为贫穷是对虔诚基督徒的唯一真正的呼召。[11] 由于托钵修会的成功和贸易的增长，这种思想在文艺复兴早期意大利的商业中心引起了共鸣。随着商业的蓬勃发展和对财富本身的某种怀疑，佛罗伦萨毫无意外地为方济各理念进入商业意识提供了一个理想的环境。[12] 正是本着这种精神，15世纪初，波焦·布拉乔利尼撰写论文谴责贪婪，[13] 而克里斯托福罗·兰迪诺选择写措辞激烈的诗开展抨击。[14]

但如果说追求财富在理论上已经够糟糕的话，那么银行业本身很快就体现了贪婪的本质。如果说普通商人容易受到贪婪的影响，那么银行家显然更是与贪婪结下了不解之缘，因为他们为了利润而放贷。这种"高利贷"，即有息贷款行为，在《新约》中被认为是一种不可饶恕的罪过，自从公元325年尼西亚公会议 ① 以来，教会明文禁止高利贷。[15] 原因是在谋取利息的过程中，银行家犯了"不劳而获"之罪。"贷款获利本身就是不公平的，"圣托马斯·阿奎那声称，"因为这是出售不存在的东西，而这显然会导致不平等，这是违反正义的。"[16] 换句话说，高利贷和偷窃本质上是一样的。那些从商人银行中赚钱最多的人，他们的灵魂被罪恶所玷污。事实上，这正是激进的方济各会传教士，锡耶纳的圣贝尔纳迪诺在佛罗伦萨布道时提出的观点。[17]

由教会所反对的与银行业有关的可怕罪恶在文艺复兴早期的文学作品中反复出现。事实上，在谴责高利贷方面，文学作品甚至可能比神学论著更有力。例如，在《论贪婪》（*De avaritia*）中，波焦·布拉乔利尼强烈谴责高利贷是贪婪的典型，甚至抨击臭名昭著的圣贝尔纳迪诺没有让他的听众充分意识到"这种罪行的可怕之处"。[18] 然而，没有人比但丁对有息贷款怀有更强烈的仇恨。在《神曲·地狱篇》（*Inferno*）中，但丁生动地描写了放高利贷者的命运。这些"不诚实"的放债人脖子上挂着印有纹章图案的钱袋，蹲在地狱第七层的底部

---

① 基督教历史上第一次世界性的主教大会，在小亚细亚古城尼西亚召开。——译者注

边缘，徒劳地试图挡开火焰，就像狗抓跳蚤一样。在这些人中，但丁见到两个著名的佛罗伦萨银行家族——吉安菲利亚齐（Gianfigliazzi）和奥布利亚基（Obriachi）——的代表，并停下来对雷吉纳尔多·德利·斯克罗维尼（Reginaldo degli Scrovegni）哭泣的身影说话。斯克罗维尼是帕多纳的一名放高利贷者，他预测他的佛罗伦萨同胞维塔利亚诺·德尔·登特（Vitaliano del Dente）和吉安尼·布阿尔蒙特（Gianni Buialmonte）即将到来。[19]

　　文艺复兴早期的银行家深受同时代人反对高利贷的严厉态度的影响。当然，在地狱里永受折磨的可能性带来一种非常真实的恐惧，但即使他们的罪不足以导致永久的惩罚，他们仍然有充分的理由感到恐惧。就在意大利商业大爆发之前不久，神学家们已经发展出一个成熟的概念：炼狱是冥界的前厅。人们普遍认为，在这个充满苦难和折磨的地方，任何未被救赎的罪孽都会受到惩罚。[20]将在炼狱中度过很长一段时间的预期，会令最持怀疑态度的银行家也感到恐惧。后来，乔瓦尼·迪·比奇·德·美第奇（Giovanni di Bicci de Medici）①就这个问题向教士寻求指导，他的儿子科西莫被放高利贷的不道德所困扰，因此经常与朋友们长时间讨论如何更好地洗清银行家的罪孽。

　　教会的圣礼提供了明显的解决办法。每当有银行家濒临死亡，他的家人——或救治的医生——就会去请神父。垂死的人会忏悔罪过，如果他悔悟了，神父就会给他涂抹大量的油膏，将他的灵魂擦拭干净好进入来世。它简单，而且——用神学术语来说——有效。然而，唯一的问题是有点玩世不恭。尽管无神论是不可想象的，但在天主教信仰中长大的银行

───────────

① 1360~1429，科西莫·德·美第奇的父亲，"伟人"洛伦佐的曾祖父。——编者注

230

家们却倾向于对诚实忏悔的想法嗤之以鼻。比如在《十日谈》中，薄伽丘兴高采烈地讲述了一位名叫塞尔·切帕雷洛（Ser Cepperello）的普拉托公证人在勃艮第意外染上一种致命的疾病。[21] 切帕雷洛是个罪孽深重的人，他惯于欺骗、偷窃、酗酒、赌博和嫖娼，他很清楚他需要临终忏悔，但他足够精明地意识到，如实招供会给意大利商人在低地国家带来坏名声。他毫不犹豫地召唤了一位以圣洁闻名的修士，并向他"坦白"了一堆谎言，这些谎言让他像是个清白的人。这位修士对切帕雷洛的"美德"印象深刻，及时给他行了临终涂油礼。确实，切帕雷洛的谎言如此成功，以至于他死后，那个天真的修士设法使他被尊为圣人。这让薄伽丘书中"那群兴高采烈的伙伴"（lieta brigata）乐不可支。

但这给银行家带来了一个问题。如果诚实坦白的想法是可笑的，那么放高利贷的罪过又怎么能得到救赎呢？他们如何才能使自己对获利的渴望与不受炼狱之苦的愿望相调和呢？

银行家如果不是讲求实际的人，就什么也不是。如果忏悔和涂圣油不可靠，他们至少可以相信冰冷的金钱。虽然他可能无法通过言谈进入天堂之门，但银行家至少可以通过买路钱进入天堂。

当一个神父被召唤到一个银行家的临终病床前时，一个公证人也会被召来。他的任务是在这个垂死者的床边起草一份最后的遗嘱，遗嘱中寄托着最后一刻获救的巨大希望。大多数遗嘱，尤其是那些银行家和商人的遗嘱中都有"补过"条款（mala ablata），规定针对所犯罪过按比例捐一笔钱给教会。作为回报，人们期望神父、僧侣、修士甚至普通信众为死者的灵魂祈祷，从而帮助他从炼狱的痛苦中解脱出来。

后来，乔瓦尼·多米尼奇修士（死于1420年）和未来的佛罗伦萨总主教安东尼诺·皮耶罗齐明确谴责了这种做法。[22] 但事实证明，为救赎高利贷之罪而将钱遗赠给他人的想法非常受欢迎，而且大部分银行家都利用这一选择为自己的恶行投保。一个典型的例子是 1370 年在佛罗伦萨起草的米凯莱·迪·万尼·卡泰拉尼（Michele di Vanni Catellani）的遗嘱。虽然他声称自己没有获得任何非法收入，但米凯莱补充说："我把 100 佛罗林遗赠给主教，作为我可能非法所得金钱的补偿，这笔钱应该用来帮助那些向我付钱的人的灵魂。"[23] 为了确保这一点，他还在方济各会修士、多明我会修士、奥古斯丁主义者和佛罗伦萨的加尔默罗会修士身上花了同样多的钱。

　　然而，有一个疑虑挥之不去。即使把钱遗赠给教会——有时会有一份明确文件，说明要为死者做多少祈祷和弥撒——也只能在一定程度上保证教会和信徒们记住死去的银行家的灵魂。谢天谢地，艺术拯救了他们。

　　一个银行家要让世人对他的记忆保持鲜活，最简单、最直接的方法，也许就是他直接委托修建一座豪华的陵墓，或指示他的亲属作出必要的安排。陵墓通常包括精心设计的逝者肖像和一系列强调他们品质的铭文，这显然是为了确保这位赞助人死后能被人记住，不仅是被过路人或整个城市的人记住，还尤其要被一些关键的人记住，有了他们的祈祷，死者才能在天堂得到一席之地。因此，尼科洛·阿奇奥利（Niccolò Acciaiuoli）——阿奇奥利家族银行的继承人，那不勒斯王国的大臣，也是彼特拉克的朋友——不仅在佛罗伦萨郊外的圣洛伦佐（S. Lorenzo）修道院为自己建造了一座精美的坟墓，而且为了更加确保僧侣们会为他的灵魂祈祷，给他们留下一大笔遗产，条件是他死后的第一年要为他举行 1000 场弥撒。[24] 如此厚葬，再多的钱也不嫌多。例如，1471 年，佛罗伦萨商人皮耶罗·德尔·托瓦利亚（Piero del Tovaglia）观察到这一情况后，总结了时人的观点："如果我花 2000 佛罗林在我的房

子，即现世的住所上，那么在我看来，花500佛罗林在来世的
住所上也是值得的。"[25]

　　然而，随着艺术的地位逐渐提高，其他更有宣示意味的选
择也出现了。至少从14世纪初开始，遗赠通常有这样的规定，
即这笔钱要用于委托建造祭坛，或装饰教堂，特别是托钵修会
的教堂。[26] 人们认为，这样一来，信徒们几乎不可能忘记为捐
赠者祈祷。

　　特别是14世纪上半叶，这被证明是一种非常受欢迎的解
决高利贷不道德问题的方式，佛罗伦萨的银行家对之尤其赞
赏。的确，银行捐赠的钱越多，家族之间为了通过这种艺术遗
产展示自己的道德凭证而展开的竞争就越激烈。各大教堂围绕
着赞助爆发了一场比拼"谁更虔诚"的激烈竞赛，尤其是在佛
罗伦萨。例如，在黑死病之后的几年里，新圣母马利亚教堂
"拥有由鲁切拉伊、巴尔迪、圭达洛蒂（Guidalotti）和斯特罗
齐家族捐赠的礼拜堂，而主祭坛后面唱诗班的赞助权则由里奇
（Ricci）和托尔纳昆奇（Tornaquinci）家族获得"，1348年，
图里诺·巴尔代西（Turino Baldesi）留下三百多佛罗林的巨
款，让人把《旧约》中的故事"从头到尾"画了下来。[27] 更引
人注目的是，在同一时期，"佩鲁齐、巴龙切利、卡瓦尔坎蒂、
托洛西尼（Tolosini）、切尔基（Cerchi）、韦卢蒂（Velluti）、
卡斯泰拉尼（Castellani）、里努奇尼、里卡索利（Ricasoli）、
阿尔贝蒂、马基雅维利和另外几个家族都在圣十字大教堂拥有
礼拜堂"，而巴尔迪家族单独拥有另外四个礼拜堂的所有权。[28]

　　类似的情况并不少见。这类遗赠让死者家属和存放这种艺
234 术作品的教堂或修道院共同承担重大委托的责任。佛罗伦萨新
圣母马利亚教堂的斯特罗齐礼拜堂就是一个很好的例子。罗塞
洛·斯特罗齐（Rosello Strozzi）是一位出身名门望族的著名
银行家，他在遗嘱中留出一笔钱用以赎罪。他最小的儿子托马

索（Tommaso）随后安排资金来装饰左侧耳堂的一个小礼拜堂，饰以纳尔多·迪·乔内（Nardo di Cione）表现天堂、地狱和炼狱的壁画，以及奥尔卡尼亚（Orcagna），即安德烈亚·迪·乔内（Andrea di Cione）1354年创作的一幅宏伟的祭坛画。[29] 不过，在整个过程中，托马索·斯特罗齐像很多早期赞助人一样与多明我会修士通力合作，以确保委托的作品得到双方的认可。

但银行家最喜欢的事就是控制局面。如果他们打算把大笔钱花在艺术品上，希望能借之弥补自己的罪过，他们就会越来越想要确保自己能够完全掌握主动权，即使是在死后。从14世纪初开始，银行家和赞助人就不断争夺对佣金去向的影响力。也许不可避免的是，那些掌管钱袋子的人很快就占了上风，而那些旨在消除贪婪、算计和高利贷污点的作品也越来越符合赞助人当前的道德需要。

帕多瓦的阿雷纳礼拜堂（Arena Chapel）也许是最显著的例子。作为早期文艺复兴艺术的一颗璀璨明珠，礼拜堂让人想起但丁对帕多瓦银行家雷吉纳尔多·德利·斯克罗维尼的谴责。[30] 由于受到父亲放高利贷的不道德行为的折磨，雷吉纳尔多的儿子恩里科（Enrico）决心要使这个家庭摆脱罪恶的污点，唯一的办法就是将赞助推到极限。恩里科从达莱斯马尼尼家族（Dalesmanini）手中买下一块地后，获得了在这块土地上建造家族礼拜堂的许可，并立即委托乔托·迪·邦多内在里面装饰了一系列令人眼花缭乱的壁画，描绘基督和圣母马利亚的生活。为了确保虔诚的信徒为他和他的父亲祈祷，恩里科采取了额外措施，请求让所有来礼拜堂的人都得到教宗的宽恕，这让附近埃雷米塔尼教堂（Eremitani Church）的僧侣非常恼火。[31]

但是，单单认为文艺复兴时期的银行家关心灵魂的命运，并不能说明问题的全貌。虽然他们非常担心死后会发生什么不好的事情，但他们同样担心教会对高利贷的强硬立场会给他们带来坏名声。如果你是一个银行家，那么赞助再多艺术作品作为"死亡保险"也消除不了一个事实，即大街上的普通人都认为你不道德且无可救药。银行家不仅需要赎罪，还需要被人看到他们正在赎罪。

这种新的赞助形式的一个显著优势从 14 世纪初就出现了，那就是银行家们能够在极力争取信徒祈祷的同时，展现虔诚和悔改的积极形象。换句话说，艺术允许银行家改变现实，掩盖他们的罪行。例如，即使在新圣母马利亚教堂参加弥撒的人实际上并没有为罗塞洛·斯特罗齐的灵魂祈祷，家族礼拜堂的视觉效果也会让他们相信托马索·斯特罗齐实际上是个非常虔诚的人，他想要自我救赎。因此，任何参观阿雷纳礼拜堂的人都很难不相信恩里科·斯克罗维尼在培养真诚的信仰，并努力与上帝和解。

随着艺术家和赞助人之间的关系越来越密切，银行家能够进一步扩大这种"道德公关"（moral PR）的范围。银行家对自己委托创作的作品的设计和制作进行了积极的干预，让自己成为基督教历史场景的参与者或见证人，从而突出自己的虔诚和悔悟。通过描绘自己跪在圣人面前或见证着信仰情景的展开，银行家可以确保作品的目标观众会把他看作一个比他的商业行为更有道德的人。例如，在阿雷纳礼拜堂入口墙上《最后的审判》（*Last Judgement*）画面中，恩里科·德利·斯克罗维尼让人画了他自己向圣母马利亚敬献教堂模型的场景；而乔瓦尼·托尔纳博尼（Giovanni Tornabuoni）跪着祈祷，双手虔诚地交叉放在胸前的形象也被画到下个世纪晚期吉兰达约为新圣母马利亚教堂所作的壁画中。

早期的美第奇家族似乎只参与有限的艺术赞助，[32] 但从他

们作为银行家的职业生涯开始，他们就深刻意识到高利贷的罪
恶，以及通过赞助艺术来赎罪的必要。在 13 世纪末和 14 世纪，
通过观察并向他人学习，他们逐步接受并掌握了艺术赎罪的所
有形式，尤其是在他们赞助贝诺佐·戈佐利的时候。在《东方
三博士伯利恒之旅》中，科西莫·德·美第奇选择将自己描绘
成一个忏悔者，这是美第奇寻求救赎的有力表达。既希望为他
的罪作出确实的补偿，又希望展示他的虔诚和谦卑，他的这一
画像完全符合他的家族融入佛罗伦萨声名狼藉的银行家中长久
存在的传统的过程，也完全反映了他对自己的高利贷行为的不
道德性的认识。

### 从银行家到商人银行家

　　尽管科西莫后来很富有，但相对而言美第奇家族在银行业
起步较晚。到了 14 世纪中期，他们有钱了，但离富裕还差得
很远，甚至可能因为黑死病的出现而受到一些挫折。尽管是公
共社会中一位德高望重的成员，但以福利尼奥·德·美第奇伯
爵（Foligno di Conte de' Medici）为例，他 1373 年就曾对
家庭生活的节俭有过强烈的抱怨。[33] 大约在那个时候，"美第
奇家族的大部分人经济状况都很一般，只有五六个人属于中等
富裕阶层"。[34] 事实上，在 1363 年，对两名家族成员的税收
评估显示，他们的境况并不比普通的布料工人好，甚至比许多
店主差得多。

　　美第奇家族的问题在于，他们的格局还太小。尽管他们
在其他领域进行了投资尝试，但他们实际上并没有从相对谨慎
的银行家一跃成为雄心勃勃的商人银行家。真正赚钱的是商人
银行。

　　商人银行的精髓不在于贷款本身，而在于利用贷款为更
大的目的服务。正如公认的佼佼者——巴尔迪家族、佩鲁齐家

族和阿奇奥利家族——所知道的那样，真正的巨额贷款可以用来换取海外的贸易特许权，作为进行大规模和高利润出口的基础。例如，佩鲁齐家族同意借给拮据的英国国王爱德华三世（Edward III）巨额资金（据维拉尼估计，他们几年共提供了 78 万佛罗林），以换取丰厚的特权，使他们得以规避关税，垄断价值极高的羊毛贸易。[35] 同理，与意大利南部的谷物贸易带来了同样有利可图的机会，许多佛罗伦萨商人银行家转而挖掘西西里王国的贷款潜力。[36] 然而，最见不得光的机遇也许是获得有利可图的税收优惠，根据这一税收政策，私营公司将收取本应由政府以特许方式收取的税款。与其直接偿还贷款，城市或统治者不如为商人银行家提供机会，通过征收一定时期的税收（如特定货物的关税）来收回他们借出的钱；在这种情况下，银行家的目标是通过任何必要的手段，筹集到比贷款额更多的资金。

　　无论选择哪种机制，一家商人银行都需要做四件事来实现这一构想。首先，它需要一个成熟的国外分支机构或代理网络，既能提供贷款，又能管理当地企业的贸易业务。其次，它需要可靠投资者的巨额存款。再次，它需要有维持巨额贷款的能力。最后，它必须愿意与深不可测的外国当权者达成不一定可靠的交易，并为国际政治格局的变化承担风险。如果这些都做到位了，那赚钱就有无限可能性。唯一真正的危险在于，为了追求更大规模的特许权，他们可能会向欠债人提供过多贷款。1339年，当爱德华三世"无法偿还"贷款时，巴尔迪和佩鲁齐父子为此付出了代价。与今天不同的是，所有商人银行——无论有多大——都有可能倒闭。但是，只要贷款和贸易管理得当，商人银行就是印钞机。

　　这些"超级公司"（super-company）在国际舞台上扮演了银行家和商人的双重角色，并投身于大宗交易的风云变幻的世界，它们乘着意大利的商业浪潮，将财富规模推到一个全新的水平。例如，佩鲁齐公司的资本净值从 1300~1308 年的 12.4 万里拉佛罗林（lire a fiorino）①增长到 1310~1312 年的 14.9 万里拉佛罗林。甚至在其处于破产的边缘时，这个家族企业在 1331~1335 年仍拥有价值 9 万里拉佛罗林的资产。[37]事实上，他们的资产如此之多，仅在 1337 年，他们就能借给爱德华三世不少于 17.5 万佛罗林（等量的黄金约等于今天的 2100 万英镑；以工资水平来衡量约为 1 亿 4080 万英镑）。即便英国违约导致灾难性崩盘，佛罗伦萨的商人银行家仍然可以期望很快赚到大笔的钱。塞里斯托里家族（Serristori）的发迹史是这一时期佛罗伦萨最有名的成功故事之一。尽管塞里斯托里家族在 15 世纪早期才开始经营商人银行的生意，但在短短几十年里，他们一跃成为最富有的人。1427 年，安东尼奥·迪·萨尔维斯特罗·迪·里斯托罗（Antonio di Salvestro di ser Ristoro）个人申报净资产约 3.5 万佛罗林（等量黄金相当于今天的 421 万英镑，以工资水平来衡量约为 1390 万英镑），并利用他的贷款出口纺织品，进口木材、白银、明矾、糖和各种其他东西。几年之内，安东尼奥的经济资源变得如此丰富，以至于他——一个卑微公证人的孙子——能够让他的几个儿子迎娶佛罗伦萨最显赫的贵族家庭（如斯特罗齐家、帕齐家和卡波尼家）的女子为妻。[38]

正是科西莫的父亲乔瓦尼·迪·比奇采取的下一步行动改变了美第奇家族的命运。必须承认，他并没有立刻让他的同时代人意识到他是个具有开拓精神的实干家。他前额很高，眼睛鼓鼓的，眼皮耷拉；他嘴唇紧闭，沉默寡言，不爱说话。事实上，他可以说是让人过目即忘。更重要的是，他起步并不顺

---

① 意大利的一种货币，1 里拉佛罗林约为 0.69 佛罗林。——译者注

利。乔瓦尼·迪·比奇从他父亲阿韦拉尔多（Averardo）① 那里继承的遗产很少，他在佛罗伦萨以一种低调的方式做小额放贷。然而，与他的许多前辈不同的是，他谦逊的外表下隐藏着强烈的野心和对未来的清晰认知。而最重要的是，他突然从单纯的银行业一跃而出，这一点向我们展示了文艺复兴时期的商人银行业有多么可疑。

乔瓦尼是在他父亲的远房堂兄维耶里·迪·坎比奥（Vieri di Cambio）② 拥有的那家银行的罗马分行担任管理合伙人时交到这个好运的。这一经历使他初次看到商人银行的巨大可能性。1395 年维耶里死后，他对如何赚钱有了清晰的认识，并在罗马创立了自己的公司。1397 年，他又回到佛罗伦萨，建立了一个新的合伙企业，几年后又在威尼斯建立了一个分公司。

然而，乔瓦尼是在罗马赚钱的。[39] 他别出心裁，把目光投向了教会。这是一个精明的举动。教会具有独特的、吸引人的多种属性。一方面，它拥有庞大的资产和来自欧洲各个角落的可靠收入。另一方面，教宗对现金的需求往往超过教会的短期收入。这是一个理想的客户。而且其广阔的领土资源意味着有大量的商业特权可以交换。唯一的问题是，在过去，只有一个银行家被任命来处理教会事务，而这个银行家不属于美第奇家族。

乔瓦尼的策略不仅显示了他善于利用机会的机敏，而且显示了商人银行家不得不采用的相当低级、不诚实的方法。[40] 1378 年，教会出现大分裂。教宗不止一个，而是突然有两个，然后是三个，他们争夺至高地位，每个教宗都需要一个银

---

① Averardo de' Medici，1320~1363。——编者注

② 1323~1395。——编者注

行家。

1410年，教宗亚历山大五世去世，乔瓦尼看到了机会。十多年来，他一直是那不勒斯枢机主教巴尔达萨雷·科萨（Baldassare Cossa）的银行家，两人很快成了朋友，似乎达成了一笔交易。为了贿赂其他枢机主教，乔瓦尼出借一万佛罗林，让科萨花钱当教宗。作为回报，科萨——此时的教宗若望二十三世（John XXIII）——委托乔瓦尼管理比萨教宗之位的大量资源，比萨教宗被广泛认为是三教宗中最"合法"的。乔瓦尼处理教宗的财政事务非常成功，甚至在1415年若望二十三世被废黜和教会重新统一之后，美第奇家族仍最终在1420年被确认为教会唯一的银行家。

这里有腐败、欺骗和狡诈。从那一刻起，天空才是极限。1420年，其父退休后，科西莫继承了家族的商业事业，使美第奇银行获得了更大的成功和更为丰厚的盈利。[41]科西莫充分利用他对教宗金融业务的控制，1420~1435年，教会业务竟占了公司利润的63%。他在一个新的基础上重建了银行，然后大规模扩张业务，在意大利安科纳（Ancona）、法国阿维尼翁、瑞士巴塞尔、比利时布鲁日、英国伦敦、瑞士日内瓦和意大利比萨开设了分行，以最大限度地利用国际贸易。[42]

尽管科西莫很精明，避免把太多的钱投在土地或房地产等（纳税）资产上，但他的财富很快就超过了那些迄今为止公认的佛罗伦萨最富有的人。甚至以富有著称的帕拉·斯特罗齐也在那个世纪第三个十年被对手美第奇家族盖过了风头。事实上，到1459年，科西莫的事业已经变得异常繁荣，以至于乔瓦尼·鲁切拉伊注意到他"可能不仅是最富有的佛罗伦萨人，而且是有史以来最富有的意大利人"。然而，耐人寻味的是，鲁切拉伊赞扬帕拉·斯特罗齐的财富是诚实赚来的，却对科西莫赚钱的方式刻意保持沉默。[43]

241

### 宏伟的艺术

242    商人银行的套路使赚钱的道德问题更加严重。尽管利润巨大，但人们无法回避这样一个事实，即它们依赖于比以往任何时候都更为无情的高利贷行为。更重要的是，作为国际金融游戏重要组成部分的不正当手段、幕后交易和赤裸裸的敲诈，使商人银行面临极度不道德的指控。

例如，当科西莫·德·美第奇1420年接管家族生意时，他承担起了一个商业企业的责任，这个企业不仅利润更高，而且比以往任何时候都更严重地受到邪恶玷污。当然，科西莫的财富不可避免地沾上了高利贷的道德污点，他越有钱，罪恶的污点就越难以抹去。更糟糕的是，他不仅是一个放高利贷者，还利用高利贷来贿赂或敲诈囊中羞涩的当权者。他向教会索要赎金，甚至在教廷内部鼓励买卖圣职和腐败。不管人们怎么看，科西莫对商人银行的掌控在道德上完全沦丧，而在经济上却是成功的。

或许不可避免的是，新一代商人银行家会感到一种特别强烈的需要，把越来越多的钱花在赎罪的艺术上，毫不夸张地说，佛罗伦萨尤其以装饰华丽的礼拜堂和教堂闻名，这既证明了赞助人的负罪感，也证明了他们想方设法要通过艺术来拯救他们被玷污的灵魂。

美第奇家族比其他家族更富有，他们比大多数人更强烈地感受到利用艺术赎罪的需要，他们的遗赠在种类和规模上243 都处于领先地位。14世纪，乔瓦尼·迪·比奇和科西莫观察并向他人学习，到15世纪早期，他们已接受并掌握了利用赞助来达到这一目的的做法。安杰利科修士的《圣母与圣徒》（*Madonna and Saints*）等作品被捐赠给了修道院和教堂，个别小教堂（如圣十字教堂）也由家族的其他成员按照巴尔迪和佩鲁齐的方式赞助。同样，他们非常小心地确保他们的坟墓安置在几乎可以保证获得信徒祈祷的地方。乔瓦尼·迪·比奇葬在圣洛伦佐教堂的圣器室中央，而科西莫则更进一步，他被葬在主教堂的高坛前。

　　然而，如果认为意大利的超级富商银行家纯粹是为了他们堕落的灵魂而赞助艺术，那就错了。甚至在14世纪早期，商业精英中较富裕的成员就已经开始感到有必要炫耀一下了，赎罪属性消失并转化为炫耀的案例在当时也并不罕见。特别是家族礼拜堂的捐赠和壁画中的肖像，分明传达了一种向公众展示财富的潜在欲望。然而，到了15世纪的头几十年，商人银行家们发现自己拥有的财富如此之多，以至于可以与欧洲的首脑们相匹敌，甚至在某些情况下有过之而无不及。金钱也带来了地位，而且当他们发现国王、教宗和贵族都依赖于他们所能提供的贷款时，他们很难抗拒一种优越感，觉得自己比普通公民高一等。炫耀的冲动令人难以置信。银行家口袋里鼓鼓囊囊地装着现金，胸脯得意扬扬地挺着，他们简直无法抗拒诱惑，要通过更富创意的炫耀性消费来展示自己的财富和声望。

　　意大利文艺复兴时期的商人银行家开启了历史上最大规模的消费热潮之一，他们很快发现，自己想花多少钱，买什么东西，都没有什么限制。当然，就像当今世界上许多最富有的人一样，他们也从向慈善机构提供大量、公开的捐赠中获得了某种满足感。但还有更令人满意和更直接的方式来满足他们获得认可的需要。令人眼花缭乱的珠宝、精美的锦缎、用金线刺绣的衣服、华丽的丝绸，以及阿拉伯骏马，都是用近乎放纵的方式买来的。人们日复一日地举行盛大的宴会，为数百位客人奉上几十道菜；随便什么理由就可举办规模盛大的酒神节舞会；家家户户挤满了穿制服的仆人。奢华是唯一真正重要的东西。

　　然而，最重要的是，商人银行家将大量资金投到对艺术的赞助中。他们急于将自己的财富展示给子孙后代，委托画家精心制作肖像，数量之多前所未有；安东尼奥·罗塞利诺（Antonio Rossellino）的弗朗切斯科·萨塞蒂（Francesco Sassetti）半身像就是早期的一个典型例子。他们意识到古典学术的社会价值日益增长，于是花钱请艺术家创作有关古代主题的有趣图画，或用石头和青铜雕刻仙女和神仙的雕像，并开始以极大的热情收藏古董原件。

但至少在 15 世纪早期，商人银行家将他们的注意力主要集中在建筑上，并试图使这一媒介变成最引人注目、最令人印象深刻的炫耀财富的方式。作为社会活动的焦点，共享的社会空间，尤其是教堂，吸引了他们的目光，因为它们能提供丰富的可能性来肯定他们的社会地位。他们更关心名誉而不是赎罪本身，他们寻找每一个机会，以尽可能公开的方式重建或扩建教堂和修道院。尽管帕拉·斯特罗齐、托马索·斯皮内利和帕齐家族等同时代人都慷慨捐资建造新礼拜堂、回廊或修道院，[44] 但是乔瓦尼·迪·比奇和科西莫·德·美第奇远远超过了其他人。1419 年，乔瓦尼同意支付圣洛伦佐圣器所的建造费用，这项任务是聘请布鲁内莱斯基来完成的[45]。1440 年以后，科西莫承担起重建整个教堂的责任，[46] 从而把这个教堂变成了美第奇家族的巨大神殿。[47] 就在几年前，科西莫还为圣马可教堂的重建支付了费用，并将花钱能买到的最好的手稿堆在图书馆里。[48] 不久之后，他又接手了以类似风格重建菲耶索莱修道院（Badia Fiesolana）的任务。然而，商人银行家之间为获得佛罗伦萨修道院（Badia Fiorentina）的经济利益而展开的竞争如此激烈，甚至连科西莫都没有想到。[49]

然而，尽管银行家们在教会建筑项目上花费了大量的资金，但与他们花在自家宅邸和别墅上的钱相比，简直是小巫见大巫。14 世纪末，即使最富有的商人银行家的住宅也不甚引人注目，也就比大多数人的住家稍大一点。例如，乔瓦尼·迪·比奇·德·美第奇成年后的大部分时间都住在拉尔加大街不怎么起眼的房子里，即便在他搬到大教堂广场一处略微宽敞的房子里时，住所本身依然简朴。[50] 然而，15 世纪早期商人银行家的财富激增催生了一种巨大而华丽的宫殿式豪宅，造价相当高昂，并突然流行起来。根据最近的一些估计，一般的商人银行家的豪宅价值大概为 1500~2500 佛罗林，而由菲利波·斯特罗齐和他的继承人建造的最精致的房子花费将近 4 万佛罗林（等量黄金相当于今天的 490 万英镑，以工资水平衡量约为 2800 万英镑），是最熟练工人年薪的 1000 多倍。[51] 实际上，任何价格都不算太高。乔瓦尼·鲁切拉伊说："我认为花钱比挣钱更能使我感到光荣，更能使我的心灵得到满足，尤其是我所建造的这座房子。"[52] 在规模和富丽程度上，这些家庭豪宅同样令人印象深刻。斯特罗齐宫甚至比白宫还要大得多，它反映了宏大的抱负和炫耀可以达到的高度。后来，鲁切拉伊家族（他家的宫殿是由莱昂·巴蒂斯塔·阿尔贝蒂设计的，约建于 1446~1451）、皮蒂家族（约 1458 年委托建造了他们的宫殿）和托尔纳博尼家族争雄，这一事实在很大程度上证明了商人银行家的声望与他们住宅的大小是紧密联系在一起的。然而，就规模和奢华程度而言，没有一个比得上科西莫·德·美第奇的。尽管科西莫反对布鲁内莱斯基最初的计划，认为它"过于豪华和宏伟"，但正如瓦萨里后来所记录的那样，这座美第奇－里卡迪宫装修得如此豪华，"它为国王、皇帝、教宗以及欧洲著名的君主们提供了舒适的住所，并因科西莫府邸的宏伟和米开罗佐在建筑方面的杰出才能而赢得了无尽的赞誉"。[53] 美第奇－里卡迪宫并不是科西莫唯一的豪宅。他再次聘请米开罗佐来完成这项任务，他"修复了富丽堂皇的卡瑞吉宫"（离佛罗伦萨 2 英里），并在穆杰洛的卡法焦洛（Cafaggiolo）建造了一座全新的堡垒式别墅。[54]

任何一个愿意在佛罗伦萨街道上四处溜达的人都知道，文艺复兴时期的商人银行家——很像现代的对冲基金经理或俄罗斯寡头——迅速积累了巨额财富，他们只想把钱花在炫耀自己的财富和地位上。然而，开始以全新的规模在艺术和建筑上大肆挥霍之后，他们也遇到了一系列全新的问题。撇开高利贷不道德不谈，很明显，财富和消费也伴随着相当麻烦的道德问题。

一方面，财富本身存在问题。简言之，金钱滋生了怨恨和道德上的非难。不管金钱如何获得，它一直被认为是美德和公共精神的障碍。方济各会修士的理想在 14 世纪主导了公民精神，导致了对财富的普遍蔑视。例如，在《世俗与宗教》（*De seculo et religion*，1381）一书中，科卢乔·萨卢塔蒂抓住了当时舆论的要旨，将贫穷称赞为最适合虔诚的状态，而将财富与贪婪联系在一起。[55]但是，尽管 15 世纪早期经济发生了深刻的变化，这种对玛门（Mammon）①的蔑视在宗教的想象中仍然根深蒂固。例如，巴尔托洛梅奥·法西奥在 1445 年或 1446 年的著作中指出，"财富不会给人带来满足感，相反，它会造成更大的贪婪和欲望"，因而认为，"任何从事商业牟利的人……即使拥有科西莫的财富"，[56]也不可能获得基督教信仰的真正的"财富"。这导致长期以来社会对财富的不信任。尽管"梳毛工起义"（1378）已被彻底镇压，但佛罗伦萨那些聚集在一起听煽动性布道者攻击商人富裕生活的穷人，仍然对那些"肥猫"怀有很深的怨恨，仅仅因为他们有钱。

另一方面，铺张的消费本身也有问题。托钵修会仍然对贫穷的理想念念不忘，继续严厉谴责铺张浪费，认为这不过是一

---

① 原意为财富，后成为邪恶的财富之神的名字。——编者注

种自爱的表现。宫殿式豪宅、装饰华丽的房间、精美的衣服和 248
令人瞠目的珠宝都受到抨击。事实上，像乔瓦尼·多米尼奇修
士和科西莫的朋友安东尼奥·皮耶罗齐修士这样的传教士甚至
谴责那些把大量钱财捐给慈善机构的人，理由是这些捐赠更多
是出于骄傲而不是基督教的博爱。[57]

　　财富和奢侈消费合法化的关键在于两者呈现的方式。正如
15世纪早期聚集在佛罗伦萨商人银行家周围的许多人文主义者
所认识到的那样，问题的一半在于人们普遍将财富与贪婪混为一
谈。尽管将两者区分开来可能会显得很刻意，但可以认为，这两
者并不总是结伴而行的，尤其在道德层面上是说不通的。毕竟，
财富只是一堆金钱。这不是一个过程，而是一个事实。因而，不
论一个人的财富如何获得，对金钱本身的任何蔑视都是不合逻辑
的。仅仅富有这个事实并不会使一个商人银行家成为一个坏人。
例如，1419年列奥纳多·布鲁尼在其对伪亚里士多德（Pseudo-
Aristotle）《经济学》（*Economics*）的评论中指出，财富并不是
基督教美德的障碍，"其本身不好也不坏"。[58]正如波焦·布拉
乔利尼在《论贵族》（*De nobilitate*，1440）和弗朗切斯科·
菲莱尔福在《论贫困》（*De paupertate*，约1445）中所解释
的那样，财富在道德上是无关紧要的，不可能以一个商人银行
家的大富大贵来评判他。

　　不过，人们还是可以根据富人花钱的方式来评判他们。显
然有一些形式的支出被认为是不道德的。由于人们对高利贷的
蔑视，很少有人否认把利润再投资来"钱生钱"的想法是令人
厌恶的。出于同样的原因，真正的过度消费也是不受欢迎的。
但与此同时，很明显，要完全避免开支是不现实的。为金钱本 249
身而囤积金钱的吝啬倾向是毫无意义的贪婪的典型例子，与肆
意挥霍一样糟糕。

　　然而，人们可以选择中庸之道。一方面，人们认为一定程度

的消费是社会可以接受的。对佛罗伦萨商人银行家的私生子莱昂·巴蒂斯塔·阿尔贝蒂来说，把钱花在扩建教堂或精心装饰私人住宅上不会带来什么伤害。[59]他认为，这种有趣的嗜好只会带来快乐；只要不出格，谁也说不出有什么不妥的地方。

但另一方面，人们也意识到，一些支出实际上可以被视为公共美德的体现。15世纪早期的人文主义者也许是受到上个世纪人们为执政官官邸的奢华努力辩护的启发，[60]发展出一套完整的"宏伟"理论（theory of magnificence），赋予商人银行家赞助艺术，尤其是赞助建筑这种行为明确的道德价值。[61]

也许是在奥斯定会成员蒂莫泰奥·马费伊修士（Fra Timoteo Maffei，约1415~1470）的《佛罗伦萨的科西莫·美第奇的"宏伟"》（*In magnificentiae Cosmi Medicei Florentini detractors*，约1454~1456）中，"宏伟"一词（字面意思是"做大事"）① 得到了最充分、最有力的辩护。这部对话体著作以作者身边相继出现的赞助形式为基础，专门反驳那些批评科西莫·德·美第奇在教会建筑项目上花费了大量金钱的言论。马费伊大量借鉴圣托马斯·阿奎那的《神学大全》（*Summa Theologiae*），他认为，科西莫对佛罗伦萨教堂和修道院的建造和装饰不能被看作其过分骄傲自大的表现，相反，这表达了对上帝威严的赞赏和激励人们追求美德的愿望。科西莫的慷慨赞助非但不可鄙，反而证明了他的美德，值得所有真正的信徒赞许。正如马费伊所说：

---

① Magnificence是古希腊罗马时代到文艺复兴时期的重要的美学概念，意为壮美、宏伟、豪华、伟大等，既可用于形容建筑和财富，也可用于形容积极参与公共事务、勇于为公众服务的美德，以及追求荣耀、向往卓异不凡之事物的高贵心灵。到文艺复兴时期，Magnificence尤其体现在恢宏的视觉景观上。——编者注

　　所有这些都值得高度赞扬，并应以最大的热情推荐给后代，因为科西莫建造修道院和殿堂的伟业将在上帝面前展现神圣的卓越，它会考虑我们对上帝有多虔诚，有多感激……[62]

　　像科西莫这样的商人银行家在教会建筑项目上花的钱越多，他们就越能显示自己是真正的贤德和虔诚之人。

　　当然，应该指出的是，马费伊只谈论教堂和修道院；但是，不需要太多的想象力，就能把他的基本论点转向更世俗的公民社会环境。正如弗朗切斯科·菲莱尔福和莱昂·巴蒂斯塔·阿尔贝蒂所指出的那样，"宏伟"，也就是一种大规模消费的意愿和能力，是一种美德，可以应用于所有形式的艺术赞助，只要观众能够相信，赞助人的动机不只是自我吹嘘。例如，在建造一座巨大的宫殿式豪宅时，人们认为，一位商人银行家不仅是为自己的目的服务，而且为他的家族和他的城市带来了莫大的荣誉。毕竟，家庭和城市因其纪念碑而闻名。因此，"宏伟"被认为是一种深刻的社会美德，它体现了一种家族奉献精神和一种增强社会威望的公共精神。[63]的确，一座宫殿装饰得越华丽、构思得越宏大，人们就越倾向于认为它的主人品德高尚。1498 年，乔瓦尼·蓬塔诺无比清晰有力地表达了这一观点：

251

　　大人物是通过巨大的开支而变得伟大的。因此，伟人的作品存在于显赫的宫殿、精美的教堂、剧院、门廊、街道和海港……但是，既然"宏伟"包含巨大的花费，那么就有必要让它的规模本身显得富丽堂皇，否则它就不会理所当然地引起人们的艳羡或赞叹。而感人的力量又是从装饰，材料的种类和质量，以及作品持久存在的能力中获得的。事实上，没有艺术，任何东西，无论大小，都不值得真正的赞美。因此，如果一件东西是俗气的，缺乏装饰，或者是用低成本的材料制成，不能保证它的寿命，那么它就不可能是伟大的，也不应该被认为是伟大的。[64]

这种新的财富和消费观念的成功是显而易见的。尤其是在 14 世纪晚期严厉的道德约束的背景下，我们很难不被人文主义者的"宏伟"理论所诱惑，而且很难不通过他们赞助的艺术品来看待科西莫·德·美第奇这样的商人银行家。从某种意义上说，15 世纪上半叶的艺术和建筑似乎将商人银行家们笼罩在了与艺术家一样的超人般艺术修养的光环之下。

但务必记住，"宏伟"理论不过是一种用更能为社会接受的术语来修饰现实的方法。尽管如此，像阿尔贝蒂和马费伊这样的人文主义者还是努力为礼拜堂、教堂和豪宅喝彩，它们在佛罗伦萨周围如雨后春笋般出现，宣示着一种根深蒂固的公德意识；他们撰文鼓吹，目的是为那些超级富有的商人银行家辩护，让他们免受我们今天所说的"99% 的人"的指控。他们绝对不是在描述现实。

人文主义者的种种装饰门面的论调都提及"宏伟的艺术"，而这不过是一种炫耀性消费和自吹自擂的大动作。通过资助礼拜堂、教堂和修道院的重建，建造宏伟的宫殿式豪宅，用金钱能买到的最好的艺术品装饰他们的宅邸，像科西莫·德·美第奇这样的商人银行家有意识地极力炫耀他们的巨额财富，并以一种非常明显的方式来肯定他们在金融领域的主导地位。

然而，正是因为"宏伟的艺术"是财富的产物，它也掩盖了商人银行赖以建立的阴暗和令人厌恶的伎俩。每一块砖、每一幅画都见证了高利贷、敲诈勒索和彻头彻尾的肮脏手段，而这些都是每一笔财富所必需的。

　　尽管它的背面相当肮脏，但"宏伟的艺术"是《东方三博士伯利恒之旅》最显著的特点。虽然科西莫很小心地让自己被描绘成渴望赎罪的忏悔模样，但是壁画上闪闪发光的华丽装饰是商人银行家渴望炫耀财富、用他们的不义之财迷惑世人相信他们是共和国善良公民的证据。

### 从商人银行家到主宰

　　从他们第一次出现在历史记录，到加莱亚佐·马里亚·斯福尔扎访问佛罗伦萨，那些年里美第奇家族已经从一个卑微的货币兑换商发展成能够在赎罪和宏伟的艺术上挥霍大笔金钱的超级富有的商人银行家。然而，这只是故事的一部分。随着他们商业命运的改变，他们的政治命运也发生了改变。尽管他们一开始只是公共生活戏剧中的小角色，但到了1459年，科西莫·德·美第奇不仅成了这座城市最富有的人，而且是佛罗伦萨的无冕之王。对任何一个家族来说，这都是一段非凡的历程，但将他和他的家族从默默无闻推向权力和影响力顶峰的因素，象征着商人银行和政治在文艺复兴早期发展起了亲密关系。如果说商人银行家的商业行为看起来阴暗而不透明，那么他们所处的政治世界则更加黑暗。这个世界在许多方面都非常现代，与我们熟悉的文艺复兴概念相去甚远。然而，真正重要的不是商人银行家参与的政治把戏，而是让他们在政治世界中占据主导地位的经济因素。

　　考虑到佛罗伦萨以行会为基础的政治结构，银行家和商人银行家发现自己被卷入了公众生活，这或许是不可避免的。然而，这不仅仅是体制的问题。商人银行家越成功，他们的事务就越与文艺复兴城市的政治纠缠在一起。他们的命运与政府的行为息息相关，程度更甚于今日。毫无疑问，他们从政府那里

253

得到的好处最多。吉恩·布鲁克（Gene Brucker）<sup>①</sup>精准地观察到，执政团最显著的特征是，"它的治理对权贵有利，但往往对穷人和底层民众不利"。<sup>65</sup>城市精英得到了最丰厚的闲职，他们从税收制度的明显不平等中获益最多，他们从佛罗伦萨的"固定债务"（Monte）的股份中获得稳定的红利。但与此同时，他们的损失也最大。"梳毛工起义"带来了令人担忧的影响，税率、工资水平或固定债务的管理哪怕发生轻微改变，都可能对最普通的企业产生深远的影响，而有关外交事务、战争与和平的决策以及强制贷款的征收，则可能对城市商人银行家的财富产生真正巨大的影响。

就佛罗伦萨最富有的公民而言，商业和政治是同一枚硬币的两面。考虑到可能的风险，他们毫不怀疑，政府实在太重要了，不能听凭运气，或者更糟的是，听凭普通商人主宰。尽管 14 世纪晚期佛罗伦萨政府的结构已经很大程度上向富有者的利益倾斜（见第三章），但出现了一小部分超级富豪，他们决心将公共政策与自己的利益结合起来，把权力的缰绳牢牢握在自己手中。

贵族们意识到佛罗伦萨宪政表面上是"共和的"，并深知如果想要控制政府，就必须想办法绕过已经制定的规章制度，而这些制度正是用以防止这种情况的发生的。<sup>66</sup>就像真正的黑手党教父一样，他们开始操纵选举。这大概并非易事。与今天不同的是，那时没有投票箱。事实上，人们已作了设计，以防止有任何操纵的可能。公职人员的选拔是"随机的"，当选人的名字是从麻袋里抽出来的。然而，如果选举仅仅是一个机会

---

① 1924~2017，美国伯克利大学历史学教授，佛罗伦萨城市史研究学者，提出了研究文艺复兴时期佛罗伦萨社会的新方法，即关注城市的阶级结构、官僚制度、宗教信仰、家庭组成、社会福利、性与爱情、派系联盟等，在财产交易、司法程序、私人信件、报税记录等材料中探索佛罗伦萨人的日常生活。——编者注

的问题，那么还是有办法把机会推向"对的"方向。虽然所有的行会成员理论上都有资格当选，但成立的审查委员会可以决定谁的名字应该被去除。这些贵族委员全都是行会上层人士，因此他们有强有力的手段来决定谁"入"谁"出"。但这仅仅是个开始，仍有太多的事情要碰运气，1387年后还引入了更复杂的操纵手法。8个优先席位中的2个——后来是3个——保留给一个特殊阶层的首要候选人，他们的名字从独立的小袋（borsellini）中抽取，并且都是由委员会预先挑选的。即使在"梳毛工起义"之后的几年里，正式的选举仍然是偶然进行的，新的家族逐渐被引入官员的行列，但佛罗伦萨的贵族不可能不"预先选定"大多数执政官。

　　然而，能够操纵选举是件好事。一方面，惨痛的教训告诉贵族们，过于严格地限定官员的职位可能会导致灾难。过于狭隘的权力基础看起来太可疑，让人无法信赖。显然，"对的人"必须包括比过去更广泛的公民。另一方面，就算让合适的人选当选了，如果不能确保对他们的控制，也是没有意义的。要使审查委员会成为一种有效的权力工具，关键在于将个人和商业关系转移到政治领域。虽然他们经常担任执政官，但上层贵族会确保即使他们个人没有被选上，执政团也多半是其亲戚、生意伙伴或其家属，用黑手党的话来说，就是那些可以被称为"我们的朋友"或"好汉"的人。通过将那些精挑细选出来，以商业或婚姻关系联结起来的人塞进政府，商业精英们可以确信，他们安排的人选会绝对忠于他们的利益。[67]正如富有洞察力的编年史家乔瓦尼·卡瓦尔坎蒂（Giovanni Cavalcanti）[①]

---

① 1381~1451，意大利历史学家，著有十四卷本《佛罗伦萨史》（*Istorie fioretine*）、七卷本《第二段历史》（*Seconda storia*）、《论道德的政治》（*Trattato di politica morale*）等。他试图从内在的变革而不是表面的事实中探寻历史发展的逻辑，其著作以独创性的观点和凝练优美的文风著称，并成为马基雅维利的重要参考来源。——编者注

所指出的，"许多人被选为公职人员，但很少有人通过选举进入政府"。[68] 因此，政治事务和商业事务已经合二为一，艺术赞助和家族因素在幕后形成了关键的控制机制。

商人银行家很快发现，他们在这个体系中处于不同寻常的有利地位。尽管他们远非这个体系的主人，但他们参与了各种各样的交易，而且信贷提供者的独特角色不仅使他们得以培育相当广泛的客户网络，还使他们在国家事务中拥有了独特的影响力。仅仅凭借其金融影响力，他们很快就成了国家政治中最强大、最灵活的参与者之一。

虽然佛罗伦萨是由商业精英主导的城市中最引人注目的例子，而这些精英自己也被商人银行家盖过了风头，但它远非独一无二。尽管在文艺复兴的不同时期，海上起家的热那亚共和国受到外国势力的控制，但它同样是一个由商人和——最重要的是——商人银行家组成的小集团统治的。在一场毁灭性的内战之后，尤其是 1339 年西莫内·博卡内格拉（Simone Boccanegra）将古老的贵族家庭排除在政治进程之外以后，这座城市几乎完全由蒙塔尔多（Montaldo）和阿多尔诺（Adorno）等商业家族组成的"民众"军政府统治。[69] 甚至 1297 年时规定只有特定世袭贵族能进入大议会的威尼斯，此时也发现自己越来越被异地贸易商和商人银行家的利益所支配。这些人中包括马可·科尔内（Marco Corner，1365~1368 任总督）和尼科洛·特龙（Niccolò Tron，1471~1473 任总督），他们宏伟的陵墓至今仍可以在圣方济各会荣耀圣母教堂（Basilica of S. Maria Gloriosa dei Frari）中看到。

在佛罗伦萨，毫不奇怪，美第奇家族逐渐发现自己被卷入了政治生活，并慢慢地从统治阶级的边缘地带过渡到权力中心。第一个被选为执政官的家族成员早在 1291 年已经就职，在接下来的一个世纪里，他们 52 次当选这个职位。[70] 有时，他们会陷入佛罗伦萨一些最具戏剧性的政治动乱。他们家族中的一个成员，萨尔韦斯特罗尼·德·美第奇（Salvestro de Medici）①，在1378年梳毛工起义之前混乱的几个月里一直是"正义旗手"；另一位成员维耶里·迪·坎比奥曾是组织严密的富豪集团的一员，在起义被镇压后，他们致力于重建被推翻的共和国。71

乔瓦尼·迪·比奇·德·美第奇也不例外。作为家族中第一个真正富有的成员，他几乎理所当然地进入了佛罗伦萨政坛的核心圈子。在他的远房堂兄维耶里·迪·坎比奥的引荐下，他于1408年和1411年被选为执政团成员，随后在1421年被选为"正义旗手"。他在关键时刻进入了执政团。从14世纪晚期到15世纪早期，佛罗伦萨进入了一个被称为"共识政治"（consensus politics）的时代。由于在梳毛工起义之后出现的狡猾的宪政作弊，一个相对小的家族集团已经成为一个独特的统治阶级。它主要由商人银行家组成，他们被共同的利益和对米兰的战争这一共同事业联系在一起，比以往任何时候都更有明确身份和更有凝聚力。由于它结合了广泛的支持、严格的选举监督和复杂的社会控制网络，统治精英建立的政权在很多方面都比佛罗伦萨人见识过的任何政权可靠得多。卡瓦尔坎蒂笔下的故事就很好地说明了这一点。故事讲述了贵族尼科洛·达·乌扎诺如何在一场关于外交事务的重要辩论中安然入睡，之后突然醒来，宣布了一项他已经和"其他有权有势的人"商量过的政策，而该政策没有进一步讨论就被一致通过了。72 无论是在贵族阶级内部，还是在精英阶层和地位较低的社会阶层之间，达成"共识"是当务之急：每个人都能感觉到自己的参与，领导层也能对其霸权的稳定性抱有信心。

258

---

① 1331~1388。——编者注

这个贵族精英阶层是如此有信心，以至于它有意识地宣传团结和谐的佛罗伦萨在一个"更好的"阶级的统治下繁荣昌盛的景象。例如，在他的《佛罗伦萨颂》（*Panegyric to the City of Florence*，1403~1404）中，列奥纳多·布鲁尼肯定道："在佛罗伦萨，多数人的观点总是与最优秀公民的观点一致。"[73]

然而，乔瓦尼·迪·比奇却异乎寻常地不愿掺和政治纷争。他全神贯注于自己的业务，尤其注重个人隐私。他表现了一副尽量从纷乱的政治辩论中抽身出来的样子，并尽其所能远离"聚光灯"。他勉强接受当选执政官和旗手，并避免参加"咨询会议"（pratiche）。他临终前劝告他的儿子：

> 不要给人建议，但要在谈话中谨慎地提出你的观点。去领主宫（Palazzo della Signoria）要小心；等待被召唤，当你被召唤时，做你被要求做的事，永远不要表现任何骄傲，即使你得到很多选票……避免介入……政治争议，并始终远离公众视线……[74]

他声称，如果可以选择，自己宁可完全远离政治。

然而，乔瓦尼·迪·比奇绝不是一个羞怯或厌世的人，实际上，他是一个相当狡猾的现实主义者。尽管有倡导团结和谐的言辞，但在他第一次勉强任职期间，佛罗伦萨的贵族之间已经产生严重分歧了。尽管城里最富有的人因某些共同利益而聚集到一起，但很明显，这不足以维持统治阶级内部的长期凝聚力。虽然他们可能有一些共同的目标，但并不意味着他们对所使用的手段达成一致，也不意味着他们没有一大堆其他更重要的相互冲突的目标。

冲突是不可避免的。商业上的竞争很快就变成政治上的竞争。随着新的派系的形成，争端演变成内乱，让人回想起14

世纪早期的黑暗岁月。赌注很高，斗争即使不总是激烈的，至少也是痛苦的。例如，14世纪90年代中期，马索·德利·阿尔比齐（Maso degli Albizzi）和里纳尔多·吉安菲利亚奇（Rinaldo Gianfigliazzi）暂时成功地控制了执政团，并立即将他们的对手菲利波·巴斯塔里（Filippo Bastari）和多纳托·阿奇奥利（Donato Acciaiuoli）流放。仅仅几年后的1400年，一场"阴谋"被揭露，里奇家族的两名成员被指控策划了一场杀害阿尔比齐—吉安菲利亚奇同盟的阴谋，一个匿名的佛罗伦萨日记作者生动地叙述了这出戏剧。[75]随后，类似的"政变"、流放和没收财产相继发生，阿尔比齐与对手为争夺政府的控制权缠斗不休。

作为一位雄心勃勃的商人银行家，乔瓦尼·迪·比奇意识到自己很容易陷入此类派系纷争，并受制于可能由此产生的破坏性影响。他的亲戚也不止一次以最糟糕的方式卷入这种大旋涡。家族也难免会发生内部分裂。例如，14世纪70年代，维耶里·迪·坎比奥和堂弟萨尔韦斯特罗尼站在了对立面。当美第奇家族站队时，他们往往会站错队。举例来说，在里奇阴谋的余波中，他们中的几个人受到牵连。乔瓦尼不愿冒被流放或没收财产的风险，他宁愿保持距离。

最大的问题在于，尽管佛罗伦萨有很多富有的商人银行家，但没有一人占主导地位。只要各家族的经济影响力大致相当，就没人有希望获得不容置疑的政治权力。这一切即将改变。到15世纪20年代，也就是说，随着科西莫·德·美第奇接管家族银行，重心开始转移。科西莫发现，对教宗账户的管理不仅增加了他的资产，还使他逐渐能够控制一个极其庞大的客户网络，这些客户来自各行各业，其中就有那些本身就异常富有的人。与此同时，佛罗伦萨执政团的财政压力不仅要求商人银行家成为公民政治的主导人物，而且确保了这种权力集中

260

在一个不断缩小的超级富豪群体手中。

关键问题是债务。尽管在中世纪后期，地方政府发挥着相对有限的作用，使预算基本保持平衡，但长期的战争和新兴国家日益复杂的行政机构导致了管理成本的飞涨。在贸易持续繁荣的同时，普通税收根本无法满足现状，各城邦都在绝望地四处筹款，以求解决日益加剧的现金流危机。正是在这种即将发生金融危机的令人不安的气氛中，发行公债的想法诞生了。城邦别无选择，只能各处借钱。当现代债券市场的第一丛绿芽从城市财政贫瘠的土壤中萌发出来时，"紧急援助"（bailout）的概念也首次被提出。在当今世界，面临破产的政府可能会把希望寄托在贪婪的债券交易员身上，或者最坏的情况下，寄托在来自国际货币基金组织（IMF）或欧洲央行（ECB）的巨额注资上。而在文艺复兴时期，资金匮乏的意大利北部城邦只有一种资源，那就是商人银行家们似乎无穷无尽的储备金。最重要的是，正是债务将商人银行家推上了城邦政治的前沿，并促使基础广泛的"共和国"政权逐渐瓦解，变成几乎不加掩饰的专制政权。

在文艺复兴时期，意大利北部几乎每个城邦国家都经历了这样或那样的债务危机，而且似乎没有哪个国家比城邦共和国更脆弱。比如热那亚——那个时期的历史学家常常不公正地忽视了这一点——经历了一系列严重的金融危机，从第一任总督西莫内·博卡内格拉任上一直到15世纪初，毫不夸张地说，它长期无力履行财政义务，这不仅巩固了新兴商业精英日益强化的主导地位，还导致这座城市在各个方面屈从于外国控制。然而，没有哪个城市比佛罗伦萨更能说明债务对商人银行家地位的影响。

1424年，佛罗伦萨卷入了与米兰的一场大规模冲突，这场冲突前后持续了9年之久。事情从一开始就很糟糕，随着战争失利，这座城市发现自己越来越依赖于雇佣兵的服务。然而，维持一支主要由雇佣兵组成的军队的成本高得离谱，尽管佛罗伦萨并非没有试过因军事冒险而付出高昂代价，但这是一个完全不同的规模。在战争的大部分时间里，佛罗伦萨面临每年近 50 万佛罗林的账单，[76] 远远超过它可以从税收中筹集的数额。赤字最高达 68.2 万佛罗林。1426 年，佛罗伦萨需要找到一种能够筹集更多资金的方法，而且要快。

　　尽管不受欢迎，但"地籍税"（catasto）这种新的财产税显然是个解决方案。从 1427 年开始，佛罗伦萨的每家每户都必须提交一份他们的净资产（减去免税部分）申报表，该市将以此为基础评估税收负担。一个家庭的净资产按 0.5% 的税率征税，市政府可以一年宣布征收几次。现存记录显示，[77] 这是佛罗伦萨所见过的最公平的税收形式之一。许多较贫穷的家庭根本不纳税，而社会上最富有的人，也就是商人银行家，承担了大部分的负担。有些人最多只缴几个索尔多（soldo）①，而帕拉·斯特罗齐宣布他的净资产为 101422 佛罗林（等量黄金相当于今天的 1220 万英镑，以工资水平衡量则约为 4020 万英镑），也就是说，他每次需缴 507 佛罗林（约 6.1 万英镑或 20.1 万英镑）。乔瓦尼·迪·比奇宣称自己拥有 7.9 万佛罗林的资产（约超过 950.25 万英镑或 3126.15 万英镑），这让他收到了 397 佛罗林的税单（约 4.8 万英镑或 15.7 万英镑）。[78]

　　唯一的问题是，由于战争的成本很高，这个城市每年不得不多次征税，1428~1433 年总共征收了 152 次。[79] 而且由于地籍税是根据资产而不是收入来评估税金的，税收的绝对数额意味着对许多佛罗伦萨人来说，即使税率很低，税收账单正成为

---

　　①　意大利的一种铜币。——译者注

一个沉重的负担。正如约翰·纳杰米（John Najemy）①所观察到的那样，"整个家庭的财富都被耗尽"，因为很多家庭都在设法变卖财产，只是为了满足交税的需求。⁸⁰ 就连以富有著称的帕拉·斯特罗齐，他的财富主要是地产，也不得不在 1431 年要求降低他的财产估值。佛罗伦萨本身也快要破产了。

这个城市决定从最富有的市民那里筹借大量的钱来解决它日益加剧的现金危机。一个被称为"银行官员"的商人银行家团体负责筹集贷款和设定条款；在大多数情况下，他们也是主要的贷款人。就像美联储理事会一样，这些官员负责保持佛罗伦萨的偿付能力。据计算，佛罗伦萨每年获得的贷款约为 20万佛罗林。

正是战争、苛刻的地籍税和政府借款的结合，改变了佛罗伦萨政治的特点，并使科西莫·德·美第奇一举掌权。地籍税对美第奇家族的打击不像对其他著名的商人银行家族那样严重。他们在土地和房产上的投资是有限的，他们设法让钱四处流动，这样一来纳税负担就会降低，他们的资产也不会因为税收而受到严重损害。他们的财富——单就财富价值而言——是很少受地籍税影响的。尽管如此，科西莫·德·美第奇和他的商业伙伴们不仅控制了银行官员，⁸¹ 而且提供了执政团贷款的大部分。现存记录显示，贷款中超过 46% 的份额来自 10 个人，这些人要么来自美第奇家族，要么是通过商业和赞助的关系与他们结盟的人。科西莫和他的弟弟洛伦佐以个人名义提供的贷款占比不低于 28%。毫不夸张地说，佛罗伦萨在经济上依赖着美第奇家族，尤其是依赖着科西莫。

---

① 康奈尔大学历史学教授，著有《佛罗伦萨史：1200~1575》（*A History of Fiorence, 1200-1575*）、《马基雅维利与韦托里 1513~1515 年通信中关于权力与欲望的谈话》（*Discourses of Power and Desire in the Machiavelli-Vettori Letters of 1513-1515*）等。——编者注

尽管科西莫和他父亲一样讨厌担任公职，但他的财力确保他能迅速成为佛罗伦萨政坛的主导力量。不管他是否有所意识，他实际上在大规模收购佛罗伦萨的资产。在派系林立、竞争激烈的政坛，有关他计划夺取政府控制权的谣言开始传播。

到 1433 年夏天，里纳尔多·德利·阿尔比齐和帕拉·斯特罗齐已经被科西莫日益扩大的影响力吓坏了。他们担心自己在不久的将来会被收买而失去权力，因此决定采取行动。待科西莫出城，回到他在特雷比奥（Il Trebbio）的庄园，他们就把执政团里的党羽召集起来，准备彻底除掉他。科西莫在接到临时通知后从度假地回到佛罗伦萨，遭到逮捕，被关进领主宫塔楼的一间牢房里。在阿尔比齐和斯特罗齐的要求下，一个特别委员会匆忙成立，充当他们处理科西莫所需的"袋鼠法庭"（Kangaroo Court）①。但事情并没有完全按计划进行。虽然阿尔比齐极力主张对科西莫执行死刑，但特别委员会不愿执行。9 月 28 日，经过数周的激烈辩论，科西莫、弟弟洛伦佐②和堂兄阿韦拉尔多③被流放。

里纳尔多·德利·阿尔比齐兴高采烈。当然，他更愿意让科西莫去死，但单凭后者已被除掉这一事实，似乎就有足够充分的理由来庆贺了。那是一个荒唐的错误。科西莫刚从视线中消失，佛罗伦萨显然就被困住了。美第奇家族成员一被流放，阿尔比齐统治的城市就完全无力支付账单。更重要的是，科西莫的缺席给整个经济造成沉重打击。没有美第奇家族的金钱来润滑商业的车轮，生意就会陷入停顿。执政团甚至无法没收科西莫传说中的一袋袋钱，因为这些钱几个月前已经被藏起来

---

① 指私设或非法的法庭。——译者注
② Lorenzo di Giovanni de' Medici，即"老洛伦佐"，1395~1440。——编者注
③ Averardo de' Medici，逝于 1433 年后。——编者注

了。阿尔比齐意识到科西莫实际上是在敲诈这座城市，但为时已晚。

灾难接踵而来。几个月之内，经济困难、税收增加和一系列可怕的军事失败使阿尔比齐政权不得人心。他的盟友开始抛弃他。甚至帕拉·斯特罗齐也冷落他。他对执政团的控制减弱了，而且城市的商业精英被迫在市政破产和美第奇霸权之间选择，最终在 1434 年 8 月选出了一个显然亲科西莫的执政团。

对里纳尔多·德利·阿尔比齐来说，一切都结束了。新的执政团立即将他和帕拉·斯特罗齐一起流放，并推翻了他的"改革"。最重要的是，科西莫·德·美第奇和他的亲戚们被光荣地召回。这座城市更需要他的钱，而不是阿尔比齐声称要捍卫的"自由"。

当科西莫 1434 年秋天回到佛罗伦萨时，他发现自己是这个城市无可匹敌的主人。由于战争的破坏，资金紧缺，又没有其他的贷款来源，佛罗伦萨人需要科西莫来拯救他们，虽然他在死后会被授予"国父"（pater patriae）的称号，但当时他不过是一个非常富有的"教父"（padrino）。[82]

在这之后，科西莫有了更大的权力做他喜欢做的事情。他充分利用了自己的地位，巩固了对权力的控制。他收买了一些曾经的敌人，无情而迅速地流放了其他人，扩大他的控制网络，并在家族内部实行集中决策过程。他甚至推动通过了一部赋予"他的"委员会权力的新宪法，并与米兰的斯福尔扎达成一项协议，保证在发生任何不测时，能得到后者的军事支持。到 1459 年，他已经实现了黑手党教父们梦寐以求的那种保障。

阴谋、反阴谋和残酷的报复促使科西莫上升到政治食物链的顶端，这当然是独特的，但他所遵循的轨迹证明了商人银行家

的财富在何种程度上已成为原始权力的同义词。由于他们所从事的贸易，商人银行家不得不建立广泛的网络，将商业利益和家族关

系结合起来，从而自然地在公共政治实践中占据主导地位。在这些重叠的影响圈的中心，最富有的商人银行家——如科西莫·德·美第奇——拥有一部现成的政治机器，可以很容易地将其转化为政府本身。同样，意大利上下各城邦公共财政的危险状态，实际上保证了最富有的商人银行家将成为政治结构的基石。不断上升的成本、僵化的税费征收体系和严重不足的税收意味着，巨额贷款是许多城市保持偿债能力的唯一希望；而由于商人银行家——他们是紧密联系的网络的一部分——是唯一拥有所需资金的人，政府将不可避免地屈从于他们的意愿。但也许最重要的是当中的利害关系以及由此产生的竞争，一个商人银行家要生存下去，就需要一套非常特殊的技能。如果他有钱，但又不是特别有钱，他就得把道德上的顾虑抛到脑后，把自己的命运和最强势的大腕绑在一起。然而，如果他非常富有，他不仅需要确保自己的钱袋比任何人的都大，还需要确保自己永远是城里最无情、最狡猾的人。在文艺复兴时期的商人银行家的世界里，贪婪或许在所难免，但要是同台竞技的话，戈登·盖柯（Gordon Gekko）①可能也比不上科西莫·德·美第奇。

### 伪装的艺术

商人银行家从商界大亨一跃成为政治领袖，这对于那些成功登顶的人来说无疑是一件非常令人满意的事情。在获得了对政府的控制之后，他们为自己配备了理想的工具，以增进自己的商业利益，并为无尽的财富和影响力打开了大门。但与此同时，他们也遇到了一系列新的挑战，这些挑战直指他们用来达到政治金字塔顶端的邪恶手段的核心。由于没有贵族头衔所赋

267

---

① 电影《华尔街》（*Wall Street*）中虚构的反派人物，被视为贪婪的象征。——译者注

予的那种安全感，他们不能过分沉溺于宏伟的艺术。在共和党人——至少形式上——控制的城市宣扬他们的优越地位肯定是危险的，因为在那里，普通市民很容易对他们政治上明显的无能表现感到不快。权力存在于政府机关背后运作的人际关系网络，这意味着他们必须小心不要疏远所有赖以生存的盟友。

作为佛罗伦萨的无冕之王，科西莫·德·美第奇当然非常清楚这些问题。事实上，他有过惨痛的教训。在他政治生涯的早期，他犯了个错误，让人过于明显地感觉到他的存在。在宏伟的宫殿式建筑和宏大的教会工程上进行大规模投资时，他的过失在于将他家族的纹章（金色背景上有七个红球）醒目地印在他收买的每一件东西上。没过多久，走在大街上几乎不可能不感受到科西莫的影响。毫不奇怪，许多佛罗伦萨人对此感到愤怒，因此，性情暴躁的弗朗切斯科·菲莱尔福对他发起了一系列猛烈的攻击。"宏伟的艺术"可能走得太远了。提到美第奇家族手臂伸得太长，菲莱尔福开玩笑说，据说科西莫如此骄傲，他"甚至在僧侣的厕所里也用七个红球做了标记"。[83]

和其他许多处境相似的商人银行家一样，科西莫知道，他必须保持低调，通过艺术来代表政治联盟，并打造新的联系，从而给人一种感觉，即他只是广泛的权力网络的一部分。他需要一种"伪装的艺术"。

也许没有比《东方三博士伯利恒之旅》更好的例子了。忏悔者科西莫从舞台中央退出，让自己身边围绕着一群有影响力、有权势的人物，这一事实生动地证明了他想给人留下这种印象：他是一个谦逊的人，却发现自己处于一个几乎是偶然形成的政治、知识和经济网络的中心。

然而，尽管科西莫可能是一个不同寻常的突出例子，但其他手段相对温和的商人银行家也同样渴望利用艺术来展示政治关系。他们需要展示自己不是一个有权势的人，而只是一个与权力网络联系在一起的个体。家族礼拜堂是这种伪装艺术的理想场所，佛罗伦萨确实充满了生动的例子，但有三件作品尤其值得仔细研究，每一件作品都隐藏着它自己的阴暗的政治戏剧，都证明了"伪装的艺术"对中等富有的人的重要性。

卡尔米内圣母大教堂中布兰卡契礼拜堂里的菲利皮诺·利比的壁画《西奥菲勒斯之子的成长和登位的圣彼得》（*Raising of the Son of Theophilus and St. Peter Enthroned*）是对文艺复兴时期佛罗伦萨权力关系的可视化表达。此画的赞助人费利切·迪·米凯莱·布兰卡契（Felice di Michele Brancacci）是一位生意兴隆的丝绸商人，他作为海事执政官的声望既来自他的财富，也来自他与帕拉·斯特罗齐的女儿的婚姻。但他并不是一个非常自信的人。虽然他有足够的财富和人脉，可以在政治上产生一定的影响力，但他并不是一个特别重要的人物，他甚至没有感受到 15 世纪 20 年代初佛罗伦萨政治发生的巨大变化所带来的威胁。他既要表现出"固有的"关系，又要显得有点疏远，于是他委托菲利皮诺·利比，让他和一群著名的佛罗伦萨人来扮演西奥菲勒斯之子奇迹般复活的见证人。在围观的人群中，我们不仅可以看到布兰卡契本人，还可以看到执政官科卢乔·萨卢塔蒂、诗人路易吉·浦尔契（Luigi Pulci）、商人皮耶罗·迪·弗朗切斯科·德尔·普列塞（Piero di Francesco del Pugliese）、皮耶罗·迪·雅各布·圭恰迪尼（Piero di Iacopo Guicciardini，历史学家弗朗切斯科·圭恰迪尼的父亲）和托马索·索代里尼（Tommaso Soderini，皮耶罗·索代里尼之父，后成为"终身旗手"）的脸。

尽管这种自欺给人留下了深刻印象，但并没有给布兰卡契带来多大的好处。尽管在利比的壁画中有巧妙的两手策略的视觉游戏，但费利切·迪·米凯莱·布兰卡契还是在阿尔比齐和美第奇的斗争中站错了边，并最终在 1434 年与他的亲戚帕拉·

269

斯特罗齐一起被流放。

几十年后（约 1485~1490），在新圣母马利亚教堂的家
族礼拜堂壁画中，多梅尼科·吉兰达约对乔瓦尼·托尔纳博
尼的描绘方式显然更为成功。托尔纳博尼是一个非常有地位
的人，无论以什么标准衡量，他都处于佛罗伦萨政治生活的中
心。他是个富有的商人，他的商业关系使他成为美第奇银行里
专为教宗西克斯图斯四世提供服务的财务主管、佛罗伦萨大使
以及"正义旗手"。更重要的是，他还是"伟人"洛伦佐的舅
舅。然而，托尔纳博尼委托吉兰达约来装饰礼拜堂的墙壁，他
要确保他和他的亲戚被表现为一个更广泛的群体成员。例
如，在《驱逐约阿希姆》（*Expulsion of Joachim*，图 21）中，
他儿子洛伦佐和皮耶罗·洛伦佐·德·美第奇及另外两个人物
站在一起。这两个人，一个是亚历山德罗·纳西（Alessandro
Nasi），另一个不是贾诺佐·普奇（Giannozzo Pucci），
就是巴尔托利尼·萨林贝内（Bartolini Salimbene）。同
样，在《天使向撒迦利亚显灵》（*Apparition of the Angel to
Zechariah*，图 22）中，托尔纳博尼家族几乎所有的男性成员
都被与美第奇银行的运作密切相关的有权势的人包围着，包
括安德烈亚·德·美第奇（Andrea de Medici）、费代里科·
萨塞蒂（Federico Sassetti）和吉安弗朗切斯科·里多尔菲
（Gianfrancesco Ridolfi），以及与统治精英有关的其他人，
比如编年史作家贝内代托·代（Benedetto Dei）。为了进一步
强调托尔纳博尼家族和美第奇家族之间的文化纽带，左前方还
画了人文主义者马西利奥·斐奇诺、克里斯托福罗·兰迪诺、
安杰洛·波利齐亚诺以及（很可能是）德美特里·卡尔孔狄利
斯（Demetrius Chalcondyles）等人。

汇兑商加斯帕雷·迪·扎诺比·德尔·拉马（Gaspare di
Zanobi del Lama）也采用了类似的方法，甚至更野心勃勃。

拉马是个相当阴暗的人物，名声上有不少污点，他是一个表现
得比较低调的银行家，与美第奇家族的联系非常微弱。然而，
他的野心远远超过了他的成就和人品，他试图利用艺术来人为
地夸大他与商人银行精英的联系。拉马委托桑德罗·波提切利
在新圣母马利亚教堂中他的家族礼拜堂里画一幅《三贤朝圣》
（*Adoration of the Magi*，约 1475，图 5）。他指示艺术家用
政界和银行界的杰出人物来填充画中场景，试图以这种方式表
现他与佛罗伦萨风云人物的"亲密"关系。[84] 美第奇家族成员
扮演三贤的角色。虽然当时科西莫已经死了，但他被赋予了最
重要的地位，画中的他跪在圣母和圣子面前，被描绘得格外生
动（事实上，瓦萨里后来评论说，这是所有现存的这位"老
爹"画像中最令人信服、最自然的一幅）。[85] 跪在更前面的是
科西莫的儿子皮耶罗（穿红袍）和乔瓦尼（穿白色长袍）。为
了完成美第奇的"人物设定"，拉马还让皮耶罗自己的儿子
"伟人"洛伦佐（左边）和朱利亚诺（右边，在乔瓦尼旁边）
出现在中心场景的两侧。为了确保他与美第奇家族的联系是清
晰的，在著名文化人物的画像旁边还插入了菲利波·斯特罗齐
和洛伦佐·托尔纳博尼的肖像，这些文化名人包括波利齐亚
诺、皮科·德拉·米兰多拉，甚至波提切利本人。然而，尽管
拉马的炫耀流于粗陋，但他有足够的政治意识，不至于让自己
与美第奇家族平起平坐。相反，他把自己描绘成画面上右边那
群人中的一个。他那一头卷曲的灰色头发清晰地显露出来，他
穿着一件浅蓝色的束腰外衣，正从朱利亚诺·德·美第奇身后
探出头来。尽管他用锐利的目光凝视着观众，但他的意图是暗
示所谓的关系，而不是过于大胆地宣扬自己的野心。

　　这的确是"伪装的艺术"的精髓所在。不管追求辉煌的冲
动有多么强烈，文艺复兴时期的商人银行家都知道，过于公开
地展示政治影响力对商业是不利的。苦心经营，对技艺高超的

271

艺术家进行赞助，使他们能够借助画布或壁画表现和构建权力网络，这样一来，个人就可以散发一种显赫的光晕，而又能继续藏身于人群。

除了这种赞助形式所产生的艺术成就，"伪装的艺术"的美妙之处还在于，它既揭示又掩盖商人银行家主宰文艺复兴时期城市政治的欺诈行为。在显露控制政府的关系网时，它突出了商业和政治之间的不正当关系。与此同时，它也谨慎地暗示了债务在将几乎绝对的权力交给处于这些关系网络中心的个人方面所起的作用。在强调这种关系网而非个人地位的过程中，"伪装的艺术"谨慎地承认了那些通过金钱获得成功的人所堆积的道德污点。像黑手党的顾问一样，托尔纳博尼这样的银行家和雄心勃勃得令人尴尬的拉马通过向美第奇家族的老板表明自己的关系而成了"好汉"，而美第奇家族本身——"教父中的教父"（capi dei tutti capi）——则确保在他们和公众视线之间总有一群信得过的"朋友"。

\* \* \*

虽然加莱亚佐·马里亚·斯福尔扎全然无法忽视他着意从《东方三博士伯利恒之旅》中得到的更广泛的信息，但他也在科西莫·德·美第奇的画像中看到了商人银行家手法的演变，以及商人银行家如何调整他们对艺术的赞助以应对他们所面临的道德挑战。

科西莫的肖像暗示了美第奇家族如何从最初卑微的货币兑换商发展为无可匹敌的银行家，再到登上教宗之位，进而控制佛罗伦萨的整个路线。与此同时，他的画像也证明了高利贷的巨大罪恶、财富的困窘、炫耀的诱惑以及政府对商业利益的吞并。但最重要的是，这位精瘦老人的画像所蕴含的不同层次的意义表明，像科西莫这样的商人银行家知道如何利用艺术来塑造一个远离阴暗现实的公众形象。

正如戈佐利的壁画所表现的，没有什么是一目了然的。一件艺术品表露的悔过之情越强烈，其赞助人就越有可能贪婪地剥削、勒索和盗用客户的钱财；礼拜堂或祭坛布置得越华丽，为牟利而进行的贿赂和胁迫就越明显；赞助人越是执意躲在朋友和合作伙伴中间，他就越会利用他的财富来打通进入政府的道路。

273

## 第八章　雇佣兵和疯子

　　当加莱亚佐·马里亚·斯福尔扎的目光从科西莫·德·美第奇的肖像上移开，落在戈佐利的《东方三博士伯利恒之旅》最左边一个高傲的人身上时，他一眼就认出这个人是"里米尼之狼"（Wolf of Rimini）西吉斯蒙多·潘多尔福·马拉泰斯塔。他骑着一匹强壮的栗色战马，是个久经沙场的战士。他骄傲地挺着比谁都宽阔的胸脯，他的脖子粗得像公牛的脖子，他那漂亮的下巴显示着坚毅的意志。他没有戴帽子，似乎随时准备行动，急切地想从剑鞘中拔出剑来，向敌人进攻。但与此同时，他周身散发着一种炫耀的意味。他的衣服质量上乘，整个举止透露着高雅的品位和强健的气息。

　　加莱亚佐·马里亚不得不承认画得很像。想必他以前就曾有机会近距离研究传说中的西吉斯蒙多。就在几年前，"里米尼之狼"效力于米兰的弗朗切斯科公爵，并且经常到宫廷参加军事会议。更重要的是，将在两周内随教宗到达佛罗伦萨的西吉斯蒙多比加莱亚佐·马里亚更早获得名声。作为一名军事冒险者，他被认为是一名勇敢无畏的战士，拥有无与伦比的战略天赋。几乎没有人敢质疑他在战场上的勇气和决心，或者他远近闻名的高傲而又充满活力的男子气概。事实上，他的军事才能与他的文化修养和学识相匹配，这一点毋庸置疑。西吉斯蒙多博览群书，思维敏捷，以其人文主义的品位和对艺术的赞助而出名。事实上，加莱亚佐·马里亚不得不赞同教宗庇护二世的观点："无论在思想上还是身体上，他都是极其强大的，天生具有雄辩的口才和高超的军事技巧，对历史有深刻的了解，对哲学也不只是一知半解。"只要看他一眼，年轻的米兰伯爵① 就知

――――――――――――

① 在1466年继承父亲的公爵头衔之前，加莱亚佐·马里亚·斯福尔扎的身份是帕维亚伯爵（Count of Pavia）。——编者注

道，"不管他作什么尝试，他似乎生来就得心应手……"。[1]

但是，戈佐利的壁画并没有，至少没有直接表现"里米尼之狼"的另一面，即那更加黑暗的一面。尽管西吉斯蒙多有许多优点，"但他性格中邪恶的一面占了上风"。事实上，这是一种有所保留的说法。尽管庇护二世赞扬了他的勇敢和老练，但毫无疑问，他是"有史以来最糟糕的人，是意大利的耻辱，是我们这个时代的耻辱"。[2]

西吉斯蒙多在戈佐利壁画中的画像呈现了某种似是而非的东西。一方面，他是个有名——或臭名昭著——的"厌恶和平"的人，是个"热爱享乐，能忍受任何艰难困苦，而且渴望战争"的人。[3] 他不是任何人的朋友，而是所有人的敌人。然而另一方面，他又是个有教养和文雅的人。西吉斯蒙多因其对艺术的慷慨赞助而闻名于世，而向来不随意评判人的科西莫·德·美第奇都对他评价很高，甚至将他列入当时最有名望和最有学问者之列。

这种矛盾还有更深一层。从很多方面来说，西吉斯蒙多是文艺复兴时期某一类往往会被忽略的赞助人的典型代表。他的画像只是他们所生活的世界的一个缩影。尽管庇护二世倾向于将他贬斥为"有史以来最糟糕的人"，但西吉斯蒙多无疑是那个时代佣兵队长（condottieri）的化身，是新的雇佣兵将领的典型。他们掌握了战争的艺术，掌控着意大利的命运。他们凶狠、残暴又才华横溢，在整个半岛上奸淫掳掠、杀人如麻，遭到当权者的蔑视，所到之处都会投下恐怖的阴影。然而，与此同时，随着他们的地位和重要性的提高，他们在艺术中扮演着越来越重要的角色，起初是作为公民纪念仪式的对象，后来又以自己的身份成为赞助人。事实上，他们确实痴迷于艺术。虽然他们的双手沾满了鲜血，但由他们委托制作的绘画、雕塑、教堂和宫殿式建筑却美得无与伦比，他们的赞助使像皮耶罗·

德拉·弗朗切斯卡这样的艺术家成为欧洲文化的殿堂级人物。如果说西吉斯蒙多是个悖论，那么我们甚至可以说他就是一个更大的谜团的活生生的化身。

要理解西吉斯蒙多在戈佐利的《东方三博士伯利恒之旅》中令人困惑的外表和他对艺术的难以理解的痴迷，我们就有必要了解他肖像背后的故事，揭示这个雇佣兵将领对文化不同寻常的关注，及其从文艺复兴早期混乱的战争中起步到于 15 世纪中期可怕收场的经历。这是一个与我们熟悉的文艺复兴赞助概念相去甚远的故事；这是一部关于战争和背叛的戏剧，剧中的明星不过是些受雇佣的暴徒，他们在疯狂的边缘游走，以恶劣的态度和高雅的品位在意大利横行霸道。的确，这是一个很像经典西部枪战片的故事，只不过好人没那么好，坏人更坏，而丑陋的人真的很喜欢艺术。

### 战争的艺术

文艺复兴时期是雇佣兵的黄金时代。从一开始，佣兵队长就影响着意大利的政治和军事，并对半岛上的国家进行掌控。尽管雇佣兵自古以来就很常见，但在文艺复兴时期的意大利，他们的地位无人能及，这种令人恐惧的优越性应归功于自中世纪末期以来战争形式的逐步演变。

到 14 世纪初期，很明显，意大利那些无政府主义的支离破碎的城邦国家不仅注定要在一种近乎无休止的冲突中生存，而且战争本身在技术上也变得越来越先进。尽管保罗·乌切洛的三联画《圣罗马诺之战》（*The Battle of San Romano*，现存于佛罗伦萨乌菲齐美术馆、伦敦国家美术馆、巴黎卢浮宫，图 23~25）创作于 15 世纪早期，但它生动地描绘了战争日益复杂的一面。为了纪念 1432 年佛罗伦萨和锡耶纳之间的一场战争，乌切洛的画鲜明再现了战争的暴力、混乱，而这种激烈而血腥的混乱几乎与艺术家设法运用透视来引入秩序的手法背道而驰。此外，为了表现这种极度混乱，乌切洛还将文艺复兴早期战争中最重要的两项技术发展作为背景呈现在前两块镶板中：《圣罗马诺之战中的尼科洛·毛鲁齐·达·托伦蒂诺》（*Niccolò Mauruzi da Tolentino at the Battle of San Romano*，伦敦国家美术馆，图23）和《尼科洛·毛鲁齐·达·托伦蒂诺在圣罗马诺之战中击败贝尔纳迪诺·德拉·卡达》（*Niccolò Mauruzi da Tolentino unseats Bernardino della Carda at the Battle of San Romano*，佛罗伦萨乌菲齐美术馆，图24）。在田野里，有许多穿戴盔甲的人在发射弩箭（balestieri）。弩（crossbow，也称十字弓）是开启一切的钥匙，它和长弓（longbow）一起改变了整个武装冲突的性质。弩和长弓的射程、冲击力和准确性比以往任何武器都要高，远远超过了中世纪的弓箭，且正如阿金库尔战役展示的那样，如果使用得当，可以导致大规模死伤。

279

这对军队的作战方式产生了重大影响。一方面，它改变了盔甲的性质。弩和长弓使得锁子甲（chainmail）这种过去深受步兵和骑士喜爱的盔甲变得几乎毫无用处，因此需要引进更厚重的板甲，某些情况下还要引进马匹的护甲。正因为如此，在乌切洛的场景中，所有的骑兵都穿戴完整的盔甲，甚至背景中的步兵都身着金属铁甲。另一方面，技术的运用也改变了重中之重的骑兵的作战方式。在存在被弩或长弓手射中的危险时（注意乌切洛第二块镶板中倒下的马），骑士不能再独自作战。他们不仅需要一两匹后备马，还需要一队支援的步兵来压制火力和提供额外的保护，即由一名骑兵和几名步兵组成独特的"枪骑兵"（lance）。

这些技术上的变化使战争变得更加专业。士兵需要大量的练习才能正确使用弩和长弓，而一队"枪骑兵"也需要协同训练一段时间才能充分发挥效力。更重要的是，装甲、替换的战马甚至弩都是昂贵且高度专业化的装备。这带来一些问题。哪怕是最富有的公民也不可能想当然地拥有这样的装备或专业知识，而且意大利日趋激烈的军备竞赛使得任何国家都不可能将希望寄托在本土志愿兵的有限能力上。意大利各城邦和领主要发动耗时更长、要求更高的战役时，不得不另作他想。如果他们想要在战争中取得成功，他们就需要雇用全副武装、训练有素的战斗人员组成的完整团队，并且必须准备好利用新获得的财富武装到牙齿。雇佣兵是唯一的解决办法。大约从 1300 年开始，大行会雇用的"职业雇佣兵""取代了大部分本土军队，成为意大利军队的主要组成部分"，[4] 而他们的首领——最早的佣兵队长——取代了本土将军，成为每个作战季节的战略策划者。事实上，《圣罗马诺之战》中描绘的三名指挥官——尼科洛·毛鲁齐·达·托伦蒂诺、米凯莱托·阿滕多洛（Micheletto Attendolo）和贝尔纳迪诺·德拉·卡达——都是佣兵队长。

14 世纪，突然拥入的、相当令人意外的外国士兵满足了对大量高技能雇佣兵的迫切需要。他们从欧洲各地通过不同的路线来到意大利。有些人，尤其是德国人和约翰·霍克伍德爵士（Sir John Hawkwood）这样的英国人，在欧洲其他地方参战后，正在寻找出路。其他人，主要是匈牙利人、法国人和加泰罗尼亚人，最初是随着匈牙利的拉约什大帝（Louis the Great）和阿维尼翁教宗等外国统治者的入侵来到这个半岛的，他们留下来是希望能靠自己的战斗技能赚大钱。从一开始，这些部队的"外来性"就是一个明显的优势。非本地人不太可能因意识形态站队，因此可以受金钱支配；与此同时，意大利国家得以使用最新的军事技术，而这些技术（弩、长弓等）的主人一般被认为主要来自北欧。

已知最早的外来军队，比如威廉·德拉·托雷（William

della Torre）和名字好听的迭戈·达·拉特（Diego da Rat）[5]
领导的军队规模较小，人数在 19~800 人范围内，结构似乎比
较松散。[6]到 14 世纪的第三个十年，他们已经发展成规模相
当大、组织良好的军队，有明确的定位和领导结构，人们认为
其中一些是由不同国家的军队组成的。有些是专业化程度相当
高的团队，专门用作步兵或骑兵；但更多的是同时满足所有军
事需求的混合部队。最大的军团，例如最先由乌尔斯林根的
维尔纳（Werner of Urslingen）、后来由莫里亚尔修士（Fra
Moriale）领导的"大军团"（Great Company），约翰·霍克
伍德爵士领导的"白色军团"（White Company），以及"星
星军团"（Company of the Star）等，则可包括多达 10000 名
士兵和 20000 名随军人员。

　　大多数城市和领主都以短期合同［condotte，源于
"condottieri"（队长）一词］的形式雇用军团及其首领，通
常为期 4~8 个月。这些合同的期限大概反映了，在承担雇佣
兵费用的时间上保持一定的谨慎是完全必要的。但这并不意味
着唯利是图的雇佣兵军团漂泊不定。尽管他们会根据自己的意
愿在雇主之间穿梭，但大多数合同会一再续签。例如，佛罗伦
萨的酬金单就显示德国队长赫尔曼·维斯特尼奇（Hermann
Vesternich）工作了 20 年（1353~1371、1380），而合同是
每 4 个月一签的。[7]与此同时，一些真正出色的队长可以收
到期限更长的合同，在长时间内多次续约。霍克伍德和他的
英国同胞约翰·贝里克（John Berwick）、约翰尼·利物浦
（Johnny Liverpool）每次只签 1 年的合同，而签约双方心照
不宣，合同几乎无限延续下去。同样，这些合同的期限很短并
不意味着经济上没有回报。恰恰相反。特别是英国人，他们的
技能受到高度重视，可以索取很高的酬金，有时甚至远远超过
给予国家高级官员的薪资。

282

一旦被雇用，外国雇佣兵往往能证明自己的效率和忠诚度。考虑到他们的军事活动远离家乡，而且与意大利本身也没有直接的联系，他们既不想过多卷入派系纷争不断的半岛的复杂政治，也不想为自己谋取领土。而那些被驱逐出本土的意大利人所领导的军队，通常也乐于远离他们的主人所在的肮脏的政治世界。战争完全是他们的事业；只要给钱，他们就会不断战斗。

### 好的一面：外国队长和雇佣兵纪念物

意大利北部各城邦国家有理由对这些早期意外到来的外国雇佣兵表示极大的感谢，在佛罗伦萨的圣母百花大教堂就可以看到他们的形象。1436 年，佛罗伦萨执政团委托保罗·乌切洛为该市最受尊敬的公仆之一绘制了一座巨大的墓碑（图26）。"这是一件极其宏伟的漂亮作品"，[8] 这是公共荣誉的非凡甚至是权威性的表达，虽然被多次挪动，但它的设计目的就是让任何前来朝拜的人都能看到。[9] 至少可以说，这是不寻常的。虽然大教堂是市民和宗教生活的中心，但它通常被认为"高于"这些东西。[10] 对任何人来说，以这样的方式得到纪念是一种崇高的荣誉；但对一个外国人，尤其是对一个"野蛮的"、靠舞刀弄剑维持生计的英国人来说，这样的纪念几乎是不可思议的。

话又说回来，约翰·霍克伍德爵士并不是一个普通人。作为一名最高级别的佣兵队长，他被认为是当时最重要的队长之一。正如乌切洛骑士画像下面的铭文所解释的，这位"英国骑士"是"他那个时代最谨慎的领导人，也是军事方面的专家"。[11] 他出生在英格兰东南部的某个地方，百年战争期间曾跟随爱德华三世（Edward III）在法国服役，战争短暂结束后，他于 1360 年前后在勃艮第自封为佣兵队长。[12] 然而，正是与"白色军团"一起在阿维尼翁开展反对教宗的战斗时，他第一次引起了意大利各国的注意。[13] 他的勇气和领导能力使他受到普遍尊敬，1362年，他第一次受邀到意大利参战。在接下来的岁月里，他不知疲倦地在半岛北部为不同的雇主效力，但直到1377年，他同意在"八圣之战"（War of the Eight Saints）——1375~1378年佛罗伦萨及其盟友反对教宗的战争——最激烈的时候为佛罗伦萨拿起武器，才找到了自己的位置。[14] 在接下来的17年里，霍克伍德几乎一直是"全意大利最有效率和最有成就的佣兵队长"。[15] 在与米兰的战争中，他领导佛罗伦萨军队，赢得了"城市自由的救星"和"最忠诚的雇佣兵指挥官"的声誉。他得到了佛罗伦萨公民身份和一笔可观的养老金，当他于1394年去世时，城邦共和国为他举行了国葬。虽然姗姗来迟，但乌切洛设计的宏伟的墓碑可谓锦上添花。

作为外国雇佣兵将领毋庸置疑的杰出榜样，霍克伍德的骑士肖像表明，可以以艺术的方式来对这种人物进行祝祷和颂扬。由于既没有固定的住所，也没有领土利益，像霍克伍德这样的早期佣兵队长自然在某种程度上脱离了通常的艺术赞助活动，但他们很受重视，以至于国家经常聘请艺术家以视觉艺术的方式表达对他们的感激之情。例如，比霍克伍德的纪念碑更令人印象深刻的是壁画《蒙特马西围城时的圭多里乔·达·福利亚诺》（*Guidoriccio da Fogliano at the Siege of Montemassi*），这幅壁画被认为是西蒙·马丁尼于1330年前后为锡耶纳共和宫的"世界地图室"（Sala del Mappamondo）所作。

乌切洛对霍克伍德进行的骑士式的描绘，虽然是对一位备受尊重的佣兵将领表达由衷的敬意，但也证明了早期佣兵队长习性中的另一面。尽管早期雇佣兵有许多值得称道的特点，但他们并不是美德的典范。事实上，他们根本不是正派人，尤其

284

是乌切洛描绘的这位英勇的英国骑士。

霍克伍德大肆吹嘘的"忠诚"的名声也许给人一种早期雇佣兵都很忠诚的错误印象。外国雇佣兵和意大利流亡者似乎都没有贪图领土扩张的欲望，但他们对金钱上瘾。

当战争肆虐时，雇佣兵将领们毫不犹豫地在价格合适的情况下改变立场。这正是霍克伍德1377年首次选择效力于佛罗伦萨的原因。八圣之战爆发两年后，教宗格里高利十一世（Gregory XI）与佛罗伦萨最重要的盟友米兰达成了和平协议。于是，反教宗联盟破裂了，人们普遍预期格里高利会派遣霍克伍德——其时他最资深的指挥官之一——参加反佛罗伦萨的战斗，从而迅速结束这场冲突。为了避免这种毁灭性的结果，佛罗伦萨向霍克伍德行贿，给了他13万佛罗林，以使其投入他们的阵营。[16] 意识到这种背叛的危险，城邦和领主很愿意在和平和战争时期向更可靠的雇佣兵支付高额酬金。这一付出是值得的，不仅能让雇佣兵保持忠诚，还能用高价把他们的敌人逐出市场。

然而，即使在和平时期，早期的佣兵队长也不会因为滥用武力得到他们想要的东西而感到内疚。实际上，这不过是全副武装的敲诈勒索，而霍克伍德再次成了公认的高手。1379年，佛罗伦萨处于和平状态，因此没有必要养大量的雇佣兵。然而，霍克伍德带领一群劫掠者骚扰托斯卡纳乡村，威胁要对当地居民的财产造成严重破坏，这让佛罗伦萨别无选择，只能将他和1000名"枪骑兵"留在酬金单上，并拿出一大笔钱作交易。[17] 某种程度上，高薪也可以理解为持续的贿赂，以确保雇佣兵安分守己。

雇佣兵和他们的指挥官都是残暴的、令人讨厌的人，他们习惯于战争和暴力。即使在"较好的"佣兵队长中，野蛮也是一种生活方式。他们的行为经常以一种远远超出任何策略合理性的野蛮手段进行。例如，虽然列奥纳多·布鲁尼赞扬了13世纪的佣兵队长法里纳塔·德利·乌贝蒂（Farinata degli Uberti，死于1264年），但他不得不承认，即使是这样杰出的将军，也"对他的对手表现得毫不宽容，而不是文明人应有的节制"。[18] 从下一个世纪霍克伍德的所作所为中，我们可以看出他是多么不可饶恕。霍克伍德要对1377年切塞纳（Cesena）全体居民被杀负责，是他主导了对约5000名平民的屠杀。[19] 正是认识到这一事实，同时代的许多文学作品都对佣兵队长作出了抨击。彼特拉克对1344~1355年帕尔玛围城期间使用德国雇佣兵的行为感到痛心，他不仅为外国士兵的"贪婪之心"感到惋惜，因为他们可以轻易地从"追随者"变成"敌人"，而且注意到了所谓"日耳曼人的愤怒"（Teutonic rage），这种愤怒毫无必要地让意大利人血洒大地。[20] 事实上，城邦经常在公共场所用漫画描绘恶劣的佣兵队长受到可怕的惩罚，而恰恰也是他们常常用宏伟的纪念碑来纪念这些人。[21]

　　然而，雇佣兵制造破坏并不需要以战争为借口。佣兵队长沉迷于无政府状态和死亡。他的团伙成群结队四处游荡，并且往往是游荡在他们以前雇主的土地上。只要佣兵队长愿意，他们可以在任何地方进行劫掠和强奸，可以非常轻松地满足自己，同时留下痛苦和混乱。然而，佣兵队长本身往往比他们指挥的部队还要糟糕。许多人残忍到几乎成了施虐狂。例如，马拉泰斯塔·达·韦鲁基奥（Malatesta da Verruchio，1212~1312）以异乎寻常的恶毒手段暗杀了他所有的对手，以巩固其家族对里米尼的统治，因而在但丁的《神曲·地狱篇》中获得了一席之地。[22] 他儿子也很糟，在发现妻子弗朗切斯卡·达·波伦塔（Francesca da Polenta）与他的兄弟保罗（Paolo）通奸后，乔瓦尼·马拉泰斯塔（Giovanni Malatesta，1240/1244~1304）亲手杀死了他们俩。[23]

　　这使得乌切洛对霍克伍德的描绘有了不同的视角。佛罗伦萨不仅希望纪念这支由职业军人组成的、受到高度赞扬的部队的出色指挥官，而且对这个他们非常依赖的人感到有些害怕。即使在早期，最优秀的雇佣兵将领也可能是肮脏、狡诈和残暴的战争贩子，他们可能会敲诈他们的主人、背叛他们的雇主、屠杀无辜的人，就像他们可能会保护那些支付了酬金的人一样。尽管他们可能代表了文艺复兴时期最好的雇佣兵，但霍克伍德的骑士纪念碑表明，好人并非那么好，深深扎根于人们记忆中的宏伟的艺术品更多证明的是雇佣兵给人们留下的恐惧，而不是他们所体现的美德。

### 坏的一面：战争之王和赞助之王

　　在霍克伍德死后的一个世纪里，不仅佣兵队长的性质发生了巨大变化，这些雇佣兵将领的道德地位也急剧恶化了。而且就像文艺复兴时期的许多其他事情一样，这些变动也促使雇佣兵对待艺术的方式发生了翻天覆地的转变，使他们从被赞助的对象转变为赞助人。

　　佩德罗·贝鲁格特（Pedro Berruguete）的《费代里科公爵和他的儿子圭多巴尔多的肖像》（*Portrait of Duke Federico and his son Guidobaldo*，约 1476~1477，现存于乌尔比诺国立马尔凯美术馆，图 27）最初是为乌尔比诺公爵府的公爵卧房设计的，是对 15 世纪一个最著名的佣兵队长的细致描绘。[24] 乌尔比诺公爵费代里科三世·达·蒙泰费尔特罗（Federico III da Montefeltro）坐在一把高背椅上，身穿全套铠甲，正在阅读一本精装抄本，他的儿子暨继承人在身旁玩耍。他的高贵毋庸置疑。虽然他的白鼬皮装饰的深红色斗篷证明了他的贵族头衔，但他依然小心翼翼地炫耀起他的骑士功勋的象征。他脖子上挂着那不勒斯国王阿拉贡的斐迪南一世（Ferdinand I of

Aragon）送给他的貂皮勋章的垂饰；在他的右腿上可以看到嘉德勋章（Order of the Garter），这是他从英国的爱德华四世（Edward IV）那里得到的；在他面前的架子上，放着奥斯曼苏丹（Ottoman sultan）赠送的一顶镶着宝石的僧帽。

　　贝鲁格特以这种方式描绘了他的赞助人，成功地定格了费代里科作为一名佣兵队长的光辉职业生涯的高光时刻，[25] 以及文艺复兴时期第二代雇佣兵将领的本质。在 15 世纪激烈的战争，特别是 1425~1454 年的伦巴第战争（Lombard Wars）中，战争的性质发生了巨大变化。战役变得更加残酷，冲突持续的时间更长，日趋中央集权化的国家之间的联盟使战争成为更大规模的事件。[26]"战争的艺术"至此已发展成"军事科学"。各城邦和领主都无法依靠雇用一些不可靠的、四处漂泊的外国人来应对最近的意想不到的危机。他们开始考虑长期的防御策略。为此，他们需要明确界定的军事组织，不仅有更好的装备和训练，等级也更为分明，更倾向于近乎永久性地提供忠诚的服务。

　　新一代的佣兵队长开始出现。当中有土地的意大利本地人越来越多，他们通常是贵族家庭的小儿子，目的是寻求更好的生活。有了土地，像雅各布·达尔·韦尔梅（Jacopo dal Verme，1350~1409）、法奇诺·卡内（Facino Cane，1360~1412）和穆齐奥·阿滕多洛·斯福尔扎（Muzio Attendolo Sforza，1369~1424）这样的人可以依靠现成的人力供应，以稳定的收入来装备他们的部队，可以派遣相当数量的士兵投入战斗。这样一来，他们与雇主关系的性质也改变了。雇佣兵日益增强的重要性和专业性使他们更有价值，不仅某些佣兵队长获得了终身军衔，而且许多指挥官也得到了前所未有的奖励，以确保他们的长期忠诚。除了按惯例支付给有经验的将领大笔款项，城邦和领主还开始交出整座宫殿（有时甚至城镇），并把贵族头衔授予他们的最高级将领（一种技术上称为"分封制"的做法）。[27] 通过给予他们土地、财富和与雇主 / 领主的准封建联系，人们希望他们有足够的理由保持忠诚，提供更好的服务。从某种意义上说，这是把雇佣兵变成国民军的一种尝试。

费代里科·达·蒙泰费尔特罗似乎证明了这些转变结果多么有效。贝鲁格特对他华丽服饰的描绘佐证了他令人印象深刻的成功。费代里科是圭丹托尼奥·达·蒙泰费尔特罗伯爵（Count Guidantonio da Montefeltro）的私生子，他16岁时第一次当了雇佣兵，发现自己天生就适合战争艺术，于是取得了一连串辉煌的胜利，而且常常是在胜算不大的情况下。在1467年的里卡迪纳之战（Battle of Riccardina）[①] 中，他单枪匹马拯救了米兰，使其免于被巴尔托洛梅奥·科莱奥尼（Bartolomeo Colleoni）领导的威尼斯军队打垮，从而赢得了教宗庇护二世的感激。因为阻止了西吉斯蒙多·潘多尔福·马拉泰斯塔的野心，并于1472年代表佛罗伦萨成功围攻沃尔泰拉（Volterra），他的声望如日中天。他变得高不可攀，以至于常常得到大笔钱，给他钱的人只是为了避免他参与战争。例如，在1480~1482年与费拉拉的战争中，威尼斯给了他80000佛罗林，让他待在家里。[28] 军事上的成功给费代里科带来了巨大财富、一堆令人垂涎的荣誉，以及欧洲伟大君主们的钦佩。到1474年他的雇佣兵生涯结束时，他已被册封为公爵，被授予名誉主教的头衔，被任命为教会军队的总司令，并被授予当时一些最高级别的骑士爵位。

正如贝鲁格特的肖像所示，费代里科作为他那个时代最重要的军事指挥官之一，已经获得了令人眼花缭乱的赞誉，并且似乎已经成了15世纪佣兵队长所有优点的缩影。早在1464

290

---

① 也称莫利内拉之战（Battle of Molinella）。——原注

图1.1 马萨乔:《用影子治病的圣彼得》

图2丨佚名：《理想的城市》

这是一种乌托邦式的城市生活，其灵感来自 1415 年波焦·布拉乔利尼重新发现的维特鲁威的《建筑十书》，但可悲的是，它与城市现实相去甚远。

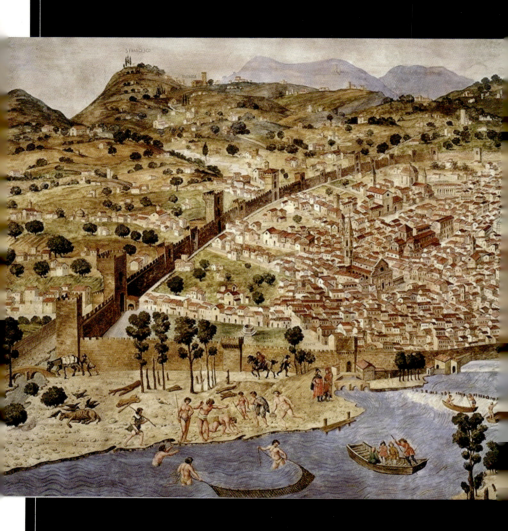

图3 | 佚名：《链条地图》

一说原作者为弗朗切斯科·迪·洛伦佐·罗塞利。此图展示了从蒙特奥利维托修道院
俯瞰佛罗伦萨城的画面，画面右下角出现画家本人的形象，正在为城市写生。

图4（左）｜ 菲利皮诺·利比：《卡尔米内圣母》（也称《内利宫的圣母》）
圣母身后是典型的奥尔特阿尔诺城区的街景。

图5（右）｜ 桑德罗·波提切利：《三贤朝圣》
为了显示他与佛罗伦萨实际统治者之间的"亲密"关系，野心勃勃
的加斯帕雷·迪·扎诺比·德尔·拉马让艺术家把他和美第奇家族
以及他们的圈内人物一起描绘在这个奇特的场景中。

图 6（左）｜ 焦尔焦内：《老妇人》

纸片上写着"时间流逝"（col tempo），这是对文艺复兴时期许多女性的一个警示。

图 7（右）｜ 皮耶罗·迪·科西莫：《西莫内塔·韦斯普奇肖像》

图 8（左）｜ 桑德罗·波提切利：《年轻女人肖像》

图 9（右）｜ 桑德罗·波提切利：《朱迪斯归来》
圣经故事在这里转化成女性独立宣言。

图 10 ｜ 多梅尼科·吉兰达约：《圣母诞生》
文艺复兴时期的宫殿式豪宅通常由十几个可住人的房间组成，每个房间的面积都很大。

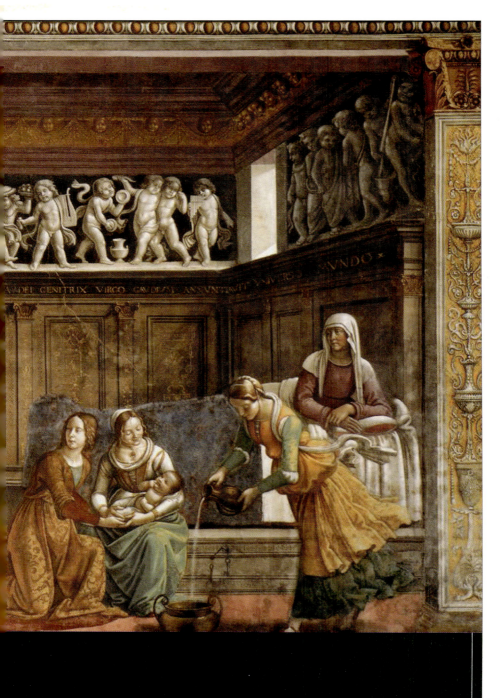

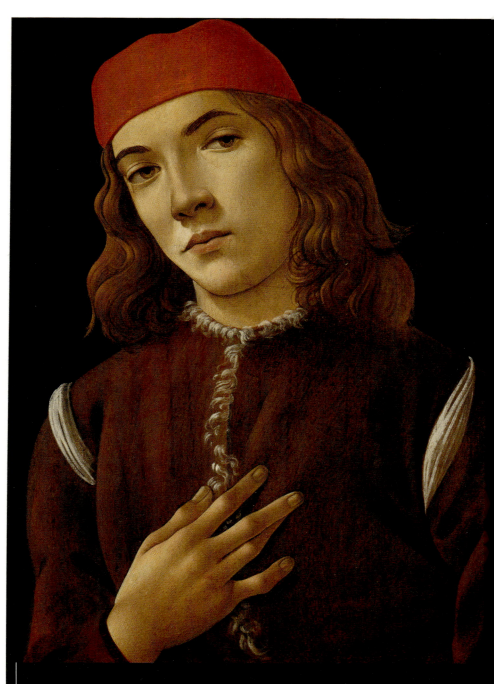

图 11 | 桑德罗·波提切利：《一位青年男子的肖像》
人物手部的不寻常姿势暗示着其患有早期关节炎。

图 12 | 弗朗切斯科·德拉·科萨:《四月》
妓女不仅是性伴侣，还是朋友和缪斯。

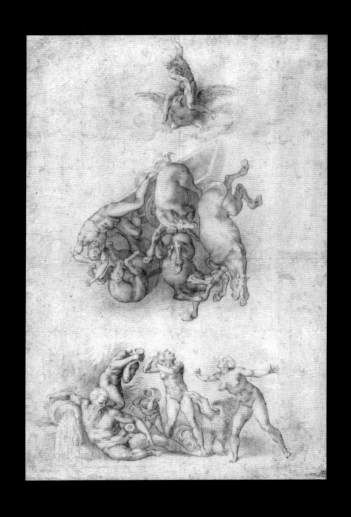

图 13 | 米开朗琪罗：《法厄同的坠落》

这是艺术家对托马索·德·卡瓦列里痛苦感情的一个神话隐喻。

图 14 | 米开朗琪罗：《提提俄斯的惩罚》

图 15 │ 安东尼奥·德尔·波拉约洛：《阿波罗和达芙妮》
彼特拉克如同阿波罗，恋人要逃离他的激情。

图 16 | 盖拉尔多迪·乔瓦尼·德尔·福拉：《爱与贞洁的战争》
彼特拉克的解决方案：欲望之箭会射穿贞洁的盾牌。

图 17 ｜ 米开朗琪罗：《劫掠伽倪墨得斯》

米开朗琪罗把自己同时想象成宙斯和伽倪墨得斯，

他被一种无法抗拒的激情吸引，渴望把托马索带走，享受永恒的快乐。

图 18 | 贝诺佐·戈佐利：《东方三博士伯利恒之旅》（东墙）

洛伦佐·德·美第奇扮演巴尔塔萨的角色，引领整个队列，他父亲皮耶罗和祖父科西莫紧随其后。在他们身后，戈佐利画了许多文化和政治人物，以炫耀家族权力。画作最左边是佣兵队长西吉斯蒙多·潘多尔福·马拉泰斯塔（左）和米兰公国继承人加莱亚佐·马里亚·斯福尔扎（右）的骑马像。在人群第三排，就在戈佐利本人的画像上方，可以看到后来成为教宗庇护二世的面色阴郁的埃涅阿斯·西尔维乌斯·皮科洛米尼。

图 19 | 马里努斯·范·雷默斯韦勒：《货币兑换商和他的妻子》
阿尔迪尼奥·德·美第奇和他的兄弟创立的货币兑换业务看起来与此相似。

图 20 | 菲利皮诺·利比：《西奥菲勒斯之子的成长和逊位的圣彼得》
这是 15 世纪早期佛罗伦萨政治生活中的"名人录"

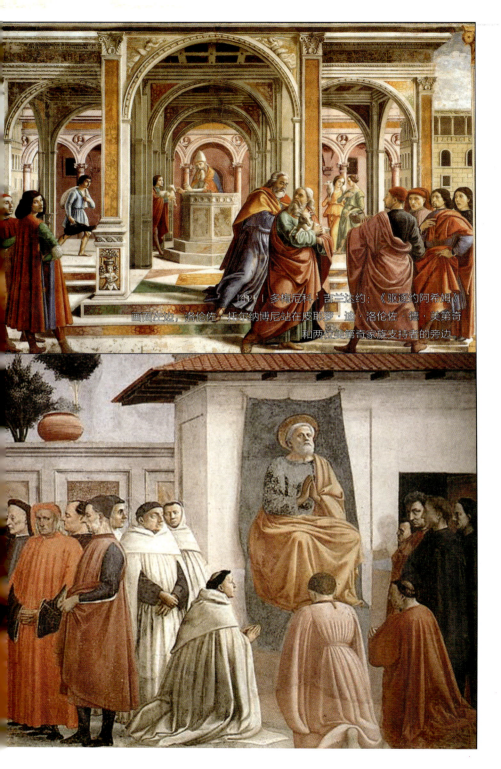

图24 | 多梅尼科·吉兰达约:《驱逐约阿希姆》
画面左边,洛伦佐·托尔纳博尼站在皮耶罗·迪·洛伦佐·德·美第奇
和两位美第奇家族支持者的旁边

图 22 | 多梅尼科·吉兰达约:《天使向撒迦利亚显灵》

男子托尔纳博尼被美第奇政权的强势人物围着。在前景左边,马西利奥·斐奇诺、克里斯托福罗·兰迪诺、安杰洛·波利齐亚诺以及德美特里·卡尔孔狄利斯的画像也包括在内。(图片来源: Karatecoop)

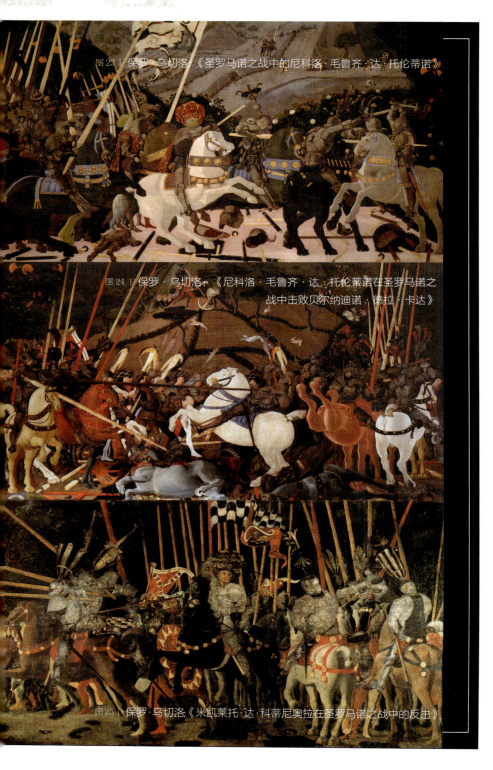

图 23 | 保罗·乌切洛:《圣罗马诺之战中的尼科洛·毛鲁齐·达·托伦蒂诺》

图 24 | 保罗·乌切洛:《尼科洛·毛鲁齐·达·托伦蒂诺在圣罗马诺之战中击败贝尔纳迪诺·德拉·卡达》

图 25 | 保罗·乌切洛:《米凯莱托·达·科蒂尼奥拉在圣罗马诺之战中的反击》

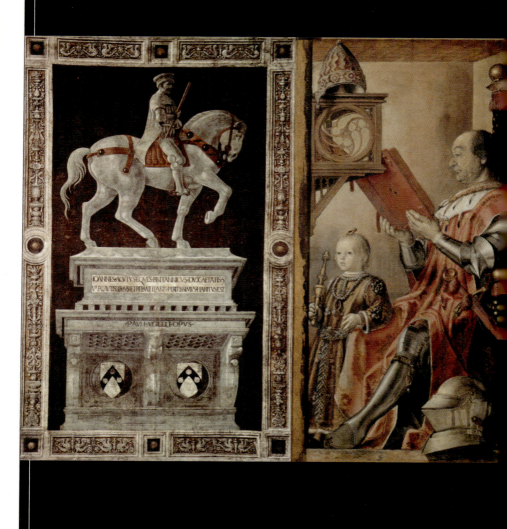

图 26（左）｜ 保罗 · 乌切洛 :《约翰 · 霍克伍德爵士纪念碑》

图 27（中）｜ 佩德罗 · 贝鲁格特 :《费代里科公爵和他的儿子圭多巴尔多的肖像》

图 28（右）｜ 皮耶罗 · 德拉 · 弗朗切斯卡 :《蒙泰费尔特罗祭坛画》

图 29 | 皮耶罗·德拉·弗朗切斯卡:《西吉斯蒙多·潘多尔福·马拉泰斯塔在圣西吉斯蒙德面前祈祷》

（拍摄者：Georges Jansoone

图 30 | 梅洛佐·达·福尔利:《西克斯图斯四世任命巴尔托洛梅奥·普拉蒂纳为梵蒂冈图书馆馆长》

教宗身边是他的四个牲侄，其中两个已是枢机主教。

图 31 | 拉斐尔:《教宗利奥十世和堂弟枢机主教朱利奥·迪·朱利亚诺·德·美第奇及路易吉·德·罗西的肖像》在教廷内部,肖像是展示"家族王朝"权力的有效手段。

图 32 | 菲利波·利比:《巴尔巴多里祭坛画》作品约创作于 1438 年,可能反映了这位艺术家曾在北非哈夫斯王国沦为奴隶的亲身经历。画中圣母裙摆上的"伪库法体"文字既是人们广阔视野的标志,也是对阿拉伯书法的粗略模仿。

图 33（左）｜安布罗焦·洛伦泽蒂：《献主于圣殿》
尽管马利亚的耳环反映了她的犹太身份，但诸如此类的细节助长了反犹主义。

图 34（右）｜保罗·乌切洛：《被亵渎的奇迹》
亵渎神灵的指控常常是捏造的，助长了反犹迫害运动。

君士坦丁堡陷落后，艺术家和人文主义者纷纷来到这座城市，研究东方的穆斯林文化

图 36 | 真蒂莱·贝利尼和乔瓦尼·贝利尼：《圣马可在亚历山大港传教》
基于对奥斯曼帝国宫廷的观察，这幅作品展示了对穆斯林服饰和习俗的深刻了解，
同时又将故事情景设置在威尼斯。

图 37 | 安德烈亚·曼特尼亚：《东方三博士来朝》

巴尔塔萨跪在地上的形象反映了文艺复兴时期接受非洲人作为"上帝子民"的意愿。

年，詹马里奥·菲莱尔福（Gianmario Filelfo）——弗朗切斯
科·菲莱尔福的儿子——就把他誉为"新的大力神"，并将他
的史诗《马蒂亚多斯》（*Martiados*）献给他，将费代里科颂扬
为一个神话般的战争英雄，[29] 这一形象后来在皮耶兰托尼奥·
帕尔特罗尼（Pierantonio Paltroni）的赞美性的传记中以宏
伟的风格再现。[30] 就连佛罗伦萨人克里斯托福罗·兰迪诺也在
他的《论战》（*Disputationes Camaldulenses*）中指出，他
当然"值得与古代最优秀的将军媲美"。[31] 费代里科死后被巴
尔达萨雷·卡斯蒂廖内誉为"意大利之光"。他声称，世人见
证了——

　　他的谨慎、仁慈、公正、慷慨、不可征服的精神和他
的军事技能；他的许多胜利，他攻无不克的能力，他迅速
而果断的远征，他曾多次用很少的兵力击溃强大的军队，
以及他从未输过一场战役，这些都是明证。所以我们可以
将他和古代世界的许多英雄相提并论。[32]

　　事实上，对于"现代雇佣兵将领"来说，费代里科几乎就
是一个活广告。

　　更重要的是，贝鲁格特描绘费代里科阅读古抄本这一情景
清楚地表明公爵对学问和艺术的强烈兴趣，就此而言，艺术家
也证明了自己是一个敏锐的观察者，注意到军事进步对佣兵队
长文化观的影响。出身名门、受人尊重的 15 世纪的佣兵队长
们慢慢意识到，他们逐步获得的地位将使他们在对艺术的培养
中发挥更积极的作用。既然他们是富裕并有爵位的人，他们想
要将通过武力获得的社会地位合法化，并用艺术给自己披上体
面的外衣。为了做到这一点，他们需要确保艺术能够彰显自己
的长处，掩盖自己职业生涯中更有问题的那一面。

　　贝鲁格特决定把费代里科打扮成全副武装的样子，这证明了佣兵队长十分在意重塑他们生活中不可否认的军国主义的一面。无论他们曾经多么成功或强大，他们知道，大多数人认为他们谋生的方式是可怕的。军人的生活也许并不幸福，但雇佣兵的生活——正如马基雅维利在《君主论》（*The Prince*）中所评论的那样——往好里说就是不可靠、背信弃义的生活，往坏里说就是投身于杀戮的生活。随着他们社会地位的提高，佣兵队长自然想要用某种方式来克服这种令人遗憾的（即便是完全合理的）公众形象。

　　人文主义者对古典著作的关注提供了一条可能的道路。古代历史和神话充满了皇帝、将军、神和英雄的形象，他们当然并非更纯洁，但他们受到崇拜纯粹是因为他们的力量和战斗能力。事实上，尽管有人试图将某些故事视为基督教道德的寓言，但强权即公理，而勇气几乎在任何情况下都可以等同于美德。赫拉克勒斯（Hercules）、卡德摩斯（Cadmus）、珀尔修斯（Perseus）和忒修斯（Theseus）被人文主义者称赞为争强好胜、体魄健壮的典范，而哈德良（Hadrian）和图拉真（Trajan）还有尤利乌斯·恺撒（Julius Caesar）[1]——他的君主制和暴政有待讨论——则被奉为好战君主的楷模。

　　然而，对于谄媚的文人来说，写佣兵队长的优点是再自然不过的事。但这些文本的读者往往数量有限。雇佣兵将领想要更大的公众群。对艺术的赞助提供了一个理想的机会，并使其与古代英雄的联系更加明确。

　　最明显和最受欢迎的表现形式之一是丧葬艺术，没有比巴尔托洛梅奥·科莱奥尼 15 世纪 70 年代在他的故乡贝尔加莫建造的礼拜堂更引人注目、更令人印象深刻的了。正如他的

---

　　[1]　前四位是希腊神话中的英雄，后三位则是罗马皇帝。——译者注

同时代人所知道的那样，这个项目在很长一段时间里都深受科莱奥尼的喜爱。事实上，据传言他如此执着于建造礼拜堂，以至于他曾带领军队进入小镇，拆毁了与圣母大殿（S. Maria Maggiore）毗连的旧圣器室，这样教会就没有机会反对他打算将此作为他的纪念碑的地点了。尽管这个故事可能是杜撰的，但毫无疑问，科莱奥尼一心想要把礼拜堂变成他"品德高尚"的完美证明，并与他的建筑师乔瓦尼·安东尼奥·阿马德奥（Giovanni Antonio Amadeo）密切合作，以确保在作品中加入肖像细节，体现他所取得的所有成就的"精华"。[33] 礼拜堂的外观特别引人注目。在大玫瑰窗的两侧，科莱奥尼安置了两座神龛，一座是尤利乌斯·恺撒的半身像，另一座是图拉真的半身像。隐含的相似之处显而易见。他是一位"常胜将军"，他的军事天才堪比恺撒和图拉真，没有人会否认他正直的品德和英勇的战绩，他的权威似乎完美地掩盖了科莱奥尼雇佣兵生活中血腥和不愉快的一面。

另一种更微妙的用以强调与古代楷模相似之处的方法是骑士雕像。现在矗立在罗马卡比托利欧广场（Piazza del Campidoglio）的马可·奥勒留（Marcus Aurelius）雕像是唯一幸存下来的完整作品。这些作品在古代经常被用来强调积极的军事领导、胜利的记录和特定人物的正义感，在中世纪失宠后又在文艺复兴早期以一种全新的方式重新出现。由于它暗含着与过去杰出的罗马皇帝的联系，骑士雕像（早些时候在乌切洛的约翰·霍克伍德爵士纪念碑中以图像形式尝试过）成了佣兵队长特别喜欢的东西，他们渴望用一种不切实际的美德来粉饰自己。1475 年，科莱奥尼遗赠了一大笔钱，让人在威尼斯竖一尊他自己的骑马塑像。虽然他希望在圣马可广场被纪念的愿望最终没有实现，但由安德烈亚·德尔·韦罗基奥（Andrea del Verrocchio）设计的一件宏伟到甚至有些

293

吓人的作品仍然矗立在圣乔瓦尼和保罗大教堂广场（Campo SS. Giovanni e Paolo）。他的同僚埃拉斯莫·达·纳尔尼（Erasmo da Narni，1370~1443）将军 ①（曾代表威尼斯短暂统治过帕多瓦）在帕多瓦的圣徒教堂（Il Santo）外也立了一座出自多纳泰罗之手的类似作品，不过看起来比较平和。

　　但是，还有其他更复杂、更聪明的方法将佣兵队长和古代的楷模联系起来，没有人比费代里科·达·蒙泰费尔特罗更愿意探索这些方法了。除了贝鲁格特的画作，一种更有创意的方法出现在一幅由皮耶罗·德拉·弗朗切斯卡于 1474 年创作的公爵和他妻子的双面肖像中（现存于佛罗伦萨乌菲齐美术馆）。[34] 在展示费代里科侧影的画板背面，他被描绘成坐在一辆凯旋战车的一张折叠的椅子上，全副武装，手里拿着权杖。他头上戴着象征胜利的桂冠，而四种基本美德的化身则坐在战车的前部。由于深受古典历史的影响，将胜利的费代里科描绘成古罗马英雄的直接继承者是一个聪明的尝试，同时强调"胜利"也证明了公爵在道德上的正直，就像所有人都钦佩的罗马将军一样。正如下面题词所表达的那样："他在光荣的胜利中骑着骏马——他适度地挥舞权杖，他的美德永垂不朽，足以与最伟大的将军相媲美。"

　　其次，贝鲁格特对费代里科的描绘表明佣兵队长也渴望证明军人不仅是英勇的，而且是可敬的，甚至在某些方面是令人钦佩的。当然，这是一项艰巨的任务。就教会而言，军事力量只有与高尚的英雄行为或圣战联系在一起时才是正当的，雇佣兵喜欢的那种屠杀绝对是禁忌，他们不过是雇来的杀手。更糟的是——至少从佣兵队长的角度来说——从教会创立之初，神学家们就一致谴责强奸、掠夺、酷刑和谋杀，认为它们是人类

---

　　① 人们叫他"加塔梅拉塔"（Gattamelata），意为"狡黠的猫"。——原注

可以想象到的最严重的罪恶。

由于雇佣兵完全没有放弃野蛮生活方式的意愿，教会的非难是形象问题的一个主要根源。但就像同时代的商人银行家试图把自己描绘成虔诚的忏悔者以便克服社会对高利贷的偏见一样，佣兵队长也意识到，艺术提供了一种强有力的方式，可以洗去他们灵魂上的血迹，至少在"公众"眼里如此。

除了习惯性地向教堂和宗教机构提供大量金钱，佣兵队长还意识到，军事圣徒是给他们邪恶行为披上体面外衣的便利工具。当然，可供选择的圣战者不乏其人。教会长期以来一直为圣乔治（St. George）、圣马丁（St. Martin）和圣尤斯塔斯（St. Eustace）等人举行庆祝活动，并盛赞大天使米迦勒（Archangel Michael）的战斗技能。通过培养对这些圣战英雄的崇拜，佣兵队长可以含蓄地使自己的形象符合基督教美德。人们认为，对这样的圣人怀有深厚感情的人不可能是个坏家伙。

更直接的办法是在公开的宗教画中加入一幅肖像。像那个时代的商人银行家一样，佣兵队长非常热衷于将自己描绘成宗教历史场景的目击者或参与者。一个很好的例子是皮耶罗·德拉·弗朗切斯卡的《蒙泰费尔特罗祭坛画》（*Montefeltro Altarpiece*，现存于米兰布雷拉美术馆）。这幅画是由费代里科·达·蒙泰费尔特罗 1472~1474 年委托创作的（图 28）。在这幅画中，圣母马利亚和圣婴基督再次占据舞台中心，被一群令人印象深刻的圣徒围绕着，尽管他们都不是军人。然而在前景中，费代里科自己跪了下来。他全副武装，头盔和铁手套放在面前的地上，俨然虔诚信徒的模范。用意是显而易见的。虽然他的职业是军人，但他是基督的战士，信念是第一位的。对任何了解他邪恶历史的人来说，这显然是一派胡言。然而尽管如此，这仍然是一种非常有效的视觉艺术策略，我们没有理由认

295

为它未能把他们期望传达的信息传达给乌尔比诺的臣民。

但是，在所有关于杀戮的积极的道德解读中，没有一种比纯而又纯的文化更好，或更令人兴奋。佣兵队长模仿贵族主人的举止，通过培养全面的宫廷礼仪，努力赋予自己一种正义和文明的成熟气质，其艺术文化证明他们特别渴望得到尊重。这方面的大师无疑是费代里科·达·蒙泰费尔特罗，佩德罗·贝鲁格特的肖像画中绘有古抄本就生动地说明了这一点。

在 1444 年继承了他同父异母的兄弟欧丹托尼奥（Oddantonio）的爵位之后，费代里科把乌尔比诺变成了意大利北部最辉煌的文化中心之一。他在曼图亚接受了著名的维托里诺·达·费尔特（Vittorino da Feltre）的教育，对新兴人文主义思潮的热情也为众人所知。他是一个真正的藏书家，其位于乌尔比诺和古比奥（Gubbio）的书房（studioli）豪华而别出心裁的装饰很能说明问题。[35] 据韦斯帕夏诺·德·比斯蒂奇说，他投入了不少于 3 万金币（是一个家佣年收入的 4000 多倍）来建造这座梵蒂冈之外最大的图书馆。[36] 他身边都是有学问的人，他的宫廷成了吸引文学人才的磁石。作为克里斯托福罗·兰迪诺的熟人（他们甚至有一幅双人肖像画），他直接雇用了斯皮尔的占星家詹姆斯（James of Spiers），斐奇诺的朋友米德尔堡的保罗（Paul of Middelburg），弗朗切斯科·菲莱尔福和他的儿子、性情暴躁的桂冠诗人詹马里奥（Gianmario），以及波尔切利奥·潘多尼（Porcellio Pandoni）、利利奥·蒂费内特（Lilio Tifernate）、阿戈斯蒂诺·弗雷戈索（Agostino Fregoso）和洛多维科·奥达西奥（Lodovico Odasio）等新星。[37] 好战的公爵尤其给予了演说家不同寻常的高度赞扬。确实，安东尼奥·邦菲尼（Antonio Bonfini）1478 年发表的一篇拉丁语演说受到了费代里科的高度评价，他甚至让根特的于斯特斯（Justus of Ghent）在一幅画中纪念这件事（此画现存于汉普顿宫）。

也许因为年轻时在曼图亚的贡扎加（Gonzaga）宫廷生活过，费代里科对艺术和建筑也有很高的鉴赏能力，并且仿效科西莫·德·美第奇对"宏伟"的痴迷，在每一种可以想象到的赞助项目上都不惜重金。[38]1464年，他委托达尔马提亚（Dalmatia）的建筑师卢西亚诺·劳拉那（Luciano Laurana）——后来被弗朗切斯科·迪·乔治·马丁尼（Francesco di Giorgio Martini）取代——彻底重建公爵府（Palazzo Ducale），在此过程中，他建造了文艺复兴时期所有宫殿中最引人注目、最令人印象深刻的宫殿之一。[39]费代里科的新居极尽豪华，室内全是当时最好的艺术家的作品，他也成了画家们的长期赞助人，包括皮耶罗·德拉·弗朗切斯卡、保罗·乌切洛、根特的于斯特斯和佩德罗·贝鲁格特本人。费代里科的宫廷如此奇特，以至于后来教廷的使徒秘书保罗·科尔泰西（Paolo Cortesi，1465~1510）称赞他为"当时最伟大的两个艺术赞助人之一"（另一个是科西莫·德·美第奇）。[40]

但与此同时，贝鲁格特的肖像谨慎地证明了费代里科·达·蒙泰费尔特罗性格中非常不同的一面。和这位佣兵队长现存的所有其他画像一样，贝鲁格特的肖像展现的是费代里科的侧面。他的脸只见左半边，鼻子勾得比较奇怪。原因很简单，他年轻时在一次比武大会中受过重伤，右眼被挖去，脸上留下一道可怕的大伤疤。他发现自己的视野受到严重限制，并且害怕被突袭，于是让外科医生把鼻梁给切除了。尽管从那时起他就小心翼翼地只让人画他的侧面，但受伤并没有改变他的性格特征。尽管他的勇气毋庸置疑，但很明显，他是个极端冲动、暴力、虚荣和好斗的人。或许最重要的是，为了防止任何人觊觎他的地位，他把阴谋和暗杀视为生活中自然的一部分，这不仅表明他是一个偏执狂，同时也表明他是一个精明且冷酷无情的角色。

费代里科这样的人并不少见。虽然他们成了更出色的指挥官和更热心的赞助人，但 15 世纪的佣兵队长在几乎所有方面都不如 14 世纪的佣兵队长。毫不夸张地说，他们对艺术的热情与他们日益增长的残忍程度成正比。

这一切都是那些旨在使佣兵队长变得更好的举措的意想不到的结果。几乎不可避免的是，土地利益、长期任命和佣兵队长的逐步封建化都将佣兵指挥官的角色政治化了。由于所获报酬和奖励的缘故，15 世纪的佣兵队长并没有与其雇主联系得更紧密，反而成为越来越独立的政治人物。尽管其中一些人——如巴尔托洛梅奥·科莱奥尼——会赢得忠诚的名声，但大多数人都承认，他们也是意大利政治这场伟大游戏的参与者，能够为自己获取巨大收益。雇佣兵以前也遇到过类似的情况，卢卡的一位领主卡斯特鲁乔·卡斯特拉卡尼（Castruccio Castracani）就是一个臭名昭著的例子；但事实上，类似情形更多发生在流亡者或外国人身上，这意味着自治政治行动的例子很少。而从 15 世纪开始，这越来越成为常态。

这只会使许多雇佣兵将领的性格更加糟糕。虽然他们从未完全放弃有着悠久传统的掠夺行为，但像费代里科·达·蒙泰费尔特罗这样的佣兵队长对他们所施加的巨大影响有着清醒的认识，而且对于为了自己的目的而操纵这种影响并不感到内疚。甚至他们中最优秀的人也准备要挟雇主，以获得更大的报酬，这一事实在佛罗伦萨执政官列奥纳多·布鲁尼的《论军事》（De militia，1421）中遭到了严厉谴责。[41] 正如下一个世纪马基雅维利在《君主论》中所抱怨的那样——

> 雇佣兵为人乖张、渴望权力、散漫、不忠；在朋友中间他们很勇敢，在敌人面前他们很怯懦；他们不惧怕上

帝；他们对同伴不守信用；他们只要避免战斗就能避免失败；平时你们被他们掠夺，战时你们被敌人掠夺……如果佣兵队长技能高超，你就不能信任他们，因为他们急于成就自己的伟大事业，要不就强迫你，他们的雇主，要不就强迫别人违背你的意愿。[42]

与前几个世纪的雇佣兵将领不同，这些新一代的佣兵队长想要的不仅仅是钱。执政团非但没有加强对雇佣兵的控制，反而常常发现，一旦曾经表现得慷慨大方，自己就不得不对日益富有的佣兵队长卑躬屈膝。例如，1441 年，尼科洛·皮奇尼诺（Niccolò Piccinino，1386~1444）傲慢地要求将皮亚琴察（Piacenza）的封地授予他，否则他不会在第四次伦巴第战争中代表菲利波·马里亚·维斯孔蒂（Filippo Maria Visconti）与教宗国作战。维斯孔蒂愤怒地说：

这些佣兵队长现在已经到了这样一种地步：如果他们被打败，我们就要为他们的失败付出代价；如果他们打赢了，我们就必须满足他们的要求，拜倒在他们的脚下，简直比当我们的敌人还过分。难道米兰公爵必须为自己军队的胜利而讨价还价，并且脱光衣服以求恩宠吗？[43]

即使在和平时期佣兵队长们被置于值得信任的位置时，他们也有可能以最无耻的方式滥用权力。比如，1411 年，布拉乔·达·蒙托内（Braccio da Montone）被对立教宗若望二十三世（John XXIII）任命为博洛尼亚总督后，开始向附近的城镇勒索保护费。

然而，如果认为佣兵队长只会敲诈勒索，那就错了。尽管已经拥有自己的领土，但拥有贵族身份的佣兵队长觊觎更多的

土地，在战争的混乱中大肆蚕食意大利诸国的边缘地带并毫无
羞耻之心。这种现象在那些来自米兰、威尼斯和教宗势力范围
之间的边界地区的雇佣兵将领中确实特别明显。有时，中心城
市会自愿把自己托付给一名佣兵队长，希望通过这种屈从能在
正在进行的争斗中得到其帮助。例如，1407年，罗卡·孔特
拉达（Rocca Contrada）[现在拉马尔凯（La Marche）的阿
尔切维亚（Arcevia）]向布拉乔·达·蒙托内投诚，以换取他
帮助对抗费尔莫（Fermo）。但大多数时候，佣兵队长更愿意
用整个城市来换取赎金，或者干脆占领他们喜欢的任何城镇。
在这方面，潘多尔福·马拉泰斯塔——臭名昭著的雇佣兵家族
的后代——是最过分的。15世纪初，潘多尔福在为威尼斯奔走
的间隙，占领了教宗的城镇纳尔尼（Narni）和托迪（Todi），
而接下来的几十年里，他在科莫（Como）、布雷西亚（Brescia）
和贝尔加莫随心所欲地横冲直撞，显然想在他的雇主家门口建
立一个属于自己的小帝国。1447年米兰公爵菲利波·马里亚·
维斯孔蒂死后发生的混乱也是如此：弗朗切斯科·斯福尔扎
（Francesco Sforza）毫不犹豫地将米兰的帕维亚（Pavia）据
为己有，尽管他名义上是米兰的军事统领。没有什么是神圣不
可侵犯的。

　　但最重要的是，15世纪的佣兵队长日益增长的政治自主
权使他们倾向于政变、阴谋和最残忍的谋杀行为。由于权欲熏
心，他们往往不可能仅仅与权力中心保持距离。他们必须自己
拥有权力。尽管有些人，如巴尔托洛梅奥·科莱奥尼和纳尔
尼的埃拉斯莫，在这方面表现得异常正派，但对于佣兵队长
来说，要击倒任何阻碍他们实现伟大梦想的人也不是不可能
的。在他以前的恩人死后，米兰的将军弗朗切斯科·斯福尔
扎转而反对短命的金色安布罗斯共和国（Golden Ambrosian
Republic），站在威尼斯一边，迫使该城封他为公爵。那些反

对他的人被立即围捕处死。他们的头颅陈列在新市政厅栅栏的尖头上，这是对任何想要妨碍弗朗切斯科的人的可怕警告。

然而，如果说有野心、有主见、有政治意识的佣兵队长准备用屠刀来夺取权力，那也只是说明了问题的一半。他们往往不承认任何忠诚的纽带，即使这些纽带是以血缘为基础的。为数不少的佣兵队长以可以想象到的最冷酷的方式杀害、俘虏、攻击自己的家族成员，篡夺他们的权位。伊莫拉（Imola）的领主塔代奥·曼弗雷迪（Taddeo Manfredi，1431~约1486）之所以被认为非常温和，仅仅是因为他与他的叔叔阿斯托雷二世·曼弗雷迪（Astorre II Manfredi）打了几十年的仗，而阿斯托雷二世正好控制了邻近的法恩扎（Faenza）。就在此几年前，皮诺一世·奥德拉菲（Pino I Ordelaffi，约1356~1402）在弗利（Forlì）篡权并囚禁了他的叔叔西尼巴尔多（Sinibaldo），之后又为了同样的目的毒死了他的堂兄乔瓦尼（Giovanni）。更糟糕的是奥利韦罗托·达·费尔莫（Oliverotto da Fermo，1475~1502），他被马基雅维利视为邪恶的典范。奥利韦罗托丝毫不能容忍自己的野心受到约束，他觉得接受任何人的命令都是"奴性"的体现，尤其是来自他的舅舅乔瓦尼·福利亚尼（Giovanni Fogliani）的命令。在当时，福利亚尼以温和而保护性的姿态控制着费尔莫。如马基雅维利所记载的，在他战后回到家乡——

> 奥利韦罗托准备了正式的宴会，邀请乔瓦尼·福利亚尼以及费尔莫家族的头面人物。在他们吃完饭，宴会上通常的娱乐活动也都结束后，奥利韦罗托开始巧妙地谈到一些非常重要的问题……当乔瓦尼和其他人开始讨论这些问题时，他突然站起来，说这些事情应该在更私密的地方讨论，然后他退到另一个房间，后面跟着乔瓦尼和所有其他

302

人。他们刚坐下，士兵们就从隐蔽的角落冲出，杀了乔瓦尼和其他所有人。这场屠杀后，奥利韦罗托骑上马，穿过城镇，包围了执政府的宫殿；因此，他们受到惊吓只得服从，从而建立新政府，他自己就是这个政府的首脑。[44]

人们认为费代里科·达·蒙泰费尔特罗参与了对他同父异母兄弟的暗杀，而此事之所以引起人们注意，只是因为他似乎煞费苦心地掩饰自己的行踪。

然而，为更广泛的政治目的服务的残忍和谋杀是一回事，近乎邪恶的施虐则完全是另一回事。显然，佣兵队长的暴力倾向与他们的独立性和军事实力成正比。例如，博洛尼亚的暴君乔瓦尼·本蒂沃利奥（Giovanni Bentivoglio，1443~1508）就因折磨和谋杀占星家卢卡·高里科（Luca Gaurico）而臭名昭著，起因仅仅是后者说了一个对他不利的预言。而他的同时代人埃弗索二世·德利·安圭拉拉（Everso II degli Anguillara，死于1464）"亵渎神明、残酷无情，杀人就像杀羊一样容易"。事实上，埃弗索"在（他的）宫殿里强奸（臣民的）妻子和女儿；他多次通奸和淫乱，甚至被指控乱伦，就好像他自己女儿的贞洁毫无意义；他还经常鞭打儿子，并用剑威胁他们"。[45]更糟糕的是布拉乔·达·蒙托内，他被公认为当时最伟大的两个佣兵队长之一。[46]虽然庇护二世认为布拉乔"在谈话时是愉快和迷人的"，但他"心里却觉得布拉乔很残酷"。

当他下令用最残忍的酷刑折磨人时，他会笑，他以把可怜的受害者从塔楼上扔下去为乐。在斯波莱托（Spoleto），当送信人给他送来一封充满敌意的信时，

303

他让人把信使头朝下从一座高桥上扔下去。在阿西西

（Assisi），他把三个人从广场的高塔上扔下去。当方济各会的 18 个修道士敢于反抗他时，他把他们的睾丸在铁砧上打成肉泥。[47]

费代里科·达·蒙泰费尔特罗也许没有那么野蛮，但他无疑是 15 世纪佣兵队长的典型，在他的公众形象背后隐藏着令人不安的本性。正如但丁描述他的一位祖先那样，与其说费代里科是一头狮子，不如说他是一只狐狸。费代里科年纪轻轻便崭露头角。他是一个私生子，在乌尔比诺的权力之路充满了暴力。1444 年，他同父异母的弟弟欧丹托尼奥意外地被一群愤怒的暴民杀害，22 岁的费代里科很快成为伯爵。当然，他声称自己与这一阴谋无关。但不可否认的事实是，他恰巧带着一群士兵在城外等着，正好可以迅速而轻松地接替欧丹托尼奥的位子。费代里科与这件血案脱不了干系，然而他只是耸耸肩，我行我素。这是一个狗咬狗的世界。

费代里科不满足于自相残杀，他是那个时代最卑劣、最阴险的人之一。他虽然不无魅力，但却过着背信弃义的生活，对间谍、投毒和谋杀一类的事情从不犹豫。他的不道德行为中最突出的例子是他背叛了一些最亲密的朋友和盟友。尽管费代里科早先与科西莫·德·美第奇结盟，但他也与教宗西克斯图斯四世勾结，帮助帕齐家族刺杀科西莫的孙子洛伦佐，并于 1478 年控制了佛罗伦萨。与他在意大利各地使用某种密码（直到最近才破译）的间谍和杀手网络相呼应，[48] 费代里科设法调集了约 600 名全副武装的士兵到佛罗伦萨城外，准备好一旦美第奇家族遭到致命一击，他们就立刻冲进来。洛伦佐·德·美第奇之所以能够逃生与其说是由于阴谋者计划上的失败，不如说是出于莫大的幸运。而面对有人怀疑他在这场阴谋中所扮演的背信弃义的角色时，费代里科再次耸耸肩便作罢。对他来说，一个佣兵队长无法与人做朋友。他将靠剑生活，但他肯定不会因此而死，也不会让别人的死亡给他带来太多的困扰。而这正是他试图用贝鲁格特画的肖像来掩盖的东西。

**丑陋的一面：疯狂边缘的雇佣兵**

如果说像约翰·霍克伍德爵士和费代里科·达·蒙泰费尔特罗这样的佣兵队长很恶劣，那么西吉斯蒙多·潘多尔福·马拉泰斯塔则是文艺复兴时期真正可怕的雇佣兵的代表。他比任何人都更能突破界限。这一切都归结于他本人独特的心理和意大利文艺复兴时期特有的权力平衡之间的相互作用。

15世纪战争性质的变化造就了一代异常刚硬和危险的佣兵队长。他们拥有大批训练有素、装备精良的军队，不仅在战争中发挥了不可估量的作用，而且也成了政治舞台上不可或缺的重要角色。这些同步的发展强化了雇佣兵将领人格的阴暗面。由于拥有众多头衔和土地，他们野心勃勃和贪婪的习性被推向新的极端。奖赏越丰厚，他们就变得越残暴无情。最好的情况下，他们也是穷凶极恶的强盗，抢劫、欺骗、敲诈勒索；而最坏的情况下，他们成了残忍的暴君，惯于阴谋、下毒和谋杀。

305　　然而，大多数佣兵队长不至于这么穷凶极恶。费代里科·达·蒙泰费尔特罗和他的同类可能是刚愎自用和野蛮的，但他们首先是商人。他们知道，太多的肆意杀戮对生意不利，虽然他们可以在一定程度上利用意大利动荡的政治环境，但其他参与者对此的忍耐是有限度的。换句话说，雇佣兵这一庞然大物受到了某种制约。

毕竟，因为雇佣兵将领知道，他们不可能像嗜杀成性的精神错乱者那样生活、发展，或者说以这种方式生存下去都是万万不可能的，所以他们试图表现一种结合了古代的英勇、基督教的美德、教养与文雅的形象。正是因为这些城市知道他们必须找到某种方式与这些最危险的人合作，所以他们偶尔会将他们奉为英雄。这完全是艺术的现实政治问题。

但这一切取决于佣兵队长是否愿意尊重政治权力的平衡并采取合理的措施。有节制的，或者说常见的赞助模式是否行得通，取决于他们能否被更强大的政治角色所控制，取决于他们自身能否保持理智。要是这两者中有一个出故障，就会刹不住车。意大利将陷入混乱，艺术本身也会被抛入未知的境地。大多数佣兵队长都知道并尊重这一点。然而，西吉斯蒙多·潘多尔福·马拉泰斯塔却自成一派。

西吉斯蒙多嗜血成性。他出身于佣兵队长家族，尽管其家族起源可以追溯到 8 世纪，但第一次声名鹊起是在 1239 年，当时他的高祖父马拉泰斯塔·达·韦鲁基奥已经成为里米尼的行政长官（podestà）。从那以后，这个家族的财富完全依赖于他们作为雇佣兵将领的非凡才华。[49] 战争成了家族事业。他们勇敢善战、足智多谋、雄心勃勃，谨慎地执行领土扩张计划，到 1417 年西吉斯蒙多出生的时候，他们已成功控制了里米尼、佩萨罗（Pesaro）、法诺（Fano）、切塞纳（Cesena）、福松布隆（Fossombrone）和切尔维亚（Cervia）。

尽管作为指挥官受到高度尊重，但马拉泰斯塔家族对暴力和残忍并不陌生，而这正是文艺复兴时期佣兵队长的特点。前文已经提及但丁对乔瓦尼·马拉泰斯塔 1285 年谋杀他妻子和兄弟的描述，但如果认为这是不寻常的事情，那就错了。作为马拉泰斯塔家族的一员，生活就像是肥皂剧和电影《德州电锯杀人狂》（*The Texas Chainsaw Massacre*）的混合体。比如，马拉泰斯塔二世·马拉泰斯塔（Malatesta II Malatesta，1299~1364）被称为"家族杀手"（Guastafamiglia）是有原因的。他关押并废黜了他的堂兄费兰蒂诺（Ferrantino），囚禁并谋杀了费兰蒂诺的儿子马拉泰斯蒂诺·诺韦洛

306

（Malatestino Novello）。可以肯定的是，他甚至对费兰蒂诺的孙子圭多（Guido）也采取了同样的手段。然而，马拉泰斯蒂诺·诺韦洛1335年丧命之前也杀死了他的叔叔兰贝托（Ramberto），而兰伯托则杀死了他的堂兄弟乌贝托（Uberto）。

西吉斯蒙多是十字军东征的威尼斯军队总指挥潘多尔福三世·马拉泰斯塔（Pandolfo III Malatesta）的私生子，他很早就开始学习战争艺术。他13岁时第一次拿起武器，带领里米尼成功对抗了他的亲戚卡洛二世·马拉泰斯塔（Carlo II Malatesta），展示了他早熟的才华，两年后成为这个城市的领主。很快，他就成为一名职业佣兵队长，也很快就被视为雇佣兵将领家族中最杰出的成员。在整个15世纪30年代，这个年轻人通过为教宗和弗朗切斯科·斯福尔扎服务而参与了一系列战争，声誉日隆，尽管他偶尔也会犯些小错误（比如鲁莽地夺取了教宗的领地切尔维亚），但看上去他已经准备好要开始一段光彩夺目的职业生涯了。

然而，即使在年轻的时候，就有迹象表明，西吉斯蒙多从好战的前辈那里继承来的不仅仅是军事才华。确实有不少迹象表明，马拉泰斯塔家族的邪恶对他的精神状态产生了相当负面的影响。尽管人们大可以将庇护二世关于乱伦和谋杀的指控斥为夸大其词，但教宗的说法是有事实根据的。1434年，年仅十几岁的他就娶了自己的侄女吉内芙拉·德斯特。尽管很少有人怀疑她的美貌或这门亲事的荣耀，但他选择一位近亲作为自己的新娘，引起了不少人的惊讶。到1440年，21岁的吉内芙拉死了，人们猜测是西吉斯蒙多厌倦了，让人给她下了毒。这只是对日后之事的一种尝试。他的第二任妻子葆丽赛纳·斯福尔扎（Polissena Sforza）的命运也好不到哪里去。婚后七年，她于1449年神秘地死去，就在西吉斯蒙多开始与12岁的伊索塔·德利·阿蒂（Isotta degli Atti）有染后不久。[50] 也许这都是巧合，但危险的是，西吉斯蒙多的脾气并不由理智所控制，占上风的是不可遏制的任性和极度鲁莽的自私。

西吉斯蒙多私生活的混乱与军事上的日益放纵不相上下。虽然他作为一位指挥官的才华有目共睹，但很明显，他是一个鲁莽、不值得信任、极度自恋的人，所有这些都促使他发展出一种近乎病态的能力，把每个人都当成敌人。

某种程度上，这是他在攫取领土方面厚颜无耻甚至傲慢行事的结果。西吉斯蒙多渴望统治罗马涅（Romagna），他对乌尔比诺垂涎三尺。欧丹托尼奥·达·蒙泰费尔特罗 1443 年成为乌尔比诺伯爵。西吉斯蒙多利用 15 岁的欧丹托尼奥缺乏政治经验和经济资源的弱点，成功地使这个天真的青年相信，他不仅是他真正的朋友，而且会保护乌尔比诺不受米兰人的侵犯。没有人怀疑这是一个诡计。西吉斯蒙多打算在把乌尔比诺据为己有之前，让欧丹托尼奥完全信赖他。这是佣兵队长的惯用伎俩。但西吉斯蒙多过于冲动和自信，无法谨慎行事。他几乎毫不掩饰自己的计划。不出所料，欧丹托尼奥的同父异母哥哥费代里科·达·蒙泰费尔特罗对乌尔比诺也有自己的打算，他很快就发现自己有被击败的危险。必须做点什么。在欧丹托尼奥遭到可疑暗杀后的第二年，费代里科不失时机地夺取了城市的控制权，挫败了西吉斯蒙多的计划。这样做的结果是，"里米尼之狼"不仅失去了乌尔比诺，还把费代里科·达·蒙泰费尔特罗变成了一个无法和解的敌人，很少有人愿意跟这样的敌人争斗。在随后的 14 年里，这两名佣兵队长进行了一系列激烈的争斗，对罗马涅和拉马尔凯的政治局势造成了极大的破坏。[51]

然而，某种程度上，西吉斯蒙多四处树敌仅仅是因为他是整个文艺复兴时期最危险的佣兵队长。他简直是在享受背叛他

308

人的乐趣，仿佛战争这种手段还不够娱乐性，不能满足他那变态的施虐与受虐般的政治倾向。庇护二世直截了当地说：

> 他背叛了西西里国王阿方索和他儿子斐迪南，背叛了米兰公爵弗朗切斯科，还背叛了威尼斯人、佛罗伦萨人和锡耶纳人。他屡次欺骗罗马教会。最后，当他在意大利没有人可以出卖时，他投靠了法国人，法国人出于对庇护教宗的仇恨，与他结盟；但他们的境况并不比其他君王好。有一次，当他的部属问他是否愿意退休后过一种平静的生活，从而给这个因他而经常遭受战争蹂躏的国家带来一些安宁，他回答说："走开，别泄气！只要我活着，你们永远得不到安宁！"52

　　虽然西吉斯蒙多以特有的傲慢把他的雇主耍得团团转并且以此为乐，但他也彻底疏远了意大利的每一个主要强国，并把当时最强悍的一些佣兵队长变成了他最凶恶的敌人。可是他如此自负，甚至连这一点似乎也没有使他感到烦恼。他本来有机会纠正自己的一些错误，如1459年4月在佛罗伦萨，但机会被白白浪费了，这么做显然只是为了取乐。庇护二世试图修复西吉斯蒙多与阿拉贡的阿方索的关系，却被其轻蔑地拒绝，有关各方都受到了羞辱。当意大利北部1454年最终实现和平时，他似乎并不在意自己被故意排除在《洛迪和约》（Peace of Lodi）之外。他似乎决心要成为所有人的祸患，不与任何人为友。
　　西吉斯蒙多的行为越来越恶劣，他似乎一天比一天更热衷于暴行。仅仅几年后，庇护二世指责他——

> 是贪财的奴仆，不是掳掠，就是偷窃，并且纵欲无

度，玷辱了他的女儿和女婿。作为一个男子，却经常扮作新娘；后来，他经常扮演女人的角色，像妓女一样玩弄其他男人。对他来说，没有什么婚姻是神圣的。他奸污基督教修女和犹太妇女；拒绝他的男子或女孩，他会用可怕的方式施加谋杀或折磨。通常，如果他是孩子的教父，他会强迫孩子的母亲跟他通奸，然后杀死她的丈夫。他的残忍胜过任何野蛮人；他双手沾满鲜血，对无辜者或罪人都施加了可怕的折磨……他欺压穷人，抢夺富户；寡妇和孤儿无一幸免。在他的暴政下，没有人是安全的。一个拥有财富、娇妻或漂亮孩子的男人会发现自己面临一项捏造的罪名。他憎恨神父，鄙视宗教……在伊索塔成为他的情妇之前，他先后用暴力或毒药杀害了两任妻子……有一次，在离维罗纳不远的地方，他在从德国到罗马参加庆典的路上遇到一位高贵的女士……他强奸了她（他贪恋她的美色），把她抛在路边，任她受伤流血……他很少讲真话。他是伪装和掩饰的老手，是个做伪证的骗子。[53]

庇护二世随后宣布对他进行讨伐，并在罗马公开焚烧他的雕像。这似乎只是增加了他的乐趣。

在某种程度上，西吉斯蒙多精神错乱。他完全没有自制力，把雇佣兵将领原有的恶习推向极端。他做事既杂乱无章，又不可理喻；他的行为蛮横、鲁莽并危险，但这并不重要。他认为没有什么奈何得了他。

然而，正是因为西吉斯蒙多近乎疯狂的决心，即要比以往任何人都更坚定地追求雇佣兵生活中最糟糕的方面，他才把自己变成了这样一种艺术赞助人的先驱。毫无疑问，西吉斯蒙多是当时最引人注目的军人出身的赞助人之一，他的行为方式也很独特。正如他决心在战争和政治上胜过其他雇佣兵，他对

311　佣兵队长惯常的赞助模式作出调整，以满足自己相当极端的需要。和其他佣兵队长一样，他也意识到，人文主义艺术可以解决雇佣兵存在所伴随的社会和道德问题，也可以在创造"典雅"文化方面发挥重要作用。他没有兴趣用一种文雅的体面来掩盖自己令人震惊的罪行，而是要为自己打造一种个人崇拜，这种早期的个人崇拜不承认过错。

　　里米尼的马拉泰斯塔神庙（Tempio Malatestiano）的建筑和装饰最能说明西吉斯蒙多独特的赞助方式。[54] 这座建筑本身就具有很强的说服力。"神庙"由莱昂·巴蒂斯塔·阿尔贝蒂设计，被广泛认为是"意大利最重要的教堂之一"，[55] 起初似乎是为了上帝更大的荣耀而"耗资巨大"的宏伟建筑。[56] 但它主要是西吉斯蒙多本人的圣地。与意大利其他教堂的建筑风格不同，西吉斯蒙多让阿尔贝蒂以君士坦丁一世和奥古斯都大帝的凯旋门为模型。西吉斯蒙多知道建造这样的拱门只是心存感激的罗马元老院试图纪念一次极其重要的战役胜利，所以他的意图并不是要把自己描绘成古代的英雄，而是要表明，他实际上就是一个典型的胜利者、帝国的拥有者和历史上最伟大将领的军事成就的继承者。他并不是在弥补自己这种职业选择所明显固有的缺陷，而是毫不羞愧地炫耀自己作为一名佣兵队长的非凡能力。只要进入马拉泰斯塔神庙，崇拜者就不得不承认他的军人天赋以及他辉煌的胜利，从而对他作为一个理想的、近乎神话的指挥官的地位表示敬意。

312　　　建筑内部也同样令人惊叹。除为了纪念自己和妻子而建造的雄伟的陵墓外，西吉斯蒙多1451年委托皮耶罗·德拉·弗朗切斯卡绘制的壁画也尤其引人注目，这幅壁画绘制在教堂正面的内墙上（图29）。壁画中，西吉斯蒙多跪在圣西吉斯蒙德（St. Sigismund）的坐像前祈祷，旁边是一条斜倚着的猎犬，还有一个以自己的名字命名的城堡的图形。这幅作品大概

也延续了其他佣兵队长委托创作的艺术作品中"奉献"和"虔
诚"的主题；但是，西吉斯蒙多似乎又一次颠覆了正常的行为
模式，以至于壁画的表面形象掩盖了其隐含的意义。[57]

　　这幅作品最引人注目的特点是，西吉斯蒙多不是向圣母马
利亚或基督（正如他的对手的《蒙泰费尔特罗祭坛画》所示）
表示敬意，而是向一位圣徒表示敬意。他应该尊敬圣徒，这本
身并不是什么了不起的事，美第奇家族恰好也在同一时期培养
对其"家族"圣人的崇拜。但这位圣徒和他被描绘的方式不同
寻常。在画中，西吉斯蒙多正在向圣西吉斯蒙德祈祷，而后者
本身就是一个有着许多有趣特征的人物。西吉斯蒙德是意大利
北部一个不多见的受人尊敬的对象，他是士兵的守护神，6 世
纪早期面对压倒性的强敌表现出过人的勇气和刚毅，因而闻名
于世。更重要的是，西吉斯蒙德虽为圣徒，却有着一段相当奇
特的人生经历。虽然后来他放弃了勃艮第王位，过着僧侣般的
生活并最终殉道，但他自己的儿子却因为侮辱妻子和反对他的
统治而被勒死。他的外表同样引人注目。尽管西吉斯蒙德的帽
子上有个又薄又平的光环，但他看上去并不像个圣徒。他坐在 313
宝座上，拿着象征王位的宝球和权杖，有国王的风采，却没有
圣徒的典型特征。事实上，圣西吉斯蒙德的画像是直接仿照同
时代神圣罗马帝国皇帝西吉斯蒙德的画像而作的，西吉斯蒙
多·潘多尔福·马拉泰斯塔曾为其服务，并受封为爵士。所有
事物的图像效应都是显著的。一方面，西吉斯蒙多崇拜的是一
个相当野蛮的战王（warrior-prince）的形象。某种意义上，
他公然将好战的统治方式视为一种美德。另一方面，西吉斯蒙
多希望人们看到他在向神圣罗马帝国皇帝致敬。这是一种尖
刻的政治讽刺。虽然西吉斯蒙多的里米尼统治者头衔由教宗正
式授予，但他在这里表明他对另一个完全不同且更高的权威来
源的绝对忠诚。而且，更重要的是，西吉斯蒙多、圣西吉斯蒙

德和西吉斯蒙德皇帝都使用同一个名字，这一事实使人们更容易认同这三个人物之间的联系：西吉斯蒙多不仅希望被视为圣徒和皇帝的信徒，而且是与二者并驾齐驱的人物。他是一个好战的君主，一个勇敢的典范，一个因战争而受到不公正迫害的人，一个完美的统治者，一个世俗权威的顶峰。他不是一个虔诚的基督徒，事实上，这幅壁画根本无意消除西吉斯蒙多行为的不道德性，甚至在某种程度上承认了这种性质。

尽管看起来很奇怪，但在戈佐利《东方三博士伯利恒之旅》中，西吉斯蒙多的肖像也是以同样的方式构思的。很少有人比科西莫·德·美第奇更能意识到西吉斯蒙多的奸诈、冷酷和危险的性格，而所有这些都有助于解释为什么这位老谋深算的银行家要把他的肖像放在壁画中。科西莫的动机与佛罗伦萨执政团决定委托建造约翰·霍克伍德爵士骑士纪念碑的动机非常相似，不过由于西吉斯蒙多的独特性格，原因还是略有不同。这不仅是科西莫想要向他的敌人传达他与"里米尼之狼"的友谊。他想得更多。一方面，科西莫有理由钦佩西吉斯蒙多的军事天才，也有理由感激他的背信弃义。早在1444年，西吉斯蒙多就被阿拉贡的阿方索五世雇来领导其对抗佛罗伦萨的战役，并为此得到了一大笔钱。这座城市有充分的理由感到害怕。但出于他自己最清楚的原因，西吉斯蒙多突然改变了立场。正如庇护二世后来所说的，"毫无疑问，西吉斯蒙多的背信弃义拯救了佛罗伦萨……"。[58]科西莫从来不忘记什么恩惠，他很感激"里米尼之狼"是一个非常有才华的阴险小人，并希望人们能纪念他。然而另一方面，科西莫也非常害怕西吉斯蒙多。虽然他在《洛迪和约》后被对手击败，但他仍然是一个危险的、不可预测的人物，如果他一意孤行，他可以在托斯卡纳地区制造混乱。更重要的是，西吉斯蒙多与费代里科·达·蒙泰费尔特罗（曾在15世纪40年代为佛罗伦萨和米兰服务，并在 1458 年加入教会）的长期不和有可能蔓延到佛罗伦萨，导致灾难性后果。鉴于西吉斯蒙多反复无常的坏脾气，科西莫与其保持良好的关系至关重要；通过在戈佐利的壁画中加入他的肖像，这位老银行家能够发出一个明确的信号：在可预见的未来，他希望与"里米尼之狼"并肩作战。正如西吉斯蒙多对自己作为一个佣兵队长的极端行为洋洋得意，戈佐利的壁画也生动地表明了他所激发的敬畏和恐惧。

\* \* \*

加莱亚佐·马里亚·斯福尔扎在美第奇－里卡迪宫的礼拜堂里邂逅了西吉斯蒙多·潘多尔福·马拉泰斯塔的肖像，这让他与文艺复兴时期佣兵队长在历史中的轮廓有了面对面的接触。他看到了这幅肖像，画上的人英俊潇洒，显然很有教养，完美地说明了雇佣兵将领既是迷人的个体，又是艺术的重要赞助人。但与此同时，西吉斯蒙多好战的姿态和他出现在场景中的事实证明了残酷的现实，这些现实支撑了佣兵队长与文艺复兴文化典范的关系。虽然这些勇敢无畏的人在战争中独领风骚，但他们不仅反复无常、不可信赖、不可预测，而且是暴力、残忍、令人极度厌恶的人，他们擅长欺骗和偷盗，为了邪恶的目的不择手段。在那里，加莱亚佐·马里亚·斯福尔扎从西吉斯蒙多那优美的形象中看出，他们对赞助的利用并没有展现更高尚、更美好的方面，反而粗暴地反映了他们世故地对待人性中的丑恶。确实，正如肖像本身所示，他意识到，艺术品越令人震惊，佣兵的生活就越糟糕。事实上，也许因为有这样一群佣兵和疯子，"丑陋的文艺复兴"才更显丑陋。

## 第九章　罪恶的城市

　　加莱亚佐·马里亚·斯福尔扎偶然发现了《东方三博士伯利恒之旅》中最后一个但也是最重要的人物。这个人很容易被忽略掉。在科西莫·德·美第奇后方，他藏得很深，几乎消失在喧闹的人群中。但在第三排后面，马里亚·斯福尔扎能辨认出一位面无表情的枢机主教，戴着刺绣的红色小帽，从卜列东和戈佐利后面露出脸来。他头微微低着，五官皱成一团，显出一副不安的样子，似乎在尽力躲开观众的目光。然而，埃涅阿斯·西尔维乌斯·皮科洛米尼特有的矮胖身材是不可能让人认错的。

　　当科西莫·德·美第奇最初考虑委托戈佐利在家族礼拜堂绘制壁画时，他有充分的理由坚持要把埃涅阿斯的肖像包括在内。[1] 他是一位和蔼可亲、慷慨大方的枢机主教，在朝圣者的队列中，他理应在众多有影响力的学者和艺术家中占有一席之地。他是教会的新星之一。作为一位训练有素的人文学者，他精通拉丁文写作，并于1442年被授予"桂冠诗人"称号，那时他已经创作了大量作品，涵盖地理、教育、历史、戏剧等各种类型。作为艺术鉴赏家和赞助人，他聪明过人、博览群书，

紧跟视觉艺术和人文文化的最新潮流。纯粹就能力而言，他远远超过了其教廷的同事。他正是科西莫想让人们看到的那种智力超群的有为青年，尽管这幅肖像算不上恭维，但仍然是一种微妙的、善意的赞美。

　　然而，最近发生的事件使这幅壁画有了更多的意味。1458年8月19日，大腹便便、人到中年的埃涅阿斯当选为教宗，并以"庇护二世"的称号来表示他对基督教的忠诚。戈佐利的画像不仅出人意料地成为对新教宗开明练达的肯定，而且也微妙地承认了文艺复兴时期教宗的文化力量。

　　1459 年 4 月 25 日，就在加莱亚佐·马里亚·斯福尔扎被迎进美第奇 – 里卡迪宫 8 天后，庇护二世在前往曼图亚途中短暂停留。然而，当他看到教宗本人时，年轻的米兰伯爵会见识到一种与戈佐利的画像所暗示的截然不同的性格。

　　庇护二世远不是一个正直、圣洁的人，而是一个傲慢的胖汉。由于体量超重和痛风症，他被抬上一个巨大的黄金宝座，周围是意大利不得不提供的最糟糕的雇佣兵。[2] 他的行为甚至令佛罗伦萨人都感到吃惊。庇护二世在圣加洛门（S. Gallo）短暂停留，强迫"罗马涅地区的贵族和王子"——包括加莱亚佐·马里亚（他必须踮起脚尖才够得上教宗的宝座）——把他扛在肩上进城。他们在重压下勉强支撑，对这种侮辱感到愤懑，一路上牢骚不断。西吉斯蒙多·潘多尔福·马拉泰斯塔尤为愤怒。"看看我们的这些城市之主是如何堕落的！"他低声咕哝着。[3]

　　庇护二世被托举进城后，情况也没有好转。尽管科西莫·德·美第奇也希望巩固他的银行与教宗之间的长期关系，[4] 但教宗此行的主要目的是调解西西里岛的斐迪南国王、西吉斯蒙多·潘多尔福·马拉泰斯塔和费代里科·达·蒙泰费尔特罗之间的长期不和。这是新教宗展示他作为基督教和平缔造者和公共道德的堡垒的绝佳机会。但教宗国的这位新主人肯定不是戈佐利的壁画所描绘的那种温柔和温和的圣人。相反，他在人们印象中是个头脑发热、特别自恋的权力掮客。在关键会议上，他呵斥每个人，侮辱了西吉斯蒙多，又把这件事忘得一干二净，然后向所有人宣布只有他才有能力为上帝的意志和人民的最大利益服务。[5]

　　庇护二世在供他娱乐而安排的文化活动中也没有更好的表现。虽然他欣赏佛罗伦萨著名的艺术景观，喜欢与一些学识渊博的市民交谈，但他对这座城市更世俗的娱乐更感兴趣。在为他举行的舞会和宴会上，他色迷心窍，对佛罗伦萨女子的美丽发表了许多淫荡的言论，并全身心地投入为他安排的庆典活动。他似乎参加了在圣十字广场举行的一场比武，"喝的酒比洒的血多得多"。给他留下深刻印象的是，佛罗伦萨的狮子被放出来，把其他一些动物撕成碎片，供他取乐。[6] 但他没有表现一丝感激之情。尽管事实上有 14000 佛罗林在款待教宗时挥霍掉了，但他还是抱怨花费不够，指责佛罗伦萨人"吝啬"。[7] 因此毫不奇怪，科西莫·德·美第奇选择了待在家里，而不是去惹教宗不满。

在加莱亚佐·马里亚·斯福尔扎这位年轻人的眼中，这看似矛盾，但戈佐利的肖像画和教宗庇护二世专横的个性都有力地反映了教宗参与艺术的隐蔽特性。在埃涅阿斯·西尔维乌斯·皮科洛米尼的人格和事业中，他不仅抓住了文艺复兴时期教宗制度的精髓，而且充分认识到教廷作为文艺复兴时期强大的艺术赞助力量的角色。随着埃涅阿斯生活的细节被拆解，在加莱亚佐·马里亚眼中矛盾的东西最终变成了一个清晰而连贯的整体。但正如这位最杰出的教会人士所表现的那样，教廷对那个时期绘画、雕塑和建筑的贡献是曲折和出人意料的，与其说是出于对学问的无私和神圣的兴趣，不如说是一个有着巨大的个人野心、旺盛的激情和咄咄逼人的权力政治的世界在推动着赞助的发展。

### 缺失的赞助人

埃涅阿斯·西尔维乌斯·皮科洛米尼于 1405 年 10 月 18 日出生在一个贫穷但受人尊敬的锡耶纳流亡贵族家庭。他在奥尔恰山谷（Val d'Orcia）的一个叫科尔西尼亚诺（Corsignano）的小村庄里长大，他的世界受宗教约束。每个星期天，这家人都会在圣方济各的小教堂参加弥撒，聆听神父在讲坛上讲解信仰的道德教诲，并尽职尽责地为教宗的安康祈祷。这也是一个宗教、学问和文化齐头并进的世界。就像他的父亲和祖父一样，埃涅阿斯在祈祷时学习了拉丁语的基本语法，当还在干草堆里玩耍的时候他就意识到，阅读古典著作对追求基督教道德极有帮助。后来，在锡耶纳大学学习法律期间，他在佛罗伦萨完善了自己的人文学习，他发现基督的教义在科卢乔·萨卢塔蒂等人的著作中得到颂扬，也在那个时代的艺术创作中备受赞美。他在这两座伟大城市的教堂里虔诚祈祷，抬头看到他所珍视的信仰，这种信仰被乔托和杜乔、吉贝尔蒂和马萨乔等艺术家呈现为不朽之作，被美第奇家族、布兰卡契家族和斯特罗齐家族等赞助人发扬光大。

虽然年轻的埃涅阿斯会欣赏宗教、艺术和人文知识之间的紧密联系，但他也能够意识到有些东西被遗漏了。当然，新教堂在意大利遍地开花；对教会基金会的捐款和遗赠确保了礼拜者周围环绕着无与伦比的美丽壁画和祭坛；主教、枢机主教和教宗的坟墓为教会等级制度本身提供了物质形式。但奇怪的是，很少有迹象表明教宗和枢机主教积极参与艺术赞助。在罗马，这一点更加明显。几乎没有什么东西能揭示教廷与绘画、雕塑和建筑的联系。事实上，在埃涅阿斯生活的这段时间里，一个来到"永恒之城"的游客几乎意识不到教宗与艺术有任何关系。

在文艺复兴早期的意大利，艺术赞助的中心地带是一片空白。当其他所有人都在急切地抓住机会投资文化产业时，罗马教廷却似乎对文艺复兴时期的文化巨头视而不见。从某种意义上说，这并不完全令人吃惊。教宗对意大利艺术明显不感兴趣源于这样一个事实：在文艺复兴早期的大部分时间里，教廷根本就不存在。

从 1309 年开始，教宗们就不住在罗马，而是住在法国南部的阿维尼翁。[8] 尽管在当时这只是一个暂时的举措，但站稳

322 脚跟后，教宗发现自己已无法离开这座城市。个中原因，除了法国国王对教廷的影响力与日俱增，以及教宗与神圣罗马帝国之间的暴力冲突，还有罗马本身也变得难以控制。奥尔西尼（Orsini）和科隆纳（Colonna）等桀骜不驯的贵族家族统治着这座城市，城市被笼罩在巷战和黑手党式的恐吓的阴云下。这是一种可怕的情况。正如一位匿名的罗马编年史家在该世纪中叶所观察到的那样：

> 罗马城陷于水深火热……男人每天斗殴；盗贼遍地；修女受到侮辱；无处避难；女孩受到袭击，被拐去下流的地方；睡梦中的妻子被从丈夫身边抢走；外出干活的农场雇工遭到掠夺……那些为灵魂救赎而来的朝圣者没有得到保护，而是被谋杀和抢劫……没有公正，没有法律；再也没有逃脱的机会；每个人都在死去；拿剑恃强凌弱的人是最正确的。[9]

即使有可能摆脱法国王权的统治，解决与帝国的分歧，罗马对教宗们来说也太危险了，他们不会考虑脱离他们在阿维尼翁的"巴比伦之囚"的状态。

然而，在流亡六十多年后，教宗格里高利十一世（Gregory XI）终于在 1376 年决定回归罗马。但这只会让事情变得更糟。1378 年格里高利死后，枢机团承受着选举意大利籍继任者的压力。由于担心聚集在梵蒂冈外的暴民的愤怒，又无法从自己的队伍中选出一名候选人，他们选择了一位不知名的那不勒斯总主教作为教宗，即乌尔班六世（Urban VI）。他是一个安静、修习苦行的人，似乎是一个理想的人选。但事

323 实上，乌尔班六世有一种危险的迫害狂情结。在近乎病态的仇恨驱使下，他指责选举他的枢机主教们腐败、道德堕落和背信

弃义。其中六人被关在诺切拉（Nocera）的地牢里，遭受无情的折磨。乌尔班甚至还喜欢坐在牢房外，这样他就可以一边读祈祷书，一边听他们痛苦的尖叫。

不久，许多幸存的枢机主教受够了。他们收拾行李，前往阿维尼翁，在途中选举了一位对立教宗。乌尔班导致教会分裂了。[10] 在接下来的 40 年里，它将一直处于严重的分裂状态。

埃涅阿斯就是在这样一个混乱无序的教会里成长起来的。由于两位（在很短的一段时间里，甚至有三位）教宗争夺最高权力，整个基督教世界似乎在与自身交战。在教宗与对立教宗像拳击手一样激烈竞争的情况下，整个欧洲被分成了不同的阵营，各自"效忠于"不同的教宗。各方都竭力站稳脚跟，谁也不准备让步。

这个后来被称为"大分裂"的事件在召开了一系列大公会议（General Councils of the Church）之后才得以结束。但即便如此，也造成了巨大的问题。在大分裂之后，一群被称为"和解主义者"（conciliarists）的教会人士开始相信，赋予教宗过多的权力实在是太危险了。相反，他们希望建立一种定期召开的教会议会，对重大事务拥有最终发言权。问题是，这与教宗想要的正好相反。1417 年分裂结束后，马丁五世（Martin V）和他的继任者希望在不受任何干涉的情况下掌权，尤其是不受来自欧洲各地乡巴佬组成的委员会的干涉。两大阵营之间的相互憎恨将教宗之位推入了又一场自相残杀的战争。

这对教廷的文化生活意义重大。当然，如果认为在"巴比伦之囚"与和解主义之间的流亡和混乱的那些年里，教宗存在于一种文化真空之中，那就错了。教宗们对文艺复兴早期艺术和思想的激进变化并非无动于衷。教廷继续吸引着渴望就业和晋升的著名人文主义者，一些意大利艺术家也在教宗圈子中找到了一席之地。例如，彼特拉克一生的大部分时间是在阿维尼翁或周边地区度过的，并且获得丰厚的报酬。[11] 后来，1405~1415 年，列奥纳多·布鲁尼连续担任了近十年的教宗秘书。[12] 同样，西蒙·马丁尼在阿维尼翁地位也很高，[13] 马泰奥·焦瓦内蒂（Matteo Giovanetti）等艺术家则为教宗宫殿华丽的壁画赋予了明显的"意大利风格"。[14]

尽管如此，教廷对当时意大利的艺术也只能产生较小的、间接的影响。它既没有资源，也没有意愿去从事商人银行家和显贵们所从事的那种赞助活动。代价高昂的战争、资金问题、流放和分裂使得教宗无法花费大量的金钱来美化那些既遥不可及又落在敌对势力手中的教堂或宫殿。

特别是罗马，城市年久失修。到了 15 世纪第三个十年——其时，和解运动（Conciliar Movement）似乎取得了极大的胜利——这座城市已是满目疮痍，满怀人文主义理想的游客们被他们所看到的疏于管理的景象吓坏了。佛罗伦萨人克里斯托福罗·兰迪诺描绘了奥古斯都的鬼魂看到他所建造的城市堕落成粪坑时哭泣的样子。[15] 他的同胞韦斯帕夏诺·德·比斯蒂奇震惊地发现，罗马广场已经变成了放牛的地方，而过去的伟大纪念碑变成了无法辨认的废墟。[16] 事实上，甚至那些中世纪作为教宗身份象征的核心建筑也破旧了。在此期间，圣若望拉特朗大殿（Archbasilica of St. John Lateran）——罗马教宗的正式座堂——两次（1307 年和 1361 年）被烧毁，自古代以来第一次处于完全失修状态。日记作者斯特凡诺·因费修拉（Stefano Infessura）非但没有把罗马视为佛罗伦萨、米兰或威尼斯的竞争对手，反而把这座城市视为盗窃和谋杀的熔炉，在这里，艺术早已衰败。[17]

### 走出荒芜

尽管教廷已经在文化荒芜中度过了一个多世纪，但当埃涅阿斯·西尔维乌斯·皮科洛米尼作为教会的新星开始崭露头角时，事情就要发生变化了。

　　甚至在接受圣职之前，埃涅阿斯就已经是巴塞尔会议（Council of Basel）上最著名的和解理论家之一了。[18] 尽管开端不太顺，他年轻时对教宗权威的反对被他文学才华的明显价值所压倒。不久，他就不可避免地进入了教宗的圈子。在为教宗尤金四世（Eugenius IV）服务了一小段时间之后，他的命运在他的老朋友托马索·帕伦图切利·达·萨尔扎纳（Tommaso Parentucelli da Sarzana）于 1447 年被选为教宗尼古拉五世（Nicholas V）之后开始转好。同年，他被任命为的里雅斯特（Trieste）主教，1451 年他被派遣到锡耶纳教区并被委以重任。当他 1456 年成为枢机主教时，已经没有人会感到惊讶了。

　　埃涅阿斯在教会通道上的快速升迁与教廷的复兴过程相吻合。在政治、地理和财政方面，教宗的地位终于提升了。尽管有一些难以克服的困难，尤金四世还是成功地铲除了和解运动的最后残余，教宗终于重新成为无可争议的教会领袖。这一成功使尤金得以在 1445 年重建罗马教廷，而教宗圣座又一次落在"永恒之城"，这一事实使教宗统治所受到的损害得到了弥补。尼古拉五世和他的继任者不受过去争端和分歧的阻碍，在罗马站稳了脚跟，能够有效控制他们在意大利中部的土地，并可能是自 1308 年以来首次使经过改进的教宗官僚机构承担起规范教宗收入的任务。

　　随着地位的提升，埃涅阿斯在罗马待的时间越来越长，他注意到教宗地位的变化对教廷与城市环境和艺术的关系产生了深远影响。事实上，罗马是一个处于变革中的城市。尼古拉五世以其"学识和智力天赋"闻名，[19] 他敏锐地意识到，多年的混乱和流亡已经严重损害了教会的声誉，甚至可能削弱了普通

326

信徒的虔诚。尽管分裂的结束和和解主义的崩溃使教宗所处的地位比近一个半世纪以来的任何时候都更有利，但很明显，如果教会要弥补已经造成的损害，还需要做更多的事情。事实上，15 世纪早期罗马的可怜状态很难让公众恢复对宗教的信心。狭窄、肮脏的街道和摇摇欲坠的教堂让人痛苦地回忆起过去曾给教会蒙上阴影的那些激烈竞争和荒唐争吵。人们似乎流露出一种沮丧和挫败感。这一切亟待改变。作为教宗的所在地和天主教世界的中心，尼古拉五世认为罗马应该是一个闪闪发光的象征，象征着普世教会所代表的一切，并能够在基督教的教义中灌输热烈的信仰和对罗马教廷强有力的尊重。正如他临终所说的那样：

> 只有研究过罗马教会权威的起源和发展的学者才能真正理解它的伟大。因此，要在没有文化的大众的心中建立牢固而坚定的信念，就必须有吸引人的东西：仅靠教条支撑的大众信仰永远是脆弱和摇摆的。但如果罗马教廷的权威能在宏伟的建筑物中鲜明地显现，不朽的纪念碑和见证物仿佛是上帝亲手所竖，那么信仰就会一代一代地增长和加强，全世界都会接受和尊重它。高雅、美丽、比例精妙的华贵建筑会让圣彼得的宝座焕发更大的荣光。[20]

基督教教义的真理和基督在人间的代理人的美德将被封装在美之中。文学、音乐，尤其是绘画、雕塑和建筑，都是教会及其领袖所有功绩的彰显。尼古拉五世意识到，教宗新获得的财富应当用于资助艺术。

尼古拉五世的前任们已经在正确的方向上采取了一些试探性的行动。1427 年，法布里亚诺的秦梯利（Gentile da Fabriano）和皮萨内洛（Pisanello）受命装饰圣若望拉特朗大殿的中殿，描绘施洗者圣约翰 ① 的生活。次年，马萨乔和马索利诺（Masolino）为教宗马丁五世家族完成了圣母大殿圣坛的一件装饰品。[21] 大约在同一时间，枢机主教焦尔达诺·奥尔西尼（Giordano Orsini）成了人文主义者圈子里的焦点，这个圈子包括洛伦佐·瓦拉、列奥纳多·布鲁尼和波焦·布拉乔利尼等人，奥尔西尼还在自己的宫殿中建了一个室内剧院（这是同类型剧院中的第一个），里面装饰着由马索利诺和保罗·乌切洛绘制的名人壁画。[22] 尤金四世甚至与菲拉雷特（Filarete）签约，为圣伯多禄大殿铸造了一组新的青铜门。虽然这一切都很顺利，但都是非常零碎和不确定的。人们需要更有戏剧性的东西，既然教宗可以利用教宗国的资源，他就可以把眼光放得更为高远。

328

尼古拉五世开始着手将罗马废墟的断壁残垣改造成象征教宗荣光的巍峨纪念碑。基督教世界的中心将会变成一个与人们心目中的基督君王相称的都城。他住在梵蒂冈山上，彻底改造了使徒宫（Apostolic Palace）②。一个庞大的新的侧翼被添加到古老的中世纪的结构上，以容纳迅速扩大的教宗家族，同时还提供了一套体面的豪华公寓，以接待到访的大使和权贵。就在教宗公寓的东面，一座巨大的新塔楼（残存部分今日犹在）拔地而起。远近闻名的杰出艺术家和虔诚神父安杰利科修士 [23] 从佛罗伦萨被召来，用一系列华丽的壁画装饰教宗的私人礼拜堂，这些壁画描绘了圣斯德望和圣老楞佐（SS. Stephen and Laurence）的生活。[24] 梵蒂冈图书馆的基础已经奠定。[25] 而最重要的也许是建筑师贝尔纳多·罗塞利诺（Bernardo Rossellino）受命起草圣伯多禄大殿的重建计划。

---

① 也译作"圣若望"。——编者注

② 也译作"教宗宫""梵蒂冈宫""神圣宫殿"等。——编者注

但尼古拉五世的雄心远远超出了梵蒂冈的局限。他的目标是对整座城市进行全面改造。尽管埃涅阿斯注意到教宗开始的项目多到有生之年都未必能看到它们竣工，[26] 瓦萨里却显然注意到他要把"整座城市的建筑翻个底朝天"。[27] 古代的处女水道桥（Acqua Virgine）恢复了它原来的辉煌，为城市中心带来了急需的淡水，并延伸到由尼古拉五世的首席建筑顾问莱昂·巴蒂斯塔·阿尔贝蒂设计的克罗奇菲力广场（Piazza dei Crociferi）的一个美丽的新水池。因此，毗邻梵蒂冈的博尔戈地区（Borgo）也计划进行大规模翻修。[28] 埃涅阿斯所到之处，都看到倾圮的建筑被拆掉了，在教宗的赞助下，崭新而宏伟的建筑拔地而起。

这种崭新的对于艺术活动的热情不限于教宗本人。尼古拉五世掌控的地方，他的枢机主教都紧紧跟随。正如保罗·科尔泰西（Paolo Cortesi）后来在他的《枢机主教》（*De cardinalatu*）一书中所说的那样，那些担任基督旗手的人有责任成为伟人。[29] 作为教会的领袖，他们被期望在教会的天空中像星星一样闪耀，模仿教宗太阳般的辉煌，为永恒之城的文化增添光彩。[30] 当然，宫殿般的豪宅是必不可少的。在罗马市中心，许多来自科隆纳和奥尔西尼等较古老的主教家族的，或来自已建立了"统治王朝"的枢机主教已经至少拥有一座宽敞的宫殿式建筑，他们乐于用最新的艺术时尚来装饰他们富丽程度的府邸。但就连埃涅阿斯·西尔维乌斯·皮科洛米尼这样的新一代枢机主教，也不得不租借或建造与他们身份相称的住宅，并以一种能激发适当程度敬畏和尊重的方式来装饰它。宏伟壮观的宫殿式建筑开始在全城兴起，每一位枢机主教都尽其所能在品位和富丽程度上超越他人。枢机主教彼得罗·巴尔博（Pietro Barbo）——后来升任为教宗保罗二世（Paul II），他也是尤金四世的侄子——已经扩建并进一步装修了以他的名字命名的宫殿，可能聘请了阿尔贝蒂来完成这项任务。尼古拉五世当选后的40年里，效仿者众多：枢机主教拉法埃莱·里亚里奥（Raffaele Riario）将开始建造今天所称的文书院宫（Palazzo della Cancelleria），通常我们认为这是第一座真正的文艺复兴时期的宫殿；枢机主教阿德里亚诺·卡斯泰莱西·达·科尔内托（Adriano Castellesi da Corneto）将委托安德烈亚·布雷诺（Andrea Bregno）设计宏伟的托洛尼亚宫（Palazzo Torlonia）；而枢机主教多梅尼科·德拉·罗韦雷（Domenico della Rovere）将开始在梵蒂冈附近建造一座宏大的宫殿式建筑。每座宫殿都堆满了古典雕塑，更重要的是，还有文艺复兴时期最新的艺术作品。来自意大利各地的艺术家们被召集，为渴望自己作品的枢机主教们服务。

330

　　"文艺复兴"确实到来了。尽管——或者更确切地说，恰恰因为——之前经历了多年的流亡和混乱，尼古拉五世的统治标志着教宗成为艺术赞助者的开始。尼古拉五世为所有的继任者定下了基调。他们几乎无一例外地接受了他的新罗马愿景，并以更加宏大的规模追随他的足迹。教宗们决心要荣耀教会，提升教宗的威严，他们不仅在梵蒂冈的建筑群中增加新的内容，而且继续重塑罗马的面貌。埃涅阿斯死后，西克斯图斯四世赞助了现在以他的名字命名的礼拜堂（西斯廷礼拜堂）的建造，监督了一座横跨台伯河的新桥竣工，大规模扩建梵蒂冈图书馆，并开始了收集古代雕像的新的教宗传统。[31] 他的继任者英诺森八世委托安东尼奥·波拉约洛建造了贝尔维德雷庭院（Belvedere villa），[32] 而亚历山大六世（Alexander VI）则聘请了当时几乎所有著名的艺术家来美化教宗的公寓。最令人印象深刻的是，西克斯图斯四世的侄子尤利乌斯二世（Julius II）雇用米开朗琪罗装饰西斯廷礼拜堂的天花板，指示布拉曼特（Bramante）设计两个连接贝尔维德雷庭院和使徒宫的巨大长廊，并开始尼古拉五世重建圣伯多禄大殿的伟大梦想，这个计划差点让他的继任者利奥十世（Leo X）破产。

331　　就在几年前，艺术家们尚且倾向于把罗马看作文化死水，并认为最好是敬而远之，而就在他们回到永恒之城后，教宗观念的转变使教廷成了吸引艺术人才的磁石。画家、雕刻家和建筑师们被丰厚的报酬以及与时下一众杰出人物一起工作的前景所吸引，开始成群结队地拥向罗马，希望从中获得佣金，同时成就自己的事业。事实上，没过多久，教宗和枢机主教们就开始疯狂地争夺他们的服务，并提出越来越强烈的要求，试图让这座城市成为基督教世界皇冠上的宝石。教廷的每个人都渴望拥有最好的艺术家的最杰出作品，愿意做任何事来保证他们的服务。例如，在完成西斯廷礼拜堂天顶的过程中，米开朗琪罗曾请求教宗允许他返回佛罗伦萨参加圣约翰节庆典（这个节日永远是这个城市一年中最精彩的节日），他与教宗的会面足可以体现教廷对艺术的迷恋：

> "那这个礼拜堂呢？什么时候完成？"（教宗问）
>
> "我尽快吧，圣父。"米开朗琪罗说。
>
> 然后教宗拿手中的权杖打了米开朗琪罗一下，重复说："我尽快吧！我尽快吧！你什么意思？我要你很快完成。"
>
> 然而，当米开朗琪罗回家准备去佛罗伦萨旅行时，教宗立即派他的侍从柯西奥（Cursio）带500银币去安抚他……侍从为教宗陛下找借口，解释说这样的对待是一种恩惠和爱的标志。然后米开朗琪罗，因为了解教宗的本性也深深敬重他，同时清楚教宗所做的一切都有利于他的利益，而

332　　且教宗愿意做任何事来维持与他的友谊，便一笑置之。[33]

### 信仰之外

短短几年时间里，罗马迅速成为一个耀眼的文化之城，到处是教堂和宫殿，宣示着一个恢复活力的教廷的学识、成熟和自信。当埃涅阿斯·西尔维乌斯·皮科洛米尼在罗马大街上漫步，抬头凝视周围逐渐成形的建筑物、壁画和祭坛时，他会觉得自己仿佛置身于一座恰如其分地纪念他所珍视的信仰的纪念碑前。与佛罗伦萨、米兰和威尼斯的艺术奇迹相媲美，罗马终于开始焕发一种教会的价值感，以及作为上帝仆人的虔诚氛围。

然而，尽管埃涅阿斯周围的新罗马正在成形，其目的是表明教会已经重新站起来了，但教廷的艺术赞助项目数量大增不仅仅与信仰有关。在每一幅壁画及每一座宫殿的背后，都隐藏着教宗对艺术之兴趣的另一个侧面。

尽管尼古拉五世临终时声明教宗是基督教信仰的精神领袖，但事实并非如此。教宗不仅是宗教权威的最高来源，他还是一位政治领袖。几个世纪以来，教宗声称对意大利半岛中部的大片土地拥有主权（这些土地被统称为圣彼得的遗产，或简称教宗国），并长期以来一直主张对神圣罗马帝国皇帝本人拥有至高无上的权力。在"巴比伦之囚"和大分裂期间，这些主张只存在于理论层面。由于受到几百英里距离的阻碍，或由于存在一些相互竞争的声索者，教宗们未能切实行使他们管理教宗国的权利。然而，既然分裂已经结束，教宗的地位也在罗马重新稳固起来，情况就不同了。教宗们决心再次掌管世俗的权力。罗马教宗不"仅仅"是上帝在人间的代理人，他已成为一个举足轻重的统治者，他的话语就是法律，他是一位至高无上的君主，城市和领主都应效忠于他。更重要的是，作为意大利半岛上领土面积最大的国家之一的统治者，教宗也成了欧洲舞台上的重要人物。他决意保护教宗国的边界，维持其安全所依赖的微妙的权力平衡，成为战争与和平的仲裁者、国际外交的

333

积极实践者，以及意大利最强军队的统领。

虽然"巴比伦之囚"和大分裂造成的破坏使教宗们深刻意识到精神再生的必要性，但罗马教廷的回归反而令其变成了一个更加"世俗"的机构。与王公贵族地位相当的教廷的整个视野为世俗事务所主宰。至少在宗教改革之前，教宗和枢机主教最关心的不是宗教仪式和典礼改革，而是税收、账目、产权、外交、军事行动和领土扩张。尽管表面上是为了保护教会之母①的尘世健康，但这些实际上都是最残酷的政治手段。

这赋予了教廷不同的性质。教廷生活的方方面面都受到了影响。教宗和枢机主教们的生活、工作和娱乐方式都随着教会的世俗愿望而改变。枢机团的优先事项、处事方法和抱负，从根本上倾向于现世的道路，而教廷高级别成员的倾向也越来越接近他们的世俗同僚。事实上，"世俗"和"宗教"之间众所周知的模糊界限几乎被打破了，个人和家庭在两者之间自由流动，各种计划、图谋和项目在两者之间互为补充。当教宗对其在世角色的认知转变成一种几乎无法辨认的形式时，肮脏、丑恶和缺乏虔诚的做法开始主导教廷。

反过来，这也改变了教廷回归罗马后从事艺术的方式。这并不是说尼古拉五世想通过艺术来重振普通信徒信仰的意愿不够真诚，也不是说委托建造的众多教堂、壁画和祭坛并没有承载真正的奉献精神。但教宗赞助艺术的宗教"外衣"与其他更黑暗、更险恶的目标共存，这些目标是从文艺复兴时期教宗的世俗特性中发展出来的。正如商人银行家和佣兵队长可以使用宗教意象或虔诚的遗赠来塑造一个形象，以回应他们带来的残酷现实，教廷也为了达到完全非宗教的目的而进行赞助，这些目的已经成为教廷生活的一部分。

---

① 指罗马教廷。——编者注

尽管外表堂皇，但精致的画像、圣母马利亚的精美雕像，以及供奉基督圣心的优雅建筑，都是物质野心、极度自恋、腐败、欲望、暴力和血腥的面具。但是，那些推动"教廷复兴"的人的思想意识究竟有多么黑暗和丑陋，只有当教宗重返罗马所带来的深刻而令人不安的变化被揭示得更彻底时，才会变得清楚。

### 宫廷恶习

教宗再次接过圣彼得的圣职，承担起意大利王国、城邦和领主们所十分熟悉的政府职能。然而，这不仅仅是官僚机构、行政管理和外交事务的问题。权威与创造一种权力文化同样重要。如果教宗想要牢牢地控制教宗国，并以强势的地位与其他国家打交道，就必须树立一种牢固的统治形象，并让其下属和竞争对手能够按自己的方式欣赏这种形象。

没有宫廷生活，文艺复兴时期的国家什么都不是。宫廷是大人物聚会、解决争端、实现抱负的场所；但最重要的是，它是一种显示世俗力量的环境。国王、贵族、领主，甚至一些市镇都精心维护奢华的宫廷生活，以显示他们的权力；教廷——不仅包括教宗本人的家庭，还包括他的枢机主教的附属机构——的运作方式和世俗宫廷一样，甚至有过之而无不及。正如彼得罗·阿伦蒂诺（Pietro Arentino）和保罗·科尔泰西等教廷理论家所主张的那样，教宗和枢机主教如果想被认真对待，就必须像贵族那样生活；为了过贵族般的生活，他们必须和贵族一样高贵。

作为一名新晋枢机主教，埃涅阿斯·西尔维乌斯·皮科洛米尼在"永恒之城"居住期间，会进入重新焕发活力的教廷的核心圈。走在教会权力的通道上，他生活在一个令人惊叹的宏伟世界里：在使徒宫的会客室里，他参与讨论重大政策问题；在富丽堂皇的前厅，他与来访的使节们进行谈判；在宏伟的教宗公寓里，他与教宗们交谈；他还整天穿梭于各个豪宅之间。

335

336　无论他去哪儿，周围都是富丽堂皇的景象。

罗马教廷的一切都是宏大的，而且几乎是压倒性的。人们自然注意到，使徒宫"可能是欧洲所有政府中最辉煌的"，[34]而枢机主教的住宅也同样令人印象深刻。宽敞的接待室和开阔的庭院对来访的外交官来说是必不可少的，而门面和入口需要设计得既大气又时尚。因为没有一个有权势的人愿意在破旧的小房子里吃饭、睡觉或交谈，所以即使是"私人"公寓（当然并无隐私可言）也必须气派。每一个墙面都闪烁着壁画和油画的光彩，每一个壁龛都展示着古代雕像或最新风格的雕刻品，每一扇窗户都巧妙地装在最雅致的窗框里。

教廷里人声鼎沸。罗马教廷不仅接待外国君主。宫廷式的生活需要一座充满生命力的宫殿，而它的主人必须置身于无休无止的活动旋涡的中心。它的每个成员的家中都挤满了依附者，任何一个时代的伟大君王的生活方式都不外如是。在加里斯都三世（Callixtus III）死后不久，教宗的家庭成员拥有不少于150名"领主"和"大臣"，外加80名随从，他们的活动几乎以军事方式加以管理。[35]同样，任何一位有自尊的枢机主教都必须有一个由100~120名随从和门客组成的"家庭"（famiglia），其中相当一部分人在他进城时会和他一起出行。[36]除此之外，每个枢机主教都应该将他的住宅向所有人敞开，以显示他的慷慨。正如16世纪一位教宗所言："枢机主教的住宅应该是一个开放的场所，一个港口，一个避难所，特别是对正直和有学问的人，对贫穷的贵族和诚实的人来说。"[37]上至社会的上流阶层，337　每天从早到晚有几十个请愿者聚集在他的宫殿门口，希望这位伟人能说上一句好话，或者欢迎他们到他家来；下至社会底层，一群穷困潦倒的男女拥堵在门口，乞求食物和金钱，一个好的枢机主教必须确保每个人都能吃到面包。[38]

也许最令人印象深刻的是教廷所安排的娱乐活动的规模。

宫殿最终成了狂欢的场所。在整个文艺复兴时期，使徒宫的贝尔维德雷观景庭院（Belvedere Courtyard）举办过大型的竞技和斗牛比赛，[39] 教宗的花园里收养了大量奇异的动物（包括白象汉诺），也经常上演精彩的戏剧。更引人注目的是，教宗和枢机主教们不得不定期举办令人眼花缭乱的豪华宴会。有几十道丰盛的菜肴，无数桶最好的葡萄酒，几十位乐师，以及各种寻欢作乐的机会，直到天明。例如，1473 年 6 月，枢机主教彼得罗·里亚里奥举行了一场盛大的宴会，有四十多种不同的菜肴，包括（令人费解的）镀金面包和烤熊。[40]

　　尽管富丽堂皇，但培养宫廷气派是要付出代价的。无论教廷如何表达对圣彼得的尊敬和尊重，试图证明其奢华的生活方式是正当的，要想纵情享受宫廷生活的奢华而不被世俗宫廷的罪恶所玷污，都是不可能的。在罗马，教廷的道德标准堕落的速度与罗马教宗地位上升的速度是一样的。

　　金钱是最大的关注点，也是最大的罪恶之源。当然，不可否认的事实是，树立权力形象需要花费大量的金钱。枢机主教们不缺钱。虽然有很大的出入，但据估计，16 世纪初居住在罗马的 25~30 位枢机主教的收入一般在 3000~20000 杜卡特金币这个区间（一枚杜卡特的价值大致相当于一个佛罗林）。[41] 但与宫廷生活的日常开销相比，如此巨额的资金也相形见绌。16 世纪 40 年代，人文主义者弗朗切斯科·普里夏内塞（Francesco Priscianese）估计，枢机主教尼科洛·里多尔菲每年至少要花费 6500 斯库多（与杜卡特和佛罗林的价值大致相当）来维持一个拥有 100 名随从的家庭。[42] 然而，这只是最基本的。奢华生活和艺术赞助要贵得多。购买、租赁、建造或维护一座宫殿式建筑可能要花费数千金币，而委托艺术家装饰枢机主教公寓的压力则带来了巨大的额外负担。随着时间的推移，枢机主教之间的竞争加剧，财政压力只会越来越大。事实上，到 17

338

世纪初，枢机主教费迪南多·贡扎加（Ferdinando Gonzaga）认为，在年收入不到 36000 斯库多的情况下，他几乎不可能在罗马维持自己的尊严，并抗议说，如果他不能确保手头有足够的钱，他将不得不离开这座城市。[43] 这个相当晚近的例子表明，几乎从教宗回到罗马的那一刻起，枢机主教——必须指出还有教宗——就一直缺钱。[44] 尽管教廷偶尔会向那些无法打王室金库主意的人提供补贴，但他们经常入不敷出。正如威尼斯大使吉罗拉莫·索兰佐（Girolamo Soranzo）1563 年指出的那样："有些人非常贫穷，他们缺乏维持其地位所需的许多东西。"[45]

这种做表面文章的压力导致枢机主教们过分专注于通过各种手段增加收入。"贪婪"（Greed）很快成为教廷的通病，教会的每一位首领都痴迷于追求更多的圣俸，不管它们带来的钱有多么微不足道。在其回忆录中埃涅阿斯强调，彼得罗·巴尔博——尤金四世的外甥，后来当选教宗保罗二世——是典型的贪婪的枢机主教。埃涅阿斯把这个肥胖的彼得罗斥为"寻求世俗利益的行家"，[46] 接着描述了彼得罗如何在伊姆普鲁内塔（Impruneta）的圣母马利亚教堂的教区首席神父死后，要求将这个相对小的教堂划归自己，当他被教宗拒绝时，引发了一场激烈的争吵。[47] 同样，1484 年，佛罗伦萨人文主义者巴尔托洛梅奥·德拉·丰特（Bartolomeo della Fonte）——也称巴尔托洛梅奥·丰齐奥（Bartolomeo Fonzio）——也哀叹，在教廷，"对基督的信仰不再兴旺，也不再有爱、虔诚或慈悲；美德、正直和学问现在都没有地位了"。他问"伟人"洛伦佐："我还需要提一下那些逍遥法外的抢劫，那些贪婪和奢侈所享有的荣誉吗……？"[48] 同一天，他写信给贝尔纳多·鲁切拉伊，指出"邪恶的旋涡"吞噬了教廷，并注意到枢机主教们"化身邪恶的牧羊人……将那些原本应受其照拂的羊群毁掉，因为他们的贪婪……永远无法得到满足"。[49]

　　教廷的其他罪恶甚至更严重。考虑到文艺复兴时期宫廷的奢华和辉煌，放纵和不加节制的危险总是存在的。权贵们越是努力营造富丽堂皇的环境，就越容易屈服于肉体的享乐。正如卡斯蒂廖内在《侍臣论》中所指出的那样："当今的统治者被邪恶的生活方式所腐化……很难让他们洞察真相并引导他们走向美德……"[50]世俗宫廷是这样，教廷更是如此，它在财富方面超过了其他所有宫廷。

340

　　正如巴尔托洛梅奥·德拉·丰特所说，"暴食"（Gluttony）几乎是普遍现象。[51]一个典型例子是阿拉斯（Arras）主教让·茹弗鲁瓦（Jean Jouffroy）枢机主教，埃涅阿斯在回忆录中生动地对其作出描述。虽然茹弗鲁瓦希望"显得虔诚"，但他是一个"不计后果、有害无益的人"，他无法抗拒教廷餐桌上的享乐，而他吃下的巨量食物也严重影响了他的健康。

> 　　吃饭的时候，他会因为一点点冒犯而生气，把银盘和面包扔向仆人，有时，即使有贵宾在场，他也会气得把桌子和所有的餐盘都摔到地上。因为他是个暴饮暴食、毫无节制的人，酒一灌，就情不自禁了。[52]

　　虽然不是所有人都那么离谱，但对于文艺复兴时期的枢机主教来说，酗酒和贪食都是很常见的毛病。事实上，即使在当选为教宗后，亚历山大六世也经常喝得酩酊大醉：正如本韦努托·切利尼所指出的那样，"他的习惯是每周一次狂饮，之后就呕吐"。[53]同样，保罗二世吃得太多、喝得太多，就连以谄媚他为目的而创作的肖像也显示他是一个超重的怪物。

　　然而，"色欲"（Lust）是教廷中最普遍的罪恶。诚然，这不是什么新鲜事。在"巴比伦之囚"期间，彼特拉克就激烈地抱怨枢机主教们过于放纵情欲。他谴责阿维尼翁是罪恶的典型，他注意到，"在你的房间里，小女孩和老男人在翻滚，中间是魔鬼，有风箱、火焰和镜子"。[54] 但现在教宗回到罗马，事情变得更糟了。宫殿里挤满了妓女，人们对贞洁的誓言不屑一顾。在这方面，据说埃涅阿斯最受欢迎的作品之一实际上是一部色情小说，[55] 他还写了一部狂野的性喜剧，叫作《克里西斯》（*Chrysis*）。枢机主教们公开包养情妇是很常见的事，而那些不可避免地传播的流言蜚语，更适合发生在现代肥皂剧里而不是教堂里。在接受圣职之前，埃涅阿斯自己至少有两个孩子，但就连他也忍不住记录了一些趣闻，披露了臭名昭著的枢机主教茹弗鲁瓦的性癖好，这为宫廷常态提供了一个很好的例证。

> 他喜欢女人，经常日夜与妓女鬼混。当罗马的主妇们看到他——高个、宽胸，脸庞红润、肢体多毛——走过时，就叫他维纳斯的阿喀琉斯。和他有过一腿的蒂沃利（Tivoli）的一个交际花形容自己和一个酒桶睡过觉。一个佛罗伦萨女人做过他的情妇，是乡下人的女儿，不知什么原因对他很生气。她等着枢机主教离开教廷并经过她的房子，然后当他经过时，她往他的帽子上吐了一口唾沫，那是她含了好久的唾沫，还跟痰混在一起。她用这种最下三烂的方式羞辱一个通奸者。[56]

教宗们尤其以他们的风流韵事而闻名。例如，尤利乌斯二世是许多孩子的父亲，他并没有刻意掩饰这一事实。更著名的是，亚历山大六世几乎和任何会动的东西睡觉，他的独特之处在于，他被怀疑与他的情妇（万诺扎·德·卡塔内伊）、情妇为他生的女儿（卢克雷齐娅）以及情妇自己的母亲都发生过性关系，同时还生育了几个孩子。

同性恋如果说不上更普遍，至少也和异性恋一样常见。事实上在教廷，鸡奸如此流行，以至于教宗的各种同性恋传闻成了讽刺笑话的常见素材。[57] 关于利奥十世，即乔瓦尼·迪·洛伦佐·德·美第奇，圭恰迪尼说道："他刚上任时，大多数人认为他很纯洁；然而，后来人们发现，他竟然乐此不疲，而且越来越不知羞耻。他所沉迷的这种乐趣单是提起都有失体面。"[58] 这种不堪言说的乐趣据说尤以年轻男孩为对象，而尤利乌斯二世显然也有这种品味。其他人则把它提升到一个不同的水平。西克斯图斯四世据说给予他的枢机主教们特别豁免权，允许他们在夏季的几个月里鸡奸，也许是为了让他自己也能放纵自己的嗜好，而不必担心受到批评。[59] 更糟糕的是保罗二世，他不仅因为在公共场合涂脂抹粉而受讥讽，而且传言说他是在和一个侍童鸡奸时死去的。

在埃涅阿斯担任枢机主教早期，教廷挤满了有钱有势的神职人员，他们完全沉溺于贪婪、暴食和色欲，宫殿的华丽大厅里充斥着各种各样的罪恶。这一切都给教廷带来坏名声，尤其是像巴尔托洛梅奥·德拉·丰特这样的人文主义者，他们来到罗马本是为了追求艺术。因此，博学的文学家们对文艺复兴时期枢机主教的生活方式进行恶毒的咒骂也就不足为奇了。即使在城市的普通人中间，教廷也声名狼藉。尽管有富丽堂皇的教廷宫殿，"枢机主教"这个词也变成了一个骂人的词。一首匿名的讽刺诗（Pasquinade，典型的罗马讽刺诗，这种体裁得名于 15 世纪出土的一尊被称为"帕斯奎诺"的残缺雕像）① 中的

342

---

① "帕斯奎诺"（Pasquino）是一尊罗马希腊化时代的雕像，15 世纪出土后被放置在小道上。对教廷不满的民众趁天黑往雕像上张贴针砭时弊的讽刺诗，以便在次日被清除前能让他人看见。被这些匿名字条赋予"意见领袖"人格的雕像因而成为"会说话的雕像"，当局为让民众噤声，曾意图将其拆除并丢入台伯河。该雕像后被安置于一个鞋匠铺旁的拐角处。引文中的"马福里奥"是罗马的另一尊著名的"会说话的雕像"。——编者注

对话就显示了这一点。

马福里奥：为什么，帕斯奎诺，你全副武装！

帕斯奎诺：因为我倒霉透了，

受到侮辱痛苦不堪，

从刀鞘里拔出我这把致命的刀。

马福里奥：谁侮辱你，帕斯奎诺，哪个家伙？

帕斯奎诺：是个王八蛋！

马福里奥：他说的什么？

帕斯奎诺：你这个蠢蛋啊，

我宁愿受车轮刑，也不愿有这样的称呼。

马福里奥：他叫你骗子？真丢人！

帕斯奎诺：比这个更糟！

马福里奥：窃贼？

帕斯奎诺：更糟！

马福里奥：绿帽子？

帕斯奎诺：世故的人对这种束缚不屑一顾，

你这个笨蛋，他们只会照做不误。

马福里奥：那怎么了？伪造者？

反上帝的买卖圣职者？

还是说你拐骗了一个小女孩？

帕斯奎诺：马福里奥，你可真是个需要保姆的宝宝：

世上最邪恶的事莫过于此，

把一个人叫作——"枢机主教"！

但这样骂我的人将不得好死，

要是他不逃走的话。[60]

然而，无论教廷的恶习在同时代人眼中多么可耻，真正值得注意的还是它们使教廷对艺术的赞助呈现了截然不同的面貌。尽管富丽堂皇的宫殿、古色古香的雕像和精美的壁画是为文艺复兴时期的宫廷创造一个得体的环境所必不可少的，但委托这些作品的赞助人的意图和他们的日常生活方式远远超出了宫廷生活的严格要求和尼古拉斯五世提出的艺术愿景。

教廷的富丽堂皇是具有欺骗性的。使徒宫及其附属建筑的宏大规模掩盖了宫廷的真相，这个宫廷不仅常年缺钱，还受到野心和贪婪的驱使；教廷居所墙壁上的圣徒和天使俯视着那些自愿沉沦于狂野的性爱和放荡的生活的人们。在这方面，据说拉斐尔的《雅典学院》（*School of Athens*）是受教宗尤利乌斯二世委托创作的，这幅画也许是一种再显著不过的肯定，肯定了教宗将自己确立为人文主义学识中心的意图，并肯定了他对古代哲学和教父神学和谐结合的鼓励。尤利乌斯二世是个色情狂，也可能是同性恋，他的崛起是由贪婪驱动的。事实上，可以认为，教廷的道德堕落越严重，它对这种不切实际的公众形象的需求就越强烈。

然而，如果认为教廷试图在公众面前使自己合法化的努力总是完美无缺的，那就错了。教宗和枢机主教的艺术品位既不像他们最初表现的那么单一，也不像尼古拉五世临终遗言所暗示的那么界定分明。虽然教廷的地位和信仰的福祉继续为其保持精心设计的公众形象提供了强有力的理由，但对于如此世俗的一群人来说，不让他们偶尔流露真实情感是不可能的。

就像在意大利其他地方的世俗宫廷一样，"宫廷"行径的副作用往往会从幕后悄悄显露，而人们实际上也会为发现这样的副作用而欢呼雀跃。"贪婪"、"暴食"和"色欲"在原本旨在掩盖教廷生活之罪恶的装饰性图像中露出马脚。例如，在装饰使徒宫枢机主教比比埃纳（Bibbiena）的浴室时，拉斐尔应邀绘制壁画，描绘的是古代神话中的一些情节，那可不是什么

344

禁欲主义风格。虽然现在已经失传，但我们知道有个场景显示妖艳的维纳斯以极具挑衅性的姿态抬起她的腿，同时从她的脚上拔出一根刺。另一情景则是山神潘（Pan）准备强奸神女绪任克斯（Syrinx）。[61] 米开朗琪罗也为枢机主教拉法埃莱·里亚里奥雕刻了《酒神》（*Bacchus*），那是一件关于醉酒狂欢的杰作。更能说明问题的是法尔内塞宫（Palazzo Farnese）入口长廊的拱顶上的装饰，由朱利奥·罗马诺（Giulio Romano）、乔瓦尼·达·乌迪内（Giovanni da Udine）等人按拉斐尔的设计完成。该装饰根据当时情况选择的主题是丘比特（Cupid）和普赛克（Psyche）的情色故事，这个最优雅的房间的天花板被分成几块，描绘了故事中不同的场景，每个场景都暗示了住在宫里的枢机主教们的日常生活。比如在《众神的宴会》（*The Banquet of the Gods*）当中，酒哗哗地流淌，天神躺在赤裸着胸膛的女神身边，或者依偎在鲜花盛开的华盖下，而迷人的少女眼中带着欲望，翩翩起舞。在另一个场景的角落里，就在墨丘利举起的手的上方，有对一种更离谱的教廷品味的描绘。在画面边缘的水果和树叶之间隐藏着一个明显的、完全不受约束的性爱戏仿：这幅图中，一棵蔬菜插进了一颗被对半切开的无花果中。[62] 画得并不精巧，但这正是文艺复兴时期的教宗和枢机主教，如埃涅阿斯·西尔维乌斯·皮科洛米尼所喜欢的。

### 家族利益

虽然埃涅阿斯早年在罗马目睹了教廷的道德沦丧，但他在教宗和枢机主教的宏伟宫殿里所遇到的债务、酗酒和放荡，只是教宗赞助艺术背后的黑暗故事的一部分。除了教廷内贪婪、暴食和色欲陡然升级，教宗在教宗国重新掌权也促使教宗们在使用权力的方式上，以及——推而广之——在野心如何塑造教廷的特性上进行了一场更为险恶的变革。

没过多久，埃涅阿斯就第一次见识了文艺复兴时期教宗制度中更为丑陋的一面。仅仅在埃涅阿斯被任命为枢机主教两年后，加里斯都三世（Callixtus III）就去世了。埃涅阿斯被召去参加选举新教宗的秘密会议。正是在这个最重要的教会会议上，教廷的内部政治开始变得清晰起来。

会议按照教会正宗的传统召开，看上去是一个非常庄严的场合。葬礼一结束，枢机团——穿着他们最好的法衣——就列队进入使徒宫的一个小房间，在选举结束之前，他们将一直处于秘密隔离状态。门都锁上了，所有的18个人都发誓要保守秘密、服从命令（主教团的另外8名成员因故没有参加），在祈祷上帝的指引后，他们开始认真地考虑人选。在平图里基奥（Pinturicchio）后来为锡耶纳的皮科洛米尼图书馆所作的记录中，每件事都被描述为带着高尚的礼仪进行的，虽然有几位枢机主教是"papabili"（也就是说，这几位枢机主教是教宗职位的候选人），但埃涅阿斯自己似乎认为事情已成定局。[63]

然而，外表是靠不住的。秘密会议一点也不高尚，只需要一轮投票，事情就会变得令人厌恶。没有一个候选人获得明显多数选票，这就成了一个谈判的问题。但枢机主教们并不考虑教宗人选的虔诚和神圣，而是专注于一场不符合教士身份的讨价还价。勉强的结果刚一宣布——

347

> 更富有、更有影响力的主教团成员就把其他人召集到一起。他们为自己或朋友谋求教宗职位，他们乞求、许诺，甚至企图威胁。有些人把体面丢在一边，毫不脸红，为自己辩护，声称成为教宗是他们的权利。[64]

枢机主教戴斯图特维尔（d'Estouteville）——枢机团里最

雄心勃勃的成员——在茅坑秘密与人会面，竭力以威胁和贿赂来哄骗别人。他承诺将丰厚的福利分配给任何愿意投票支持他的人，并明确表示，如果当选，他将把那些不支持他的人从他们可能担任的任何教会职务中剔除出去。就连令人敬畏的枢机主教罗德里戈·博尔贾（Rodrigo Borgia）——教廷文秘署副主管——也被暂时说服表示支持。

　　然而，尽管戴斯图特维尔作出了努力，第二轮投票结果还是陷入僵局。他只获得 6 票，而埃涅阿斯——他自己的"说服"技巧笼罩在神秘之中——获得了 9 票。很明显，再来一次投票只会把事情搞得更复杂，而且由于两位候选人都没有获得所需的三分之二多数票（12 票），枢机团决定采用"继加票"①方案。这种方法允许枢机主教改变他们的选项，把票投给一个不同的候选人。但这并没有帮助事情更顺利地进行，反而进一步降低了选举标准。

　　罗德里戈·博尔贾觉察到戴斯图特维尔已不再得势，便第一个站出来，转而支持埃涅阿斯。枢机主教贾科莫·泰巴尔迪（Giacomo Tebaldi）也这样做了。埃涅阿斯现在只需要再得一票就可以登上宝座。但此时，秘密会议演变成一场闹剧。

　　　　枢机主教普罗斯佩罗·科隆纳（Prospero Colonna）
　　决定为自己争得向下一任教宗致敬的荣誉。他站起来，正
　　要宣布他投……这时，尼西亚和鲁昂的枢机主教贝萨里翁
　　（Bessarion）和戴埃斯图特维尔突然拦住他，严厉斥责他

---

① accession，拉丁文为 accessus，指枢机主教在投票选举教宗时，若第一次投票中没有一位候选人得到三分之二多数票，那么在下一轮投票中，投票者可以选择改投另一位得票候选人，需要在选票上写下"Accedo domino Cardinali"；若不改投，则为"Nemini"。加上继加票后得票超过总票数三分之二者当选教宗，否则选票将被烧毁，次日重新进行投票。——编者注

想要投给埃涅阿斯。当他坚持要投时，他们试图强行把他赶出房间，一个抓住他的右臂，另一个抓住他的左臂……意在从埃涅阿斯手中夺取教宗职位。[65]

然而普罗斯佩罗态度坚决。当他被基督教世界两位最令人敬畏的人物拖出教堂时，他大声疾呼支持埃涅阿斯。埃涅阿斯隐约听到神职人员的拳头击打声及戴斯图特维尔发出的绝望的呼喊声，他明白自己成了新教宗庇护二世。

这对教宗统治来说不是一个吉利的开始。秘密会议远非基督教礼仪的典范，而是一场暴力、腐败和愤怒的争吵，这一幕甚至会让一个现代的橄榄球俱乐部相形见绌。但这肯定不是什么罕见的事情。在整个文艺复兴时期，人们在秘密会议上总是脾气暴躁，喊叫和斗殴也很常见。而且，贿赂——或恰当地说，"买卖圣职"（simony）——是很正常的。毕竟，1410 年，巴尔达萨雷·科萨从乔瓦尼·迪·比奇·德·美第奇那里借了 1 万佛罗林，以确保他即使成不了教宗，也要成个对立教宗。教会重新统一后，尽管在秘密会议上反复尝试消除买卖圣职的行为，但事情反而变得更糟了。事实上，与罗德里戈·博尔贾 1492 年所进行的买卖圣职相比，埃斯图特维尔的行贿企图简直是小巫见大巫。据说，博尔贾这位成功的西班牙枢机主教每年向阿斯卡尼奥·斯福尔扎（Ascanio Sforza）奉献四驴驮的银子和价值一万多杜卡特金币的圣俸。[66] 对照其他秘密会议的状况，庇护二世的选举实际上进行得相当顺利。

但这不仅仅是教宗精神威望的结果，文艺复兴时期的秘密会议总是如此激烈和曲折。教宗宝座已成为一种几乎具有不可估量的物质和政治价值的奖品。

教宗回归罗马后，对意大利的权力平衡产生了巨大的影响。当然，教宗是国际政治的主要参与者，他的影响力超过了其他

349

所有国家。他所加入的任何联盟或他所进行的任何战争都可能威胁到整个半岛的市镇、王国和领主地位的稳定。但教宗也可能通过直接干预个别家族的命运，对个别国家的内部政治产生重大影响。他可以通过任命一个特定的掌权者担任一个特定城市的宗座代牧，或者解除他的职务，来建立或打破一个家族对其领土的控制。他可以随意授予贵族头衔。根据分配圣俸或教会收入的方式，他可以极大地增加或减少一个家族的收入。

假如教廷是一个与国家和家族事务绝缘的机构，或者假如枢机主教们本身是正派、正直的人，致力于教会的精神健全，那么教宗的影响力就没有那么大了。可惜两种假设都不成立。教宗们不仅坚守自己祖国的利益，而且绝对是"顾家"的人，不管他们是来自已建立的统治王朝还是来自后来居上的新家族。他们刚一登上宝座，就开始运用赋予他们的巨大权力来为家乡谋福利，充实家族财富（家族财富又经常与"国家"利益密切相关），建立个人权力网络。

自然，任何有一点野心的人都尽其所能地讨好教宗，希望能得到教宗桌上掉下来的面包屑，而法国、英国、西班牙和匈牙利的国王以及意大利的贵族家庭都想任命"他们的"人担任枢机主教，这也是很自然的事。但是，作为一个相当黑暗的金钱和权力之源，教宗这个角色最明显的特征可能是裙带关系带来的腐败行为。尽管自中世纪以来，教宗就习惯于任命亲属到枢机团任职，[67] 但文艺复兴时期的教宗制度将这种做法推向新的极端，"甥侄枢机"（Cardinal-nephews）的产生成了通病。例如，马丁五世不仅给了他侄子普罗斯佩罗·科隆纳一顶红帽子，还利用他的影响使他的家族控制了罗马。同样，尤金四世（他本人被他舅舅格里高利十二任命为枢机主教）把他的两个侄子提升到枢机团。加里斯都三世也很无耻，以至于他的一个门徒贝尔纳多·罗维里奥（Bernardo Roverio）谴责他是一个"邪恶的教宗"，"用腐败玷污了罗马教会"。[68] 即使是令人崇敬的尼古拉五世也把他同父异母的兄弟提升为枢机主教。在后来的几个世纪里，情况变得更糟。西克斯图斯四世下决心要使相对默默无闻的德拉·罗韦雷（della Rovere）成为意大利最显赫的贵族家族之一，他在任命他的亲属为枢机主教方面做得太过分了。正如马基雅维利所记录的，他是"一个非常卑贱和卑鄙的人……首次展示了教宗的能力，以及在教宗权威下，有多少以前被视为错误的东西可以被隐藏起来"。[69] 在不到 7 年的时间里，不少于 6 名直系亲属被提拔，在他死后出席秘密会议的枢机主教中，几乎占了四分之一。同样，保罗三世（Paul III）也对他的两个孙子如法炮制，其中一个——拉努乔（Ranuccio）——当时只有 15 岁。更糟糕的是，亚历山大六世——他是加里斯都三世的一个"甥侄枢机"——总共为枢机团举荐了 10 个亲戚，包括他的儿子（切萨雷·博尔贾）和两个侄孙。1447~1534 年的教宗里就有 6 位曾被他的某位亲戚任命为枢机主教。

　　每一个"甥侄枢机"都有丰厚的财产和土地，这大大增强了他们所在家族的权力和威望。德拉·罗韦雷家族将其在文艺复兴后期的显赫地位完全归功于"甥侄枢机"们的巨额财富，这并非巧合。据说彼得罗·里亚里奥——他从西克斯图斯四世那里得到枢机主教的帽子——是罗马最富有的人之一。[70]

　　但这还不是全部。除了愿意让枢机主教团与自己的亲属瓜分利益，那些怀有强烈家族野心的教宗们也准备好了给教会外的亲属们实质性的支持。大分裂结束后不久，马丁五世为文艺复兴后期定下了基调，他让科隆纳的亲戚在罗马放手一搏，并在那不勒斯王国为他们争取了大量的地产。世风变得如此极端，以至于马基雅维利都对西克斯图斯四世的世俗裙带关系感到震惊。[71] 后来，尤利乌斯二世（西克斯图斯四世的侄子）在 1508 年为他的侄子弗朗切斯科·马里亚·德拉·罗韦雷

351

（Francesco Maria della Rovere）获得了乌尔比诺公国；克莱门特七世（Clement VII）使他的私生子亚历山大·德·美第奇（Alessandro de' Medici）成为佛罗伦萨公爵；保罗三世让他的私生子，佣兵队长皮耶尔·路易吉·法尔内塞（Pier Luigi Farnese）成为帕尔马公爵。然而，最臭名昭著的是亚历山大六世。正如圭恰迪尼注意到的，他"没有真诚，没有羞耻，没有真理，没有信仰，没有宗教，有的只是贪得无厌，无节制的野心……以及一种以任何可能的方式来为他的孩子谋利的强烈愿望"。[72] 亚历山大远远超过了他的前辈们早已有的勃勃野心，他的目标干脆就是在意大利北部建立一个博尔贾帝国。他任命他的次子胡安（Juan）为教会军队的统帅，并说服西班牙国王任命他为甘迪亚（Gandia）公爵；胡安死后，切萨雷被允许离开枢机团，成为瓦伦蒂诺（Valentinois）公爵，并征服罗马涅。甚至亚历山大的女儿卢克雷齐娅也被当作棋子，三次嫁给意大利的豪门。

埃涅阿斯·西尔维乌斯·皮科洛米尼也不例外。尽管他自诩虔诚和谦卑，但他对裙带关系的操弄丝毫不亚于那个时期的其他教宗。他也想把自己的脏手伸进教宗的收银机里。事实上，作为教宗，他早期的一些行为与自己的亲属有关。例如，在将锡耶纳提升为总教区后，他任命安东尼奥·丹德烈亚·达·莫达内拉 – 皮科洛米尼（Antonio d'Andrea da Modanella-Piccolomini）为首任总主教，在安东尼奥去世后，庇护任命他妹妹的儿子弗朗切斯科·托代斯基尼·皮科洛米尼（Francesco Todeschini Piccolomini）为他的继任者。[73] 随后，新教宗任命弗朗切斯科为枢机主教，同时还有他母亲家族的一个亲戚尼科洛·福尔泰圭里（Niccolò Forteguerri），以及家族旁系分支收养的一名家族成员雅各布·阿玛纳蒂·皮科洛米尼（Jacopo Ammanati Piccolomini），教宗曾分别任命他们为蒂亚诺（Teano）和帕维亚的主教。如果这还不够的话，我们还可以继续举例：他任命他的表弟格雷戈里奥·洛利（Gregorio Lolli）为他最信任的秘书之一，[74] 并任命他的侄子尼科洛·丹德烈亚·皮科洛米尼（Niccolò d'Andrea Piccolomini）为罗马圣天使堡（Castel Sant Angelo）的指挥官。更有甚者，庇护二世甚至派尼科洛·福尔泰圭里去那不勒斯执行一项秘密任务，安排另一位外甥安东尼奥·托代斯基尼·皮科洛米尼（Antonio Todeschini Piccolomini）与斐迪南国王的女儿订婚。

考虑到增加家族财富的巨大机会，不难看出为什么在教廷回到罗马后，争夺教宗职位的竞争如此激烈。这确实是一个值得为之奋斗的目标，既然涉及这么多的利害关系，难怪买卖圣职甚至暴力都是秘密会议的常见现象，没有哪个枢机主教不渴望教宗职位，也没有听说过哪个有当选机会的枢机主教不花钱或不施展浑身解数实现目标。虽然没有直接证据表明埃涅阿斯·西尔维乌斯·皮科洛米尼在 1458 年向他的枢机主教同僚们提供任何经济上的好处，但他随后的裙带关系让人很难相信他没有偷偷地把这些奇怪的贿赂输送给地位显赫的个人，以增加自己登上教宗宝座的机会，并重振皮科洛米尼家族日渐衰落的财运。

但是，如果说教宗权力在教宗国的恢复导致了教宗权力的滥用和教宗选举的腐败，这些潜在的变化则产生了集体效应，把教宗之位本身变成了意大利贵族大家族的玩物。尽管文艺复兴时期枢机团大规模扩容（人数从 1458 年的 26 个增加到 1513 年的 32 个，1549 年增至 54 个），而且应欧洲君主的要求而任命的枢机主教不断加入，它被相对少数的意大利家族所控制，而这些家族决心利用教会及教宗来促进他们自己的利益。德拉·罗韦雷家族、博尔贾家族、美第奇家族、法尔内塞家族以及（多亏了庇护二世）皮科洛米尼家族制造了数量惊人的红帽子，结果从教会的金库中吸走了数百万佛罗林。他们越想谋取金钱、权力和影响力，就越要合谋把教宗之位"留给家族"。在 1431~1565 年在位的 18 位教宗中，有 12 位来自这 5 个家族，而仅美第奇家族的直系或旁系亲属就有 4 位之多（英诺森八世、利奥十世、克莱门特七世和庇护四世）。庇护二世的当选仅仅是另一种企图的开始，即要把教宗的选举权尽可能变成一种世袭的制度。

所有这些都对教廷赞助艺术产生了巨大且显而易见的影响。教廷越腐败、越热衷于裙带关系，其成员就越需要保留虔诚、学识和世故的假象。萨沃纳罗拉以及后来加尔文和路德对教宗职位提出的严厉批评表明，给人留下有着良好品位和基督教美德的印象很重要，哪怕现实与之大相径庭。与此同时，还出现了一种通过视觉艺术来巩固家族利益的愿望。统治教廷的家族越强大、越有野心，他们就越渴望通过树立一种公正权威的形象，使自己在罗马和自己领地的地位合法化。这不仅导致了喜好奢华和宏大的倾向，而且人们也愿意以一种几乎是王朝式的方式强调家族关系。

最令人印象深刻的是建筑。对教廷里最富有的枢机主教来说，宫殿既是宫廷狂欢的场所，也是家族威望的体现。就像商人银行家把家族宫殿式豪宅视为华丽的视觉展示一样，教会的首领们也因此委托修建富丽堂皇的住宅。这不仅可以显示他们的财富和权力，而且能使他们在教会治理中相当丑恶的主导地位合法化。每一座豪宅的规模和奢华程度都与豪宅主人的野心和成功成正比，每一座豪宅都小心翼翼地将家族纹章（或至少是一句令人难忘的铭文）尽可能展示在显眼的位置。因此，当枢机主教拉法埃莱·里亚里奥在 1496 年建造官邸，即今天的文书院宫之时，他不仅要确保它比罗马的其他任何宫殿都要大，而且飞檐上也得有专门的铭文，并确保每个人都知道这是他的宫殿。里亚里奥是由他的亲戚，教宗西克斯图斯四世提拔到这个庄严的职位上的。[75] 同样，1515 年，枢机主教亚历山德罗·法尔内塞（Alessandro Farnese，即后来的教宗保罗三世）委托安东尼奥·达·圣加洛（Antonio da Sangallo）设计一座合适的宫殿，他指示在设计这座巨大的新建筑——今天的法国大使馆——的正面时，应以大门上方的家族纹章为视觉中心。

虽然他们正式居住在使徒宫，因此需求略有不同，但教宗们给这种奢华倾向不断加码。他们不仅痴迷于在自己有生之年建造巨大的陵墓（最典型的例子是尤利乌斯二世），还痴迷于在梵蒂冈刻上他们家族的印记。每位教宗都试图用自己的方式来扩大这个建筑群，这既是他腐败统治的荣耀，也是他家族更大荣耀的见证。就像枢机主教的豪宅一样，教宗们也设法在建筑和装饰项目上留下自己的印记。他们把家族纹章刻在一个显眼的位置，比如在雷吉亚厅（Sala Regia），教宗保罗三世让人把法尔内塞家族的纹章高挂在门口上方。的确，后来，当新的圣伯多禄大殿竣工时，西克斯图斯五世在灯座的底部刻了一段铭文，声称这座建筑是他自己的；而保罗五世在门面上同时写上他的教宗称号和他的家族名字，试图显示自己在整个工程中有最大功劳。[76]

但透露身份信息的远不止这种粗糙的标识，有些暗示既微妙又强烈。例如，博尔贾的数处公寓里装饰着平图里基奥的一系列意象丰富的壁画，其中甚至包括一幅亚历山大六世情妇朱莉娅·法尔内塞（Giulia Farnese）的画像，她被装扮成圣母马利亚。[77] 这些公寓因为与教宗臭名昭著的家族关系密切，后来被弃置了很多年。然而，也许最好的例子是西斯廷礼拜堂。尽管其他教宗添加了一些特色，它仍然有充分的理由被认为是德拉·罗韦雷的圣殿。西克斯图斯四世（弗朗切斯科·德拉·罗韦雷）下令建造

356

礼拜堂，并让波提切利、吉兰达约和佩鲁吉诺在其墙壁上装饰壁画，而正是他的侄子，雄心勃勃的尤利乌斯二世（朱利亚诺·德拉·罗韦雷）委托米开朗琪罗绘制天花板，这是为德拉·罗韦雷家族歌功颂德的延续。

　　特别是当教宗出身的家族渴望改变自家之前在当地有限的角色时，大规模的建筑和装饰工程也可以在罗马以外的地方进行。例如，作为建立皮科洛米尼"王朝"的宏大计划的一部分，庇护二世雇用了贝尔纳多·罗塞利诺来彻底改造他的家乡科西尼亚诺（Corsignano）。[78] 利用最新的城市设计技术，科西尼亚诺被改造成一个理想的文艺复兴时期的城镇，庇护二世想要离开罗马时可以退休来这里。不仅他的家族纹章刻在几乎所有的主要建筑（甚至包括市政厅广场的水井）上，而且这座新城也拥有一座巨大的宫殿，这座宫殿是为皮科洛米尼家族准备的。

　　而在教廷内部强调"家族王朝"权力的一种更直接的方式，是巧妙运用肖像和图像进行纪念。一方面，第二代和第三代教宗利用其前辈的成就来巩固他们的"血统"。例如，教宗庇护三世就委托平图里基奥在锡耶纳大教堂的图书馆（今天被称为皮科洛米尼图书馆）里绘制了一幅描绘庇护二世生平和事业的宏伟的圣徒壁画，并强调了他自身也有着第一位皮科洛米尼教宗的所谓美德，还在一篇铭文中明确了两人之间的亲属关系。[79] 另一方面，出身各异的教宗都喜欢肖像画，画中他们被其他家族成员簇拥着，尤其是被担任枢机主教的成员簇拥着。观众对那些充当模特的人的王朝野心毫不怀疑。1477 年，梅洛佐·达·福尔利（Melozzo da Forlì）受托绘制一幅壁画，描绘西克斯图斯四世任命巴尔托洛梅奥·普拉蒂纳（Bartolomeo Platina）为梵蒂冈图书馆的第一任馆长（图 30）。这幅画现藏于梵蒂冈博物馆（Pinacoteca Vaticana），它不仅展示了博学的普拉蒂纳跪在教宗面前，还画上了教宗的四个甥侄［右边是枢机主教彼得罗·里亚里奥和朱利亚诺·德拉·罗韦雷，左边是伊莫拉和福尔利公爵吉罗拉莫·里亚里奥（Girolamo Riario）及佣兵队长乔瓦尼·德拉·罗韦雷］。后来，拉斐尔有一幅著名的肖像画，画中有肥胖又近视的利奥十世和他的堂弟枢机主教朱利奥·迪·朱利亚诺·德·美第奇（Giulio di Giuliano de' Medici，后来的克莱门特七世），以及路易吉·德·罗西（Luigi de' Rossi）（图 31）。提香完成了一幅老人保罗三世和他的孙子们的画像，看起来更阴险，画中包括枢机主教亚历山德罗·法尔内塞和奉承拍马的奥塔维奥·法尔内塞（Ottavio Farnese），他是帕尔玛、皮亚琴察和卡斯特罗（Castro）公爵。

正如贪婪、暴食和色欲把罗马的宫殿变成了享乐和名声败坏的场所，同样令人不安的（且背弃基督的）情绪也在教廷中一些最令人印象深刻的赞助行为里清晰可见。文艺复兴时期一些最具代表性的艺术品远非高尚理想或坚定信仰的反映，西斯廷礼拜堂、博尔贾公寓，甚至圣伯多禄大殿本身都证明，正是强烈的野心驱使教宗和枢机主教们让教会的权力服务于他们自己的家族利益，并用平信徒的什一税装满他们的口袋。尽管教廷的宫殿、教堂和礼拜堂精美绝伦，但正如埃涅阿斯·西尔维乌斯·皮科洛米尼从伴随他的当选而来的暴力和金钱中所认识到的那样，文艺复兴时期教宗制度的另一面却是黑暗、狡诈和极度腐败的。

358

### 秘密、谎言和血腥

然而，就像庇护二世加冕后不久就意识到的那样，当上教宗不仅仅意味着纵情狂欢和家族扩张。罗马教廷远非一个自我反省的中心，也并没有因为寻求享乐而与外部世界隔绝，它是意大利政治中心之一，庇护二世会发现自己以惊人的速度卷入国际事务的旋涡中。

新教宗面临两大危机。一方面是西西里问题。庇护当选前不久，加里斯都三世和阿方索国王之间爆发了一场激烈的争吵。出于他自己最清楚的原因，阿方索不仅傲慢地要求教宗确认他为西西里的合法国王，而且要求教会交出安科纳的边界地区和其他一些教会封地。当然，加里斯都断然拒绝，1458 年 6 月 27 日阿方索英年早逝后，他声称该岛已恢复教宗统治，理由是王国长期以来都是教宗的领地。[80] 只不过加里斯都自己的死阻止了打着教宗旗号的全面入侵。现在庇护当上教宗了，他必须处理这件遗留的事情。阿方索的儿子斐迪南希望教宗承认他的统治，教宗自己则需要保护教会的财产和平息战乱。[81]

另一方面，教宗国本身也有问题。当秘密会议正在进行的时候，佣兵队长雅各布·皮奇尼诺（Jacopo Piccinino）趁着一时群龙无首，入侵了意大利中部的教会领地。在一次闪电般的行动中，他夺取了阿西西（Assisi）、瓜尔多（Gualdo）和诺切拉（Nocera），并威胁整个翁布里亚（Umbria）。[82] 庇护需要把皮奇尼诺赶出教会的心脏地带，此事迫在眉睫。

它们实际上是同一枚硬币的两面，唯一的出路是同时解决这两个问题。为了使教宗国有一个稳固的基础，庇护二世决定与斐迪南达成一项协议。这不仅解决了西西里的问题，而且也排除了阿方索带来的所有威胁。此外，斐迪南答应帮助庇护二世把皮奇尼诺赶出翁布里亚。唯一剩下的困难是，作为回报，庇护二世需要按他承诺的那样解决斐迪南与西吉斯蒙多·潘多尔福·马拉泰斯塔之间的恩怨，并稳定北部的局势。为了处理这件特别棘手的事情，教宗 1459 年春天前往曼图亚的途中，在佛罗伦萨停了下来。

既然现在他是教宗了，庇护二世就不得不同时处理许多政治和外交事务；更糟的是，一切都互相关联。一个盘子掉了，所有的盘子都会跌碎。但是庇护二世面临的困难不过是整个文艺复兴时期历任教宗都在关注的问题。自从教宗们回到罗马并重新掌权以来，他们一直无法避免被意大利政治事务不断变化的潮流裹挟。事实上，教廷司空见惯的家族野心和声色犬马离不开教宗在充满艰难险阻的国际关系中的积极行动。教宗国在一切问题中扮演关键的角色。隶属于教会的诸邦国提供了教廷所依赖的大部分收入，需要被保护，可能的话，还应不断扩大。尽管在性质上显然不尽相同，但教宗国无疑迫使教宗们像意大利其他任何国家的元首一样行事，并对外交、国防和财产权问题产生浓厚的兴趣。唯一的问题是，其中涉及的政治活动与尼古拉五世的观点大相径庭，他认为，文艺复兴时期的教会是真正信仰的堡垒和超凡美德的典范。如果说教宗的日常生活充斥着罪恶、腐败和不道德，那么社会一切事物的运转所遵照的惯例更是后人考察罗马城时能发现的最邪恶的东西。和永恒之城里的各色人等一样，罗马教宗也不失时机地利用艺术赞助来掩盖甚至颂扬其最黑暗和最丑陋的一面。

1. 活在谎言中

1458~1459 年庇护二世面临的危机背后存在着棘手的权威问题。尽管有人偶尔会对此提出质疑，但在文艺复兴时期，没有人会对教宗宣称的教会内部灵性至上的依据产生任何怀疑。假设在使徒和教宗之间有一种直接的继承关系，一如圣伯多禄大殿圆顶上用巨大的字母刻出的基督的话语——"你是彼得，我要把我的教会建造在这磐石上"；但是，即使教宗们能够引用《圣经》来证明他们在宗教事务中的首要地位，当涉及对世俗权威的要求时，事情也变得不那么简单了。正如属灵派方济各会士（Spiritual Franciscans）在几个世纪前就指出的那样，《圣经》中绝对没有提到基督想要他的教会占有任何东西，至少没提到要占有意大利中部的数百万英亩土地。事实上，福音书中有几段经文可以被解读为认为福音派有必要保持绝对贫困。

　　无论应如何释经，教宗都可以——并确实——从《圣经》中找到很多模棱两可的论点来支持自己的财富和权力。鉴于福音书的模糊性，基督的话几乎可被用来为任何事情辩护。但教宗们也只能到此为止。即使他们能证明教会拥有财产，甚至在抽象层面上拥有世俗权力是合法的，但《圣经》中仍然没有任何内容表明上帝赋予教宗对如此广大的土地的实际所有权。为了巩固自己的地位，教宗不得不求助于一些别的东西。

　　历史提供了解决方案。过去的许多事件，比如教宗利奥一世拒绝为阿提拉（Attila）和查理大帝（Charlemagne）加冕，都可以被解读为有力的证据，证明教宗有统治意大利中部的权力，并且要比其他所有形式的世俗权威优越。但是有一个"证据"很突出。在整个中世纪和文艺复兴时期，教宗们都是根据《君士坦丁御赐教产谕》（Donation of Constantine）这份文件来要求获得世俗权力的。据说这份文件写于 4 世纪初，证实君士坦丁皇帝在受洗和行坚信礼后治愈了麻风病，为了表示感谢，他把整个罗马帝国交给了教宗西尔维斯特一世（Sylvester I）。从此以后，可以认为，历任教宗都保留了对帝国的主权，他们不过是把对帝国领土（除后来被称为教宗国的部分外）的管理权委托给历代皇帝，直到今天。

　　问题在于，这是一个弥天大谎。这份关于"君士坦丁献土"的文件根本不是君士坦丁写的，而是伪造的，是 11 世纪初的某个时候写的。文艺复兴时期的教宗们并非不知道这一事实。甚至在大分裂结束之前，库萨的枢机主教尼古拉（Cardinal Nicholas of Cusa）就对这份文件的真实性提出了质疑。1439~1440 年，洛伦佐·瓦拉以他的语言学专业知识权威地证明了这份文件缺乏真实性。[83] 在当选庇护二世之前，埃涅阿斯·西尔维乌斯·皮科洛米尼自己甚至写了一篇文章，指出该文件无效。

但《君士坦丁御赐教产谕》仍然因其超高的利用价值，无法被公开承认是伪造品。文艺复兴时期的教宗们把瓦拉的论文束之高阁，也完全忽视埃涅阿斯自己在这方面的研究，继续表现得好像这份文件是完全真实的。在尼古拉五世即位后，教宗的信徒们大多不再提及此事，但教宗们仍不遗余力地为献土事件的真实性提供视觉上的证明。艺术可以赋予欺骗性文本所包含的诉求以生命力，这是法律和语言学论证做不到的。

最精彩的例子出现在使徒宫私人公寓中的所谓"君士坦丁厅"（Sala di Costantino）。[84] 受教宗尤利乌斯二世委托，拉斐尔的团队在这个厅（最大的厅）里创作的壁画清楚地表明，《君士坦丁御赐教产谕》尽管是伪造的，却仍然是教宗政策的基础。在艺术家朱利奥·罗马诺、拉法埃利诺·德尔·科莱（Raffaellino del Colle）和詹弗朗切斯科·彭尼（Gianfrancesco Penni）的笔下，君士坦丁的生平成了对教会在世俗事务中（尤其是在意大利）的正当且至高无上的地位的颂扬。在展示了君士坦丁的十字架和随后的米尔维安大桥战役（Battle of Milvian Bridge）的胜利后，皇帝的洗礼和所谓的"献土"被描绘在两个宏大且戏剧性的场景中。尽管有些人物穿着与历史相符的服装，但西尔维斯特教宗和他的神职随从都穿着 16 世纪早期的法衣，似乎是为了强调这位 4 世纪的教宗和尤利乌斯二世之间存在一种合法的延续性。

363

这种信息在教宗新公寓的另一个房间里得到反复强调，那就是"艾里多罗室"（Stanza d'Elidoro）。[85] 这个房间的壁画是拉斐尔自己画的，通过其他有真有伪的历史事件来说明教宗的世俗权力的美德和力量，从而扩展了君士坦丁"献土"的意义。在《驱逐赫利奥多罗斯》（*Expulsion of Heliodorus*）和《击退阿提拉》（*Repulse of Attila*）中，尤利乌斯二世和利奥十世分别被描绘成渎神暴君的敌人和罗马的保护者，在《博尔塞纳的弥撒》(*Mass at Bolsena*)中，德拉·罗韦雷家族的第二代教宗见证了 13 世纪的奇迹，证明了教宗所捍卫的信仰的最高真理。最后一幅壁画以仁慈的天使将使徒之王（prince of the Apostles）①从监狱中释放而告终，这幅壁画说明了"用武力对付基督的第一位代理人是徒劳无益的"。[86]

### 2. 以剑为生

对大片领土提出要求固然很美妙，但教宗们仍然要用一些更实在的东西来支持他们的主张。到处都有危险。教宗国受到强大和好战国家的威胁，教宗们一直害怕那不勒斯人或法国人的入侵；意大利中部的教会臣属们——城市及其领主——也很麻烦和难以驾驭，他们的忠诚永远无法指望；半岛上到处都是贪婪的佣兵队长，就像雅各布·皮奇尼诺那样，他们总是伺机掠夺教廷的财产。如果教宗们要继续享受、挥霍圣彼得的遗产，就必须做点什么来维持他们的控制力。

外交提供了一个解决方案。教宗们认识到，稳定的权力平衡是保护教宗国的最佳手段，因此他们最初寻求通过充当和平缔造者来实现他们所希望的安全。也许受到基督教责任感的影响，尼古拉五世尽其所能，在意大利交战诸国之间促成了稳定而持久的和平，并多次派遣年轻的埃涅阿斯·西尔维乌斯·皮科洛米尼去平息米兰和那不勒斯的骚乱。[87] 1454 年春天达成的《洛迪和约》可以说是一个胜利。这一和约不仅结束了伦巴第地区长期发生的、让尼古拉之前的多位教宗担心的暴力纷争，而且似乎为圣彼得的遗产在可预见的未来保持安全带来了希望。

然而，教宗对和平的承诺就像利用《君士坦丁御赐教产谕》一样不可靠。只有在有利于教宗利益的情况下，和平才是有价值的，反之，即使脆弱的休战还在维持，尼古拉和他的继

---

① 指圣彼得。——编者注

任者们也乐意穿上铠甲，以确保继续从隶属教会的诸邦国得到资金。教宗不仅仅需要组织一支军队抵御来自佣兵队长的进攻，就像加里斯都三世派遣乔瓦尼·文蒂米利亚（Giovanni Ventimiglia）击退雅各布·皮奇尼诺的入侵那样。[88] 教宗们已经准备好以最残忍的方式对付臣民的一切不安分的举动。不仅频繁借助雇佣军将领的力量，而且枢机主教们——他们中的许多人继承了他们高贵祖先的军事利益——也开始参与进来。庇护二世派遣他的外甥，枢机主教尼科洛·福尔泰圭里，与费代里科·达·蒙泰费尔特罗一起领导教宗军队对抗里米尼教区的西吉斯蒙多·潘多尔福·马拉泰斯塔，这场战役似乎极为残酷。[89] 按照同样的思路，西克斯图斯四世下令洗劫反叛的斯波莱托城（Spoleto），以此作为对其他任何可能想要摆脱教宗统治的城市的严厉警告。[90]

但与此同时，他们加强了自己在教宗国的地位，教宗则无意中容易受到一种更阴险的暴力形式的伤害。破坏稳定的联盟开始在幕后形成。越来越多的人成为教宗暴行的受害者，来自教宗国的领主开始与国外那些因罗马的好战而警惕起来的人合谋。阴谋层出不穷，即便像庇护二世这样备受尊敬的教宗也不能免于危险。埃弗索·德利·安圭拉拉因争夺维科（Vico）的统治权而与教宗发生争执，他与佣兵队长雅各布·皮奇尼诺和佛罗伦萨商人皮耶罗·帕齐（Piero Pazzi）密谋在1461年暗杀庇护二世。尽管最终有惊无险，但皮奇尼诺的执政官声称，他发现了"一种毒药，只要在教宗的椅子上涂上一点，他坐下后就会丧命"。[91]

尽管受到和约的约束，教宗们还是不得不以牙还牙。他们本身就是阴谋诡计的老手，只要对自己有利，他们就毫不犹豫地策划政变和谋杀。虽然庇护二世在这方面似乎比较克制，但他的继任者西克斯图斯四世却以不同寻常的热情大搞阴谋活

动。作为反对美第奇家族的主心骨，西克斯图斯四世是 1478
年帕齐家族残酷阴谋的幕后主使。[92]

在收买了边境城市伊莫拉并任命他的外甥吉罗拉莫·里亚
里奥为新总督之后，西克斯图斯四世连同借钱给他收买伊莫拉
的帕齐家族，以及他任命的比萨总主教、来自教宗银行家家族
的弗朗切斯科·萨尔维亚蒂，开始策划将美第奇家族从佛罗伦
萨的权力中心驱逐出去。为安全起见，西克斯图斯四世还暗中
获得了费代里科·达·蒙泰费尔特罗的支持，后者承诺为这场
阴谋提供 600 名士兵。尽管西克斯图斯四世小心翼翼地与实施
细节保持距离，但他知道，美第奇家族不可能被驱逐，除非使
用血腥的手段。行动定于 4 月 26 日，计划极其简单。死亡拉
开序幕。在圣母百花大教堂举行弥撒时，弗朗切斯科·德·帕
齐和贝尔纳多·班迪（Bernardo Bandi）当着数百名礼拜者的
面刺死了朱利亚诺·德·美第奇。他们本来还打算杀死他的哥
哥洛伦佐，但只是刺伤了他。与此同时，弗朗切斯科·萨尔维
亚蒂和他的家人聚集在维琪奥宫，希望占领佛罗伦萨政府的心
脏，并在关键时刻建立一个新的政权。事实上功亏一篑。由于
洛伦佐·德·美第奇和他的同伴反应迅速，这个阴谋失败了。
尽管雅各布·德·帕斯科被扔出窗外，弗朗切斯科·萨尔维亚蒂
被吊死在维琪奥宫的外墙上，但西克斯图斯四世和他的继任者
们并没有被吓倒。

《洛迪和约》破裂后，教宗们把谨慎抛到脑后，投身于一
系列无情的军事行动。这些军事行动成了今天所说的"意大利
战争"（Italian Wars）的一部分，教宗也最终成为半岛局势
不稳定的最大根源。亚历山大六世发动了持续六十多年的战
争，与那不勒斯结盟对抗米兰和法国（国王查理八世想把那不
勒斯王国据为己有），加之管理不善，教宗国几乎陷入无政府
状态。[93] 仅仅几年后，好战的尤利乌斯二世着眼于征服罗马涅

地区的威尼斯属地，并与神圣罗马帝国皇帝、法国国王和那 367
不勒斯国王达成了协议。血腥的阿尼亚德洛之战（Battle of
Agnadello，1509）见证了教宗野心的胜利，但这只会使情况
变得更加复杂，使尤利乌斯二世和法国，还有他的宿敌威尼斯
发生冲突。而这在很大程度上是不必要的。德西德里乌斯·伊
拉斯谟（Desiderius Erasmus）在他的讽刺性对话体著作《尤
利乌斯被逐出天堂》（*Julius exclusus de caelis*）中对此进行
了谴责。然而，尽管这场冲突极其复杂，尤利乌斯的美第奇家
族继任者利奥十世和克莱门特七世以非凡的精力接过接力棒，
扩大了意大利战争的范围，并制造了更多的流血事件，尽管他
们的军事能力不如前几任教宗。事实上，事情变得如此可怕，
以至于1527年，神圣罗马帝国的皇帝查理五世（Charles V）
觉得有必要洗劫罗马，把受到惊吓的克莱门特囚禁起来。

　　在持续不断且混乱的军事行动的刺激下，教宗们的野心
使他们更加倾向于无节制的阴谋。然而，没有人比亚历山大六
世更喜欢邪恶的阴谋，就连马基雅维利也用以他的标准来衡
量相当苛刻的术语来描述他。在《君主论》中，他认为这位
教宗——

　　　　除了骗人，什么也没做，什么也没想；他总是为他的
　　欺骗行为找到受害者。从来没有一个人像他那样作出令人
　　信服的保证，或者像他那样信誓旦旦，却又不信守诺言。
　　尽管如此，他的欺骗总能得到他想要的结果，因为他是这
　　门艺术的大师。[94]

　　事实上，马基雅维利注意到，亚历山大六世只是通过损害教
会先前支持的那些人的后裔才使教宗的世俗权力有所扩大。[95] 然 368
而，亚历山大六世最臭名昭著的是他被认为掌握了投毒和暗杀

的黑魔法。虽然很难得到任何确定性证据，但教宗生命里最后的日子或许有力地证明了他对这种方法的喜爱。1503 年 8 月 10 日，亚历山大六世和切萨雷·博尔贾出席了由极其富有的枢机主教阿德里亚诺·卡斯泰利·迪·科尔内托（Adriano Castelli di Corneto）举办的奢华午宴。然而，枢机主教听到谣言，说教宗计划用一种有毒的果酱杀死他，并将没收他的钱财。卡斯泰利及时挫败了阴谋，他贿赂了给他下毒的人，把致命的果酱给了亚历山大六世和切萨雷。两天之内，教宗被发现身患绝症，切萨雷也病倒了。但事情已经变得非常糟糕。亚历山大六世在与死神搏斗了几日后，最终于 8 月 18 日去世，而卡斯泰利发现自己无意中也吞下了一些毒药，痛苦了多日。

因此，从回到罗马的那一刻起，教宗制度就从根本上变成了一种军国主义制度，其主要行动者毫不犹豫地要么密谋反对其他当权者，要么让他们神圣的双手沾满鲜血。这反映了文艺复兴时期教宗有着不符合基督教教义的一面，而且他们还表现出极度的恬不知耻，甚至可以说是对自己的暴力行径表现出某种自豪。就和他们乐意利用赞助来为"君士坦丁献土"的骗局披上一层体面的外衣一样，他们也用视觉艺术来庆祝、颂扬，并使他们的军事行动和阴谋诡计合法化。

这一模式在早期就已形成。例如，在锡耶纳皮科洛米尼图书馆纪念庇护二世生平的壁画中，平图里基奥用了一整个画面来表现埃涅阿斯·西尔维乌斯·皮科洛米尼敦促教宗加里斯都三世召集军队作战。同样，西克斯图斯四世——似乎完全无意为他的侵略成性或他的阴谋嗜好赎罪——开始了一种教廷风尚，将教宗与罗马皇帝的军事成就联系起来，并委托他人模仿古钱币制作了纪念章。[96]

但正是在尤利乌斯二世统治期间，军国主义和暴力的盛行渐而达到顶峰。尤利乌斯陶醉于自己作为"战神教宗"的声誉，从未错过任何一个将自己描绘成某种英勇超人的机会。瓦萨里说，有一次，米开朗琪罗正在制作一座教宗的黏土雕像，准备在博洛尼亚展出，两人聊起来，对话揭示了教宗自我形象的真实特征。

> 当尤利乌斯看到雕像右手有力举起时，他问这是祝福还是诅咒。米开朗琪罗回答说，这个雕像是告诫博洛尼亚人要理智行事。然后他问教宗是否应该放一本书在左手，教宗陛下回答说："放一把剑。我对阅读一窍不通。"[97]

尤利乌斯二世努力在视觉上利用艺术来突出他的教宗职位和尤利乌斯·恺撒的统治之间存在相似之处，显然是要表现自己在军事领域有着和伟人一样的自豪感。追随着他的亲属西克斯图斯四世的脚步，尤利乌斯二世委托詹克里斯托福罗·罗马诺（Giancristoforo Romano）和克里斯托福罗·卡拉多索（Cristoforo Caradosso）为他铸造勋章。这些勋章清楚地表明他不仅建造了圣伯多禄大殿，还建造了奇维塔韦基亚（Civitavecchia）的防御工事，"保护"了意大利中部的教会土地。[98]

与此类似，尤利乌斯二世的继承者们习惯性地用描述历史胜利的方式颂扬和证明他们自己的行动或计划。其中一个比较突出的例子是《奥斯提亚之战》（*Battle of Ostia*），拉斐尔将它画在梵蒂冈的"博尔戈火灾厅"（Stanza dell dio del Borgo）。这幅画是为纪念利奥四世（Leo IV）在 849 年战胜西西里的撒拉森人（Saracens）而作，场景非常引人注目，因为利奥十世自己被描绘成他这位同名祖先的角色。这不仅使第一位美第奇教宗与来自遥远过去的胜利联系在一起，而且为利奥十世的军事行动提供了一个引人注目的视觉上的正当理由。

无论教宗们回归罗马后多么残暴野蛮，无论他们的野心夺走多少人的生命，他们非常清楚，对艺术赞助的精心操纵掩盖了他们的罪行，并进而声称暴力、谋杀和阴谋是为了教会更大的荣耀而值得称赞的必需品。当然，这是一个明显的谎言；但从某种意义上说，这就是教宗文艺复兴的意义所在。

\* \* \*

在庇护二世进入佛罗伦萨的那个晚上，加莱亚佐·马里亚·斯福尔扎又看到《东方三博士伯利恒之旅》，他的目光离开教宗的画像，再次审视整个场景。他的视线掠过那些几天前还让他迷惑不解的面孔，用新的眼光审视它们。他望着那天早上遇到的那个不得体的教宗那严肃的、几乎是隐藏起来的面孔。他望着科西莫·德·美第奇那故意显得谦逊的肖像，不仅看到了佛罗伦萨最重要的赞助人的代表，还看到了"宏伟"理论的大师，一个声名狼藉的财富典范，一个无情的政治主谋的原型。他还望着西吉斯蒙多·潘多尔福·马拉泰斯塔那张高傲而灿烂的脸。他是莱昂·巴蒂斯塔·阿尔贝蒂的朋友，也是皮耶罗·德拉·弗朗切斯卡的赞助人，是个唯利是图的天才、异教徒、杀人犯和强奸犯。

在那个场景中，他面前依次有三个人的肖像，他现在认为他们是文艺复兴时期赞助人的完美典范。他见过他们的真实面目，每个人都极其丑陋、极端世故，每个人都以自己的方式展现人性的黑暗和危险，每个人都拥有自己独特的罪恶，每个人都试图通过艺术用合法的面纱掩盖自己最严重的缺陷。当年轻的加莱亚佐·马里亚第一次看到这个场景时，他很震惊，而现在他咧开嘴笑了。在寂静和黑暗中，他咯咯地笑起来。一切都昭然若揭。他感到自己内心的黑暗第一次浮上水面，他在那一瞬间看到了它。如果他不能战而胜之，就注定与之共舞。

371

# 第三部

# 文艺复兴与世界

## 第十章　菲利波和海盗

尽管菲利波·利比修士17岁时就宣誓成为加尔默罗修会修士，但他一点儿也不适应宗教生活。[1] 与他在卡尔米内圣母大教堂的那些平静、虔诚的弟兄们相比，他有一种狂野而躁动的精神，作为一个崭露头角的年轻艺术家，他多少有点儿梦想家的气质。正如瓦萨里所说，"他从不花时间研究学问，他厌恶这些学问……相反……他所有的时间都用来在自己的书和别人的书上涂鸦"。[2] 由于每天都要进行单调乏味的祈祷、供奉和冥想，他不由自主地对教规感到恼火，而当他有机会绘画时，他的想象力也远远超出了修道院的狭窄范围。他是个容易激动和富有想象力的少年。受马萨乔壁画的启发，也意识到自己的艺术才能正在蓬勃发展，他渴望远离佛罗伦萨的狭隘生活，去看看外面的世界。他渴望到"远方"去冒险。

不到18岁（约1423年），菲利波就下定了决心。"作为对他从四面八方听到的赞扬的回应……他大胆地脱掉了修士服"，逃离了修道院。[3] 没有任何束缚，随心所欲，目标就是出门探索。除了微笑和好奇心，他一无所有，只是四处漫游。关于他可能走过的路，没有任何记录能够提供确切的线索，但如果瓦萨里所言不虚，他便曾冒险向东，穿过翁布里亚，走向广阔、诱人的亚得里亚海。

然而，菲利波的浪游走得比他想象的远很多。有一天，他和几个朋友坐小船离开了安科纳海岸。[4] 他们玩得很开心。阳光灿烂，微风习习，他们无忧无虑。他们嬉闹着互相泼水，很快衣服湿透了，肚子笑痛了。然后，不知从什么地方，一艘大帆船出现在他们旁边。男孩子仍然咯咯地笑着，他们向甲板上的水手挥手致意。这只是另一场很棒的游戏。他们还太年轻、太天真，不知道船上有摩尔海盗。当菲利波和他的朋友们意识到自己犯了错误的时候，他们已经成了俘虏，并被链条锁着去往巴巴里海岸（Barbary Coast）。

菲利波被带到哈夫斯王国（Hafsid Kingdom）尘土飞扬的市场上出卖，被迫以奴隶的身份生活。[5] 在北非炎热的天气里，艰苦的体力劳动使他筋疲力尽，他后悔离开卡尔米内圣母大教堂了。靠他所能乞讨到的可怜的残羹剩饭生活，他会失去绘画的简单乐趣和他所逃离的修道院的平静安宁。我们很容易想象，他用一种不熟悉的语言，发出一种奇怪的喃喃细语，夜复一夜地哭泣着入睡。

随着对故乡的记忆越来越遥远，菲利波的心情也越来越沉重。他渴望有什么东西能使他回忆过去。但什么也没有。他衣衫褴褛，在主人家的厨房里走来走去，意识到一切——绝对是一切——对他来说都是陌生的。他叹了一口气，在冰冷的炉灰旁坐了下来，背靠着墙，心不在焉地摆弄着灶膛里的一个煤块。他任思绪来回游荡。他想到了在他面前展开的生活——如果有生活可言的话。他几乎无意识地从灶膛里拿起一块煤，开始在一面粉刷过的墙上画画。他还没反应过来，就已经画出了一幅他主人的全身像，穿着典型的摩尔人的衣服。

稍后，其他一些奴隶走进厨房，对他们看到的情况感到惊讶。他们赶紧去告诉主人，他要是听说有人在墙上乱涂乱画，一定会不高兴的。但这是菲利波的造化。正如瓦萨里后来所记载的：

> 由于那地方不知道绘画这回事，所以每个人都对他所取得的成就感到惊讶，结果他从禁锢了这么久的锁链中解脱出来。对于绘画艺术来说，这是一件光荣的事情，因为它使有合法的权力的人不去谴责和惩罚过失者，而给予他的奴隶以欣赏和自由来代替折磨和死亡。

　　菲利波从繁重的家务劳动中解放出来，现在只负责绘画，每一件新的作品都使他从前的主人高兴，很快就在柏柏尔人中间赢得了荣誉和尊重。

　　菲利波被俘 18 个月后，终于获准离开巴巴里海岸。他登上一艘船，告别非洲，穿过地中海，最后在那不勒斯上岸；从那里，他开始了意大利本土的旅行，一步步回到他的故乡佛罗伦萨。虽然他终于离开了哈夫斯王国灼热的太阳，再也闻不到拥挤的露天市场的恶臭，再也听不到萦绕在他心头的提醒祈祷的召唤声，但他对异国情调始终保有一种敏锐，这种感觉将伴随他直到他死去。当他穿过意大利半岛向北旅行时，他会比他还是个孩子时对自己国家的"外来性"（foreignness）更警觉。

378

　　他会用新的眼光看待迅速变化的意大利。他意识到，以前模糊而遥远的异乡的低语，如今成了大声的喊叫，他自豪地宣布他的祖国有着"国际化"（international）特性。在那不勒斯，那里仍然是地中海地区宗教、文化和贸易的集散地，来自西班牙的摩尔人说阿拉伯语，渴望获得知识的学者学习希伯来语，教堂充满了东正教的神秘主义，宫殿带有穆斯林影响的印记。在佛罗伦萨，如果说有什么不同的话，那就是"外来性"更加明显。当菲利波回到这个城市的时候，它已经成为已知世界里最重要的十字路口之一。作为一个繁荣的贸易中心，这里的市场充满来自远东的辛辣香料和华美织物；它的商人了解君士坦丁堡、莫斯科和黎凡特，就像了解他们的故乡一样；它的宫殿式豪宅里生活着信仰和肤色各异的仆人和奴隶；它的街道和广场充斥着遥远地方的奇闻逸事。更重要的是，当他回来的时候，佛罗伦萨即将成为重大的"大公会议"的东道主，戈佐利后来在《东方三博士伯利恒之旅》中颂扬了这个会议。

街上挤满了蓄着络腮胡子的拜占庭神父和身着鲜艳长袍的东罗马帝国高官，酒馆里则充斥着希腊人喋喋不休的说话声，他们谈论着奥斯曼土耳其人正在快速推进。

与他年轻时所相信的相反，菲利波会看到意大利并没有与广阔世界的浪漫激情切断联系。世界作为一个整体在运转，像那不勒斯和佛罗伦萨这样的城市是商业中心，来自遥远地方的人和思想在这里会聚。他过去感知到的任何界限都变得模糊；正如他的艺术技巧间接地影响了他对文化交流的看法，他的艺术也逐渐开始反映他所遇到的不同社会群体的相互作用。

约创作于 1438 年的《巴尔巴多里祭坛画》（*Barbadori Altarpiece*，现藏于巴黎卢浮宫，图 32）显示了菲利波开始从更广泛的跨文化角度思考问题。乍一看，这是 15 世纪早期意大利宗教艺术的典型代表。画面中间，圣母马利亚站在一个略高的平台上，抱着圣婴基督，接受跪着的圣奥古斯丁和圣弗雷迪亚诺（S. Frediano）的祈祷。左边和右边出现了一群天使和小天使。但仔细看，你会发现还有许多其他明显不符合意大利特色的地方。有明显的迹象表明，菲利波了解北欧艺术最新的发展，他可能是通过与经常到那里旅行的许多佛罗伦萨商人讨论而接触到的。与早期意大利作品形成对比的是，这些人物没有一个冷冰冰的镀金的背景，而是在一个比例匀称、描绘精确的房间里，左边的墙上可以看到一扇窗户，窗外是乡村风景，这是扬·凡·艾克（Jan van Eyck）等艺术家的一大创新。然而，更重要的是，也有迹象显示，菲利波不仅对异国情调有着持续的迷恋，而且在与其他文化的对话中，他显然对宗教规范亦有着一定程度的理解。菲利波并没有给圣母马利亚简单地披一块布，而是给了她一件蓝色的披风，披风上绘有精美的金色镶边，还有他崇拜的一系列复杂的符号，看起来就像东方的文

字一样。这些字母是"伪库法体"（Pseudo-Kufic）①的一种， 380
虽然没有意义，但被画家用来代表阿拉伯文字，好赋予圣母马
利亚他心目中的"东方"外观（他在哈夫斯王国遇到过真正的
阿拉伯人），也不管画中其他人物正穿着"西方"服饰。在这
个简单的细节中，东方和西方被敏感的艺术家细心而巧妙地结
合在一起。

### "他者"的发现：文艺复兴走向全球

　　菲利波·利比在巴巴里的经历表明，文艺复兴不仅是一个
艺术创新的时代，而且是一个已知世界的边界被打破的时代。

　　当然，意大利从来不是存在于真空中，与其他国家隔绝。从
古代到中世纪晚期，它的遗产、贸易联系和地理位置不仅使它与
地中海盆地的其他地区接触，而且使它与地球上更广阔的地区频
繁接触。从普林尼（Pliny）和斯特拉波（Strabo）等古典作家的
著作中，人们了解了亚历山大大帝从波斯到印度河沿岸的战役，
了解了罗马帝国从不列颠群岛的北部海岸到努比亚（Nubia）灼
热的沙漠，从西班牙的大西洋海岸到里海海岸的辽阔疆域。从中
世纪的商业、混乱和战争中，人们对拜占庭帝国——其遗迹在
意大利南部和曾经的拉文纳总督区仍然可见——从辉煌到衰落
的历史有了更深的了解，对安达卢斯、西西里岛、埃及和圣地
耶路撒冷的穆斯林，以及对基辅罗斯这片陌生的冰冻荒原也有
了更多的了解。从 13 世纪蒙古人入侵所带来的冲击中，中世 381
纪的意大利人重新获得机会，进一步扩展了地理认知。在"蒙
古和平"（pax Mongolica）推动下，穿越中亚通往中国的"香

---

①　泛指中世纪和文艺复兴时期模仿阿拉伯文库法体笔画而创的一种装饰性字体，也
　　称为"伪阿拉伯文"，常见于欧洲描绘圣地及圣母马利亚的艺术作品中，往往出现
　　在圣人的光环和衣袍边缘处，是伊斯兰文化对西方艺术之影响的典型案例。——编
　　者注

料之路"（Spice Road）再次开通，好奇的探险家——包括圣方济各会神父卢布鲁克的威廉（Fr. William of Rubruck）和威尼斯的马可·波罗（Marco Polo）——带回了地球另一端的第一手资料。

然而，尽管中世纪的意大利与更广阔的世界"紧密相连"，但许多最重要的知识传播途径是不稳定、断断续续的，且常常具有暴力的性质，这不仅导致了与其他文化的联系基本是不完整的，还使得中世纪后期对非意大利世界的认知仍然被各种臆想的、神奇的和不可思议的东西主导着。例如，尽管马可·波罗的游记中包含了大量准确的、观察入微的细节，但其中也充满了令人难以置信的虚构，这些虚构更多源于作者过于活跃的想象力，而不是任何实际经验。他的叙述里有独角兽，有尾巴比手掌还长的男人，有满是钻石的山谷，还有长着狗脸的岛民，[6] 就连中国的万里长城这样容易辨认的建筑，也笼罩在疯狂的、神话般的臆测之中。这种异想天开的荒唐事远非罕见。想象的世界总是充满了非凡和令人难以置信的人物。祭司王约翰（Prester John）被认为是一个非常善良和富有的国王，是东方三博士之一的后裔，他的传说在人们形成"东方"（Orient）和"撒哈拉以南的非洲"（Sub-Saharan Africa）的观念方面发挥了令人信服的重要作用，而他那出了名的基督徒身份甚至在国际政治中也有一定的影响力。[7] 与此类似，在关于亚历山大浪漫故事的许多版本中，这位马其顿国王与近东的亚马逊女王有染，被关在笼子里，由老鹰高高抓起。所以马可·波罗的风景描写也反映了幻想的普遍趋势。伊德里西（Idrisi）是 12 世纪西西里岛罗杰二世（Roger II）宫廷的地理学家，他认为日本的黄金异常丰富，甚至连狗都戴这种金属做的项圈，[8] 而（可能是虚构的）约翰·曼德维尔爵士（Sir John Mandeville）则借鉴早期的作品描绘了一个神奇的国度，那里到处是凤凰、哭泣的鳄鱼和脑袋埋在胸腔里的人。[9]

相比之下，"文艺复兴的黎明"通常被认为标志着与前几个世纪的彻底决裂。尽管在过去，与其他国家、民族和文化的接触并不鲜见，但14世纪见证了知识视野的空前拓展，知识的边界推得比以往任何时候都要远。

对古典文学的重新发现不仅仅让意大利人接触到了希腊文学的"异国风情"和古代世界的博大精深。[10]"其他"民族——尤其是来自西班牙、葡萄牙，后来还有来自德国的犹太人——纷纷拥入半岛，为半岛带来了更大的社会经济活力，也为半岛带来了价值巨大的医学、语言和哲学知识。但最重要的是，旅行是文艺复兴时期思想扩展的真正动力，在这方面，利比的巴巴里海岸之旅大概就是时代精神的例证。东方尤其承载着人们独特的愿景。早在1338年，佛罗伦萨旅行家乔瓦尼·德·马黎诺里（Giovanni de' Marignolli）成为自马可·波罗以来第一个访问中国并从那里回国的人。他奉教宗本笃十二世（Benedict XII）之命出行，开辟了外交渠道，带回了很多商业上有用的信息。与奇里乞亚的亚美尼亚王国、开罗的马穆鲁克苏丹国、北非的哈夫斯王国、中亚的帖木儿帝国以及崛起的奥斯曼帝国之间的贸易突飞猛进，激发人们对更广泛和更可靠的知识的热情，好去了解那些越来越常遇到的民族、语言和习俗。撒哈拉以南的非洲似乎也突然焕发了生机，旅行者为了追求新的土地和财富而穿越沙漠和海洋。但最大的进步发生在西方。1312年，兰斯洛托·马洛切洛（Lancelotto Malocello）——兰萨罗特岛（Lanzarote）之名就得自他——在加那利群岛（Canary Islands）定居后，所有人的目光都投向了落日之处，他们的心思转向了寻找另一条通往中国的航道，[11]后来热那亚人克里斯托弗·哥伦布和他的后继者揭示了大西洋地区真正的、惊人的新奇之处。一个比任何人想象的都更宏大、更令人振奋的丰富而精细的世界图景，取代了过去笼罩着神话的茫然无知。

这些都有助于理解文艺复兴本身。历史学家强调，自 14 世纪以来，"外来"知识在很大程度上不断增长，从而形成了人们对整个文艺复兴的看法。从某种意义上说，完全可以认为艺术上的自然主义追求是人们对一个更广大的世界的感知的反映，自现代学术批判发端以来，"文艺复兴"（Renaissance）的概念就与"大发现"（discovery）的概念紧密相连。例如，早在 18 世纪，吉罗拉莫·蒂拉博斯基（Girolamo Tiraboschi）① 就认为，通过探索来拓展知识和商业视野是这一时期最伟大、最具决定性的特征之一。[12] 在 19 世纪，伟大的瑞士历史学家雅各布·布克哈特（Jacob Burckhardt）② 跟随蒂拉博斯基的脚步，把他所称的"世界的发现和人的发现"作为文艺复兴概念的核心。[13] 即使在今天，当跨文化研究的发展给激动人心的浪漫主义和启蒙精神泼了一盆冷水时，学者们依然得认同文艺复兴确实是"大发现时代"的开始，尽管看法有所保留，但剑桥历史学家彼得·伯克（Peter Burke）还是毫不犹豫地将两者联系起来。[14]

将"文艺复兴"与"大发现"联系起来，并不仅仅是因为两种现象巧合地同时发生，更重要的是，人们认为对其他地区和文化的探索塑造了这一时期的特征，文化间的交流很大程度上也改变了对更广阔的世界的态度。在蒂拉博斯基看来，"美洲的发现"与"书籍的发现"和"古典的发现"同样重要，因

---

① 1731~1794，意大利学者，曾任米兰布雷拉学院文学教授，后受摩德纳公爵委托管理埃斯腾斯图书馆（Biblioteca Estense）。著有《意大利文学史》（*Storia della letterature italiana*）等。其学术研究体现了浓厚的爱国主义色彩，收集整理了大量一手资料，涵盖文学、哲学、历史、美术、医药、法学等方面，旨在从文化艺术角度捍卫祖国的荣光，应对外国的批评。——编者注

② 1818~1897，瑞士文化史、艺术史学家，著有《意大利文艺复兴时期的文化》《希腊文化史》等。——编者注

为它们促进了自我意识的形成，而他认为自我意识正是文艺复兴的精髓所在。同样，布克哈特把拓宽知识的视野看作文艺复兴个人主义概念的核心，尽管爱德华·萨义德（Edward Said）等学者做了大量研究，揭示了文化交流的互动性质，但更多的现代历史学家表现出一种普遍的意愿，认为应把两者联系起来。确实，甚至有人认为，文艺复兴时期的男女如果没有对"他者"形成清晰而复杂的认识，就不可能意识到自己的独特身份。

　　这种态度不难理解。我们也确实会倾向于认为"大发现"就是文艺复兴的一个方面。这种认知符合人们对这个时期的既有印象。虽然艺术家和赞助人可能都是相当可怕的人，他们对艺术的态度与他们不光彩的丑陋生活方式脱不了干系，但是人们认为，发现新大陆有助于产生一种新的开放和宽容的态度，这种态度在文学和视觉艺术中都有体现。当文艺复兴时期的意大利人接触到新的民族和文化时，他们开始更加强烈地质疑自己对人性的先入之见。面对奥斯曼帝国的文明、爪哇岛民的奇怪习俗以及北美印第安人的陌生习惯，沙文主义被这样一种日益增长的意识取代：当表面的差异被剥去之后，实际上就是一种不变的人性，这是所有人共有的。这不仅有助于发展文艺复兴时期的人作为一个独立的、有创造力的个体的概念（最明显的例子是乔瓦尼·皮科·德拉·米兰多拉的《论人的尊严》），而且很大程度上也削弱了前几个世纪的天马行空的偏见。人就是人，不管他们来自哪里；所有的人都有同样的潜力，可以达到佛罗伦萨新柏拉图主义者所设想的令人眩晕的人类成就的高度。有些人，比如皮科·德拉·米兰多拉，甚至开始思考基督教是否果真如前人所想，和来自其他各种文化背景的异教无甚共通之处。

　　乍看之下，《巴尔巴多里祭坛画》和瓦萨里对菲利波·利比在巴巴里冒险经历的描述似乎很符合这种解释。利比在画中加入一种"伪库法体"文字，这似乎表明他对穆斯林和东方文化的认识，同时也承认了基督教和近东传统之间有某种将彼此联结起来的共同遗产。圣母马利亚披着明显是阿拉伯风格的斗篷，这既表明作者愿意将早期基督教历史置于适当的地理环境中，也表明他承认基督教和伊斯兰教有着共同的根源。同样，瓦萨里决定将利比在北非哈夫斯王国被囚禁的故事整合到他的艺术家传记中。这似乎证明了，其他民族的审美判断可以佐证意大利画家的才华，而"外国人"对艺术家生活也并非全然陌生。

386

　　我们不难找到更多类似的例子，并且也很难忍住不将利比放在一个更广阔的有关文化开放性的语境里进行讨论。在这方面有许多脍炙人口的文学作品。早在 14 世纪中叶，薄伽丘的《十日谈》就暗示了想象力的范围正在扩大，人们对其他民族和地区也有了更积极的看法。例如，在第一天的故事中，有一个犹太人角色名叫亚伯拉罕，他的作用是揭示罗马教会的虚伪；而在接下来的故事中，又有一个叫麦基洗德（Melchizedek）的犹太人智胜了萨拉丁（Saladin）。[15] 后来，薄伽丘选择了更多的地点作为故事背景，整部作品中最令人印象深刻和最具戏剧性的角色往往是既有"异国情调"又似曾相识的。因此，读者了解到巴比伦苏丹与阿尔加维（Algarve）国王的外交关系、亚历山大港的热那亚贸易、突尼斯国王的航运利益，还能读到契丹（Cathay）日常生活中的戏剧性场面。[16] 同样，阿丽贝卡和鲁斯蒂科的故事（见本书第五章）也发生在现代突尼斯的加夫萨（Gafsa），充满了美妙的激情；三姐妹私奔的故事则在克里特岛高潮迭起。[17] 这种写作倾向在后来的几个世纪里才更加明显。例如博亚尔多（Boiardo）的《热恋的罗兰》（*Orlando Innamorato*，约 1478~1486）以契丹国王的女儿安杰莉卡（Angelica）到达查理大帝的宫廷为开端，写了她父亲与鞑靼人之间、法兰克人与摩尔人之间的斗争。同样，在塔索（Tasso）的《耶路撒冷的解放》（*Gerusalemme Liberata*，1581）中，基督徒在圣地的穆斯林敌人被赋予了一定程度的骑士精神，这是很难被忽视的。来自视觉艺术的例子当然也不会缺乏。像戈佐利的《东方三博士伯利恒之旅》这样的绘画作品中，既有对拜占庭宫廷的惊人描绘，也出现了一位有明显非洲血统的身着制服的仆人。再如，熟悉的神话也被改编和扩充，因为人们有关其他国家的知识正日益丰富。对卡帕多西亚的圣乔治（St. George）的描绘成为近东服饰展示和跨文化交流的一个特别突出的载体。这位圣人的故事不仅在各个基督教流派中流传，而且成了东西方交往的密钥，因为他的屠龙传说相传是发生在利比亚。[18] 在这方面，维托雷·卡尔帕乔（Vittore Carpaccio）约在1504~1507年为威尼斯圣约翰礼拜堂（Chapel of St. John）所绘的圣乔治的生活场景中，就有一群戴着头巾的穆斯林，背景是一个融合了意大利风格和"东方"风情的城市景观。同样，在平图里基奥为梵蒂冈博尔贾公寓的圣徒厅（Sala dei Santi）所画的《圣凯瑟琳的辩论》（*Disputation of St. Catherine*，约1492~1494）中，皇帝周围的人物反映了15世纪晚期地中海的诸种文化，如希腊人、北非穆斯林和土耳其人的文化，这幅画给人一种积极向上的感觉：一个没有任何障碍的世界正在被发现。

### 永远的外国？

然而，就像文艺复兴时期的许多其他事物一样，表象具有欺骗性，令人迷惑。重要的是要记住，将发现等同于知识，将知识等同于宽容，这种联系与其说是文艺复兴时期的社会态度，不如说是现代情感和浪漫倾向的投射。尽管这一时期的发现是激动人心又深远的，但事实上，没有任何客观理由可以解

387

388

释，为什么更多地接触"外国"文化就必然能消除根深蒂固的
偏见，或者就必然会冲击当时的道德标准。对其他文化的发现
以及面对世界油然而生的求知欲可以与无知、仇恨和盘剥并行
不悖。旅行者不会天真地睁大眼睛去看新大陆，相反，他们看
到的往往正是自己想看的东西，并根据既有观念来解读自己看
到的生活碎片。更重要的是，文艺复兴时期的旅行者与外国文
化之间的关系往往被政治冲突、经济利益或文化依附限定。尽
管有时能析疑匡谬，但个中也会产生大量的误解；神话会随着
环境变化不断被改写，新的偏见形式也屡屡取代旧的偏见。结
果，在那些看似天真并开放的艺术作品背后，隐藏着大量更加
令人惊讶和不安的观点。

　　无论它们最初给人何种印象，利比的《巴尔巴多里祭坛
画》和瓦萨里传记都暗含着一些迹象，它们表明这种理解不仅
掺杂着无知，而且相对主义和宽容实际上也是粗鄙的顽固和无
礼的偏见的薄外衣。无论利比对伊斯兰文化的认知是什么样
的，《巴尔巴多里祭坛画》似乎并没有表露任何真正的认同感。
尽管圣母马利亚裙边的伪库法体文字可能很有趣，但它仍然是
对阿拉伯正体字的一种相当粗糙和业余的模仿，并没有尝试去
超越一种肤浅的只能愚弄无知之人的刻板印象。一种更明显的
倾向是从轻蔑的、屈尊俯就的角度来看待伊斯兰文化，这在利
比的生活中是可以看到的。瓦萨里的这部如今已无从证其虚实
的传记既体现了文化间的相对主义，又展示了一幅揭示时人耳
目闭塞的"文化漫画"。虽然瓦萨里对巴巴里奴隶主的审美判
断给予了一定的重视，但他对这一判断的戏剧化描写始终基于
一种观念，即认为伊斯兰文明是"野蛮的"。尽管北非的穆斯
林群体长期以来创作了异常丰富多样的艺术作品——从陶器和
地毯到建筑、书法和手稿插图，但瓦萨里相当刻意地认定绘画
艺术在哈夫斯王国完全不为人知，甚至将这一明显荒谬的看法

作为其小传的重点。这么一幅"文化漫画"不仅和利比自己使用的伪库法体字母一样，完全依赖于过时的刻板印象，而且将叙事的刺激性远远置于准确性之上，乃至荒唐可笑的地步。

对利比和瓦萨里来说，他们的想象力仍然受过去的限制，但放在当时都没什么稀奇的。事实上，如果说他们有什么不同寻常的地方，那就是他们都对"外国人"表现得很敏感，并煞费苦心地以这么不起眼的方式来表达他们的偏见。事实上，他们的作品可能是描摹其他文化的艺术作品中的"较好"的例子了。就艺术而言，"大发现"的成果大多腐烂了。然而，意大利艺术家和作家与更广阔的世界进行了更密切的接触，对不同民族和宗教的习俗和惯例产生了更强烈的好奇心，但固执的无知、不可救药的偏见和狂热的偏执也日益滋长，并以更隐秘的艺术和文学形式表现出来。

菲利波·利比成年后的大部分时间都在佛罗伦萨生活和工作，从这里可以窥见文艺复兴时期人们对待"他者"的态度形成的大环境。作为一个国际商业中心和重要的文化中心，这座城市吸引了世界上最遥远国度的人们，而它自己正处在重大变革的阵痛之中，痛得足以把那个时期的知识观变得面目全非。但与此同时，这些因素也导致它为跨文化交流中更令人不安的方方面面提供了温床。

为了更好地说明这一点，下面每章都将举一个例子来说明在利比完成《巴尔巴多里祭坛画》那个时期佛罗伦萨与"外国"文化（犹太人、穆斯林、非洲黑人及大西洋文明）的碰撞，以此为出发点，将文艺复兴与广阔世界的关系置于一个更广大的文化、社会和思想语境中进行讨论。利比那个时代的佛罗伦萨正不断开拓自己的眼界，而在那个时代文明而精致的艺术和文学的表象下，显然隐藏着一个非常丑陋的文艺复兴。

## 第十一章　萨洛莫内的罪

在 15 世纪早期的托斯卡纳，萨洛莫内·迪·博纳文图拉（Salomone di Bonaventura）据说是一个富裕、正直的人。[1]他总是把家庭放在第一位。他是个孝顺的儿子、体贴的丈夫，他也是一位自豪的父亲，对两个年幼的孩子关爱备至，关心他们的教育和健康。像那个时代任何一个正派人一样，萨洛莫内努力工作，以确保家人衣食无虞。1422 年，他与自己的父亲老博纳文图拉一起从商，成为一名成功的放债人，他的诚实和正直赢得了客户和合作伙伴的尊重。

萨洛莫内的大部分生意在离佛罗伦萨大约 10 英里的小镇普拉托（Prato）开展。他极为准时地把每年 150 佛罗林的执照续期费交给佛罗伦萨财政部；经营这样一门相当体面的生意，几乎没有什么可抱怨的。当然，和其他人一样，他也有意想不到的敌人。在佛罗伦萨——那里就是一个产生恶毒的流言蜚语和琐碎的诽谤的温床——有人也许出于嫉妒，看他不顺眼，但是他宽慰自己，在竞争激烈的商业世界，这都是难免的。总之，一切对他来说都很好，他对自己的命运感到满足，这是可以理解的。

到了 1439 年，萨洛莫内急于扩大他的生意。经营收益似乎一直在稳步增长。在此之前，1430 年，他从教廷购买了一项特权，允许他将业务扩展到圣塞波尔克罗（San Sepolcro），现在他正在寻找新的机会。财政部官员暗示，他很快就能在佛罗伦萨开自己的店了，他对即将开始的工作感到兴奋。当他的朋友亚伯拉罕·达蒂利（Abraham Dattili）出乎意料地提议应佛罗伦萨政府的邀请合伙提供贷款时，萨洛莫内欣然接受了这个机会。天赐良机，不容错过。

然而，萨洛莫内生性谨慎，他不愿因一次愚蠢的失误而打乱自己的计划。也许他意识到，如果自己的野心过于明显，佛罗伦萨人可能会试图损害他，所以在制订合同时，萨洛莫内采取了预防措施，合同以儿子而不是自己的名义签署。[2] 这也许是一种明智的做法。当时贷款业务受到严格监管，虽然他自己还没有得到在佛罗伦萨经营的许可，但萨洛莫内似乎相信，以他儿子的名义经营一定符合法律规定。

两年来，一切都很顺利。但是1441年，萨洛莫内的世界突然戏剧性地分崩离析。他认为最完美的计划其实并不完美。在没有任何警告的情况下，他被带到佛罗伦萨的法庭，被诬告违反了法律。尽管他儿子是达蒂利的正式合伙人，但检察官指出，实际上是萨洛莫内在经营业务。他们指控，因为萨洛莫内在佛罗伦萨没有得到贷款的许可，他显然涉嫌犯罪。萨洛莫内大胆抗辩说，因为他从来没有以自己的名义作过交易，而只是代表他的孩子，所以他没有做任何可以受责备的事。他相信法律会还他一个公道，而训练有素的律师必须尊重这座城市的法规。这显然是不实指控，缺乏任何现实依据。

但萨洛莫内大错特错了。[3] 他是否无辜无关紧要。无论如何，他永远不会得到公正的审判。一开始这就是个陷阱。佛罗伦萨政府决心买下圣塞波尔克罗镇并且需要钱，由于无法通过任何合法手段筹集到所需的资金，执政官们决定对相当富有的人巧取豪夺。萨洛莫内成了牺牲品，法庭审判的唯一目的就是把他身上的每一分钱都夺走。

法官摆了摆手，轻蔑地拒绝了萨洛莫内的反对意见，认定他有罪。他天真得几乎不敢相信正在发生的事情。但法官随之作了判决。听到法官的话，他感到全身发软。罚款20000佛罗林。简直难以置信。就在30年前，乔瓦尼·迪·比奇·德·美第奇曾借给巴尔达萨雷·科萨一笔钱，让他去行贿当教宗，而那笔钱数额只有这笔罚款的一半。实际上这比一个国王的赎

金还多。萨洛莫内被毁了。他的梦想破灭了，从此他的家庭一
贫如洗。

审判的消息很快传开了，短短几小时后，佛罗伦萨人就
开始喋喋不休地谈论萨洛莫内那惊人的不幸。但没有人对司法
不公感到惊讶，甚至没有人对司法不公感到特别不安。非但如
此，执政官列奥纳多·布鲁尼一直被告知审判的进展情况，或
许是对收购圣塞波尔克罗镇的前景感到兴奋，他的信件清楚地
表明，他认为对萨洛莫内的判决是完全合理的。[4]然而，这并
不意味着布鲁尼和佛罗伦萨人认为他触犯了法律。相反，每个
人都知道，他是因为一种完全不同的罪过而受到惩罚。萨洛莫
内的"罪"仅仅在于他是犹太人。

## 托斯卡纳和犹太人

尽管萨洛莫内·迪·博纳文图拉异常富有，甚至遭受了更
不寻常的迫害，但他作为文艺复兴时期意大利繁荣的犹太社区
的典型成员，考虑到他成长的社会环境，对佛罗伦萨法庭的公
平和公正怀有期待也许是很自然的。

自古以来就有犹太人居住在意大利半岛上，虽然人数不
多，但相当稳定，中世纪的各个城市似乎都有犹太人居住。然
而，随着文艺复兴的开始，生活在意大利的犹太人数量开始稳
步增加。他们被迫逃离西班牙和葡萄牙（后来还有德国）的家
园，而被意大利城镇日益繁荣的景象吸引。尤其意大利北部似
乎有一种特殊的吸引力。像博洛尼亚、威尼斯、帕多瓦和米兰
这样的城市不仅欢迎来自阿尔卑斯山的犹太人，也欢迎来自罗
马和西西里王国的犹太人。据估计，到 15 世纪中叶，仅意大
利北部就有两百多个犹太人社区。[5]

与其他许多地区，如艾米利亚（Emilia）和伦巴第相比，
托斯卡纳并没有特别悠久的犹太人定居史，但它依然发现自己

是大量移民的受益者。萨洛莫内的父亲老博纳文图拉很可能是 15 世纪早期搬到普拉托的许多犹太人之一。商业繁荣为新行业的发展提供了难得的机会，而当时的犹太人擅长的许多行业在 15 世纪托斯卡纳的城市生活中找到了天然的归宿。当萨洛莫内开始他的放贷生涯时，大约有 400 人在佛罗伦萨开展了自己的业务，也许只比普拉托本地的从业人员略少一些。[6]

　　虽然犹太人不是意大利人口最大的群体，大约有 1000 人生活在威尼斯，而同时有不少于 12500 人居住在教宗国，但他们却是城市社会中充满活力的一部分。在佛罗伦萨，大多数人倾向于居住在城市东北部，聚集在圣十字教堂附近的现代犹太会堂旧址周围，但也有相当一部分不太富裕的人在奥尔特阿尔诺城区，在菲利波·利比的修道院附近狭窄拥挤的街上安家落户。他们迅速扎下根来，以令人钦佩的速度和惊人的效率融入佛罗伦萨的生活。正如一位历史学家注意到的，事实上，"在 15 世纪中叶，犹太人和基督徒已经变得非常难以区分了。他们说同样的语言，住同样的房子，穿同样的服装"。确实，"从德国城市移居意大利的犹太人……对他们的意大利教友的受同化程度感到震惊……"。[7]当然，那些从事最受人尊敬的职业（如医生）的犹太人更是如此，他们在商业上的成功也使他们与佛罗伦萨最富有的银行家不相上下，犹太精英在市民社会的上层中找到了自己的位置。[8]甚至从其早年生活的一些细节中也能看出，博纳文图拉肯定是最容易被同化的人之一。

　　犹太人融入意大利北部城市的生活无疑与他们在文艺复兴时期扮演的重要角色有关。利用城市的商业活力，许多佛罗伦萨犹太人开始从事投机贸易（尤其是宝石和金属）[9]和放贷。毫不奇怪，最早为人所知的一位犹太居民埃马努埃尔·本·乌齐尔·达·卡梅里诺（Emanuel ben Uzziel dal Camerino）正是从事这类行业的。尤其是犹太放债人，他们常常在佛罗伦

萨以外的小定居点经营，结果发现客户纷至沓来。由于高利贷
法严格来说禁止基督徒收取利息，犹太放债人便实现了一项必
要的经济功能，而且因为他们经常愿意在别人不愿意的地方放
贷，他们为托斯卡纳的经济运行提供了急需的资金。通过向各
种规模的行业注入必要的资本，有些人，如萨洛莫内·迪·博
纳文图拉的业务变得如此兴旺，以至于他们发放的贷款规模甚
至能够与更有名望的商人银行家相当。事实上，当基督徒无法
满足教宗马丁五世的要求时，正是犹太放债人按要求向他提供
了资金。

　　然而，犹太人在意大利社会，尤其是在佛罗伦萨社会中扮
演的角色远远超出了商业范畴。犹太人通常拥有丰富的技能，
这使得他们在社会生活中不可或缺。特别是在文艺复兴后期，
犹太医生受到的训练常常使得他们比非犹太人同行更密切地接
触到阿拉伯和希腊的知识体系，因而获得了很高的地位，受到
广泛的追捧。在其他地方，如曼图亚和米兰，"历代"犹太医
生证明了自己的价值，他们在宫廷得到了恩宠和尊重。

　　考虑到犹太人在意大利生活中所扮演的重要角色，犹太人
理应享有一定程度的宽容和尊重，这也许并不奇怪。这种宽容
和尊重不仅延伸到商业和赞助领域，还延伸到法律和政治领域。
例如，教宗长期以来一直渴望维护罗马犹太人的权利和特权。
早在 598 年，圣格里高利一世（St. Gregory the Great）就宣
布，犹太人"不应该为他们所享有的特权遭受任何偏见"，[10] 正
是这种信念使得 13 世纪的教宗授予他们罗马公民的身份。[11]
在萨洛莫内和他父亲做生意的三年前，即 1419 年，教宗马丁
五世更进一步，宣布犹太人——

　　　　不可在会堂里被人搅扰；他们的法律、法规、习俗和
　　条例也不应受到干扰……；他们的人身不应受到伤害，也

不应受到任何形式的、超出法律义务的骚扰；在任何时候，任何人都不应要求他们佩戴任何明显的标志……12

　　佛罗伦萨与罗马情况相似。虽然犹太人在佛罗伦萨属于少数群体，但他们的地位在公共法规中有明确规定，遇到外交或财政需要时，他们偶尔会被委以特别重要的政治职位。事实上，有位历史学家不无感动地注意到，"以那个时代的标准来看，佛罗伦萨是一个非常宽容的社会"。13而另一个人则乐观地指出，即使在这个时代的后期，"犹太人也能受到法律制度的保护，并知道他们可以在民事法庭上找到他们权利的主要捍卫者"。14托斯卡纳的犹太人称颂佛罗伦萨和那些支持他们的佛罗伦萨人的功绩，这并不罕见，尤其是在后来的岁月里。例如，对热情洋溢的约哈南·阿莱曼诺（Yohanan Alemanno）来说，洛伦佐·德·美第奇就是现代所罗门王（King Solomon），而所罗门是理想的犹太统治者的原型。15

　　然而，文艺复兴时期的宽容并不仅仅是出于务实的考虑。像佛罗伦萨这样的城市在文化上也有强烈的驱动力，促使人们热情欢迎犹太人进入社区。特别是在 15 世纪中叶，犹太人在知识生活中扮演着越来越重要的角色。他们中的许多人凭借自己的能力成为有影响力的人文主义者，在文化交流和传播希伯来知识方面起了关键作用。例如犹大·梅塞尔·莱昂（Judah Messer Leon），也称犹大·本·耶希尔·罗费（Judah ben Jehiel Rofe，约 1420/1425~ 约 1498），他跟随许多同时代学者长年游历，撰写了许多关于亚里士多德和阿威罗伊（Averroes）哲学著作的重要评论，并撰写了一篇著名的关于雄辩术的论文——《蜂巢之流》（*Nofet Zufim*，英文为 *The Book of the Honeycomb's Flow*）。这篇论文不仅借鉴了拉丁语雄辩术的范例，还借鉴了摩西律法文本。16而梅塞尔·莱昂的学生约哈南·阿莱曼诺（约 1435~ 约 1504 后）是运用富有哲学意味的卡巴拉思想对《摩西五经》（Torah）进行注释的学者，同时也是一位著名的教育家，负责将乔瓦尼·皮科·德拉·米兰多拉介绍给希伯来学者，因为德拉·米兰多拉"召集了一群犹太学者帮助他寻求宗教融合"[17]。

宗教因素也大力鼓励犹太人以平等和积极的参与者身份进入社会。毕竟，这是一种信条：基督生来就是犹太人，却因为自称为"犹太人的王"而遭到迫害。因此，哪怕是最粗暴的神学家也不可能忽视这样一个事实，即作为亚伯拉罕诸教，犹太教和基督教有着共同的根源，《旧约》的先知在《摩西五经》中也以同样的方式受到称颂。15 世纪后期，马西利奥·斐奇诺坚持认为，"犹太卡巴拉学者的著作……与基督教的教义是一致的"，他毫不犹豫地写下了两种宗教共有的真理。[18] 佛罗伦萨人当然不会为在城市祭典中宣扬犹太人在基督教传统中的地位而感到羞耻。例如，在 1454 年施洗者圣约翰节的庆祝活动中，庆典包括从创世到复活的一系列圣经历史场景，每个场景都由一群杰出的市民代表表演，他们被认为与宗教戏剧中的那一时刻有着特殊的联系。在表现摩西时，这位先知立法者被"以色列人民的领袖们"簇拥着，他们都是由佛罗伦萨的犹太人扮演的。[19] 换句话说，在颂扬佛罗伦萨的城市身份时，这座城市的犹太人与基督教兄弟一样，成了可以显现的一部分。

这种宽容常常在视觉艺术中有所体现，在萨洛莫内·迪·博纳文图拉和菲利波·利比生活的时代，托斯卡纳的教堂中包含宗教信仰的作品当然并不罕见，这不仅证明了犹太教和基督教的共同特征，也证明了文化对社会融合和法律融合的影响。特别令人感兴趣的是对圣母马利亚行洁净礼和献圣婴耶稣于圣殿的描绘。这段圣经历史在两个方面很重要。一方面，故事的中心是一个独特的犹太仪式。与基督教传统不同，所有的犹太妇女都要在产后 40 天内带着她们的孩子到圣殿去，按主的要求洁净自己。作为一个尽职尽责的犹太母亲，马利亚带着婴儿耶稣去圣殿就是为了履行这个义务。另一方面，这也是基督生命中的一个关键时刻。在雅各布·达·沃拉金（Jacopo da Voragine[①]）这样的基督徒眼中，圣殿奉献（presentation）象征着圣母在上帝面前的谦卑和基督对旧律法的成全，也标志着基督教净化戏剧的开始，这种戏剧尤其因圣烛节（Candlemas）[②][20] 的庆祝活动而闻名。文艺复兴时期的艺术家对这种双重意义有着超常的敏感，他们把这个故事看作一个契机，既强调了基督作为犹太人和基督徒之间的桥梁作用，又展示了对犹太文化规范的强烈敏感。确实，这个场景的基督教意味取决于艺术家强调戏剧的"犹太性"（Jewishness）的能力。安布罗焦·洛伦泽蒂（作于 1342，图 33）和乔瓦尼·迪·保罗（Giovanni di Paolo，作于 1447~1449）的两幅画都是在锡耶纳画的，现在分别存于佛罗伦萨的乌菲齐美术馆和锡耶纳的国家美术馆。在二者惊人相似的演绎中，圣母与圣婴被犹太历史和当前现实中的关键人物簇拥着。在教堂中央，一位穿着特别的大祭司正在准备祭品；马利亚头顶上方有一尊摩西的雕像，其手里还拿着旧律法的条文，而摩西本人又出现在马利亚身旁（左边）；在基督的上方可以看到一个小雕像，那是犹太人传统的救世者约书亚（Joshua）；基督左边是玛拉基（Malachi），手里拿着书卷，宣告圣婴是上帝应许的儿子。然而，也许最能说明问题的是，艺术家以一种非常敏感的方式赋予马利亚本人明显的犹太特征。在洛伦泽蒂笔下的场景中，她不仅穿了一件东方风格的绣得很华丽的衣服，还带了一块襁

400

---

① 意大利语名字写作 Giacomo de Varazze。——编者注

② 2 月 2 日纪念圣母马利亚行洁净礼的基督教节日。——译者注

裸，看上去有点像犹太人的祈祷披肩。最重要的是，洛伦泽蒂
描绘了一个戴耳环的童贞女。当时的基督徒很少穿这种衣服，
这是一个明显的迹象，表明她属于犹太社区，并以希伯来法为
守则，同时又生育了基督弥赛亚本人。[21] 因而，犹太教和基督
教以一种包容和接纳的视觉表达方式交织在一起。

### 贝尔纳迪诺的愤怒

然而，正如萨洛莫内付出代价后发现的那样，宽容的外表
是骗人的，文艺复兴时期的艺术是在一种怀疑的氛围中成熟起
来的，这种氛围通常会演变成极端的仇恨。

考虑到像萨洛莫内这样的犹太人试图融入佛罗伦萨社会的
程度，问题显然不是不熟悉，甚至不是无知，而是恰恰相反。
基督教的佛罗伦萨人对犹太人的了解越深入，病态的偏见就越
根深蒂固，恶意的误解就会结出越有害的果实。

尽管承认犹太教和基督教的共同遗产，但文艺复兴时期
反犹主义的根源仍然是宗教性的。对菲利波·利比这样的神职
人员而言，单凭基督教从犹太教中发展出来这一点是远远不够
的：犹太人总是与众不同。事实上，正是这两种信仰的紧密联
系，强调了犹太人将永远是"他者"。虽然犹太人被认为见证
了基督降临的真理，但他们拒绝承认耶稣是降临来成全旧律法
的弥赛亚，这使他们与基督教信徒产生了不可思议的巨大距
离。作为狂热的反犹主义者，锡耶纳的圣贝尔纳迪诺和他在圣
方济各修会守规派信徒中的追随者在佛罗伦萨大教堂的讲坛上
反复聒噪，主张不管犹太教与基督教有多少共同之处，只要不
承认基督的神性，它就永远是低劣的、虚假的，甚至是异端
的。[22] 这是一个永远无法抹去的污点，不洁标记的隐喻甚至被
写进了艺术作品中，比如洛伦泽蒂对献圣婴于圣殿的描绘，只
是在表面上以"积极的"方式呈现犹太教。而洛伦泽蒂祭坛画

的全部重点在于强调基督的出现是为了履行摩西带给犹太人的旧律法，马利亚明显的犹太人外表使她显得和自己的儿子有一定的距离，她需要洁净自己，除去希伯来传统的"污点"。

事实上，对于像菲利波·利比这样的基督徒来说，犹太人的问题不仅仅是他们否认基督的神性，而且他们对基督受迫害和死亡负有命定的责任。每年复活节基督教徒都以宗教仪式和戏剧的形式重演耶稣受难的故事，这个故事围绕耶稣被犹大背叛以及被犹太公会（Sanhedrin）不公正的定罪展开。因为上帝的儿子被古代那些不信他的犹太人折磨并杀害了，所以对于文艺复兴时期的基督徒来说，那个时代仍然拒绝接受耶稣是基督的犹太人为耶稣的苦难承担罪责是不言而喻的。

将犹太教视为异端邪说和遗传性原罪的源头的观念转变为宗教仇恨的一种极端形式，其根源在于认为犹太人固有的"谬误"可能对基督徒的信仰产生有害的影响。在当时的教会人士看来，犹太教是一种很容易在基督教世界传播的疾病。犹太人对金融、文化和医学的影响，在某种意义上使他们成了一种"必要的邪恶"，可与妓女所扮演的角色类比；[23] 然而，他们在基督教社会的存在，说轻点儿，是对信仰完整性的严重威胁，说重点儿，是社会躯体的恶性肿瘤。这无疑是在萨洛莫内·迪·博纳文图拉被起诉前的那些年里，他的那些不知名的"敌人"心中所想的。

受 15 世纪早期圣贝尔纳迪诺和他的追随者所鼓吹的恶毒的反犹主义的启发，佛罗伦萨的人文主义者认为他们有责任找到治疗犹太人"传染病"的正确的智识性"药物"。尽管他们很高兴从城里的犹太人那里得到贷款、教育和治疗，但他们还是致力于揭露和铲除犹太人虚假的信仰。确实，那些对学习希伯来语付出最多努力、对卡巴拉最感兴趣的基督教人文主义者，不仅寻求将犹太思想中最有趣的部分纳入他们自己的哲学，而且也力图获取大量的知识来攻击犹太教本身，这既是为了鼓励皈依，也是为了全面迫害。1454 年，佛罗伦萨执政团鼓励犹太人参加狂欢节庆祝活动；也正是在这一年，吉安诺佐·马内蒂撰写了《反犹太人和异教徒》(*Contra Iudeos et Gentes*)一书，毫不掩饰地试图利用与《圣经》密切相关的学术研究来攻击希伯来思想的基本原则，并劝说佛罗伦萨的犹太人皈依基督教。[24] 后来，马西利奥·斐奇诺挖掘了《塔木德》、《奥兰逾越节家宴》(*Seder 'Olam*)以及一系列希伯来神学评论为他的《论基督教》(*De religione Christiana*)提供材料，但与马内蒂一样，他认为这样做主要是为了让犹太人自取其辱。争论相当激烈，而这篇文章最终沦于极端的谩骂，并且充分证明斐奇诺深信犹太教罪大恶极，鼓吹为了基督教的真理而铲除希伯来人信仰的重要性。他声称，犹太人的"异端邪说"没有任何借口，他们既不能从上帝那里也不能从人那里得到宽恕；因为按照摩西律法，他们已经得到基督所要成全的道；用先知的话来说，他们已经预先知道耶稣要来；在他的化身所伴随的迹象中，他们看到了上帝意志的明确证据。

然而，尽管人们普遍认为，对犹太教之"错误"的抨击可以一定程度上避免基督徒变节，并鼓励犹太人改信基督教，但许多与萨洛莫内·迪·博纳文图拉同时代的人却认为，犹太教构成的威胁比它最初表现出来的要复杂和微妙得多。正如圣贝尔纳迪诺不断强调的那样，危及基督教信仰的不仅是犹太人的思想，还有——更令人担忧的是——犹太人的行为特征。贝尔纳迪诺强调，犹太人"背信弃义的谎言"就像一种真正的疾病，可以通过接触他们的日常习惯而传播。

即使是对文艺复兴时期最无知的观察者来说，犹太人生活的模式也显然是由《塔木德》中所列的一系列复杂的仪式塑造的，其中许多（尤其是割礼和饮食律例）与基督教传统完全不同，所有这些都被认为有能力将犹太教的"疾病"传播给毫无戒心的基督徒，尽管他们的目的是保护犹太信仰的纯洁。

因为犹太人有非常严格的饮食规定，尤其是在准备和食用肉类方面，所以人们认为，任何一个不经意间从犹太屠夫手中购买了动物肉类的基督徒都有被商贩的宗教信仰污染的风险。正是因为这一点，许多城市立法确保每种信仰都有自己的、独立的屠宰场。[25] 性也是一个明显的问题。犹太婚姻的严格仪式和希伯来文化对洁净仪式的强调，反过来影响到犹太人群，产生了对犹太人和基督徒之间性关系的全面禁忌。尽管对这类"罪行"的起诉似乎很少，但对那些遭受司法攻击的受害者的审判表明，基督教社会对跨文化的性混乱充满了潜在的恐慌，这超越了所有的理性。[26]

但在某些情况下，犹太人的仪式被故意曲解，因为本来就不合理的"他性"（alterity）观念被充满仇恨的基督徒的狂热想象进一步扭曲了。最可怕且荒谬的证据被捏造出来，它们都被用于险恶的目的，其中许多在文学和视觉艺术中得到了表达。其中较为臭名昭著的故事记录在乔瓦尼·维拉尼的《新慢性病》（*Nuova Cronica*）中，也体现在保罗·乌切洛的《被亵渎的奇迹》（*Miracle of the Profaned Host*，约1465~1468，图34）中，它是由费代里科·达·蒙泰费尔特罗发起的一场更广泛的反犹迫害运动的一部分。[27] 这个明显荒谬的故事本身就是对所谓的犹太人亵渎圣物的再一次精心利用。这种针对犹太人的控诉从1247年起发生在欧洲各地，14世纪到15世纪早期更是成了德国城市生活中屡屡上演的戏码。故事中，有个犹太放债人被指控从附近教堂偷了一块圣饼，带回家给家人做饭吃。然而，当做了这件最为亵渎神明的事后，他惊讶地发现血竟然奇迹般地从面包里流出来，流到地板上，一直流到大街上。路人发现了这凶险的流血现象，便叫来士兵砸

405

开这个犹太人家的门，而他和他的不虔诚的家人则在恐惧中瑟瑟发抖。尽管萨洛莫内的同时代人认为这个故事是虚构的，但它清楚地说明了犹太律法对基督教生活构成的威胁。

对于圣贝尔纳迪诺这样的方济各会反犹分子来说，犹太教的危险使犹太人被边缘化，基督教生活与希伯来传统的严格隔离成为必然。这远远超出了禁止性关系和建立单独屠宰场的范畴。1423 年，圣贝尔纳迪诺在帕多瓦讲道时，对接触犹太习俗的危险性发表了耸人听闻的声明：

> 我听说帕多瓦有很多犹太人；因此，我想陈述几个关于他们的事实。第一个事实是，如果你和他们一起吃喝，你就犯了大罪；因为他们不能与我们同吃，所以我们也不可与他们同餐。第二个事实是，一个生病的人想要恢复健康，不应该去找犹太人；因为这也是大罪。第三个事实是，人们不能和犹太人一起洗澡。[28]

但这还不够。贝尔纳迪诺和他的追随者对意大利北部的犹太人进行了猛烈的攻击。他们声称，不仅基督徒必须完全避免与犹太习俗接触，而且犹太人本身也必须被清楚地标记出来，以便所有基督徒都知道要避开他们。当然，这并不是一个全新的想法。从 1215 年的第四次拉特兰会议开始，教会就要求所有的犹太人必须穿特别的衣服。[29] 到 1257 年，罗马的犹太人（除了医生和其他一些受保护的专业人士）必须戴上圆形的黄色徽章，否则将面临巨额罚款。然而，早期如此公开地标记犹太人的尝试并不十分认真，而且从未严格执行过。教宗发现这项计划几乎不可能完成，于是就放任自流，意大利北部的城市普遍乐于将其抛于脑后。但圣贝尔纳迪诺和方济各会修士的刻薄的说教改变了一切。在对犹太人信仰和行为的狂热仇恨中，意大利北部城市匆忙颁布了一系列新的反犹法。1427 年，安科纳强迫所有犹太人佩戴黄色标志，以响应贾科莫·德拉·马尔卡修士（Fra Giacomo della Marca）的布道。随着圣贝尔纳迪诺的巡回布道，帕多瓦于 1430 年迎合了他的主张；1432 年，佩鲁贾也颁布了严格的着装规定。[30] 1439 年，萨洛莫内与达蒂利达成了决定命运的协议；就在此年，佛罗伦萨本身也被说服进行了这样的立法，在那之后的不同时期，它反复重新发布律令，每一次都更加严厉。[31] 的确，到了 16 世纪，这种预示着 20 世纪恐怖岁月的可怕现象蔓延开来，甚至出现在西斯廷礼拜堂天花板的一个月形拱顶处米开朗琪罗所绘的亚米拿达（Aminadab）①那里。[32]

### 重　罪

　　不管他在托斯卡纳社会中融入得有多好，萨洛莫内·迪·博纳文图拉每次到佛罗伦萨旅行时，都会感受到一种强烈的宗教仇恨。他被迫在左胸佩戴一个大大的黄色的"O"形标志，被认定为犹太人。即使他不理会市民的嘲笑，也难免遭遇到相当大的偏见。然而，真正为他最终遭到法院迫害铺平道路的，是日益增长的反犹主义态度得到了非常具体和特别的强化。

　　如果说文艺复兴时期，犹太教的信仰和仪式被认为是对基督教"健康"的潜在威胁，那么犹太人的商业活动则被认为是对天主教信仰"健康"和基督教社会福祉的莫大威胁。伴随着无情的必然性，放贷和高利贷成了所有问题中最令人担忧的问题，尽管犹太人（就像莎士比亚笔下的夏洛克一样）竟然借钱给基督徒，这多少有些令人吃惊，因为基督徒对犹太人充满了仇恨。[33] 这种状况并不始于该时代。自中世纪以来，欧洲就

①　圣经人物，为犹大后代。——译者注

存在对犹太放债人的偏见，哪怕是 14 世纪早期，粗鲁地用贪婪的指控来诋毁犹太人也不是什么新鲜事了。在 13 世纪，圣托马斯·阿奎那为普遍禁止高利贷提供了神学基础（见第七章等），而且由于放贷已成为犹太人社区特别擅长的一种业务，这种禁令往往成为迫害浪潮的基础。在其统治期间，法国国王路易九世（Louis IX）至少两次下令逮捕犹太放债者，没收他们的财产以支付第七次和第八次十字军东征的费用，而腓力四世（Philip IV）则在 1306 年基于对高利贷的宗教态度将所有犹太人驱逐出他的王国。英格兰的爱德华一世（Edward I）颁布的《犹太人法令》（Statute of the Jewry，1275）也禁止犹太人"亵渎神明"借钱取息，随后颁布的《驱逐令》（Edict of Expulsion，1290）主要是为了证明这种做法的合理性。但在文艺复兴早期的意大利，货币借贷和商人银行的突然而戏剧性的兴起，给了这种特别的偏见一种新的力量。有人认为，通过收取高额利息，犹太人出于宗教或种族仇恨的意识，在某种程度上试图剥削"善良的"基督徒，这种观点也获得了一种令人不安的新活力。

15 世纪早期，贾科莫·德拉·马尔卡（1391~1476）、乔瓦尼·达·卡皮斯特拉诺（Giovanni da Capistrano，1386~1456）和贝尔纳迪诺·达·费尔特（Bernardino da Feltre，1439~1494）等方济各会修士带头攻击犹太高利贷，并给这种形式的反犹主义披上了一层公众认同的丑陋外衣。然而，锡耶纳的圣贝尔纳迪诺再次以其恶毒和赢得喝彩的谩骂脱颖而出。在一次特别尖酸刻薄的布道中，他谴责"把金钱和财富集中"到"越来越少的人"手中的现象，并猛烈抨击犹太人是反基督教高利贷的典型，他的狂热程度甚至可能会把中世纪的反犹分子吓得脸色煞白。[34] 这类煽动性的布道为政治行动确定了基调，教会的认可为佛罗伦萨的寡头们提供了他们所需要的借口，以便向那些他们认定的危险的商业对手或他们的犹太债主开战。他们不顾这种政策的虚伪，发动了一场政治迫害运动。1406年，也就是菲利波·利比出生的那一年，执政团颁布了一项法令，明确禁止任何犹太人贷款获利；1430年，为了防止佛罗伦萨的穷人"破产"，该法令再次被颁布。[35]

实际上，这样的法令往往是行不通的。通过对高利贷进行严格限制，执政团不知不觉地自断生路。如果没有犹太放债人来维持经济的运转，信贷供应很快就会枯竭，商业机器难免在重压下出故障。几乎在法令通过后不久，当局就颁布了豁免令，允许一些犹太高利贷者凭许可证进行经营，又允许另一些人不受法律约束进行经营，尽管对商业活动和财产所有权有一定限制。[36]事实上，正是这些豁免使得萨洛莫内·迪·博纳文图拉得以在普拉托开业，并为1439年亚伯拉罕·达蒂利和萨洛莫内之子之间的决定性的合伙关系创造了条件。但这些经历非但未能抑制强烈的反犹情绪，反而加剧了人们所感受到的仇恨，正是对犹太放债人发自内心的厌恶为萨洛莫内最终被起诉奠定了基础。

然而，后来，就连这样可怕的、不成比例的罚款也不足以满足公众的"复仇"热情。社会氛围变得很丑恶。1488年3月，贝尔纳迪诺·达·费尔特在罗马大教堂对高利贷发起恶毒的攻讦，导致一群年轻人对邻近的一家犹太典当行发起暴力攻击，从而引发了一场暴动，最后好不容易才被镇压下去。[37]在这样狂热的气氛中，显然需要采取更直接和广泛的措施。在吉罗拉莫·萨沃纳罗拉统治时期，"典当行"（monte di pietà）于1495年12月建立，这是第一次真正系统性地努力彻底清除犹太人借贷的污名。[38]自1462年第一次在佩鲁贾出现以来，意大利北部各地就设立了一些同样的机构，佛罗伦萨的典当行基本上就是一家官方贷款机构，向任何可能申请贷款的正派公民提供贷款。它的目标是在不限制信贷供应的情况下削弱城里的犹太人。新策略如此成功（如果可以这么说的话），以至于萨沃纳罗拉觉得自己能够借用对手圣方济各修会最糟糕的论争方式，呼吁彻底驱逐犹太人。[39] 1441 年，即萨洛莫内·迪·博纳文图拉被起诉的那年，像菲利波·利比这样的基督教艺术家就算能从这些争论中发现很多问题，也不会对旨在消除犹太高利贷"污点"的深远改革提出什么批评。

### 从羞辱、暴力到隔离区

对萨洛莫内·迪·博纳文图拉的审判和谴责是恶毒、虚伪的反犹主义的一种表现，这种反犹主义在 15 世纪早期的佛罗伦萨很流行，它是一个强有力的例证，说明了支撑文艺复兴时期的"他者"观念的残酷性。但真正使博纳文图拉的遭遇如此不同寻常的是，这只是为未来的进一步行动所作的一个尝试。从社会羞辱和经济边缘化到全面迫害，这只是其中的一小步。许多 15 世纪的意大利人感受到的，并在洛伦泽蒂和乌切洛的艺术作品中表现出来的那种漫不经心的仇恨，很快就变成了一种更令人不寒而栗的东西。

因为有像贝尔纳迪诺·达·费尔特这样的圣方济各会修士的布道，日益严厉的反犹主义的盛行导致了过去有限的宽容被一种几乎仪式化的恐吓和羞辱犹太人的意愿取代，以荒诞的公开方式折磨犹太人成了基督徒的一种"乐趣"。例如，在整个 14 世纪，犹太人始终是一年一度罗马"狂欢节"（carnevale）庆典的重要组成部分，他们不得不支付一种特殊的税来为基督遭遇背叛和迫害赎罪。[40] 但到了 15 世纪下半叶，反犹情绪高涨，教宗保罗二世在 1466 年引入了一种全新的方式，将犹太人贬低为狂欢节目的一部分。从那时起，每次庆典要沿着拉塔大道——现称科尔索（Corso），字面意思是"赛跑"——举行 500 米赛跑，而赛跑的高潮是罗马人专门为犹太人安排的一场特殊比赛。"参赛者"必须赤脚跑步，只穿一件类似现代 T 恤的薄背心。为了让基督徒旁观者觉得有趣，参加比赛的犹太人经常在比赛前几个小时被强制喂食，这样他们将越跑越难受，最终可能崩溃。年复一年，为了提高"可观赏性"，人们还进行了更多的创新。到 16世纪 70 年代，正如一位英国游客后来记载的，犹太人——

> *赤裸身体跑着……一路上，（罗马士兵）骑马跟在后面，手里拿着尖头的铁棒……他们要用这铁棒刺破犹太人赤裸的身体……你会看到一百来个男孩，他们手拿橘子……砸那些可怜的犹太人。*[41]

412

　　令人担忧的是，有损人格的公开羞辱事件只是冰山一角。

　　文艺复兴时期的反犹主义是一个火药桶，只要最轻微、最意想不到的火花，就能点燃一场熊熊燃烧的残暴的地狱之火。奇怪的宗教仪式和异端信仰所激发的歇斯底里如此强烈，以至于事实上，暴力从未远离城市社会生活。萨洛莫内也许还是非常幸运的，他只是失去了财产。而到 15 世纪末，零星的公开的人身侵犯最终演变成系统性的迫害。

　　这一切始于特伦特（Trent）。事情发生在 1475 年，也就是萨洛莫内受审的 34 年后。[42] 那年复活节前不久，一个名叫西蒙的两岁基督徒男孩突然失踪了。他的家人极度恐慌，便开始大规模搜寻。但是，当小西蒙的尸体在一个犹太家庭的地下室被发现时，复活节星期天，一场悲剧变成了疯狂的暴力。对"血祭"的指控至少从 12 世纪早期就很常见了，西蒙的父亲听了几天前贝尔纳迪诺·达·费尔特发表的一系列恶毒的反犹布道后得出了结论，他儿子是被犹太人绑架、杀害的，他的血被用在某些不明不白的逾越节仪式上。由于历史上人们就对犹太人将谋杀仪式化充满了恐惧，加之贝尔纳迪诺·达·费尔特在他们头脑中灌输了根深蒂固的恶毒偏见，市政当局很容易相信他的指控，于是立即发起了一场反犹太人的搜捕行动。18 名犹太男子和另外 5 名犹太妇女被逮捕，并被指控宗教谋杀。这些人随后遭受了几个月可怕折磨，直到无法再忍受痛苦，终于"坦白"了罪行。其中 13 人最终被绑在火刑柱上烧死。

至于小西蒙，他后来被封为圣徒，教会尽其所能促进信众对他的崇拜。随后，意大利半岛各地几乎立即发生了一连串针对犹太人的类似的政治迫害。与之前几个世纪的许多"血祭"案一样，西蒙的"殉难"证实了所有的恐惧，像贝尔纳迪诺·达·费尔特这样的方济各会修士一直很努力地向轻信的民众鼓吹，并有效地授权他们对犹太人进行残酷和公开的迫害。确实，在特伦特展开的悲剧故事经常出现在绘画和插图里，如甘多尔菲诺·迪·罗雷托·达斯蒂（Gandolfino di Roreto d'Asti）的《特伦特的西蒙的殉难》（*Martyrdom of Simon of Trent*，现存于耶路撒冷的以色列博物馆）。图像作为一种手段，保证犹太"异教徒"的罪恶在每个基督徒的头脑中根深蒂固，并希望反犹主义能成为一种神圣的信仰。先发制人的暴力行为在某种程度上得到了认可。

更彻底的边缘化、遏制甚至根除犹太人"威胁"的尝试正在进行中。1516 年，在康布雷同盟战争 ① 中，威尼斯——意大利最国际化的城市——宣布，犹太人将被限制在一个新的犹太区内，这是欧洲的第一个犹太隔离区（Ghetto），是四百多年犹太人迫害史的明显证据。[43] 这种趋势只会愈演愈烈。随着意大利各城市纷纷效仿威尼斯，1533 年，大批犹太人被驱逐出

---

① 1508~1516 年意大利战争中，教宗尤利乌斯二世组建了反威尼斯的同盟，西欧各方势力先后参加同盟或介入战争。——译者注

那不勒斯。1553 年的犹太新年，罗马所有的《塔木德》被当众焚毁。教宗保罗四世禁止犹太人从事任何职业，在罗马把他们当作奴隶劳工，路德充满恶意的论文《论犹太人及其谎言》（*On the Jews and their Lies*，1543）开始流传，甚至意大利那些有新教倾向的人也开始呼吁烧毁犹太会堂，摧毁犹太人的房屋。事实上，据说莎士比亚最反犹的戏剧《威尼斯商人》（*The Menchant of Venice*）背景就设定在文艺复兴时期的意大利，尽管很难说 15、16 世纪的意大利人会否赞同英国人对夏洛克那仅有的同情。

414

\* \* \*

　　萨洛莫内·迪·博纳文图拉，这个已经破产的人，走出维琪奥宫，步入一个沐浴着文艺复兴文化光辉的城市。他看到了一个熙熙攘攘的大都会，商业使它变得富有，移民使它变得拥挤，还有像菲利波·利比这样的艺术家用自己的作品改变着世界。他看到了一个繁荣的领土国家的首府，在那里他曾经盆满钵盈，并从犹太人和基督徒之间的文化交流中获益良多。人们不可能不被它的宏伟壮丽折服。但正如对萨洛莫内的审判所表明的那样，在这座城市里，恶意偏见与艺术创新是同步发展的。宽容不过是一种门面，只有在满足基督徒自身利益的情况下才能保持。无论有多少像萨洛莫内这样的犹太人来到佛罗伦萨，他们都被轻蔑、鄙视和恶意对待，被迫戴上羞辱性的黄色标志，被推到社会的边缘，受到完全不公正的迫害。事实上，佛罗伦萨甚至似乎陶醉于这种虚伪和偏执。萨洛莫内悲伤地走在回家的路上，他会经过装饰着祭坛画的教堂，这些艺术品显示犹太人是奇怪的、异族的、应受谴责的；教堂里挤满了人文主义者，他们研读希伯来人的文本，只是为了让他们刻薄的小册子得到更大的赞赏。反犹主义在文艺复兴时期的佛罗伦萨成为一种艺术形式。

　　这位痛苦、破产的放债人所不知道的是，他是文艺复兴时期比较幸运的犹太人之一。因为尽管他哀叹自己的不幸，默默诅咒自己遭受的极不公平的待遇，但他的同胞很快就遭到了嘲笑、监禁、追捕和杀害，其规模之大——尽管16世纪后期有过几次短暂的缓和——在法西斯主义兴起之前，在意大利无出其右。最糟糕的是，这一时期的艺术家们会用他们的技巧来颂扬而不是谴责这个人类历史上最可耻的事件。

## 第十二章　新月冉冉上升

1439 年夏天，正当萨洛莫内·迪·博纳文图拉着手经营
与亚伯拉罕·达蒂利之间命运多舛的生意时，菲利波·利比修
士经常冒险离开卡尔米内圣母大教堂去佛罗伦萨大教堂参加弥
撒。在文艺复兴时期的旅居中，他有足够的机会观察到这座城
市与另一种更遥远的文化接触的明显迹象。

他从围着修道院的那条狭窄的小巷朝河边走去，要经过通
向维琪奥桥的伦加诺街（Lungarno），街旁建有许多大房子。
他不时能听到楼上窗户里传出清脆的歌声。菲利波很想辨认这
些歌词，它们听起来像是来自异族，他抬头看去，就会看到这
个地区有许多漂亮的、皮肤灰黄的鞑靼年轻女奴，其中有一
个，她一边拍打昂贵的东方地毯的灰尘，一边唱着家乡的歌，
自个儿逗乐。他一向是讨女人喜欢的人，尽管他结了婚，但他
也许会暗自发笑，然后继续往前走，甚至会用口哨吹一支流行
小曲：

> 迷人的小女奴
> 早上把衣服抖一抖
> 像山楂花一样清新愉悦。[1]

当菲利波过了维琪奥桥朝老市场走去时，街上会有更多的
人，他会发现他得从人群中挤过去才能朝前走。但他很难不闻
到空气中弥漫着一种奇怪的、不熟悉的气味。

如果他停下来仔细看看路边的一大堆货摊，他会发现自己
正站在一排琳琅满目的香草和香料前面。有的他能认出来：印
尼的丁香，小亚细亚的墨角兰，黎凡特的孜然种子，还有阿拉
伯的肉桂。但也有许多菲利波从未见过的新奇的异国货物。当

他感到迷惑时，他会听到站在附近的商人谈论着穿越大海到亚历山大港、君士坦丁堡以及更远的地方，如波斯帖木儿帝国（Timurid）那些尘土飞扬的集镇的旅程。

然而，没有多少时间可以耽搁。大教堂很快就会让他清醒过来，如果他不想错过弥撒，他就得赶紧。他会用胳膊肘推挤着人群回到街上，然后匆匆走向大教堂广场，穿过教堂大门。只剩下几分钟的时间了。

然而，菲利波刚沉浸到他的信仰中，就会看到一个憔悴的多明我会修士站在讲坛上，正义的愤慨和强烈的基督教使命使他脸色发红。鉴于当时在佛罗伦萨举行的大公会议的特点，许多布道不是关于道德生活的普通阐述，而是关于基督教的未来的论述。菲利波很可能听到修士解释说，土耳其人已经到了欧洲的门口。异教的穆斯林不满足于亵渎耶路撒冷圣地，他们开始策划占领君士坦丁堡，然后征服基督教国家。人们会要求采取迅速和有力的行动，菲利波也会听到基督自己在号召教会带领他的信徒们进行一场新的十字军东征，用武力将世界从伊斯兰的玷污中解放出来。

弥撒结束后，菲利波在回修道院的路上，脑子里会一直萦绕着那天他所看到和听到的事物：美丽的鞑靼女奴在窗边的歌声、浓重醉人的香料气味、遥远国度的传说，以及对所有穆斯林的严厉、毫不妥协的谴责。他不知道内心应该充满爱还是充满恨。

## 伊斯兰与西方

1439 年夏天，菲利波·利比在佛罗伦萨看到的景象、听到的声音、闻到的气味，都是"穆斯林帝国"——涵盖了从西班牙的安达卢斯到哈夫斯王国，从奥斯曼帝国的苏丹国到遥远的鞑靼的广袤地带——在文艺复兴时期与更广阔的世界交往中所扮演的日益突出的角色的缩影。他会目睹从贸易、时尚、学术和政治中获得收益的双向交流的本质，不仅会注意到人们对穆斯林世界的认识在增长，而且会发现这种认识既有吸引力，同时也令人不安。

菲利波的矛盾心理大概是完全可以理解的，他在接受这位热情的多明我会修士强烈灌输的信息时难免会犹豫，这毫不奇怪。考虑到他对漂亮女孩的迷恋和对伊斯兰北非的怀念，他有充分的理由对意大利与伊斯兰国家的交流所带来的好处产生强烈的好感。意大利半岛和新月帝国之间的关系取得了巨大的进展，特别是最近几年。

在利比出行之前的近七百年里，意大利人一直清醒地意识到，伊斯兰既是一股强大的地中海势力，也是一种文化和宗教力量。自中世纪早期以来，穆斯林信仰一直是欧洲历史上的一支重要力量，它不仅是政治和商业的参与者，而且是"他性"和差异概念的对象。公元710年以来，对安达卢斯地区的入侵使伊斯兰教第一次与西欧基督教王国接触，但正是阿拉伯人在接下来的一个世纪抵达西西里，才成功地将穆罕默德的追随者植入了意大利人的想象。尽管早在安达卢斯没落之前，阿拉伯人就对这个岛屿发动过袭击，但正是拜占庭等级制度的分歧使得北非穆斯林发动了全面的征服战争。公元902年，西西里岛最终被完全攻占。但尽管只持续了一个半世纪就被诺曼人征服意大利南部所终结，这一统治时期却留下了一份持久的遗产。这次经历给西西里留下了深刻的印象，尽管之前经历了多年的战争，但基督教和伊斯兰文化之间真正的双向交流的大门已经打开。甚至在西西里酋长国（Emirate of Sicily）崩溃之后仍有大量的穆斯林人口保留下来。伊斯兰教的文化影响如此之大，以至于许多基督教国王觉得有必要学习阿拉伯语，并继续资助具有摩尔风格特征的艺术和建筑形式。很大程度上，由于阿拉伯知识的流入，萨勒诺大学（University of Salerno）的医学院在一众学术机构中遥遥领先，阿拉伯学者对亚里士多德评注的影响尤其使南方的哲学发展有别于北方。但除了所有这些积极影响，更重要的是，熟悉会引起轻视甚至仇恨。西西里岛的经历使意大利人深刻体会到伊斯兰教的文化"差异性"和"扩张主义倾向"。穆斯林是意大利天主教最强大的敌人的形象已定型，而意大利处于文化冲突前线的观点也广为流传。事实上，中世纪的历史和地理著作中充斥着将穆斯林描绘成野蛮异教徒的论述，他们威胁着基督教世界的完整。

然而，正是十字军东征将伊斯兰文明推向意大利世界景观的前沿。东征于 1095 年首次发动，旨在从穆斯林占领者手中收复圣地，随后的入侵潮导致意大利人和他们的欧洲同行都将暴力反对伊斯兰教视为基督教信仰的义务。由此产生了许多描述穆斯林并为这种宗教仇恨辩护的阴险神话。例如，《罗兰之歌》（*Song of Roland*）认为"穆斯林不爱上帝，侍奉穆罕默德，崇拜阿波罗"，而《法兰克人事迹》（*Gesta Francorum*）则指责穆斯林只将穆罕默德本人视为众神之一。还有故事讲述有人在基督教教堂竖起雕刻的偶像，有魔法的牛被用来引诱信徒成为异端，还讲了各种各样堕落的性行为。"野蛮的"穆斯林大多被指责为缺乏男子气概、娘娘腔、不值得尊重，是骑士荣誉的敌人。[2]

然而，尽管中世纪基督教对伊斯兰教的看法无疑是负面的，但文艺复兴的到来似乎为一种更为积极和有建设性的文化交流提供了机会。随着 1261 年君士坦丁堡拉丁帝国灭亡，民众对十字军意识形态的兴趣急剧下降。当乔托第一次拿起画笔的时候，很少有人真正相信，近东可能——或应该——成为军事关注的对象，更少人准备支持像过去那样的全面战争。不管你喜不喜欢，穆斯林势力控制了黎凡特，奥斯曼土耳其人开始

成为安纳托利亚最强大的力量之一，他们的计划是占领君士坦
丁堡。更重要的是，正如后来的中世纪旅行者所看到的，各个
派别的穆斯林控制着博斯普鲁斯海峡和中国之间的绝大部分土
地，他们不仅内部具有丰富的差异性，而且在军事和经济上都
非常强大。现在，商人银行开始出现在意大利北部的沿海共和
国，终于有了开始大规模长途贸易的手段，对利润的追求不仅
要求建立某种共存关系，而且人们也可以用更成熟的方式来理
解伊斯兰教。的确，随着时间的推移，这些都变得更加重要。

　　尽管威尼斯商人与伊斯兰世界通商已有几百年的历史，
但到 14 世纪早期，意大利商人才真正开始意识到，与近东
和中东的贸易可以带来巨额收入。由于在君士坦丁堡和佩拉
（Pera）已经设立了正式的通商口岸，威尼斯和热那亚尤其热
情地探索通过黑海海上通道和陆路穿越安纳托利亚进口原材料
（金属、明矾等）、丝绸和香料的可能性；佛罗伦萨和它的竞
争对手则开始重视在埃及和黎凡特获取利润，即向该地区出口
成品布，并进口粮食和其他急需的食品。事实上，到 1489 年，
佛罗伦萨生产的所有布料中，有四分之三价格适中，是专门为
满足奥斯曼帝国日益增长的需求而设计的，这一事实自然使佛
罗伦萨商人意识到即使不扩大，与土耳其人维持这样的商业往
来也十分重要，[3] 而在 1470 年沃尔泰拉（Volterra）发现新矿
藏之前，奥斯曼人几乎垄断了明矾的供应，这进一步强化了他
们在托斯卡纳布匹贸易中的中心地位。奴隶也是商业利益的主
要来源，奥斯曼帝国和马穆鲁克苏丹国通过劫掠邻近民族，如
鞑靼人，获得了丰富的受契约约束的人力资源。[4]

　　虽然与伊斯兰控制地区之间贸易利润的不断增长吸引佛
罗伦萨等城市开展更加雄心勃勃的商业项目，[5] 但未来几年的
政治变化加强了意大利与东方穆斯林的联系。1375 年，随着
奇里乞亚亚美尼亚王国被马穆鲁克占领，连接丝绸之路的一条

423

最重要的路线落入穆斯林手中，要获得这条重要的物资进口渠道，必须与伊斯兰统治者认真谈判。[6]同样，奥斯曼土耳其人的大规模扩张使得意大利几乎不可能与东南欧、黑海地区或黎凡特进行任何有意义的贸易，除非至少与苏丹保持友好关系。到 14 世纪末，奥斯曼帝国巩固了对安纳托利亚和马尔马拉海的控制，并向巴尔干半岛扩张。1453 年，他们占领了君士坦丁堡。出于同样的原因，跛子帖木儿（Tamurlane）对中亚大部分地区的征服使得人们要想拓展与远东地区的商贸活动，就得与帖木儿帝国建立有益的联系。当然，外交对于任何形式的贸易都是必不可少的。例如，科西莫·德·美第奇 1452 年与三名亲属投资 5000 佛罗林建立了一家贸易商号，他急于与奥斯曼帝国展开谈判，以保障贸易特权。他的孙子洛伦佐也积极采取了这一策略。[7]同样，威尼斯和热那亚也在 1455 年向穆斯林控制下的君士坦丁堡派遣了使节，请求获得开采奥斯曼帝国明矾石矿的权利，因为明矾对布匹贸易至关重要。

随着这一切加速发展，知识变得至关重要。在文艺复兴时期的最初几年，熟悉伊斯兰世界十分关键。例如，佩戈洛蒂在其著作《贸易实践》中，不仅将亚历山大港、达米埃塔（Damietta）、索里亚（Acri di Soria）、莱亚佐德埃尔米尼亚（Laiazo d'Erminia）和波斯的托里西（Torisi di Persia）[①]等穆斯林商贸中心列为对雄心勃勃的商人而言至关重要的贸易城市，而且花了相当长的篇幅来描述它们之间最有利可图的路线。更重要的是，佩戈洛蒂强调熟练掌握阿拉伯语、波斯语、鞑靼语等语言的价值，这些语言是书中讨论的除意大利方言外

---

① 亚历山大港、达米埃塔为埃及港口城市，索里亚（现称安塔利亚）、莱亚佐德埃尔米尼亚（即阿亚什）为土耳其城市，托里西（即大不里士）现为伊朗城市。——译者注

最大的语言群体。[8] 后来，随着马穆鲁克和奥斯曼帝国的扩张，可靠信息的价值变得几乎不可估量，商业利益与人文主义者的古物研究（antiquarianism）相结合，激发了对见闻丰富的旅行记（travelogue）的强烈兴趣。事实上，甚至在君士坦丁堡陷落之前，"有学问的人去黎凡特旅行……并记录他们在那里看到的东西，这当然并不罕见"。[9] 例如，1419 年，威尼斯商人尼科洛·达·孔蒂（Niccolò da Conti）去了大马士革，在那里学习了阿拉伯语，以便更好地理解不同的文化和传统。在跟随阿拉伯商人旅行后，他冒险前往巴格达和波斯（在那里学会了当地语言），然后出发前往东南亚，访问了印度、苏门答腊、缅甸和爪哇，并获得了大量有关香料贸易和金矿开采的实用知识。孔蒂后来把他的经历讲给波焦·布拉乔利尼听。布拉乔利尼写了一篇详尽的记述文章，启发了 15 世纪的许多地图学家，包括异常杰出的毛罗修士（Fra Mauro），改变了他们对东方地理的认识。[10] 后来，人文主义旅行者的"溪流"变成了"洪流"，丰富多样的旅行见闻成了最具活力的文学形式之一。例如，安科纳的奇里亚科·德·皮泽科利（Ciriaco de' Pizzecolli）在为苏丹服务并周游奥斯曼帝国各地归来后，以最引人入胜、丰富翔实的方式记录了他在近东的经历，[11] 而瓜里诺·韦罗内塞（Guarino Veronese）、乔瓦尼·奥里斯帕（Giovanni Aurispa）、弗朗切斯科·菲莱尔福、克里斯托福罗·布翁代尔蒙蒂（Cristoforo Buondelmonti）、贝尔纳多·米凯洛齐（Bernardo Michelozzi）和邦西尼奥雷·邦西尼奥里（Bonsignore Bonsignori）等人也都走上了类似的道路。[12]

　　即使在奥斯曼占领君士坦丁堡后，伊斯兰世界也与意大利诸国发生过直接冲突，但军事上的接触往往能使两种文化更紧密地联系在一起。意大利人被迫在战场和谈判桌上面对对方，从而接触到穆斯林社会的内部运作。艺术家和人文主义者——

当中有许多来自威尼斯和那不勒斯——在冲突之后前往东方。例如，作为 1479 年和平协议的一部分，威尼斯元老院派遣真蒂莱·贝利尼（Gentile Bellini）作为文化使节到君士坦丁堡去，在那里他对奥斯曼帝国宫廷作了许多细致的观察，甚至完成了一幅惊人的苏丹穆罕默德二世（Mehmet II）画像（现存于伦敦国家美术馆）。同样，穆罕默德和那不勒斯国王斐迪南之间的战后外交关系带来的一项结果是，康斯坦佐·达·费拉拉（Costanzo da Ferrara）大约在 1475~1478 年被派去执行文化使命。在那里，康斯坦佐完成了一系列重要而又发人深省的作品，包括一枚讨人喜欢的铸有苏丹肖像的纪念币（现存于华盛顿国家美术馆）和一幅宫廷人物的素描《站立的奥斯曼人》（Standing Ottoman，现存于巴黎卢浮宫，图 35）。[13] 奥斯曼帝国宫廷内部的冲突和分裂也可能导致更深层的人员交流，从而避开战争的灾祸。在试图从他同父异母的兄弟巴耶济德二世（Bayezid II）手中夺取王位失败后，杰姆苏丹（Cem Sultan，1459~1495）先是被流放到希腊罗得岛（Rhodes），然后又被流放到意大利。在他被移交给教宗英诺森八世之后，巴耶济德定期支付大笔款项，确保教宗一直囚禁他，但他在罗马的出现开启了一扇大门，让基督教首都的人们着迷于一切东方事物。[14]

　　然而，这种近距离接触的偶然性有时会为基督徒和穆斯林之间的文化交流提供罕见的机会，这种交流超越了商业和冲突的界限。哈桑·伊本·穆罕默德·阿尔瓦赞（al-Hasan ibn Muhammad al-Wazzan）是西班牙出生的穆斯林，在摩洛哥非斯（Fez）长大，更广为人知的名字是"利奥·阿非利加努斯"（Leo Africanus）。与菲利波·利比被俘并被奴役的故事相呼应，他在 16 世纪初被海盗劫持后，被当作礼物送给教宗利奥十世（Leo X）。在罗马，利奥·阿非利加努斯顺从了让他改信基督教的意图，并就阿拉伯语言文化和他的本土伊斯兰信仰提供了宝贵的第一手资料。他细心地为艾迪吉欧·达·维泰尔博（Edigio da Viterbo）完成了《古兰经》的拉丁文翻译，并为阿尔贝托·皮奥（Alberto Pio）完成了《保罗书信》的阿拉伯文译本。[15]

但是，既然在文艺复兴时期，知名人士往返于东西方之间越来越容易且越来越频繁，那么就会有更世俗的并且同样重要的人员交流发生。意大利奴隶贸易的死灰复燃使得各个派别的穆斯林对文艺复兴时期的意大利人来说不再那么"陌生"。事实上，由于征服和贸易协议的更迭，地中海东部被贩卖的奴隶绝大多数是穆斯林，正是通过这条路线，意大利北部的许多富裕的商人家庭拥有了一名穆斯林奴隶。[16]虽然奴隶在意大利社会中的地位可能会妨碍部分有意义的思想和习俗的交流，但至少可以肯定的是，伊斯兰文化的存在——无论其法律地位如何——使东方人减少了一些笼罩在他们身上的神秘感，也使他们的衣着、习惯和语言更加为意大利社会所熟悉。

从 14 世纪早期开始，贸易、外交、政治、战争，甚至是巧合事件都使伊斯兰文化——尤其是奥斯曼帝国的文化——受到前所未有的关注。关于更广阔的穆斯林世界的知识呈指数式增长，不久，对近东和中东的欣赏开始在文学和视觉艺术中显现出来。特别是威尼斯，由于其与地中海东部的商业联系，它特别容易受到伊斯兰文化的影响。尽管要确定文化传播的精确轨迹可能比想象中更为困难，但显而易见的是，人们曾努力将穆斯林建筑的形式和主题融入"宁静共和国"（Serene Republic）①的建筑结构。[17]在大运河沿岸的宫殿式窗饰和圣马可教堂令人难忘的室内空间中，可以发现一种吸收、同化和改造伊斯兰艺术成

①　此处指威尼斯共和国。——译者注

427

428　就的意愿。绘画也是如此。甚至从贝利尼和康斯坦佐·达·费拉拉的肖像画中也可以看出，意大利艺术开始流露一种更大的热情，既要包容穆斯林，又要准确地表现来自近东和中东的穆斯林形象，无论是奥斯曼帝国的朝臣、马穆鲁克的士兵，还是帖木儿的臣民。例如，在安布罗焦·洛伦泽蒂为锡耶纳的圣方济各教堂所作的《塔纳方济各会修士殉难》（*Martyrdom of the Franciscans in Tana*，约 1336~1340）壁画中，人们小心翼翼地将地中海的摩尔人和最近刚征服了塔纳港的鞑靼人尽可能逼真地描绘出来。后来，真蒂莱·贝利尼和乔瓦尼·贝利尼大约创作于 1504~1507 年的《圣马可在亚历山大港传教》（*St. Mark Preaching in Alexandria*，现存于米兰布雷拉美术馆，图 36）尽管有意识地模仿了威尼斯建筑，但它实际上是刻苦学习和欣赏穆斯林服饰和习俗的产物。我们也可以在视觉艺术更多样又更微妙的特征中发现基督教和穆斯林文化交流的影响。例如，丽莎·贾丁（Lisa Jardine）[①]和杰里·布罗顿（Jerry Brotton）[②]进行了一项大胆而新颖的研究，他们发现了一些迹象，强有力地表明文艺复兴时期的骑马雕像艺术受到伊斯兰世界的影响，就像受到古典雕塑知识的影响一样。[18]然而，最有趣并且或许最让人感到意外的例子是意大利绘画中出现了东方地毯，这说明伊斯兰文化对人们的影响是开放的。[19]从 14 世纪开始，随着与近东和远东地区的联系日益密切，艺术家们开始将波斯和土耳其地板覆盖物引入所绘的场景，以此表明主体的身份或剧情发生的地点。例如，卡洛·克里韦利（Carlo Crivelli）的《天使报喜》（*Annunciation*）、皮耶罗·德拉·弗朗切斯科（Piero della Francesco）的《布雷拉圣

---

① 1944~2015，文艺复兴历史、科学史学者及作家。——编者注

② 生于 1950 年，伦敦大学玛丽王后学院文艺复兴研究中心教授。——编者注

母》(*Brera Madonna*)、洛伦佐·洛托(Lorenzo Lotto)的
《圣安东尼的施舍》(*The Alms of St. Anthony*),都以各种类
型的装饰华丽的东方地毯作为特色,似乎为一种真正的积极的
文化交流提供了证明。

### 文明的冲突

　　然而,即使这种东方穆斯林艺术表现形式所证明的知识和
文化交流的增长使一些学者认为,文艺复兴见证了人们对伊斯
兰世界的消极的、"东方主义"(orientalist)态度的崩溃以及
早期偏见的破碎,但是这个宽容的外表只有薄薄的一层。在开
放和同化的表象背后隐藏着对伊斯兰文化的某种程度的不宽容
和仇恨,这远远超过了以往所见的一切。事实上,"文艺复兴
时期的思想家对穆斯林的态度总体上比他们中世纪的前辈更加
充满敌意"。[20]

　　同对待犹太人一样,接受穆斯林为真正文化伙伴的根本
障碍是宗教,而正是这一事实助长了早期偏见的延续。无论个
别人文主义者对伊斯兰神学的内容了解多少,他们都充分意识
到穆斯林否认基督的神性,而认识到这一现实就会打击他们所
珍视的一切的核心。事实上,正是出于这个原因,14、15世
纪的人文主义者感到不仅完全有理由将伊斯兰教比作历史上最
主要的异端邪说,还攻击穆罕默德,说他对罪恶和越轨无所顾
忌。例如,在《论孤独的生活》(*De vita solitaria*)中,彼特
拉克就对这位先知作出了谴责。[21] 一个世纪后,教宗庇护二世
对伊斯兰信仰的起源提出了一个更可笑又更有批判性的观点,
认为这一信仰没有错过用异端和罪恶玷污它的任何机会。[22] 庇
护二世和他的同时代人都相信,穆罕默德不仅是一个假先知,
还是一个异端邪说者,是所有有违基督教教义的事物的根源,
以及所有穆斯林都是"十字架的敌人"的最纯粹的证据。这位

429

430

先知的罪孽暗示着他的信徒的罪孽，谴责一个人就等于谴责所有人。

　　但如果这些观点仅仅代表了对早期中世纪偏见的一种有害的、富有想象力的重新阐述，那么人文主义者还编造了全新形式的偏见，远远超出了神学差异的界限，旨在说明伊斯兰教在每一个可能的层面上都是"异端邪说"。纵然基督徒和穆斯林在中世纪十字军国家的共存使许多中世纪历史学家倾向于仔细研究伊斯兰历史的宗教和世俗形式，但文艺复兴时期的人文主义者对书写穆斯林民族历史的兴趣，与他们对获得可靠的穆斯林历史知识的兴趣是不相称的。尽管他们掌握了大量知识，15世纪早期的历史学家，如安德烈亚·比利亚（Andrea Biglia）和弗拉维奥·比翁多（Flavio Biondo），"对他们所构建的伊斯兰历史叙述的准确性，甚至历史可信度都不感兴趣"。[23] 他们的目的不是学术，而是论争，他们的语气是肆意谩骂。他们只是想利用伪史把穆斯林——尤其是马穆鲁克人和土耳其人——描绘成野蛮的甚至次等的民族，所代表的恰恰是文明的反面，其存在只是为了制造残暴和痛苦。人文主义者无视目击者的证词和古典著作的描述，从中世纪文献中摘取最糟糕的幻想，剔除任何平衡或合理的东西，以最大的恶意来强化那些糟糕的东西。因此，即使是曾在奥斯曼帝国生活的尼科洛·萨贡迪诺（Niccolò Sagundino）也会忽略他自己的经历，而把土耳其人描绘成一个始终邪恶、野蛮和残暴的民族。[24] 对于那个时代的人文主义者来说，没有所谓的好穆斯林——也从来没有过。

### 决一死战

　　在深仇大恨的驱使下，人们渴望完成前人的遗愿。文艺复兴时期的人文主义者心中充满了重新点燃十字军东征火焰的强

烈愿望，希望从埃及马穆鲁克人手中夺回耶路撒冷。在整个 14
世纪早期，发动一场新的十字军东征的想法已由不同的欧洲强
国多次提出，其中最积极的是法国国王腓力四世，他声称要用
法国来交换耶路撒冷。但是，由于与东方的联系异常紧密，实
际上是早期人文主义者带头鼓动民众对穆斯林进行残酷的报复。
例如，在维恩大公会议发出号召之后，威尼斯商人马里诺·萨
努多·托尔塞洛（Marino Sanudo Torsello）1321 年向教宗
若望二十二世（Pope John XXII）呈送了他最近完成的《十字
架信徒的秘密》（*Liber Secretorum Fidelium Crucis*）。此文充
满了虔诚的规劝和恶毒的仇恨，作者解释了"保护信徒的需要、
异教徒的皈依和毁灭，以及圣地的夺取和占有……"。[25] 文章引
起了共鸣。短短几年内，意大利各地的人文主义者都呼吁对圣
城的伊斯兰教占领者进行一次新的远征。彼特拉克是最热心的
人之一。尽管错过了去黎凡特朝圣的机会，[26] 但他还是在《论
孤独的生活》中以冗长的题外话发泄了自己被压抑的对伊斯兰
信仰的愤怒。这本书的目的是鼓动欧洲天主教君主采取十字军
行动。在书中，他斥责国王和当权者对耶路撒冷的困境无动于
衷，哀叹基督教"圣地"被"践踏"、被"埃及狗肆无忌惮地
撕咬"，并哀叹"不敬神的臭脚侮辱了耶稣基督的圣所"。[27]
这显然不是真实的情况，而且彼特拉克忽略了一个事实，即马
穆鲁克人对基督徒宽容，尊重基督徒的场所，他们自己也很崇
敬这些场所。彼特拉克敦促整个欧洲奋起，发起一场强大的运
动，将伊斯兰的"污点"从圣地抹去。这个梦想后来被彼特拉
克的伟大崇拜者科卢乔·萨卢塔蒂分享和重申。萨卢塔蒂将目
光投向土耳其人和马穆鲁克人，鼓动发起一场由教宗和皇帝领
导的更加雄心勃勃的十字军东征。事实上，当土耳其人在安纳
托利亚和马尔马拉海周围稳步前进时，他开始相信，不仅圣地
的收复迫在眉睫，而且世界上的基督教国家应该联合起来，

432

433 在穆斯林的威胁进一步扩大之前将其消灭。他警告说，除非采取措施，否则十字架的邪恶敌人很快就会威胁到意大利本土。[28]

萨卢塔蒂大声疾呼。穆斯林确实在扩张。奥斯曼帝国向安纳托利亚、近东和巴尔干半岛的推进使得人文主义者对穆斯林的仇恨很快成为人们关注的焦点。自中世纪初期以来，一个强大的伊斯兰国家似乎首次威胁到西方基督教世界的领土完整，欧洲被穆斯林征服的危险似乎成为一个非常现实的问题。戈佐利的《东方三博士伯利恒之旅》所纪念的1439年佛罗伦萨大公会议是东西方教会和解的最后一次尝试，希望能组成一个统一的基督教阵线来应对土耳其人的进攻。但1453年君士坦丁堡的陷落表明了这种威胁的严重性，以及这种神学上的空头文章是徒劳的。第一位基督教皇帝的首都在一千多年后被异教徒夺去了。当罗马帝国最后的遗迹倒在地上时，冲击波席卷了整个意大利。人文主义者认为需要采取行动。马上行动。为十字军运动可耻的失败复仇的早期愿望转变成了一种更广泛的渴望，即不惜一切手段粉碎奥斯曼帝国，否则下一个陷落的可能就是意大利。

对一场新的十字军东征的渴望随即浮现。几乎在1455年成为教宗之后，加里斯都三世就开始"为支持基督教世界作准备，当时的基督教世界正遭到土耳其人的压迫"。为此，乔瓦尼·达·纳波利修士（Fra Giovanni da Napoli）、米凯莱·卡尔卡诺（Michele Carcano）、罗贝尔托·卡拉乔洛·达·莱切修士（Fra Roberto Carraciolo da Lecce）和锡耶纳的圣贝尔纳迪诺等传教士被派往意大利各地，"说服君主和民众为他们的宗教而武装起来，用金钱和人员来支持一项反对共同敌人的事业"。[29]尽管最终没有达成任何协议，但加里斯都三世

434 的继任者庇护二世以更大的热情接过了指挥棒。[30]庇护二世声

称，征服者穆罕默德渴望"统治整个欧洲"，"消灭基督的神圣福音和神圣律法"。为了完成征服土耳其人的神圣使命，他寻求解开基督教世界的所有束缚，1459 年在曼图亚召开神圣罗马帝国会议的唯一目的就是宣布战争。³¹ 庇护二世提醒在场的君王，"一旦匈牙利人被征服，德国人、意大利人，甚至整个欧洲都将被征服，这一灾难必将带来基督教信仰的毁灭"。他尽其所能向他们强调，宗教上迫切需要立即发动针对奥斯曼土耳其人的战争。³²

　　虽然来自意大利的敌对的当权者最初反应冷淡，但那个时代的艺术很快就赶上了现实中信徒们感受到的恶毒的仇恨。1439 年，皮萨内洛（Pisanello）正在为维罗纳的圣阿纳斯塔西娅教堂（S. Anastasia）绘制他的壁画《圣乔治和公主》（*St. George and the Princess*），作为复兴的十字军精神的艺术表现。画中的圣乔治，好战的基督教圣徒的原型，前来解救特拉布宗（Trebizond）帝国的公主。1430 年代末，特拉布宗城曾被流亡的科穆宁（Komnenoi）家族统治，是基督教世界最后的前哨阵地之一，但很快就受到了奥斯曼土耳其人的威胁。壁画的左右两个画面合在一起，有力地提醒人们，意大利基督徒有必要拯救像特拉布宗这样的地区，希望能及时阻止穆斯林的进攻。仅仅几年后，阿波洛尼奥·迪·乔瓦尼（Apollonio di Giovanni）和马尔科·德尔·博诺（Marco del Buono）在佛罗伦萨斯特罗齐家族的一只卡索内长箱（cassone）① 上画了一幅非常精细的画——《征服特拉布宗》（*Conquest of Trebizond*，现存于纽约大都会艺术博物馆），以土耳其对特拉布宗的威胁为主题，号召以同样的战争作为回

---

① 文艺复兴时期盛放嫁妆的箱子，放置于婚床旁，一般成对制作，刻有新郎、新娘的家徽，纹饰华丽，婚礼当天被抬着上街游行以彰显家族的财富。——编者注

435
应，可能还增加了一位骑手，表示应以十字架的名义争取帖木
儿的帮助。[33]

　　然而，很快，各种事件使文艺复兴时期的意大利人认识
到，犹豫不决和宽容将是一个严重的错误。1480 年 7 月 28
日，一支由一百多艘全副武装的船只组成的奥斯曼舰队袭击
了那不勒斯王国的奥特兰托港（Otranto）。不到两周，整个
城市就沦陷了。主教和军事指挥官被砍成两半，大约 800 名
拒绝皈依伊斯兰教的市民被集体屠杀。然而，这只是第一步。
在最近辉煌成就的鼓舞下，苏丹穆罕默德二世想把奥特兰托
作为一个桥头堡，以此发动一场征服罗马的战役。恐慌随之
而来。基督教本身面临着现实的危险。最后，集会上屠杀所
有穆斯林的口号响起。不能再拖延了。那不勒斯的斐迪南迅
速召集了一支意大利联军，发起了反击。1481 年 5 月 3 日，
穆罕默德意外死亡，斐迪南夺回了这座城市。这是一场持久
而激烈的冲突的第一步。尽管与奥斯曼帝国的贸易仍在继续，
国内事务也常常使他们放弃大规模的军事行动，但在接下来
的 90 年里，意大利对奥斯曼帝国发动了几乎持续不断的战
争，最后在艰苦又血腥的勒班陀海役（Battle of Lepanto，
1571）中取得胜利。

　　经过这一切，奥特兰托成了记忆的试金石，它的遗产可能
提供了文艺复兴时期对伊斯兰教态度的一个简明总结。800 名
436
因拒绝放弃信仰而遭杀害的基督徒被纪念为殉道者。他们的尸
骨被安放在巨大的玻璃柜里，陈列在奥特兰托大教堂的祭坛
后面作为一种警告：除非土耳其人被阻止，否则就会发生这样
的惨剧。但最重要的是，这座恐怖的教会纪念碑有力地提醒人
们，文艺复兴时期的基督徒不仅想要击溃伊斯兰教，还想要消
灭伊斯兰教。尽管奥斯曼帝国的文化博大精深，尽管伊斯兰国
家对意大利的贸易至关重要，但艺术家和人文主义者仍将伊斯

兰信仰视为对基督教世界的巨大威胁，而且往往乐于用自己的文化技能为那些希望向伊斯兰世界发动战争的人服务，即便在随后的几十年里，人们对发动新的十字军东征的呼吁往往充耳不闻。

## 第十三章　人性枷锁

1441 年 8 月 26 日，一位名叫阿尔贝托·达·萨尔泰阿诺（Alberto da Sarteano）的圣方济各会修士拖着脚步再次来到佛罗伦萨。他穿着一件破旧的棕色衣服，手里拿着一根粗糙的手杖。经过两年多的长途跋涉，他满身尘土，疲惫不堪，只想好好休息一下。然而，他被他所受到的欢迎吓了一跳。他刚进入城门，就被一大群人包围了，他们惊讶得大口吸气，争先恐后地前来围观。但是，尽管阿尔贝托本人因为人文学识和他早期到拜占庭和巴勒斯坦的旅行而在佛罗伦萨享有一定的名气[1]，但吸引民众注意的并不是这个 56 岁的修士，相反，倒是阿尔贝托的旅伴激发了佛罗伦萨人的想象力。因为陪同他的不仅有一个埃及科普特人（Copts）①使团——由一个名叫安东尼（Anthony）的蓄着胡须的僧侣率领，还有两名来自埃塞俄比亚的非洲黑人。

阿尔贝托的这一小队人轻轻挤过聚集在他们周围的人群，成了所有人密切关注的对象，尤其是那两个黑皮肤的埃塞俄比亚人。孩子指指点点，手舞足蹈，店主离开店铺来看热闹，妇女们则在自己身上画十字。尽管受过教育的旁观者倾向于嘲笑非洲人（有人注意到，他们"干巴巴的，举止笨拙"，"很虚弱"），但即使是最见多识广的人文学者也无法抗拒亲眼看看这些陌生的幽灵。[2]

阿尔贝托在这个时刻带着这些充满异国情调、非同寻常的伙伴回到佛罗伦萨绝非偶然。他和他的科普特及埃塞俄比亚

---

① 科普特是阿拉伯人对埃及居民的称呼，特别是指 7 世纪后伊斯兰教传入埃及后仍保持科普特宗教信仰者的后裔。科普特教会原为古埃及人所组建，4 世纪后主要信奉基督一性论派，礼仪使用科普特文或阿拉伯文。——编者注

朋友要在当时在城里举行的基督教大公会议上完成一项重要的任务。早在 1439 年夏天，教宗尤金四世就认为是时候团结整个基督教世界对抗奥斯曼土耳其人了，并着手召集所有基督教信徒，无论他们身在哪里。出于这种考虑，他派遣阿尔贝托到这个已知世界的远方去执行一项重大使命。阿尔贝托不仅要向耶路撒冷和亚历山大里亚教区的科普特人和麦尔基派（Melkites）① 宣告会议召开的信息，还要尝试与传说中的基督教王国取得联系——当时人们认为基督教王国存在于埃及另一边的某个地方。他受命向鲜为人知的"祭司王约翰"和同样神秘的"印度的托马斯"（Thomas of the Indies）传递信息，这两个人一直被认为是十字架的追随者。

阿尔贝托带着一腔热情和一种模糊的概念——如何找到尤金四世希望与之交流的幻想人物——开始了他的旅程。尽管阿尔贝托多年来一直在近东旅行，但他出发时几乎没有任何可靠的信息。那时，非洲还笼罩在神秘之中。人们对南方大沙漠以外的地方几乎一无所知，如果没有人可以做向导的话，他对在什么地方可以找到"祭司王约翰"或"印度的托马斯"也就只有模糊不清的概念了。

然而，阿尔贝托的表现超出了所有人的预期。他冒险穿过那时由马穆鲁克苏丹赛义夫丁·贾克马克（Sayf-al-Din Jaqmaq）统治的埃及，却没有发现尤金四世的去信对象——那些传说中的君王们的任何踪迹。但他显然成功地确认了埃塞俄比亚皇帝扎拉·雅科布（Zara Yaqob）无疑是信基督教的，而且声称自己是所罗门王的后裔。埃塞俄比亚的基督徒——其中

439

---

① 拜占庭帝国基督教教会的一支，分布在叙利亚和埃及，承认 451 年迦克墩大公会议的基督神人二性信条。该名称后泛指一切拥护迦克墩会议的信徒，涉及亚历山大里亚、安提阿、耶路撒冷宗主教区的基督徒。——编者注

许多人住在耶路撒冷——对大公会议非常感兴趣，很明显，在信奉基督教的意大利和迄今为止生活在沙漠另一边的神秘王国之间存在着牢固的联系。

教宗尤金四世为阿尔贝托的成功感到兴奋。[3]他于 8 月 31 日在新圣母马利亚教堂正式接待了科普特使团。两天后，他以更加激动的心情迎接引人注目的埃塞俄比亚代表。尽管他们的语言令人费解，生活习惯也出人意料，但这些来自撒哈拉以南地区的客人清楚地表明基督教世界比之前想象的要大。在一个短暂的时刻，基督教世界的所有国家——意大利人、希腊人、东方人、埃及人，甚至埃塞俄比亚人——似乎都有可能被共同信念的纽带团结在一起，共同致力于打败可恨的土耳其人这项神圣事业。

虽然谈判未能带来一个持久的联盟，但尤金四世认为阿尔贝托促成的会见意义重大，值得纪念。毕竟神秘的障碍已被打破，人们在第一次如此近距离接触的民族和文化中找到了共同点。教宗兴奋之至，他委托建筑师菲拉雷特将科普特人和埃塞俄比亚人的此次觐见的场景铸在圣伯多禄大殿铜门上作为永久纪念。[4]菲拉雷特基于敏锐的细节观察描绘了这些旅行者，确保两个接待场景既表现了撒哈拉以南非洲人不同寻常的异国情调，也表现了尤金四世接纳基督教兄弟的温馨。然而，他的埃塞俄比亚朋友对这次会面的看法可能并不完全相同。

### 黑暗大陆上的光明

总的来说，阿尔贝托·达·萨尔泰阿诺的旅程和埃塞俄比亚人 1441 年到达佛罗伦萨是文艺复兴时期与撒哈拉以南非洲互动的典型事例。尽管经常被历史学家忽视，但教宗尤金四世与埃塞俄比亚人代表的会面标志着对这片大陆的探索向前迈进了一大步。而在此之前，对欧洲来说，这片大陆一直处于非常黑暗的状态。

　　在阿尔贝托旅行归来之前，意大利人并非完全不了解非洲内陆。那些有人文主义倾向的人肯定知道古典时代欧洲人与非洲黑人的互动。从希罗多德的《历史》[5]等希腊文献中，意大利人了解到古埃及人曾尝试进一步向南探索。而从罗马的记述中，他们了解了古典时代与地中海沿岸以外的人进行贸易的情况。[6]因此，意大利人以前肯定也遇到过非洲黑人。外交已经打通了一些渠道。意大利各国已经开始试探性地与他们认为位于最南部的其他国家进行接触。例如，1291年，热那亚派遣了一名使节到现代的摩加迪沙的所在地，试图确定一段时间前失踪的维瓦尔迪（Vivaldi）兄弟的下落。同样，非洲人自己也紧张地伸出友谊之手。1306年，埃塞俄比亚的韦德姆·阿拉德（Wedem Arad）皇帝派往西班牙的使节意外来到热那亚，并愉快地向好奇的市民讲述他们祖国的故事。更重要的是，撒哈拉以南的一小部分非洲人实际上已经在意大利半岛居住了几个世纪。由于西西里是地中海地区主要的贸易中心，少数非洲人已受到中世纪宫廷的欢迎；而在15世纪30年代末，与阿拉伯商人的贸易使得起码已有一些深肤色人出现在佛罗伦萨。除了摩尔人和柏柏尔人，一些非洲黑人女奴也陆陆续续地经由西班牙和葡萄牙穿越地中海；到1427年，大约有360名女奴为佛罗伦萨家庭所拥有，她们大部分来自高加索地区，但也有一小部分是非洲血统。[7]

　　尽管如此，意大利人对沙漠以南大陆的了解还是有限的。这一时期的地图普遍反映了时人对前罗马殖民地以外的非洲地理缺乏深刻的了解，也反映了他们对有待发现的地方欠缺清醒的意识。例如，1306年，热那亚神父乔瓦尼·达·卡里尼亚诺（Giovanni da Carignano）绘制的波特兰海图（portolan chart）上，埃及尼罗河上游以南就什么都没有，而彼得罗·

韦斯孔特（Pietro Vesconte）的《世界地图》（*mappa mundi*，约 1320）则简单地认为撒哈拉沙漠之外只有大海。除了知道沿北非海岸和尼罗河下游的定居点，人们对非洲其他主要城镇和内陆民族似乎没有什么认识。在阿尔贝托·达·萨尔泰阿诺回到佛罗伦萨之前，这种无知留下的空白更多被神话而不是任何严肃的调查所填补。例如，1367 年，威尼斯人多梅尼科·皮齐加诺（Domenico Pizzigano）和弗朗切斯科·皮齐加诺（Francesco Pizzigano）绘制了一幅很能说明问题的航海图，图上显示了一条与尼罗河相连的"黄金河"，它的源头在托勒密所描绘的"月亮山脉"①中。为了增加额外的色彩，兄弟俩还把传奇式的基督教国王"祭司王约翰"（马可·波罗曾说他生活在东方）重新安置到西非的阴暗地带，并假设他的王国也散落着大量黄金，因为数量过多而在那里几乎没有任何价值。即使时间已经来到 15 世纪 30 年代，人们还是对这样的说法信以为真。这充分说明了，尤金四世托付给阿尔贝托的那些信是根据"祭司王约翰"的模糊谣言而不是真实消息写成的。8

442　　然而，阿尔贝托·达·萨尔泰阿诺带着埃塞俄比亚同伴归来表明情况正在发生变化。奥斯曼土耳其人在近东的崛起提供了一个关键的刺激因素。在宗教层面上，正是寻找新的基督教盟友的愿望为意大利人提供了动力，促使他们去探索传说中的海洋，并对未开发的土地有更深入的了解。但随后，对商业利益的渴望迅速成为新的核心动力。1453 年君士坦丁堡的陷落对贸易产生了重大影响。一方面，通往丝绸之路的陆路通道比以往任何时候都更加脆弱，从远东购入香料和原材料的重要贸

---

① 公元 2 世纪，古希腊地理学家克罗狄斯·托勒密在《地理学》中称"月亮山脉"是尼罗河之源，19 世纪末，英国探险家斯坦利发现了现乌干达和刚果（金）两国边界上的鲁文佐里山脉，认为它就是"月亮山脉"。——编者注

易处于危险之中。另一方面，奥斯曼帝国对博斯普鲁斯海峡的占领也封锁了通往高加索的道路，而在此之前，高加索一直是（非法）奴隶的主要来源地。正是对解决方案的需求刺激着人们去探索。为了找到一条通往印度群岛的新航线，绕过土耳其人控制的近东地区，葡萄牙海员深入了现代塞拉利昂、加纳和黄金海岸的内陆地区，不仅发现了一块迄今未知的富饶土地，还发现了出口贵金属和奴隶的巨大潜力。显而易见的赚钱机会进一步催化了人们的探险欲。由葡萄牙水手领路，阿尔维塞·卡达·莫斯托（Alvise Ca'da Mosto）和安东尼奥托·乌索迪马雷（Antoniotto Usodimare）等意大利探险家热情地接过了接力棒，于1455年和1456年在冈比亚河航行并发现了佛得角群岛。

　　虽然文艺复兴时期之前意大利人对撒哈拉以南非洲认知有限，但现在他们对非洲大陆及其人民的接触和了解都大大增加了。前往新地带的旅行者们带回了大量的信息。非洲游记风靡一时，像卡达·莫斯托的《航行》（*Navigazioni*）这样的作品立即受到欢迎。⁹尽管沿袭了一些古老的传说，但卡达·莫斯托的叙述以其出色的详细描写为日后的探险铺平了道路。他对商业利益的观察特别敏感。例如，他认为黄金和盐的双向贸易将马里的桑海王国（Songhay Kingdom）与摩洛哥、突尼斯和埃及联系起来，还生动地描绘了廷巴克图（Timbuktu）、特加扎（Teghaza）和乌丹（Oudane）等集镇炎热、干燥的气候，想象柏柏尔商队懒洋洋地穿过撒哈拉沙漠的清晰画面。他以同样敏锐的眼光对沃洛夫人（Wolof）的王国——现塞内加尔——作了精确的描述，当地陌生的风俗、舞蹈和耕作方式第一次展现在世人面前。他对地形和动植物的论述也同样精彩。他笔下的塞内加尔河和冈比亚河、非洲象和河马，以及他几乎每天都能见到的大量新奇的花草树木，更令读者惊叹不已。

443

但是，就连那些既不是旅行者也不是热心读者的意大利人，也正越来越频繁地接触到撒哈拉以南的非洲人。正是在阿尔贝托·达·萨尔泰阿诺出行后的几十年里，意大利的"黑奴贸易才成为一笔大生意"。尽管这无疑是"世界史上最令人痛心和最可耻的事件之一"的起点，但它也为文艺复兴时期的意大利人近距离接触撒哈拉以南非洲人提供了很好的机会。[10]随着时间的推移，运载"人类货物"的葡萄牙船只开始接连不断地抵达里窝那（Livorno）、威尼斯和热那亚等港口，让那些富裕到足以拥有奴隶的人有更多的非洲黑人可挑选。尽管教会对奴隶制度持保留态度，但时刻关注潜在利润的佛罗伦萨银行对"人类商品"特别感兴趣。为了满足日益增长的对外国家仆的需求，他们急忙寻找尽可能多的有色人种女奴（也有男奴）资源。例如，1461 年 7 月，坎比尼银行（Cambini bank）的业务经理乔瓦尼·圭代蒂（Giovanni Guidetti）报告称，葡萄牙船只"拿撒勒的圣母马利亚号"（Santa maria di Nazarette）已抵达里窝那，船上载有三名黑人女奴，她们的名字分别是伊莎贝尔（Isabell）、巴贝拉（Barbera）和玛尔塔（Marta）。这些女孩的价值为 6500~8500 雷亚尔（"相当于一个合格工匠的年薪"），与她们所具有的"黑色"程度相对应。她们随后被派往坎比尼家族的乔瓦尼·德利·阿尔比齐（Giovanni degli Albizzi）和里多尔福·迪·塞尔·加布里埃洛（Ridolfo di ser Gabriello）家中做家务。[11]同样，1464 年 9 月，坎比尼银行账簿显示，皮耶罗和朱利安诺·迪·弗朗切斯科·萨尔维亚蒂（Piero and Giuliano di Francesco Salviati）支付了 36.18 "封装佛罗林"（fiorini di suggello）① 的大价钱，"从我们这里得

---

① 文艺复兴时期佛罗伦萨政府发行的一种货币，就是把一些磨损的佛罗林金币放进袋子里封起来，标明价值，由政府担保，可以当普通金币使用。——译者注

到了一个黑人……用作家仆"。[12] 事实上，到了 15 世纪晚期，几乎每一个野心勃勃的商人家庭都至少拥有一名黑奴。而再往后，如果没有相当数量的非洲奴隶，没有哪个意大利大贵族会认为他的宫廷式豪宅是完整的。

### 上帝的子民

当撒哈拉以南非洲的神秘面纱滑落时，意大利人不得不质疑他们从前对非洲人的看法。就此而言，阿尔贝托·达·萨尔泰阿诺和埃塞俄比亚代表一起来参加佛罗伦萨大公会议不仅证明了人们对非洲内陆各国民众的好奇心，而且表明了在某种程度上，文艺复兴时期的意大利人也准备以一种明显积极的方式看待非洲黑人。

无论是阿尔贝托去传教的原因，还是尤金四世接待埃塞俄比亚人所表现的热情，都很能说明问题。与犹太人和穆斯林形成鲜明对比的是，人们对非洲黑人的看法从未受到宗教偏见的影响。事实上恰恰相反，基督徒之间深厚的情谊促使文艺复兴时期的意大利人以一种热情友好的态度看待撒哈拉以南的非洲人。

尽管阿尔维塞·卡达·莫斯托等旅行者曾指出贝宁等国盛行万物有灵论这种异教信仰，但非洲黑人往往从一开始就被视为上帝的子民，不管他们是否坚持基督教信仰。对菲利波·利比那一代教徒来说，这种设定表明他们是志趣相投的人。文艺复兴时期的意大利人给《圣经》中含（Ham）被流放的故事添油加醋，想象诺亚（Noah）的儿子从圣地游荡到非洲，在那里定居，结婚生子。他们相信，他的后裔是 15 世纪抵达佛罗伦萨的埃塞俄比亚人的祖先。事实上，由于撒哈拉以南不同民族之间在人们眼里几乎没有什么区别，所有非洲黑人都被认为是含真正的孩子，都被视为更广泛的基督教大家庭的成员。[13]

445

假如所谓的"诺亚之子"的血统还不够有说服力，那么人们还有很多其他的证据表明非洲黑人应该被视为真正的基督教兄弟。例如，《圣经》中有众多例子表明非洲与旧约历史之间的紧密联系，示巴女王不过是其中一例，可相比之下，东方三博士前往伯利恒的故事却被赋予了格外重要的意味。尽管《圣经》的叙述中没有提到东方三博士的名字或他们的出身，但早期基督教作家很快就填补了这个空白，并开始把新命名的卡斯帕（Caspar）、梅尔基奥尔（Melchior）和巴尔塔萨（Balthazar）与已知世界的三个角落联系起来。卡斯帕和梅尔基奥尔常常被认为分别是印度人和波斯人，巴尔塔萨则从很久以前就被赋予了非洲人的角色。[14] 例如，4世纪时，圣奚拉里（St. Hilary）曾假设巴尔塔萨来自撒哈拉以南的非洲，"黑法师"（black magus）这个概念慢慢地但确凿地得到了认可，直到14世纪被广泛接受。阿尔贝托·达·萨尔泰阿诺回到佛罗伦萨后，意大利人与非洲大陆民众的接触增加了，这一时期的艺术也开始以极大的热情接受"黑人巴尔塔萨"的概念。例如，在曼特尼亚的《东方三博士来朝》（*Adoration of the Magi*，现存于佛罗伦萨乌菲齐美术馆，图37）通常被认为约创作于1489年，但实际创作时间可能早在1462~1470年。画面中，跪着的巴尔塔萨是一个非洲黑人。很明显，艺术家和观众都接受他作为有色人种在更广泛的基督教戏剧性事件中扮演一个不可或缺的角色。

随着时间的推移，这种看法只会越来越强烈。从15世纪中叶开始，认为非洲黑人在历史上确实是基督教家庭的一员的普遍观念说服了一些更具冒险精神的艺术家和人文主义者，从而将黑人更坚定地融入《圣经》故事，即使人们并没有可靠的证据。例如，也许是伊莎贝拉·德斯特对曼图亚宫廷的黑人侍仆越来越感兴趣带来的结果，曼特尼亚在朱迪斯斩首霍罗佛内斯的故事中引入了一个非洲黑人女佣，从而开辟了新的表现领域。在一幅创作于 1492 年 2 月的墨水画（现存于佛罗伦萨乌菲齐美术馆）中，朱迪斯的女仆被描绘成具有明显的非洲特征，这一主题被曼特尼亚在另外至少三部作品中加以重复，后来则被柯勒乔等艺术家模仿。[15] 因为对亚述将军的诱惑和刺杀使朱迪斯成为具有自我牺牲美德的典范，非洲黑人侍仆在场的情景便表明艺术家愿意将故事反映的荣耀归于有色人种，并进一步强调他们在《圣经》传统中的角色。

447

　　撒哈拉以南的非洲人越发被认为是上帝的子民，这为教会提供了充分的理由去积极接触新发现的国家，并鼓励在非洲和意大利本土对非洲黑人采取有建设性的、积极的态度。的确，这种理念显得格外重要，在阿尔贝托·达·萨尔泰阿诺回到佛罗伦萨后的 60 年里，教会热情地相信，有色人种与罗马天主教信仰完全交融是黄金时代已经到来的又一个证明。[16]

　　基于尤金四世团结基督教世界和加强基督教世界之完整性的愿望，教会开始探索各种方法，在那些相信基督的人或至少被认为"出于本能"愿意皈依基督教的人中间传播天主教。16 世纪早期，圣依纳爵·罗耀拉（St. Ignatius of Loyola）表示有兴趣前往埃塞俄比亚传教，以加强在佛罗伦萨大公会议上初次看到的这种联系。不久，耶稣会士开始在西非传播福音。甚至有人尝试让教会的惯例适应当地习俗，在某种意义上，宽容被认为是使基督教信仰传遍非洲的一个必要前提。例如 1518 年，葡萄牙国王曼努埃尔（Manuel）请求教宗利奥十世任命 23 岁的穆门巴人（Mumemba），刚果土著国王的私生子恩多迪迪基·尼基努（Ndoadidiki Ne-Kinu）为主教，并为他提供一批传教士。[17] 尽管事实上恩多迪迪基——更广为人知的名字是恩里克（Henrique）——因为私生子身份和过于年轻而被禁止担任主教职务，但利奥显然认为这是一个绝妙的主意，不仅任命他为乌蒂卡（Utica）的名义主教，还派了一批神学家来给这个年轻人出谋划策，直到他年满 27 岁，即符合教会规定的年龄。利奥似乎认为，本土出生的教士能更好地为非洲服务，这显然是跨文化开放态度的明确信号。

在意大利本土也是如此，对非洲黑人固有的宗教血缘关系的假设使教会方面采取了一种灵活且积极的态度。特别是从 15 世纪初起，人们开始认真关注为撒哈拉以南非洲人提供充分的精神关怀这件事，特别是关注在西西里岛和那不勒斯的大批奴隶和曾是奴隶的人。[18] 孩子接受洗礼，神父探访田野、市场和船坞，后来甚至鼓励黑奴成立自己的团契（confraternity），例如 1584 年在墨西拿（Messina）的圣马可教堂成立的团契。[19] 更引人注目的是，奴隶和曾经为奴者担任宗教圣职都受到热情欢迎。也许最显著的例子是"黑人"圣本尼迪托（S. Benedetto "il Moro"，约 1524~1589），他出生在西西里岛一个奴隶或前奴隶的大字不识的家庭，21 岁时加入圣方济各会。本尼迪托虔诚的禁欲思想如此突出（经常进行严厉的自我鞭笞），以至于在他死后，他最终被意大利南部绝大多数白人会众尊为圣人。[20]

意大利半岛上围绕着非洲黑人的宗教开放气氛偶尔也渗透到了其他生活领域，使人们更广泛地承认他们共有的人性。尽管他们作为奴隶或自由人的身份必然对他们所从事的职业范围有所限制，但非洲黑人被认为拥有多种技能，这些技能不仅与文艺复兴时期城市的奢华生活密不可分，还与卡斯蒂廖内等作家推崇的军人美德的理想密切相关。除了可以找到摔跤手和潜水员等工作岗位，[21] 他们作为骑士和士兵的勇猛也受到了特别的赞赏，这无疑是令人钦佩的，也标志着他们拥有"文明"的品格。例如 1553 年，美第奇家族雇用了非洲的"黑人"格拉齐科（Grazzico "il Moretto"）作为马夫和侍从；而一名叫作巴斯蒂亚诺（Bastiano）的非洲奴隶受命守卫葡萄牙枢机主教雅伊梅（Jaime）的坟墓，地点在奥尔特阿尔诺的圣米尼亚托大殿（S. Miniato al Monte），乃是因为他有着明显的军事才能。[22] 更值得注意的是约创作于 1505 年的一件木刻作品，它显示了 1476 年，一名黑人骑士在加莱亚佐·马里亚·斯福尔扎遭刺杀时勇敢地挺身而出（尽管徒劳无功）。同样，非洲黑人也被普遍认为在音乐和舞蹈方面有着不同寻常的技能，这两项技能在廷臣中非常受重视。[23]

事实上，非洲黑人与文艺复兴时期的意大利社会非常紧密地联系在一起，因而对混血儿的猜忌即使在城市精英阶层中也没有成为一个严重问题。亚历山德罗·德·美第奇于 1532 年被任命为佛罗伦萨公爵，有传言（也许并不确切）说他是教宗克莱门特七世和一名非洲黑人女子的孩子，[24] 肖像画往往显示他具有明显的"非洲"特征。这似乎表明，某种程度上，广泛的宗教亲近感提升了社会接受度，而这种亲近感正是始于阿尔贝托·达·萨尔泰阿诺 1441 年带着埃塞俄比亚使团抵达佛罗伦萨之时。

### 人性，但不是太人性

非洲黑人在很多方面比犹太人或穆斯林受到了更好的对待，但文艺复兴时期意大利与撒哈拉以南非洲的关系还有另一个更不堪的方面。阿尔贝托·达·萨尔泰阿诺带领的埃塞俄比亚使团受到出人意料的接待，旁观者甚至有些迷惑不解，这本身就表明，以前的交往在促进适当接纳非洲黑人方面只取得了很小的进展，而城里有教养的人文主义者则仍以嘲讽的眼光看待他们，几乎就像人们对待科学标本一样。这表明他们在某种程度上仍然是"外邦"的，并不完全令人感到亲近。

有些迹象也许微弱，但也确实说明事情并非完美无瑕。在

450

基督教兄弟情谊和天主教普世主义的外表下，隐藏着一种深深的蔑视和屈尊俯就的感觉。因为尽管教会人士和人文主义者把非洲黑人看作上帝的子民、含的后裔、基督教大家庭的成员，但这并不代表他们比婴儿强多少。事实上，哪怕撒哈拉以南的非洲人被认为是与意大利人有某种亲缘关系的人种，这种所谓的"家族关系"也并不意味着利比和他的同时代人把非洲黑人视为与自己平等的人。事实上，远非平等。尽管犹太人和穆斯林的文化成就可以不受宗教差异的影响而受到赞赏，但他们拒绝承认撒哈拉以南地区有任何值得一提的文化，而倾向于把非洲黑人描绘成未开化的野蛮人。

这一认知模式源自最早的探险家。例如，尽管他们敏锐地观察到沃洛夫人或桑海人的生活习惯，但第一批旅行者对撒哈拉以南非洲的看法明显带着偏见，而不是客观的呈现。安东尼奥·马尔凡特（Antonio Malfante）在讲述他穿越沙漠的旅程时故意夸大事实：他遇到的非洲黑人"没有文化，也不读书"，他注意到，他们是"了不起的魔术师，通过熏香唤起恶魔之灵"，故而将他感知到的原始文化与恶魔巫术相提并论。同样，阿尔维塞·卡达·莫斯托对该地区居民的"淫荡"本性感到厌恶，他对其基督教祖先的敬仰，与对其"野蛮"行径的蔑视形成了鲜明的对照。[25]

这些观点在意大利本土也得到了认同。文艺复兴时期的意大利人面对日益增多的非洲黑人，在欣然接受认为他们道德低劣的原始主义论断的同时，也乐于承认一种宗教上的亲缘关系。每一种想象得到的刻板印象都会被用来描述有色人种，说他们是不开化的傻瓜，永远不可能与大多数白人平起平坐。除了葡萄牙人有"快乐的黑人"的比喻（将无拘无束的欢笑等同于幼稚或野蛮），人们普遍认为，撒哈拉以南的非洲人生性懒惰，因此无法完成任何有持久价值的事情。例如，在1480年的报税表中，佛罗伦萨人马泰奥·迪·乔瓦尼·迪·马尔乔·斯特罗齐（Matteo di Giovanni di Marcho Strozzi）的继承人在他们的动产中列了一个"工作不佳、没什么价值"的黑人女奴；他们声称，"她很懒，所有的黑人女性都这样"。[26]更令人不安的是，人们普遍认为，所有非洲人道德上都会失控，根本无法控制他们的暴饮暴食或旺盛性欲。卡达·莫斯托认为乱伦在撒哈拉以南地区广泛存在，根据这个观点，[27]人文主义者开始将非洲黑人的体力和"野蛮"行径与无法满足的性欲等同起来，认为只要有机会，他们就会寻求发泄。事实上，甚至有人这样解释为什么非洲人好像人人都有很好的乐感：那是他们试图将性冲动转化成某种形式的有节奏的舞蹈。不过也是枉然。[28]同样，非洲人爱好佩戴金耳环也让人们怀疑他们可能与可恶的犹太人有一些共同之处。在大众的想象中，这种珠宝也总是与犹太人相伴相随。

452

认为非洲黑人文化低劣、原始和野蛮的看法严重影响了他们在日常生活中的处境。因为毫无疑问，大多数意大利人认为黑人在某种程度上不如白人基督徒，任何有色人种显然都不可能拥有自主或独立性，不管他们的行为举止多么令人赞赏。因此，尽管非洲黑人经常出现在这一时期的艺术作品中，但除了巴尔塔萨，有色人种只扮演辅助或次要角色，这很能说明问题。例如，在曼特尼亚对朱迪斯斩首霍罗佛内斯的各种演绎中，相当被动的女仆被描绘为黑人，而明明与她同属一族的朱迪斯却没有被描绘为黑人，这是相当重要的区别。同样，在戈佐利的《东方三博士伯利恒之旅》中，整个场景中唯一的黑色面孔是个看起来很憔悴的侍从，他勇敢地跑在美第奇的马旁边。自主性的缺乏必然会带来一种感觉，即黑人可以并且应该被他们"天生的"上司以任意方式对待。例如，现实中，女性黑奴习惯性地受到主人的性骚扰甚至性侵犯，而在任何情况下，个中责任总是被强加在受害者而不是施暴者身上。

这种文化和道德上的低劣感带来了种种后果，其中最严重的也许是影响了非洲黑人的法律地位。尽管在文艺复兴时期的意大利，有色人种的生活总是混杂着自由与不自由，但坚信他们"天生"野蛮，自然也助长了认为他们"天生"应为奴的看法。建立在对柏拉图和亚里士多德的奴隶制思想的曲解之上，人文主义者、律师和神职人员接受了这一观点，即黑暗大陆的未开化的社会注定要由开化的白人来统治。不管基督徒之间的感情有多么强烈，黑人是天然的奴隶种族。这种有害的观念塑造了文艺复兴时期意大利与撒哈拉以南非洲的关系。

尽管教会明令禁止奴役基督徒，但神学家们很快就相信，撒哈拉以南的非洲人由于他们所谓的性格特点可以成为特例。就在阿尔贝托·达·萨尔泰阿诺和埃塞俄比亚使团回到佛罗伦萨 11 年之后，教宗尼古拉五世颁布了训谕《有关不同的……》（Dum diversas），试图调停西班牙和葡萄牙对新发现土地的主权争夺。在这份内容广泛、影响深远的宣告中，尼古拉五世肯定两国国王拥有绝对权力，可以随心所欲地入侵任何王国，并将任何领土上的所有人口当作奴隶，无论其信仰如何。该宣告虽然后来被庇护二世推翻，但之后又重新得到肯定，在一系列训谕中得到重申。这些训谕实际上判定非洲人长久为奴。事实上，正是文艺复兴时期的开放政策引发了一个长达几个世纪的思想趋势，进而构成了人类社会最大的罪恶之一。

\* \* \*

当阿尔贝托·达·萨尔泰阿诺和他的埃塞俄比亚同伴在令人兴奋的大公会议结束后离开佛罗伦萨时，修士感到满意是可以理解的。他有意无意地推动了文艺复兴时期世界的边界，打破了神话和传说的樊篱。通过增进对撒哈拉以南非洲的人文理解，他为一代代探险家铺平了道路，并与全然陌生的土地建立了真正的联系。而且他非常高兴地看到基督教世界本身似乎一夜之间变得更为广阔了。

454

虽然没有留下任何书面材料来说明他们在意大利逗留期间的经历，但埃塞俄比亚人可能并没有那么兴奋。尽管他们受到了奢华的款待，但他们肯定会对非洲同胞被迫卑躬屈膝的境况反感，并为他们在街上受到的蔑视感到痛苦。他们和其他人一样是基督徒，但很明显，他们并不被视为具有同样品质的基督徒。向意大利白人学习和开展贸易的吸引力或许会给他们带来希望，但恐惧和焦虑是不可避免的。作为基督徒，放下忧虑和芥蒂的做法值得赞许；但是如果他们离开佛罗伦萨，尽快回去警告他们的民众即将到来的危险，那结果无疑会好得多。宽容和接纳只是一种表象，而且正如他们可能已经想到的那样，假如文艺复兴时期非洲人的生活不曾受到干涉，非洲各地的人民说不定都会过得更好。

## 第十四章　美丽新世界

虽然在巴巴里海岸的经历给菲利波·利比留下了丰富的记忆，但在15世纪30年代末和40年代初，他几乎足不出户就能看世界。在方圆一英里多的范围内，他可以接触到许多民族和文化，其中一些来自当时已知的地球上最遥远的地方。他可以和犹太商人讨论卡巴拉哲学，在市场摊位上品尝来自奥斯曼帝国的草药和香料，在布店里用手指触摸编织细密的波斯地毯，在每个角落和来自非洲内陆的黑奴擦肩而过。

然而，尽管他所认识的世界可能已经很广阔了，但更遥远的地方出现了，这超出了他的想象范围。由于与葡萄牙和西班牙有着密切的贸易联系，佛罗伦萨到处都能听到有人在西边大洋发现新岛屿的传言，客栈里充满了各种猜测，认为通向印度群岛的海上航线就在夕阳西下的地方。佛罗伦萨商人引以为傲的地图明显过时了；在城市修道院的回廊里，学者们热烈地讨论在未被探索的海洋中还有什么。甚至在尤金四世的教廷，在激烈的神学讨论中，教会人士也试图弄明白上帝希望谁来统治

任何未知存在与否的远方领土。

作为天生的冒险家，利比和他的同时代人对此几乎不可能不感兴趣。然而，15世纪早期佛罗伦萨人的求知欲也仅限于此。

尽管这些发现已初具规模，但人们很难指责利比只培养了对新事物和未知事物的好奇心。某种程度上，除了一些模糊的传言，根本没有什么可继续探究下去的东西。尽管水手们越来越自信地深入大西洋，但是他们发现神秘新岛屿的确凿证据还没有抵达佛罗伦萨。在这个城市的市场和街道上，没有任何关于这些土地和居民的可靠信息。事实上，几乎没有人真正亲眼看到过任何东西。

　　然而，某种程度上，佛罗伦萨人的期望很低。他们大抵很难想象除了发现一条通往早已闻名的土地的新路线，还能有什么新鲜事物。最好的情况不过是，古代史中提到的一些模糊的小岛可能会清晰起来，一种与东方贸易的新方式可能会被发现，但也仅此而已。即使由于一些不可思议的命运转折，确实出现了一些意想不到的东西，利比的许多同时代人也相信，所有文明的东西——以及大量非文明的东西——都已经被发现了。

　　尽管存在种种猜测，但那个时代的艺术家和人文主义者满足于任由幻想的白日梦和冷冷的鄙夷推动事情发展。无论是利比还是其他艺术家，他们都不认为这些新的发现值得被载入一幅画中，甚至不愿意把时间浪费在不值得文明人注意的涂鸦上。城里那些受过教育的人，态度甚至更不积极。他们心中充满了自满和文化优越感，要么固守过去的神话，要么对那些敞开在他们面前的民族和土地表示轻蔑。

457

　　事后看来，发现之旅的失败没有给文化想象留下任何重要或积极的影响，这似乎与文艺复兴时期的一切期望背道而驰。但是通过梳理这个故事的不同方面，我们可以清楚地看到，文艺复兴时期的男男女女在与意想不到的土地和民族接触的过程中，最真实地展现了他们认知上的自我矛盾和文化上的犬儒主义。

**拓宽视野**

　　大约在他完成《巴尔巴多里祭坛画》时，菲利波·利比不知不觉地站在了人类历史上最伟大的冒险和发现时代的开端。尽管文艺复兴时期的意大利在过去的一个世纪里与希伯来文化、伊斯兰文化和非洲黑人文化的联系日益密切，但它的整个世界观即将被一系列惊人的航行打破，这些航行将永远改变世界。

差不多在公元 1300 年之前，人们对大西洋没有太多直接的兴趣，主要是从与远东开展贸易的角度来看待大西洋。尽管老普林尼（Pliny the Elder）① 和塞维利亚的伊西多尔（Isidore）② 模糊地暗示过非洲海岸附近有几个分散的岛屿，北欧的传奇故事也曾讲述一个被他们称为文兰（Vinland）的神秘地区，但意大利人几乎没有时间去听这些明显荒诞的神话。对他们来说，大西洋是一片汪洋大海，将欧洲与中国、爪哇和日本国（Cipangu）分隔开来，这一概念在精心绘制但构想拙劣的地图中得到了充分体现。早在 13 世纪，马可·波罗就权威地指出，如果从葡萄牙向西航行，那么很可能在到达中国之前先到达"日本国"这个岛。[1] 每当中世纪的作家谈到大西洋岛屿，比如谈到据说是由逃离穆斯林统治的西班牙基督徒殖民的"七城之岛"（Isle of the Seven Cities）时，他们的推测都是，这些岛屿只是印度东边那鲜为人知的巨大群岛的一部分，而香料正是从这些群岛运来的。[2] 尽管对这些"印度"岛屿的想象仍然被狗头人和黄金河之类的事物主导，但人们几乎没有意识到那里可能有完全意想不到的东西。

然而，通往印度群岛的海上航线的诱惑力提供了一种动力，促使人们对大西洋世界进行更广泛的探索。早在文艺复兴时期初现成果之前，人们就开始寻找一种与东方进行贸易的新方法。早在 1291 年，威尼斯的两兄弟——万迪诺·维瓦尔第（Vandino Vivaldi）和乌戈利诺·维瓦尔第（Ugolino Vivaldi）——就驾着两艘大帆船航行，希望绕过摩洛哥海岸到达印度，[3] 虽然这次远航以失踪告终，但只要有一丝可能性，

---

① 23~79，古罗马作家，著有《自然史》。——译者注

② 570~636，西班牙主教、学者，著有《词源》。——译者注

就会激起那些航海国家的欲望。到 14 世纪初，人们已经为此作出了更大的努力。1321 年，热那亚水手兰斯洛托·马洛切洛发现了兰萨罗特岛，这一发现成了分水岭。⁴尽管他的旅程也没能揭晓人们所希望的通往印度群岛的航路，但是它所揭示的古代和中世纪的故事比任何人之前想象的都要多，这一印象在随后的 1341 年对加那利群岛更系统的探险中得到了加强。大西洋不仅仅是一片水域，肯定有别的事物存在。更重要的是，"幸运岛"（Fortunate Isles），即加那利群岛的居民已经表明，那里也有人类。

459

　　当菲利波·利比完成《巴尔巴多里祭坛画》时，"大力神之柱"（Pillars of Hercules）①以西的探险已经加快了步伐，随着奥斯曼土耳其不断崛起并给丝绸之路设置了更多障碍，海上冒险主义的冲动变得越来越强烈。尽管开辟一条通往东方的新航路的希望仍然很大，但越来越明显的是，大西洋是个比利比祖父母那一代人所想象的更加繁忙和富有的地方。⁵尽管西班牙人和葡萄牙人走在最前面，但意大利水手进行了更深远的探险，每天都有关于新大陆的激动人心的消息如洪流般涌向佛罗伦萨。1418~1419 年，若昂·贡萨尔维斯·扎尔多（João Gonçalves Zardo）和特里斯唐·瓦斯·泰泽拉（Tristão Vaz Teixeira）发现了圣岛（Porto Santo）和马德拉群岛（Madeira）。仅仅 8 年之后，也就是 1427 年，迭戈·达·西尔韦斯（Diego da Silves）在非洲海岸以西更远的地方发现了亚速尔群岛（Azores）。⁶在随后几年中，航海家恩里克王子（Prince Henry the Navigator）着眼于开发新大陆资源，派出了一些探险队，记录这些岛屿的确切特征，并——可能的话——以葡萄牙王室的名义建立永久的贸易定居点。对加那利群岛的全面

① 直布罗陀海峡两岸对峙的两座峭壁的古称，其西边即为大西洋。——译者注

征服以 1402 年让·德·贝当古（Jean de Béthencourt）和加
迪菲·德·拉·萨莱（Gadifer de la Salle）的远征为开端，
持续了整个世纪，打开了一扇门，使人们越来越直接地寻求具
有商业和军事价值的信息。

利比不可能知道后面这些事了，更不会知道它们也仅仅是
个开始。从他 1469 年去世算起，23 年后，一个几乎不为人知
的热那亚船长横渡了大西洋，永远改变了世界。克里斯托弗·
哥伦布于 1492 年 10 月 12 日早晨发现了"圣萨尔瓦多"（San
Salvador），并在两周后的 10 月 28 日成为第一个登陆古巴的
欧洲人，尽管他起初并不能完全确定他所发现的新大陆到底是
什么地方。尽管哥伦布一开始在地理上不够准确和异想天开，
但他打开了通往一个全新世界的大门，开启了对美洲进行全面
探索的时代。1493~1494 年，继第一次成功之后，哥伦布在
接下来的航行中又发现了现代的牙买加、波多黎各和小安的列
斯群岛。仅仅三年后，乔瓦尼·卡博托（Zuan Chabotto），
也称约翰·卡伯特（John Cabot），在纽芬兰岛登陆。在 15
世纪的最后几年，哥伦布、阿隆索·德·奥赫达（Alonso
de Ojeda）和佛罗伦萨的阿梅里戈·韦斯普奇（Amerigo
Vespucci）开始深入南美神秘的内陆。到了 16 世纪，大西洋
已经成为一条真正的冒险和探索的超级航道。

### 新闻传播

从重要性和震撼程度来说，始于 14 世纪早期并一直持续
到 16 世纪的发现之旅无疑比第一次载人登月任务要伟大得多，
我们也许很难理解当时欧洲人的惊奇感。既然如此，"大发现"
对于认识整个文艺复兴时期而言变得如此不可或缺便不足为奇
了，而布克哈特对其影响的看法仍然能引起一种特殊的共鸣。
"然而"，这位瑞士历史学家提及哥伦布时写道，"我们怀着钦

佩的心情望向这位伟大的热那亚人，他渴望、寻找、发现了大洋彼岸的新大陆，而且是第一个说出这句话的人：'il mondo è poco'①——世界并不像人们想象的那么大。"⁷布克哈特相信，大西洋世界的开放是整个时代的核心特点，我们很难不对他的这一信念产生共鸣；最终，大西洋世界的开放也意味着文艺复兴时期人们与"他者"的关系渐渐突破狭隘的盲从和根深蒂固的偏见。随着视野不断打开，人们每年都会见识新的民族，世界和人类本身逐渐具有一种完全不同的性质，尽管经常受到葡萄牙和西班牙这两个强大的海洋国家的干扰，有关新发现的消息还是被意大利人（不管是威尼斯人还是那不勒斯人）以极大的热情吸收，然后又在半岛各地的人文主义学者的著作中得以表达。

461

　　甚至在马德拉群岛和亚速尔群岛被发现之前，14 世纪的佛罗伦萨人就已经表现出对海洋领土及其居民的相关知识的热切渴求，彼得·伯克准确地指出，从一开始，意大利人不仅在"大发现的过程中发挥了重要作用"，而且在"新闻传播"方面也发挥了重要作用。⁸例如，借鉴一个叫尼科洛·达·雷科（Niccolò da Recco）的海上冒险家的故事，薄伽丘写了一篇激动人心的关于加那利群岛之旅的文章，含有大量关于当地居民的异国服饰、社会制度、农业习俗和音乐传统的细节。⁹稍后，彼特拉克——他的消息来源似乎是一名"混合了西班牙和法国王室血统的贵族"，有可能是路易·德·拉·塞尔达（Luis de la Cerda）——也在他的《论孤独的生活》中加入了有关加那利群岛居民生活习性的一篇补充说明，以此表达他对新大陆的兴奋之情。¹⁰这两篇文章都表现了人们在记录新大陆时对精确的细节有着浓厚兴趣，对大西洋领土地形学和人类学知识有着

———————————

①　意大利语，意为"世界很小"。——译者注

462　　热切渴望，这些知识反映了人们强烈的好奇心。

　　在菲利波·利比的有生之年，信息从加那利群岛和亚速尔群岛传来，其传播之快，似乎进一步激发了人们对获取确切知识的兴趣。据说教宗尤金四世在巴塞尔大公会议上指派两名教会律师——安东尼奥·米努奇·达·普拉托韦基奥（Antonio Minucci da Pratovecchio）和安东尼奥·罗塞利（Antonio Roselli）研究岛上居民未来的法律地位，他们便全神贯注于查明加那利群岛原住民的宗教和社会习惯。[11] 同样，对贝当古和德·拉·萨莱的征服事迹的精彩描写，尤其是勒威耶（Le Verrier）和邦蒂耶（Bontier）的《加那利人》（Le Canarien），不仅在整个欧洲广受欢迎，而且也有助于满足知识界对大西洋新世界日益增长的兴趣。

　　利比去世后，人们对文献的兴趣越来越浓，意大利人渴望得到新闻，各方各面日益丰富的消息也满足了他们的胃口。甚至在哥伦布登陆圣萨尔瓦多之前，波利齐亚诺就已经给葡萄牙国王写信，信中他对"新大陆、新海洋、新世界的发现"异常兴奋，我们可以想象当宣布热那亚船长的伟大发现时人们是多么惊愕。[12] 16 世纪刚刚开始，第一手资料就开始流传，最初是以手稿的形式，然后是印刷成精美的书籍。哥伦布关于他旅行的叙述不出所料快速流传；韦斯普奇对自己航海经历的描述相当受欢迎；佛罗伦萨的乔瓦尼·达·韦拉扎诺（Giovanni da Verrazzano）的故事（主要与北美海岸有关）点燃了读者的热情，尽管如今它相对默默无闻。[13] 二手资料也大受欢迎（可能比更有见地的原始文本还要受欢迎），证明了对异国

463　他乡的兴奋之情。紧随韦斯普奇的书信之后，意大利出生的彼得罗·马尔蒂雷·丹吉耶拉（Pietro Martire d'Anghiera，1457~1526）出版了大量关于美洲探险的著作，包括《悠悠岁月》（Decades）和《关于新大陆》（De orbe novo）。这

些著作是向更广泛的受众传播有关新大陆信息的重要工具。同样，威尼斯官员吉安巴蒂斯塔·拉穆西奥（Gianbattista Ramusio）的多卷本《航海旅行记》（Delle Navigationi et Viaggi，1550~1559）充分回应了人们的渴望，对美洲地形学和人类学特征进行了更具体的描述，此书经常被认为属于第一批真正意义上的现代地理作品。似乎每个人都想知道这个世界变得有多小。

这些发现取得了跳跃式的进展，不仅让保罗·德尔·波佐·托斯卡内利（Paolo del Pozzo Toscanelli，1397~1482）和乔瓦尼·马泰奥·孔塔里尼（Giovanni Matteo Contarini，逝于1507）等制图师兴奋不已（他们急于改进自己的技术，以便更准确地描绘一个不断变化的世界），[14]而且让人文主义者也相互竞争，看谁能用恰如其分的古典形式赞颂当代探险家的"英雄"成就。例如1589年，朱利奥·切萨雷·斯泰拉（Giulio Cesare Stella，1564~1624）甚至不得不急忙出版他尚未完成的《哥伦布》（Columbus）一书以阻止盗版的出现，这是第一部模仿维吉尔史诗的风格书写哥伦布的航行的作品。彼时由于需求旺盛，盗版已经开始冲击市场。[15]如果说古代的征服者和水手值得高度赞扬，那么那些把世界变得更小的人又该得到多少赞美呢？

### 未知世界

然而，纵然人们对"大发现"的信息有一种天生的渴望，想象力也不像现代历史学家往往乐于相信的那样，全然是由好奇心激发的。事实上，文艺复兴时期探险家所带来的文化影响，与其说是构建了那个时代的艺术想象，不如说是构建了我们对"科学"创新之内在价值的认知。尽管大西洋世界的开拓引人注目，但利比生前和死后时代的艺术家们并没有完全被西

464

方新大陆的概念所吸引。

这并不是说马洛切洛、达·西尔菲斯、贝当古、哥伦布和韦斯普奇的冒险完全没有在意大利的视觉艺术中得到表现。印刷术出现之后，各种版本的地理著作、编年史以及一手和二手故事书——其中许多是在意大利本土出版的——往往不仅配有一系列精细的地图，还包括一些精心制作的木版画或蚀刻版画作为插图。比如，在拉穆西奥《航海旅行记》（威尼斯，1556）第三卷中，就有一些陌生植物的详细图片，如玉米和车前草，以及有特色的本地工具的图片，如消防水龙。但在大多数情况下，这种新世界的视觉形象没有多少是有严肃的学术价值的。它们几乎从来都不是通过直接观察得来的（那时候人们不认为有必要让艺术家参与探险之旅），而是习惯性地从道听途说和幻想中拼凑而成的，其目的与其说是记录有意义的信息，不如说是吸引读者注意。更糟糕的是，早期大西洋探险的叙述中包含的大量木版画作品只是从其他印刷物中抄袭来的，其中大部分与新大陆毫无关系。因此，在韦斯普奇的《四次航行》（*Quattuor Navigationes*）最早的一些版本里，这位探险家和一群食人土著见面，这些土著正忙着砍下人体的四肢准备晚餐，而另外一些版本则会描绘印第安人把浴盆当作独木舟，以及美人鱼居住在内陆水道里的情景。[16]

然而，这类陈腐的涂鸦作品几乎就是市面上所有的东西了。除最业余的木雕艺术家外，似乎没有人真正关注来自大西洋彼岸的任何东西。尽管菲利波·利比对伊斯兰教和近东地区情有独钟，但他对 15 世纪中叶的发现完全不感兴趣，这并不奇怪。在几乎整个文艺复兴时期，大力神之柱以西的土地都未能对任何一种艺术形式产生重大影响，即使是最有钻研精神的鉴赏家，在那个时代的绘画和雕塑中也找不到关于加那利群岛、亚速尔群岛，甚至美洲的蛛丝马迹。尽管到 16 世纪中叶，一些异国情调的艺术品已经漂洋过海被一些著名的宫廷收藏家收藏，但似乎没有任何东西能够鼓动一个意大利艺术家拿起画笔、木炭或凿子为新世界服务。西班牙编年史家贡萨洛·费尔南德斯·德·奥维多－巴尔德斯（Gonzalo Fernández de Oviedo y Valdés，1478~1557）对这一现象感到有些震惊，因为无论是列奥纳多·达·芬奇，还是极为敏感的安德烈亚·曼特尼亚，都没有费心在画布上捕捉任何"美洲"的东西。[17]世界上没有任何其他地区，没有任何其他文化，没有任何其他民族如此不受艺术作品待见。甚至犹太人、穆斯林和非洲黑人——他们都是偏见和仇恨的对象——都在15、16世纪的绘画中得到了更好的表现。如果只把文艺复兴时期最伟大的艺术家的作品作为证据，那么人们几乎可以相信，发现之旅根本就没有发生过。

### 既不赢利，也无人性

如果说对犹太人、穆斯林和非洲黑人的恶劣态度贬损了我们所熟悉的文艺复兴时期的开放思想和宽容形象，那么那个时代的艺术家对大西洋世界的完全漠视，似乎提出了一个更具挑战性的问题：在以好奇心和求知欲闻名的时代，"大发现"在塑造这个时代的特征方面究竟发挥了多大的作用？菲利波·利比既对海洋空间有所了解，又对其兴致索然，这一悖论需要某种解释，不然我们无法从文艺复兴时期与"他者"的互动困境中看到真相。

解释"为什么没有发生某种现象"无疑是一件危险的事情，而且往往很容易矫枉过正，尤其是在这种缺失本身显得特别令人惊讶的情况下；即使永远无法得到最终的证明，但有两种并行的发展似乎为艺术家狭隘的视野提供了有趣的解释，哪怕并不能完全令人满意。

第一种发展现象与文艺复兴时期人们尤其关注的问题有

466

关：金钱。"现金为王"的情况甚至比现在更为严重。正如前面的章节所显示的，艺术家们以饥饿的小狗追逐骨头一样的热情追随着他们的赞助人的经济利益。就文艺复兴时期的意大利而言，一个简单的事实是——发现之旅可能会停滞不前。尽管来自新大陆的金银的流入使整个欧洲在后来几个世纪具有破坏性的战争中得以幸存，但第一次试探性的大西洋之旅并没有使其赚到多少金钱。这并不是说他们没有伸出手去。例如，热那亚人从 15 世纪初起就热情支持葡萄牙和西班牙的冒险事业（一定程度上也是为了应对威尼斯人对地中海东部日渐增强的控制），[18] 而早期的跨大西洋航行则是由搭载着佛罗伦萨勘探者的船队为了获取金钱回报而进行的，比如乔瓦尼·达·恩波利（Giovanni da Empoli），他于 1503~1504 年由其商人银行老板第一次派往未知的地方。[19] 但尽管如此，没有一个意大利的大型贸易中心真正从大西洋岛屿的开放和早期到美洲大陆的旅行中获得任何重大的经济利益，除非以极高的利率向加泰罗尼亚冒险家提供贷款。尽管西非的沿海地区获利可观，[20] 但加那利群岛、亚速尔群岛、新命名的"西印度"群岛和美洲似乎都是不毛之地，甚至通过伊比利亚列强（新世界造成了他们之间的分裂）的间接贸易也没有给佛罗伦萨、罗马和米兰的市场带来任何实际价值。直到 16 世纪，真正的利润才开始出现，像佛罗伦萨商人银行家卢卡·吉拉尔迪（Luca Giraldi，死于 1565 年）这样的人都想在新大陆寻找财富。[21] 到那时，文艺复兴本身已经在走下坡路了。由于他们的赞助人对大西洋世界只是表现出一种模糊的、似有还无的好奇心，缺乏经济动机的艺术家自然也没有更大的兴趣了。

但是，如果说文艺复兴时期的艺术看不到什么"大发现"元素的第一个原因可能显得有些讽刺，那么第二个原因则令人不安。因为，即使利比那一代意大利人痴迷于金钱，他们依旧完全不愿意接受新鲜事物，除非被迫接受。

从根本上说，理所当然地认为"大发现"、客观知识和宽容三者相辅相成，不过是现代人的一种臆测。正如前面几章在谈到文艺复兴时期意大利人遇到其他民族时所说的，知识的获得几乎都是非常主观的，而且几乎不会像后启蒙时代的人那样自然而然地保持宽容和自省。事实上，理解的增进只会导致偏见的固化和仇恨的加深。大西洋世界的发现只是给已经确立的趋势增加了一种新的甚至更具灾难性的推力。

探险家对大西洋新世界的观察并没有干净、纯粹地带来新鲜的、未受污染的知识，而是像"一幢小小的建筑物，坐落在一座由传闻、谣言、陈规旧俗和不断重复的奇谈怪论组成的大山之上"。[22] 这不仅是因为他们带回的有用信息的碎片被那些更愿意相信自己想象力的作者习惯性地扭曲成更奇异的形式，而且探险者自己也很乐意把神话、寓言和彻头彻尾的偏见作为考察新大陆的参照。从已经过时的古代地理知识，到中世纪传说，再到无稽之谈，大量"混杂的"材料被探险者和他们的注释者当作知识的拐杖使用；但是，在天主教信仰深深扎根的欧洲，普遍存在的宗教情绪或许才是人们在了解西方新大陆及生活在那里的民族时最强劲的"信息过滤器"。而且从根本上讲，宗教偏见确实使欧洲人很难将加那利群岛和美洲的土著居民视为真正的"人类"，更不用说尊重他们的文明了。

一方面，人们总有疑心，认为以前不为人知的地方是怪物的家园，这些怪物要么形容丑陋，要么干脆丧失了欧洲人所具有的生理上的"人性"。毕竟《圣经》中充满了生活在大洪水之前的怪异巨人和可怕生物的故事，让人禁不住想，也许当中有些怪物在遥远的西方大地上毫发无损地幸存了下来。另一方面，即使新的民族通过了"体质或生物人类学"的测试，也并不意味着他们自然而然就有权被视为人类的正式成员。对《创世记》起始章节的奇怪解读可能会导致文艺复兴时期的思想家用某些相当严苛的标准来界定"人性"。虽然"社会人类学证据"——在"习性、行为和技术"方面——是判断新民族的"人类地位"的主要标准之一，但大卫·阿布拉菲亚（David Abulafia）①极为敏锐地注意到，任何对"文明"存在的公认准则的偏离，都可以被视为证据，证明表面上像人的生物实际上是"非人的"生物，"它们"连犹太人和穆斯林等令人憎恶的异教徒所拥有的灵魂都没有。23 以这样的标准来判断，任何一种新文化要想成功获得认可总是很难的。事实上，对于任何一个原住民来说，要使一个文艺复兴时期的探险家相信他的人性几乎是不可能的，除非他穿着最新的欧洲时装，站在用石头建造的城镇房屋的门口，讲着完美的拉丁语。

即便薄伽丘似乎相对领先于他的时代，试图把加那利群岛的岛民描绘成某种田园牧歌式的安居者，不为意大利城市生活的罪恶所动，24 但文艺复兴时期人们对大西洋各地民众的普遍态度无疑是极其消极的。目击者的证词和二手材料似乎都刻意强调大西洋世界的原住民有着与基督教信仰相悖的野蛮，处于非人类的原始状态。彼特拉克对他的朋友薄伽丘进行了一次异乎寻常的抨击，他对加那利群岛的居民不屑一顾，认为根本不值得基督徒正眼看待。虽然彼特拉克意识到，某种意义上，他们是他在《论孤独的生活》中想要赞美的典范，但他也注意到，"幸运岛"的居民——

> 习性没有经过改进，与野兽几乎没有什么不同，因此他们的行为更多是出于自然本能，而不是理性选择的结

---

① 1949 年生，英国剑桥大学地中海史教授、英国人文社会科学院院士、欧洲人文和自然科学院研究员，著有《伟大的海：地中海人类史》等。——编者注

果。可以说，他们并不是过着孤独的生活，而只是与野兽或家畜一起孤独地游荡着。[25]

　　这很难说是对他们的"人性"有一丁点儿认可，可即便如此，彼特拉克的这番话还是比随后人们发表的声明积极多了。1436 年，就在利比完成《巴尔巴多里祭坛画》的两年前，葡萄牙国王杜阿尔特（King Duarte）写信给尤金四世，试图说服教宗给予他独占加那利群岛的权利，同时极力渲染加那利群岛居民的野蛮行径，以此为他们完全奴役原住民的行为辩护。或许是觉得说原住民对文明社会的事物（金属加工、造船、写作等）全然无知还不足以突出他们与基督教对人性的理解之间的距离，杜阿尔特便强调，他们"几乎就是野人"，对法律一窍不通，"像野兽一样生活在乡野"。[26]

　　但更糟的还在后头。尽管没有像杜阿尔特在给尤金四世的信中那样公然贬斥，阿梅里戈·韦斯普奇对他第一次美洲之旅的叙述也包含了对土著人的描述。如果有什么不同的话，那就是言辞更加尖刻，能够证明原住民的"人性"的论点都被漫不经心地消解了。

　　　　他们在饮食时顺从最野蛮的习俗：事实上，他们并不是在固定的时间吃饭，而是想什么时候吃就什么时候吃，不管白天还是晚上。吃饭的时候，他们蹲在地上，不用桌布，也不用餐巾，因为他们对麻布和其他种类的布完全不了解。食物装在他们自己做的陶罐里，或者装在葫芦做成的容器里……在性行为中，他们并没有法律义务。事实上，每个男人想要多少妻子就有多少妻子，只要他愿意，他可以随时抛弃她们，而没有人认为这是不公正或不光彩的，而且妇女享有与男子同等的权利。男人不是很嫉

471

妒；然而，他们非常喜欢感官享受。女人甚至比男人更过
分。我认为（以正直的名义）最好是不去理会他们的种种
伎俩，以满足他们永不满足的欲望。

吃饭时间不规律、没有桌布、性别平等和自由恋爱，这些
在今天看来似乎都不是"人性"议题中的什么核心问题。可对
于一个韦斯普奇式的佛罗伦萨人来说，这些都是野蛮的迹象，
甚至是可怕的兽性。不过他很可能只是为了让自己的观点更清
楚，而植入了一些通常适用于其他民族的偏见。但即使这样还
不够，韦斯普奇认为有必要再补充一些关于印第安人信仰习俗
的描写，或者更确切地说，关于他们的"无信仰"状态的简短
描写，来强调他所遇到的印第安人完完全全是"非人性"的。

> 据我们所知，这个种族中没有人遵守任何宗教律法。我
> 们无法顺理成章地把他们称为犹太人或穆斯林；不但如此，
> 他们比外邦人或异教徒更糟糕，因为我们不知道他们献过什
> 么祭物，也不知道他们有什么特别的敬拜场所或房屋。既然
> 他们的生活完全沉溺于享乐，我就把它叫作享乐主义。[27]

472

韦斯普奇的厌恶之情已经达到无以复加的地步。在与他同
时代的佛罗伦萨人看来，这些爱好享乐的土著远比犹太人或穆
斯林可恶。一个没有宗教信仰的民族几乎不配被称为人类。

就算在 16 世纪晚期之前意大利北部城市在大西洋世界有
任何实际的经济利益，这种态度也足以导致像菲利波·利比这
样的艺术家永远不会有任何兴趣在他们的作品中描绘加那利群
岛居民或印第安人。原住民没有任何文化的形式，显然蔑视文
明生活的规范，而且显然蔑视任何形式的宗教，他们几乎不能
被认作"人"，因此不值得任何有自尊心的文艺复兴艺术家注

意。犹太人、穆斯林和非洲黑人都被认为至少有一些潜在的人性值得挖掘，不管他们面对多么可怕的偏见；但与之相比，大西洋地区的居民和他们的土地根本不值得艺术的关注。他们的隐形是人们所能想象到的最可恶的谴责和偏执的形式。而且有悖常理的是，它雄辩地表明了态度，这种态度不仅允许"文明的"欧洲人在未来几年内肆无忌惮地掠夺新世界，还允许在未来的几个世纪对新世界的人民大行奴役、迫害、残杀。

\* \* \*

15 世纪接连不断的划时代地理大发现被漠视或许不是什么稀罕事，但这为我们提供了一个很有启发性的证据，告诉我们文艺复兴时期的许多意大利人到底是如何看待他们与广阔的大西洋世界之间的关系的。意大利远不是一个开放的新时代的中心，那里也并不总是充满求知欲和学问，也没有时刻刺激着人们以前所未有的意识不断进行自我反思和自我塑造。发现之旅为一些能想象到的最坏的情绪提供了温床。人们的思想被封闭起来，对"人类"的界定受到更加严密的限制，一些民族被完完整整地剔除在人类社会之外，因为它们毫无价值。与此同时，探险家被誉为英雄，而他们的恐怖暴行却被掩盖在有史以来最令人窒息的艺术沉默中。

但是，这一切之所以如此引起注意，是因为在丑陋的文艺复兴的历史里，大西洋民族的命运不过是一种大趋势的冰山一角，如此极端，却又如此被低估。这不是一个宽容和理解的时代，而是一个剥削和掠夺的时代。仅仅在佛罗伦萨的短短几年时间里，萨洛莫内·迪·博纳文图拉就遇到了反犹暴力的第一波令人担忧的先兆，阿尔贝托·达·萨尔泰阿诺带领人们见证了撒哈拉以南非洲地区的压迫，而菲利波·利比对来自大西洋的消息点头默许的同时，却投身伊斯兰恐惧症的浪潮。这或许是一个前所未有的文化交流的时代，但包括利比在内的艺术家没有哪个不是被玩弄于股掌之间的猎物，苦痛换来的最大回报不过是画作一角那个人居高临下的认可。菲利波·利比等人创作的艺术不仅没有突出那个常常以"现代性"著称的时代的荣耀，反而掩盖了文艺复兴连"丑陋"都不足以形容的那一面。

# 尾　声

## 窗户与镜子

在莱昂·巴蒂斯塔·阿尔贝蒂众多不同的成就中，他对文艺复兴时期最重要和最持久的贡献是他的这个观点：理想的绘画应该是现实的生动再现，画挂在墙上时，可能会被误认为是一扇"开着的窗户"（finestra aperta）。[1] 他认为，画家的技巧在于使观赏者相信他所看到的并不是一幅画，而是世界本身。

这是阿尔贝蒂对透视法的最佳总结，是文艺复兴时期艺术大厦建立的基础。阿尔贝蒂在《论绘画》（De pictura）中高度赞扬的线性透视带来幻觉效果，使得文艺复兴时期的艺术不仅以古典雕塑的完美为标杆，而且模仿自然本身。正是这种令人赞叹的古典主义和令人震惊的自然主义的空前结合，赋予了文艺复兴时期艺术崇高的美感，并使之闻名于世。

由于它们对视觉艺术的发展带来了深远的影响，这些"开着的窗户"也影响着人们对整个时期的看待方式。从佚名者的《理想的城市》和皮耶罗·德拉·弗朗切斯卡的《被鞭打的基督》（Flagellation of Christ）到米开朗琪罗的《神圣家族》和列奥纳多·达·芬奇的《蒙娜丽莎》，面对这个时代的任何伟大的艺术作品时，人们很容易受到吸引，以为自己实际上就像透过一扇窗户那样，看到了文艺复兴时期的真实面貌，也像欣赏这些绘画一样，怀着崇敬的心情去观察阿尔贝蒂这样的人的生活。从某种意义上说，整个文艺复兴时期似乎都笼罩着一种美丽和辉煌的气氛，似乎生活着具有无与伦比的天才的男男女女，而他们也总是满怀理想。

但阿尔贝蒂关于"开着的窗户"的观念真正重要的是，它是一种错觉。尽管技艺高超的艺术家能使观众误以为一幅画是一扇通向现实的窗户，但这幅画始终只是一幅画。它展示的不是世界本来的样子，而是艺术家和他的赞助人所希望的样子。这是一个幻象。

阿尔贝蒂所谓的完美艺术家实际上是一位卓越的魔术师。当然，这并不是说，视觉艺术没有提供一扇通向文艺复兴的窗户。不同之处在于，这只是为了强调，如果要理解文艺复兴，不仅要承认其文化艺术当中令人惊叹的理想主义，还必须承认艺术家竭力掩盖或重新塑造的现实。

透过美丽的外表，艺术家的想象力所依赖的社会现实在构思过程中、在场景所体现的态度中，以及在艺术表现的细节中，都闪耀着光芒。正是在这一点上，文艺复兴的真正特征变得清晰起来。这绝不是一个纯粹的奇迹时代，而是一个充斥着性、丑闻和苦难的时期。它的城市充满了堕落和不平等，它的街上挤满了妓女和变态的神父，它的房子里滋生着诱惑、疾病，潜藏着罪恶的幕后交易和各种阴谋。它让艺术家屈从于最重要的赞助人的意愿，这些人是渴望权力的腐败银行家、出尔反尔的残忍的雇佣兵将领，以及渴望金钱和影响力的背弃信仰的教宗。在这个时代，其他民族和文化被无情强暴，反犹主义和伊斯兰恐惧症达到狂热的程度，应新大陆的发现而生的是更为丑恶的偏执和偏见。如果阿尔贝蒂的窗户朝向文艺复兴，那么它面对的是非常丑陋的文艺复兴。

尽管在某种程度上，这种观点与人们对那个时代的熟悉印象有所不同，但这并不是对文艺复兴的控诉，也不意味着像菲利波·利比、米开朗琪罗、彼特拉克和薄伽丘这些大师的艺术和文学成就应该被贬低。情况远非如此。通过了解文艺复兴时期社会生活的可怕真相，我们就有可能更加欣赏文艺复兴时期的成就。虽然并非文艺复兴的一切都值得赞扬，它们也不全都特别令人愉快，可尽管艺术家和文学家生活在一个可怕、痛苦、偏执和不宽容的时代，他们创作的作品仍然会因其才华和美丽而受到赞赏。事实上，这似乎只会给整个文艺复兴时期带来更大的兴奋和喜悦感。假使这一时期的文化精英是居住在天国的伟大神明，那么他们对崇高的追求就不会令人感到惊讶，也不会给人留下深刻印象。相反，当这一时期的丑陋被揭露出来之后，人们对完美和理想的追求，对创造出比他们所经历过的任何事物都更美好、更灿烂的生活的梦想才显得鼓舞人心。换句话说，一个躺在阴沟里的人伸手去摘星星，比奥林匹斯山上的天神从云彩里造出天使更动人心魄。

　　除了说视觉艺术可以作为一扇窗户，让我们看到文艺复兴的真实面貌，这个最辉煌时期的文化还可以充当当今世界的一面镜子，不过这更强调对当下的批判而不是对过去的赞扬。

478

　　"丑陋的"文艺复兴最引人注目的一点是，它与现代世界并没有太大的不同——除了科学技术。毫无疑问，与600年前的意大利相比，现在的苦难并没有减少。大街上仍然充斥着罪恶、抢劫和谋杀。政客和银行家仍然是腐败、肮脏的角色；雇佣兵仍然在世界的某些地方横冲直撞；梵蒂冈仍然不乏阴谋和性丑闻。贫困依然存在，疾病和不平等也没有减少。种族主义仍然是日常生活中一个可怕的普遍特征，粗暴的刻板印象和充满偏见的无知依然存在。

　　然而，文艺复兴时期的丑恶却激励赞助人和艺术家去创造更多的东西。与之相比，今天的世界似乎太满足于将自身包绕在一片缺乏想象力的灰色海洋之中。尽管技术的发展使我们能够取得比以往任何时候更多的成就，但人们的真正愿望并没有超越功能主义，也没有追求更好或更完美的事物。事实上，如果说有什么不同的话，那就是今天的人们有一种自我满足的平庸感，一种自我陶醉的文化停滞感，一种对美丽和卓越的刻意蔑视感。

　　诚然，历史是一位糟糕的老师，通常我们应该非常谨慎地看待她所教授的课程。但是，当把文艺复兴的镜子举到现代世界的面前时，我们很难不警醒：事实上，我们需要吸取教训，而且是迫切需要。无论当代生活多么可怕，千万不要误认为物质的痛苦必然导致文化的平庸，导致人们毫不掩饰地大行丑陋之事或放弃理想。事实正好相反。似乎夜越黑，人们就越渴望看到黎明的曙光，也就越渴望让生活充满美与奇迹。如果丑闻、苦难和腐败必定存在，那就让它们存在吧，同时让世界充满人类不屈不挠的伟大意志，把地球变成一座活生生的、会呼吸的崇高丰碑。如此一来，当 600 年后人们回顾这个时代时，可能会惊讶地感叹：这样的奇迹是可能发生的！简言之，做过的那些梦必须接着再做。一场新的文艺复兴迟早会到来。

# 附　录

美第奇家族

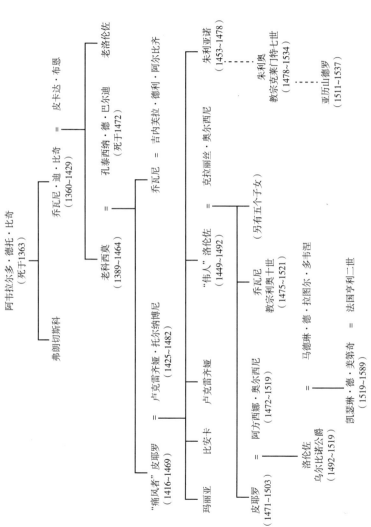

阿韦拉尔多·德托·比奇
（死于1363）

弗朗切斯科

乔凡尼·迪·比奇
（1360~1429）

皮卡达·布恩

老科西莫
（1389~1464）

孔泰西纳·德·巴尔迪
（死于1472）

老洛伦佐

"痛风者"皮耶罗
（1416~1469）

卢克雷齐娅·托尔纳博尼
（1425~1482）

乔凡尼
=
吉内芙拉·德利·阿尔比齐

"伟人"洛伦佐
（1449~1492）

克拉丽丝·奥尔西尼

朱利亚诺
（1453~1478）

教宗克莱门特七世
（1478~1534）

亚历山德罗
（1511~1537）

玛丽亚

比安卡

卢克雷齐娅

乔瓦尼
教宗利奥十世
（1475~1521）

（另有五个子女）

皮耶罗
（1471~1503）

阿方西娜·奥尔西尼
（1472~1519）
=

马德琳·德·拉图尔·多韦涅

洛伦佐
乌尔比诺公爵
（1492~1519）
=

凯瑟琳·德·美第奇
（1519~1589）
=
法国亨利二世

文艺复兴时期的教宗

（括注年份为在位时间）

**阿维尼翁教廷**

克莱门特五世（Clement V 1305~1314）

若望二十二世（John XXII 1316~1334）

尼古拉五世（Nicholas V 1328~1330），对立教宗

本笃十二世（Benedict XII 1334~1342）

克莱门特六世（Clement VI 1342~1352）

英诺森六世（Innocent VI 1352~1362）

乌尔班五世（Urban V 1362~1370）

格里高利十一世（Gregory XI 1370~1378）

**大分裂时期**

**罗马**

乌尔班六世（Urban VI 1378~1389）

博尼法斯九世（Boniface IX 1389~1404）

英诺森七世（Innocent VII 1404~1406）

格里高利十二世（Gregory XII 1406~1415）

马丁五世（Martin V 1417~1431）

**阿维尼翁**

克莱门特七世（Clement VII 1378~1394）

本笃十三世（Benedict XIII 1394~1423）

**比萨**

亚历山大五世（Alexander V 1409~1410）

若望二十三世（John XXIII 1410~1415）

## 回归罗马时期

尤金四世，加布里埃莱·孔杜尔梅（Eugenius IV，Gabriele Condulumer，1431~1447），格里高利十二世外甥

菲利克斯五世，萨沃伊的阿马德奥（Felix V，Amadeo of Savoy，1440~1449），对立教宗

尼古拉五世，托马索·帕伦图切利（Nicholas V，Tomaso Parentucelli，1447~1455）

加里斯都三世，阿方索·德·博尔贾（Callixtus III，Alfonso de Borja，1455~1458）

庇护二世，埃涅阿斯·西尔维乌斯·皮科洛米尼（Pius II，Aeneas Sylvius Piccolomini，1458~1464）

保罗二世，彼得罗·巴尔博（Paul II，Pietro Barbo，1464~1471），尤金四世之侄

西克斯图斯四世，弗朗切斯科·德拉·罗韦雷（Sixtus IV，Francesco della Rovere，1471~1484）

英诺森八世，乔瓦尼·巴蒂斯塔·奇博（Innocent VIII，Giovanni Battista Cibo，1484~1492）

亚历山大六世，罗德里戈·兰索尔·德·博尔贾（Alexander VI，Roderic Llançol de Borja，1492~1503），加里斯都三世之侄

庇护三世，弗朗切斯科·托代斯基尼·皮科洛米尼（Pius III，Francesco Todeschini Piccolomini，1503），庇护二世之侄

尤利乌斯二世，朱利亚诺·德拉·罗韦雷（Pope Julius II，Giuliano della Rovere，1503~1513），西克斯图斯四世之侄

利奥十世，乔瓦尼·迪·洛伦佐·德·美第奇（Leo X，Giovanni di Lorenzo de'Medici，1513~1521），英诺森八世亲戚

哈德良六世，阿德里安·弗洛伦松·博延斯（Adrian VI，Adriaan Florenszoon Boeyens，1522~1523）

克莱门特七世，朱利奥·迪·朱利亚诺·德·美第奇

（Clement VII，Giulio di Giuliano de'Medici，1523~1534），利奥十世堂弟

保罗三世，亚历山德罗·法尔内塞（Paul III，Alessandro Farnese，1534~1549）

尤利乌斯三世，乔瓦尼·马里亚·乔基·德尔·蒙特（Julius III，Giovanni Maria Ciocchi del Monte，1550~1555）

马西鲁斯二世，马切洛·切尔维尼·德利·斯潘诺奇（Marcellus II，Marcello Cervini degli Spannochi，1555）

保罗四世，乔瓦尼·彼得罗·卡拉法（Paul IV，Giovanni Pietro Carafa，1555~1559）

庇护四世，乔瓦尼·安杰洛·美第奇（Pius IV，Giovanni Angelo Medici，1559~1565），利奥十世和克莱门特七世的远亲

# 注释与参考文献

## 导言　天地之间

1　对皮科生平最好的介绍仍然是 E. Garin, *Giovanni Pico della Mirandola：Vita e dottrina*（Florence, 1937）。

2　Giovanni Pico della Mirandola, *Oration on the Dignity of Man*; trans. E. Livermore Forbes in E. Cassirer, P. O. Kristeller, and J. H. Randall Jr., eds., *The Renaissance Philosophy of Man*（Chicago, 1948）, 223–54, here 223.

3　Pico, *Oration*; trans. Livermore Forbes, 225.

## 第一章　米开朗琪罗的鼻子

1　Giorgio Vasari, *Lives of the Artists*, trans. G. Bull, 2 vols.（London, 1987）, 1：418.

2　Vasari, *Lives*, Bull, 1：331; W. Wallace, *Michelangelo：The Artist, the Man, and His Times*（Cambridge, 2010）, 53, n.4.

3　Vasari, *Lives*, Bull, 1：332.

4　Ibid.

5　Benvenuto Cellini, *Autobiography*, trans. G. Bull, rev. ed.（London, 1998）, 18.

6　Vasari, *Lives*, Bull, 1：332.

7　Ascanio Condivi, *Michelangelo：Life, Letters, and Poetry*, trans. G. Bull（Oxford and New York, 1987）, 72–3.

8　Vasari, *Lives*, Bull, 1：332.

9　Condivi, *Michelangelo*, trans. Bull, 72.

10　米开朗琪罗家族声称可以追溯到"古老而高贵的血统"，但这似乎只是一厢情愿的想法。Wallace, *Michelangelo*, 36; cf. Michelangelo Buonarroti, *Il Carteggio di Michelangelo*, ed. P. Barocchi and R. Ristori, 5 vols.（Florence, 1965–83）, 4：249–50.

11　锡耶纳有许多为公共政府服务的艺术家。杜乔·迪·博尼塞尼亚（1255/60–1318/19）似乎是 1289 年锡耶纳"人民议院"（Council of the People）的议员，他的名字列在 1292 年和 1295 年另外两个公民组织的名单上。类似的情况是，西蒙·马丁尼和多纳托·马丁尼于 1340 年 2 月 8 日被任命为代理人派往教廷。这座城市还提供了出身高贵的人成为艺术家的例子。例如，在画家行会的记录中，巴尔托洛梅奥·布尔加里尼（Bartolommeo Bulgarini，死于 1378 年）被列为贵族出身，此前，他的家人因地位较高而被禁止担任公职。H. B. J. Maginnis, *The World of the Early Sienese Painter* (Philadelphia, 2001), 76–82.

12　M. V. Schwartz and P. Theis, 'Giotto's Father: Old Stories and New Documents,' *Burlington Magazine* 141 (1999), 676–7.

13　Maginnis, *World of the Early Sienese Painter*, 46–7.

14　尤其参见 A. Martindale, *The Rise of the Artist in the Middle Ages and Early Renaissance* (London, 1972)。

15　P. L. Rubin, *Giorgio Vasari: Art and History* (London, 1995), 292–3; J. Larner, *Culture and Society in Italy, 1290–1420* (London, 1971), 305; Maginnis, *World of the Early Sienese Painter*, 80–81.

16　Larner, *Culture and Society*, 279–80; Maginnis, *World of the Early Sienese Painter*, 80.

17　有关艺术家和赞助人之间的合同关系的精彩讨论, 参见 E. Welch, *Art and Society in Italy 1350–1500* (Oxford, 1997), 103–130。

18　Cellini, *Autobiography*, 130.

19　P. Barocchi, ed., *Scritti d'arte del cinquecento*, 3 vols. (Milan and Naples, 1971–77), 1: 10.

20　参见 Vasari, *Lives*, 1: 423。

21　Michelangelo, verse 83, ll.1–4; trans. from *Poems and Letters*, trans. A. Mortimer (London, 2007), 23.

22　有关列奥纳多的鸡奸指控, 可参见 L. Crompton, *Homosexuality and Civilization* (Cambridge MA, 2006), 265; G. Creighton and M. Merisi da Caravaggio, *Caravaggio and his Two Cardinals* (Philadelphia, 1995), 303, n.96; R. Wittkower and M. Wittkower, *Born Under Saturn: The Character and Conduct of Artists. A Documented History from Antiquity to the French Revolution* (New York, 2006), 170–1。

23　有关切利尼性生活的详细讨论, 参见 P. L. Rossi, 'The Writer and the Man – Real Crimes and Mitigating Circumstances – *il caso Cellini*,' in K. Lowe and T. Dean, eds., *Crime, Sexual Misdemeanour and Social Disorder in Renaissance Italy* (Cambridge, 1994), 157–83。同样值得注意的是, 切利尼还被指控在 1543 年鸡奸了一个名叫卡特琳娜的姑娘: Cellini, *Autobiography*, 281–3。

24　Cellini, *Autobiography*, 91, 128–9.

25　Ibid., 184–9.

26　参见 C. Grey and P. Heseltine, *Carlo Gesualdo, Musician and Murderer* (London, 1926)。

27　J. Burckhardt, *The Civilization of the Renaissance in Italy*, trans. S. G. C. Middlemore

（London，1995），87，90-1。

28 布克哈特关于"个人的发现"的观点一直受到很多质疑。一些更重要的反对观点，可
参见 H. Baron，'Burckhard's *Civilization of the Renaissance* a Century after its Publication，'
*Renaissance News* 13（1960）：207-22；Macginnis，*World of the Early Sienese Painter*，
83-113；M. Baxandall，*Painting and Experience in Fifteenth-Century Italy*（Oxford，
1972）；B. Cole，The Renaissance Artist at Work from Pisano to Titian（London，1983）；
A. Thomas，*The Painter's Practice in Renaissance Tuscany*（Cambridge，1995）；M.
Becker，'An Essay on the Quest for Identity in the Early Italian Renaissance，'in J. G.
Rowe and W. H. Stockdale，eds.，*Florilegium Historiale*：*Essays Presented to Wallace
K. Ferguson*（Toronto，1971），296-308；W. Stedman Sheard and J. T. Paoletti，eds.，
*Collaboration in Italian Renaissance Art*（New Haven，1978）；M. M. Bullard，'Heroes
and their Workshops：Medici Patronage and the Problem of Shared Agency，'*Journal of
Medieval and Renaissance Studies* 24（1994）：179-98；A. Guidotti，'Pubblico e private，
committenza e clientele：Botteghe e produzione artistica a Firenze tra XV e XVI secolo，'
*Richerche storiche* 16（1986）：535-50。

29 S. Greenblatt，*Renaissance Self-Fashioning. From More to Shakespeare*（Chicago，
1984）.

30 S. Y. Edgerton，*The Renaissance Rediscovery of Linear Perspective*（New York，
1975）；E. Panofsky，'Die Perspektive als symbolische Form，'*Vorträge der Bibliothek
Warburg 1924-5*（1927）：258-330。对潘诺夫斯基（Panofsky）有关文艺复兴时期
线性视角的进一步探讨，可参见 C. Landauer，'Erwin Panofsky and the Renascence
of the Renaissance，'*Renaissance Quarterly* 47/1（1994）：255-81，esp. 265-6；K.
P. F. Moxey，'Perspective，Panofsky，and the Philosophy of History，'*New Literary
History* 26/4（1995）：775-86。

31 H. Wohl，*The Aesthetics of Italian Renaissance Art*：*A Reconsideration of Style*（Cambridge，
1999）；另见 C. R. Mack，*Renaissance Quarterly* 53/2（2000）：569-71。

32 对这种关系的论述，参见 E. H. Gombrich，'From the revival of letters to the reform
of the arts，'in D. Fraser，H. Hibbard，and M. J. Lewine，eds.，*Essays in the History
of Art Presented to Rudolf Wittkower*（London，1967），71-82；R. Weiss，*The
Renaissance Discovery of Classical Antiquity*（New York，1969）；B. Rowlands Jnr.，
*The Classical Tradition in Western Art*（Cambridge，Mass.，1963）。

33 E. Panofsky，*Renaissance and Renascences in Western Art*，2nd edn（New York and
London，1969），9；M. Baxandall，*Giotto and the Orators*：*Humanist Observers of
Painting in Italy and the Discovery of Pictorial Composition*，*1350-1450*（Oxford，
1971）；C. E. Gilbert，*Poets Seeing Artists' Work*：*Instances in the Italian Renaissance*

（Florence，1991）.

34　Dante, *Purg.* 11.91–6.

35　R. W. Lee, 'Ut Pictura Poesis: The Humanistic Theory of Painting,' *Art Bulletin* 22/4（1940）：197–269, here 199–200; E. Hazelton Haight, 'Horace on Art: Ut Pictura Poesis,' *The Classical Journal* 47/5（1952）：157–62, 201–2; W. Trimpi, 'The Meaning of Horace's Ut Pictura Poesis,' *Journal of the Warburg and Courtauld Institutes* 36（1973）：1–34; W. K. Ferguson, 'Humanist Views of the Renaissance' *American Historical Review* 4（1939）：1–28; M. L. McLaughlin, 'Humanist Concepts of Renaissance and Middle Ages in the tre- and Quattrocento,' *Renaissance Studies* 2（1988）：131–42.

36　Petrarch, *Africa*, 9.451–7; 彼特拉克史诗全文，见 *Africa*, ed. N. Festa, Edizione Nazionale delle Opere di Francesco Petrarca（Florence，1936）。对这段文字的经典解释，参见 T. E. Mommsen, 'Petrarch's Conception of the "Dark Ages",' *Speculum* 17（1942）：226–42。然而，对是否应该完全接受蒙森（Mommsen）的结论，还有一些疑问，参见 A. Lee, 'Petrarch, Rome, and the "Dark Ages,"' in P. Prebys, ed., *Early Modern Rome*, 1341–1667（Ferrara，2012），9–26, esp. 14–17。

37　Giovanni Boccaccio, *Lettere edite ed inedite*, ed. F. Corazzini（Florence，1877），187; *Decameron*, 6.5.

38　Marsilio Ficino, *Opera Omnia*,（Basel，1576; repr. Turin，1962），944（974）; trans. in A. Brown, *The Renaissance*, 2nd ed.（London and New York，1999），101.

39　Leonardo Bruni, *Le Vite di Dante e di Petrarca*, in H. Baron, *Humanistisch-philosophische Schriften*（Berlin 1928），66; trans. from. D. Thompson and A. F. Nagel, eds. and trans., *The Three Crowns of Florence. Humanist Assessments of Dante, Petrarca and Boccaccio*（New York，1972），77; 关于布鲁尼对彼特拉克和但丁的看法，参见 G. Ianziti, *Writing History in Renaissance Italy. Leonardo Bruni and the Uses of the Past*（Cambridge，Mass. and London，2012），177–8。

40　Matteo Palmieri, *Vita civile*, ed. G. Belloni（Florence，1982），43–4; trans. in Brown, *The Renaissance*, 102.

## 第二章　彼得的影子

1　米开朗琪罗从小就认识弗朗切斯科·格拉纳奇（1469~1543）。他们一起在多梅尼科·吉兰达约的工坊学习，同时被送往贝托尔多·迪·乔瓦尼的学校。参见 Vasari, *Lives*, 1: 330。弗朗切斯科随后在洛伦佐·德·美第奇的授意下为圣马可教堂完成了几件作品，之后他前往罗马协助米开朗琪罗完成了西斯廷礼拜堂的绘画。

2　除少量现存作品（主要是纪念章）外，很少有作品能在贝托尔多·迪·乔瓦尼（Bertoldo di Giovanni，约 1440~1491）的有生之年留存下来。瓦萨里的一则评论虽然模棱两可，但暗示贝托尔多在 1491 年之前就已经病倒了，在米开朗琪罗到达的时候，他已经不能继续工作了。毫无疑问，1485 年他曾陪同洛伦佐·德·美第奇——患有痛风——去一个被称为巴格尼迪莫尔巴（Bagni di Morba）的地方进行水疗，人们倾向于认为这除了表明两人之间的关系，还暗示了更多东西。1491 年 12 月 28 日，大约 51 岁的贝托尔多在波焦阿卡伊阿诺（Poggio a Caiano）的洛伦佐别墅去世，马萨乔根据《使徒行传》5：12-16 描绘的《用影子治病的圣彼得》的场景，可能会引起特别的共鸣。

3　对意大利北部城邦起源的有关调查，参见 D. Waley，*The Italian City-Republics*，3rd ed.（London，1988）；P. Jones，'Communes and Despots；the City State in Late-medieval Italy,' *Transactions of the Royal Historical Society* 5th ser.，15（1965）：71-96；同上，*The Italian City-State：From Commune to Signoria*（Oxford，1997）；J. K. Hyde，*Society and Politics in Medieval Italy. The Evolution of the Civil Life*，*1000-1350*（London，1973）；L. Martines，*Power and Imagination. City-States in Renaissance Italy*（London，1980）。

4　关于这一趋势有两项经典的且观点相反的研究：H. Baron，*The Crisis of the Early Italian Renaissance*，rev. ed.（Princeton，1966）；Q. Skinner，*The Foundations of Modern Political Thought*，2 vols.（Cambridge，1978）。虽然可读性很强，但阅读时亦要小心。每一项研究都有其独特的争议，学术争论仍在继续。

5　关于这个主题的实用且易于理解的介绍，可见 D. Norman，ed.，*Siena，Florence，and Padua. Art，Society and Religion 1280-1400*，2 vols.（New Haven and London，1995），esp. 2：7-55。

6　G. A. Brucker，*Renaissance Florence*（Berkeley，Los Angeles and London，1969），51.

7　Ibid.，52.

8　F. Franceschi，'The Economy：Work and Wealth' in J. M. Najemy，ed.，*Italy in the Age of the Renaissance 1300-1550*（Oxford，2004），pp.124-44，here，p. 129。当然，关于佛罗伦萨经济的长期实力，特别是 14 世纪中期的危机之后的经济，有一些相当激烈的学术争论，但综合各种证据之后可以看到，在 16 世纪中期之前，商业活动并没有出现显著的或持续的减少。关于佛罗伦萨经济史的一项有趣而深入的研究，见 R. A. Goldthwaite，*Private Wealth in Renaissance Florence：A Study of Four Families*（Princeton，1968）。

9　R. Black，'Education and the Emergence of a Literate Society,' in Najemy，ed.，*Italy in the Age of the Renaissance*，18-36，here，18.

10　英语译文引自 Brucker，*Renaissance Florence*，29。

11　Leonardo Bruni，'Panegyric to the City of Florence,' trans. in B. G. Kohl and R.

G. Witt, ed., *The Earthly Republic. Italian Humanists on Government and Society* ( Philadelphia, 1978 ), 135–87, here, 135.

12 Ibid., 139.

13 Ibid., 140.

14 Ugolino Verino, *De illustratione urbis Florentiae*, extract from S. U. Baldassarri and A. Saiber, eds., *Images of Quattrocento Florence: Selected Writings in Literature, History, and Art* ( New Haven and London, 2000 ), 208–12, here 210.

15 Giovanni Rucellai, *Zibaldone*, ed. A. Perosa, 2 vols. ( London, 1960 ), 1: 60; trans. in Baldassarri and Saiber, eds., *Images of Quattrocento Florence*, 73.

16 Ugolino Verino, *Ad Andream Alamannum de laudibus poetarum et de felicitate sui saeculi*; trans. in Baldassarri and Saiber, eds. *Images of Quattrocento Florence*, 94.

17 L. Martines, *Scourge and Fire: Savonarola and Renaissance Italy* ( London, 2007 ), 103.

18 现存证据的不足使得对 14~16 世纪的价格和工资进行全面的比较研究几乎是不可能的。然而，有足够的材料可以让人清楚地看到，在这一时期，非熟练工人的实际工资普遍呈下降趋势。参见 R. A. Goldthwaite, *The Economy of Renaissance Florence* ( Baltimore, 2009 ), 570–74; C. M. de La Roncière, 'Poveri e povertà a Firenze nel XIV secolo,' in C.-M. de la Roncière, G. Cherubini, and G. Barone, eds., *Tra preghiera e rivolta: le folle foscane nel XIV secolo* ( Rome, 1993 ), 197–281; S. Tognetti, 'Prezzi e salari nella Firenze tardomedievale: Un profile,' *ASI* 153 ( 1999 ): 263–333。

19 G. Brucker, ed., *The Society of Renaissance Florence: A Documentary Study* ( New York, 1971 ), 214–18, docs. 102–4.

20 Vasari, *Lives*, trans. Bull, 2: 42。根据韦斯帕夏诺·德·比斯蒂奇的说法，科西莫之所以捐出这么一大笔钱，是因为他急于为自己积聚财富的罪恶手段赎罪。Brucker, *Renaissance Florence*, 108。然而，在多梅尼科·迪·乔瓦尼·达·科雷拉（ Domenico di Giovanni da Corella ）看来，科西莫的慷慨甚至超过了国王。Domenico di Giovanni da Corella, *Theotocon*, extract trans. in Baldassarri and Saiber, eds., *Images of Quattrocento Florence*, 246–51, here 250。

21 Verino, *De illustratione Urbis Florentiae*, trans. in Baldassarri and Saiber, eds., *Images of Quattrocento Florence*, 210.

22 Ibid.

23 Corella, *Theotocon*, trans. in Baldassarri and Saiber, eds., *Images of Quattrocento Florence*, 250.

24 引自 R. Trexler, *Public Life in Renaissance Florence* ( Ithaca and London, 1980 ), 190。

25 对萨沃纳罗拉的生活和事业的出色研究，见 Martines, *Scourge and Fire*；还有最近的研究，D. Weinstein，*Savonarola. The Rise and Fall of a Renaissance Prophet*（New Haven and London，2011）。

26　Vasari，*Lives*，1：227.

27　Ascanio Condivi，*Vita di Michelangelo Buonarroti*，ed. G. Nencioni（Florence，1998），62；M. Hirst，Michelangelo，vol. 1，*The Achievement of Fame*（New Haven and London，2011），25-6.

28　对圣马可之围的生动描述，参见 Martines，*Scourge and Fire*，231-43。

29　Michelangelo，*verse* 267，ll.7-9；from *Poems and Letters*，trans. Mortimer，56.

30　Vasari，*Lives*，1：160.

31　Ibid. 1：123.

32　文本引自 Baldassarri and Saiber，eds.，*Images of Quattrocento Florence*，63。

33　Hirst，*Michelangelo*，7.

34　译文引自 Brucker，*Renaissance Florence*，40-1。

35　此处参见 W. J. Connell and G. Constable，'Sacrilege and Redemption in Renaissance Florence：The Case of Antonio Rinaldeschi，' *Journal of the Warburg and Courtauld Institutes* 61（1998）：63-92。

36　Brucker，*The Society of Renaissance Florence*，156-7.

37　报告译文出处同上，Brucker，*The Society of Renaissance Florence*，190，doc. 89。

38　Antonio Beccadelli，*The Hermaphrodite*，ed. and trans. H. Parker（Cambridge，Mass.，2010），108-11；II，xxxvii，ll. 9-18，21-32。尽管一些更引人注目的诗句被省略了，但此处实际上已是贝卡代利最温和、最克制的诗句之一了。

39　批准成立这家妓院的文件的英语译文，参见 Brucker，*The Society of Renaissance Florence*，190，doc. 88。

40　Petrarch，*Sen.* 11.11；trans. in Francis Petrarch，*Letters of Old Age. Rerum Senilium Libri I-XVIII*，trans. A. S. Bernardo，S. Levin，and R. A. Bernardo，2 vols.（Baltimore and London，1992），2：414-5.

41　Brucker，*Renaissance Florence*，29-30.

42　Petrarch，*Sen.* XIV，1；trans. in Kohl and Witt，ed.，*Earthly Republic*，35-78，here，52.

43　佛罗伦萨的税收记录表明，在奥尔特阿尔诺的圣弗莱迪亚诺区，平均年租为 1~2 个佛罗林。Brucker，*Renaissance Florence*，25。

# 第三章　大卫所见

1　Francesco Guicciardini，*Storie fiorentine*，ed. R. Palmarocchi（Bari，1931），

94; trans. A. Brown, 'The Early Years of Piero di Lorenzo, 1472–1492: Between Florentine Citizen and Medici Prince,' in J. E. Law and B. Paton, eds., *Communes and Despots in Medieval and Renaissance Italy* (Farnham, 2011), 209–222, here 209.

2　关于米开朗琪罗的"逃离",见 Hirst, *Michelangelo*, 21–2。

3　Michelangelo, *Carteggio*, 1: 9.

4　Ibid., 1: 8.

5　Hirst, *Michelangelo*, 44.

6　Goldthwaite, *Economy of Renaissance Florence*, 576.

7　Vasari, *Lives*, 1: 322.

8　Ibid., 2: 32.

9　Ibid., 1: 282.

10　Ibid., 2: 167.

11　Ibid., 1: 197.

12　关于这方面的出色的概述,可参见 Goldthwaite, *Economy of Renaissance Florence*, 204ff。

13　要找到与佛罗林等值的现代货币不是件容易的事。佛罗伦萨不仅使用各种不同的硬币(银币和金币),其相对价值随时间波动,而且佛罗林本身的购买力在几个世纪中也经历了相当大的变化。Goldthwaite, *Economy of Renaissance Florence*, 609–14。也就是说,只能进行(非常粗略的)估算。一枚佛罗林金币平均含 3.536 克黄金。按照目前每克 34 英镑的黄金价格,一枚佛罗林金币价值约 120 英镑。然而,佛罗林的购买力要高得多,虽然可以使用各种不同的参照,但非熟练建筑工人 [参见 Goldthwaite, *Economy of Renaissance Florence*, 613 and R. A. Goldthwaite, *The Building of Renaissance Florence: An Economic and Social History* (Baltimore, 1980), 436–7] 的平均日工资是一个方便的——即使并不完全令人满意的——基准。假定 1325 年的工资是每天 4 个"索尔多",也就是每天约 0.06 佛罗林,并将其与今天最低工资每天约 49.52 英镑比较,我们可以合理地假设,在 14 世纪早期的劳动力市场上,佛罗林的购买力大约相当于 804.70 英镑。在本书的其他地方,我们将使用同样的方法将其换算成现代等值货币,但也会考虑佛罗伦萨劳动力市场上佛罗林的实际价值波动。然而,有必要强调的是,所有的换算结果都只是近似值,用原始购买力来计算任何相对价值将是一件更加复杂的事情。

14　Goldthwaite, *Economy of Renaissance Florence*, 74–5.

15　Ibid., 308–9.

16　Rucellai, *Zibaldone*, 1: 62; trans. in Baldassarri and Saiber, eds., *Images of Quattrocento Florence*, 75.

17　Hirst, *Michelangelo*, 132–3.

18  Franceschi,‘The Economy：Work and Wealth’，141.

19  D. Herlihy and C. Klapisch-Zuber，*Les Toscans et leurs familles*（Paris，1978），295.

20  关于佛罗伦萨社会下层民众的工作条件，参见 S. K. Cohn, Jr.，*The Laboring Classes in Renaissance Florence*（New York，1980）。

21  Brucker，*Renaissance Florence*，61-2.

22  可参见 J. C. Brown and J. Goodman,‘Women and Industry in Florence,’*Journal of Economic History* 40/1（1980）：73-80。

23  Brucker，*Renaissance Florence*，26.

24  Goldthwaite，*Economy of Renaissance Florence*，362-3.

25  Wallace，*Michelangelo*，140-1.

26  Trans. from Brucker，*The Society of Renaissance Florence*，235.

27  Ibid.

28  Ibid.，236.

29  Ibid.，237-8.

30  Ibid.，239.

31  像米开朗琪罗这样的艺术家在这个体系中占据了一个有点模糊的位置。虽然 1501~1505 年和米开朗琪罗一起做雕塑项目的人要么在行会系统里立稳了脚跟，要么完全游离在外面，但米开朗琪罗本人却处于一种奇怪的位置。而且那时并没有艺术家行会。直到 16 世纪后期“设计学院”（Accademia del Disegno）成立，艺术家们才在同一个组织架构下聚集在一起。也许因为对自身身份的困惑，米开朗琪罗并不是任何行会的成员。M. A. Jack,‘The Accademia del Disegno in Late Renaissance Florence,’*Sixteenth Century Journal* 7/2（1976）：3-20。关于设计学院，可见 K.-E. Barzman，*The Florentine Academy and the Early Modern State*（Cambridge，2000），23-59。

32  有关索代里尼的生平状况，参见 R. Cooper,‘Pier Soderini：Aspiring Prince to Civic Leader,’*Studies in Medieval and Renaissance History*，n.s. 1（1978）：67-126。

33  也许对这一时期佛罗伦萨政治最清晰的综述仍是：H. C. Butters，*Governors and Governmnet in Early Sixteenth-Century Florence，1502-1519*（Oxford，1985）。

34  尽管瓦萨里注意到索代里尼在恢复这个项目中起了关键作用，但赫斯特（Hirst）对这个建议的真实性提出了质疑。Vasari，*Lives*，trans. Bull，1：337；Hirst，*Michelangelo*，43。

35  洛伦泽蒂壁画的政治意义理所当然地引起了浓厚的学术兴趣，并一直是激烈争论的主题。两种最重要的阐释是：N. Rubinstein,‘Political Ideas in Sienese Art：the Frescoes by Ambrogio Lorenzetti and Taddeo di Bartolo in the Palazzo Pubblico,’*Journal of the Warburg and Courtauld Institutes* 21（1958）：179-207；Q. R. D. Skinner,‘Ambrogio Lorenzetti：the artist as political philosopher,’*Proceedings of the British Academy* 72

（1986）：1–56。

36　Gregorio Dati, *Istoria di Firenze dall'anno MCCCLXXX all'ano MCCCV*, ed. G. Bianchini（Florence, 1735）, IX; trans. in Baldassarri and Saiber, eds., *Images of Quattrocento Florence*, 44–54, here 48.

37　马基雅维利于 1489 年 6 月 19 日被任命为第二国务秘书。关于马基雅维利在这一时期佛罗伦萨政府中的地位，可见 S. Bertelli, 'Machiavelli and Soderini,' *Renaissance Quarterly* 28/1（1975）：1–16; N. Rubinstein, 'The Beginning of Niccolò Machiavelli's Career in the Florentine Chancery,' *Italian Studies* 11（1956）：72–91。

38　Brucker, *Renaissance Florence*, 268.

39　关于这个问题，可见 J. Najemy, *Corporation and Consensus in Florentine Electoral Politics, 1280–1400*（Chapel Hill, 1982）, 301–18, esp. 305–6; 另见 D. Kent, 'The Florentine Reggimento in the Fifteenth Century,' *Renaissance Quarterly* 28/4（1975）：575–638, here 612。

40　Trans. from Baron, *The Crisis of the Early Italian Renaissance*, 419.

41　Najemy, *Corporatism and Consensus*, 180–1; G. A. Brucker, *Florentine Politics and Society*, 1343–1378（Princeton, 1963）, 213.

42　引自 Najemy, *Corporatism and Consensus*, 203。

43　但丁以谴责他的宿敌菲利波·阿根提（Filippo Argenti）为乐，将他置于《神曲·地狱篇》肮脏的冥河（Styx）中。Dante, *Inf.* 8.32–63。

44　关于美第奇"集团"的经典研究，参见 N. Rubinstein, *The Government of Florence under the Medici（1434 to 1494）*（Oxford, 1966）; 另见 J. Hale, *Florence and the Medici: The Pattern of Control*（London, 1977）。

45　Pius II, *Secret Memoirs of a Renaissance Pope: The Commentaries of Aeneas Silvius Piccolomini, Pius II*, trans. F. A. Gragg, ed. L. C. Gabel（London, 1988）, 101.

46　关于帕齐阴谋的叙述，最新的且或许最具可读性的是 L. Martines, April Blood: *Florence and the Plot Against the Medici*（London and New York, 2003）。

47　Trans. in Baldassarri and Saiber, eds., *Images of Quattrocento Florence*, 6971, here 70.

48　这段相关的英语译文出处同上，103–14。

49　Girolamo Savonarola, *Trattato circa il reggimento e governo della città di Firenze*, ed. L. Firpo（Turin, 1963）; 对萨沃纳罗拉的政治观的概述，可见 Martines, *Scourge and Fire*, 106–10; G. C. Garfagnini, ed., *Savonarola e la politica*（Florence, 1997）; S. Fletcher and C. Shaw, eds., *The World of Savonarola: Italian elites and perceptions of crisis*（Aldershot, 2000）。

50　Najemy, *Corporatism and Consensus*, 323.

51 尽管在 1498~1512 年没有政治"叛徒"被处死，但令人惊讶的是，在帕齐阴谋败露
后（1481 年三人被处死），在萨沃纳罗拉统治的顶峰（1497 年六人被处死），以及
在索代里尼倒台、美第奇家族卷土重来之后，以"叛国罪"判处死刑（而不是罚款或
流放）的频率显著上升。对这一现象的出色研究，参见 N. S. Baker, 'For Reasons of
State: Political Executions, Republicanism, and the Medici in Florence, 1480–1560,'
*Renaissance Quarterly* 62/2（2009）: 444–78。

52 参见 Brucker, *The Society of Renaissance Florence*, 93–4, doc. 45。

53 Verino, *De illustratione urbis Florentiae*, II; trans. in Baldassarri and Saiber, eds.,
*Images of Quattrocento Florence*, 241–3, here 241–2.

54 Vasari, *Lives*, 1: 214, 216.

55 可见 Giovanni Boccaccio, *Decameron*, 3.3。

56 Ibid., 3.8.

57 Ibid., 1.4.

58 Brucker, *Renaissance Florence*, 180–1.

59 Ibid., 176.

60 Goldthwaite, *Economy of Renaissance Florence*, 370.

61 Ibid., 368.

62 D. Hay, *The Church in Italy in the Fifteenth Century*（Cambridge, 1977）, 10.

63 Brucker, *Renaissance Florence*, 178–80.

64 N. Ben-Aryeh Debby, 'Political Views in the Preaching of Giovanni Dominici in
Renaissance Florence, 1400–1406,' *Renaissance Quarterly* 55/1（2002）: 19–48, 引自
36–7。

65 ibid., 40.

66 Martines, *Scourge and Fire*, 103.

# 第四章　工坊世界

1 Vasari, *Lives*, 1: 338, 有修订。

2 M. Kemp, ed., *Leonardo on Painting*（New Haven and London, 1989）, 39.

3 Vasari, *Lives*, 1: 173.

4 Ibid., 1: 186–7.

5 E. S. Cohen and T. V. Cohen, *Daily Life in Renaissance Italy*（Westport and London,
2001）, 54.

6 D. Herlihy and C. Klapisch Zuber, *Tuscans and Their Families: A Study of the
Florentine Catasto of 1427*（New Haven, 1985）.

7 J. Kirshner, 'Family and Marriage: a Socio-Legal Perspective,' in Najemy, ed., *Italy in the Age of the Renaissance*, 82-102, here 90.

8 Michelangelo, *Carteggio*, 1: 7-8; trans. Wallace, Michelangelo, 25.

9 Vasari, *Lives*, trans. Bull, 1: 278.

10 Michelangelo, *Carteggio*, 1: 140-1.

11 R. Hatfield, *The Wealth of Michelangelo* (Rome, 2002), 207.

12 G. Brucker, 'Florentine Voices from the *Catasto*, 1427-1480,' *I Tatti Studies* 5 (1993): 11-32, here 11-13, 31.

13 从 1497 年夏天开始,洛多维科经常接受他的获得成功的次子的经济资助: Hirst, *Michelangelo*, 32, 95, 101, 108-9, 128-33, 180-3。然而,很明显,不仅洛多维科对米开朗琪罗的作品不甚理解,米开朗琪罗也对洛多维科的漫不经心感到愤懑。例如,在 1512 年后期,米开朗琪罗愤愤地抱怨说,尽管他为家人辛苦了整整 15 年,却没有得到一句感谢的话,从这封信的上下文可以清楚地看出,洛多维科是他生气的主要对象: ibid., 109。到 1521~1522 年,两人的关系严重恶化,几乎为钱打了起来: ibid., 180-1。

14 Michelangelo, *Carteggio*, 1: 88.

15 Petrarch, *Fam*. 7.11.4.

16 关于彼特拉克对友谊的看法,参见 A. Lee, *Petrarch and St. Augustine: Classical Scholarship, Christian Theology, and the Origins of the Renaissance in Italy* (Leiden, 2012), 229-75。

17 关于文艺复兴时期的友谊,可见 R. Hyatte, *The Arts of Friendship. The Idealization of Friendship in Medieval and Early Renaissance Literature* (Leiden, 1994)。

18 Boccaccio, *Decameron*, 10.8.

19 I. Origo, *The Merchant of Prato. Francesco di Marco Datini, 1335-1410* (New York, 1957); Trexler, *Public Life in Renaissance Florence*, 131-58.

20 Lapo Mazzei, *Lettere di un Notaro a un Mercante del secolo XIV, con alter Lettere e Documenti*, ed. C. Guasti, 2 vols. (Florence, 1880), 1: 62, 67.

21 Ibid., 1: 248.

22 Ibid., 1: 163, 169, 393.

23 Ibid., 1: 7.

24 可见 Ibid., 1: 148, 184。

25 Ibid., 1: 129.

26 Petrarch, *Fam* 19.4。"莱利乌斯"(Laelius)这个外号是彼特拉克和莱洛·迪·彼得罗·斯特凡诺·托塞蒂亲密关系的证明。在第二次布匿战争期间,大西庇阿(Scipio Africanus,公元前 236~ 前 183)和盖乌斯·莱利乌斯(Gaius Laelius)之间的友谊长期以来被视为理想的典范,并在西塞罗的《论友谊》(De amicitia)——有时也称《莱利乌斯》

（*Laelius*）——中得到了颂扬。彼特拉克在他的诗作《阿非利加》中着重描写了两者之间的关系。

27 Vasari, *Lives*, trans. Bull, 1：290.

28 Ibid., 1：276.

29 Giovanni Boccaccio, *Decameron*, 6.5；trans. G. H. William, 2nd ed.（London, 1972）, 457.

30 Vasari, *Lives*, trans. Bull, 1：421.

31 可见 Welch, *Art and Society*, 103-30。

32 Vasari, *Lives*, trans. Bull, 1：185.

33 W. E. Wallace, 'Manoeuvering for Patronage：Michelangelo's Dagger,' *Renaissance Studies* 11（1997）：20-26. 米开朗琪罗和阿尔多布兰迪尼最终因为那把刀而争吵。

34 Cellini, *Autobiography*, trans. Bull, 377.

35 Vasari, *Lives*, trans. Bull, 1：180.

36 这段话值得全文引用："甜蜜的希望滋养了我：西乔，你亲切的话语和始终带给我的希望，喂养了我的心。因为行政官和财务官经常欺骗我，我简直要怒火中烧了。你来得正是时候，因为我的怒气已经沸腾，我恶向胆边生。我受不了了，正义和虔诚也挡不住我。饥饿是难以忍受的。我为什么要说穷人无法避免致命疾病的传染呢？君王发布了有价值的命令，但他派来管理国库的人却拒绝执行。'走吧，下次再来,'他们说,'你的钱会给你，不会让你白干活的。'所以我去了又去。然后，我像个傻瓜一样，一天去上三四次。"Francesco Filelfo, *Odes*, IV.2, ll.1-16, ed. and trans. D. Robin（Cambridge, Mass., and London, 2009）, 229-31。

37 Vasari, *Lives*, trans. Bull, 1：97-8.

38 Ibid., 1：339.

39 Wallace, *Michelangelo*, 91.

40 Michelangelo, *Carteggio*, 1：145；trans. from Michelangelo, *The Letters of Michelangelo*, trans. E. H. Ramsden, 2 vols.（London and Stanford, 1963）, 1：82.

41 引自 Wallace, *Michelangelo*, 46。

42 Michealangelo, *Carteggio*, 1：153；q.v. Wallace, *Michelangelo*, 46.

43 Vasari, *Lives*, trans. Bull, 1：228.

44 Ibid., 1：229.

45 Ibid., 1：320.

46 Giovanni Boccaccio, *Famous Women*, ed. and trans. V. Brown（Cambridge, Mass., and London, 2001）, pref., 9.

47 例如，1587~1588 年，威尼斯有 4600 名男孩，但只有 30 名女孩在该市的学校上学。M. E. Wiesner, *Women and Gender in Early Modern Europe*（Cambridge, 1993）,

122-3。

48 Vasari, *Lives*, trans. Bull, 1: 104.

49 参见 Brucker, *The Society of Renaissance Florence*, 32-3。

50 Ibid., 34-5.

51 Francesco Barbaro, *On Wifely Duties*, trans. in Kohl and Witt, ed., *The Earthly Republic*, 189-228, here 192.

52 Ibid., 215.

53 Ibid., 215-20.

54 Ibid., 208.

55 Vasari, *Lives*, trans. Bull, 1: 100.

56 Barbaro, *On Wifely Duties*; Kohl and Witt, ed., *The Earthly Republic*, 202.

57 Matteo Palmieri, *Vita civile*, ed. F. Battaglia ( Bologna, 1944 ), 133.

58 Barbaro, *On Wifely Duties*; Kohl and Witt, ed., *The Earthly Republic*, 196.

59 Ibid., 194.

60 Boccaccio, *Decameron*, 10.10.

61 Franco Sacchetti, *Il Trecentonovelle*, ed. E. Faccioli ( Turin, 1970 ), 233.

62 关于这一主题的经典介绍是: M. Rocke, 'Gender and Sexual Culture in Renaissance Italy,' in J. C. Brown and R. C. Davis, eds., *Gender and Society in Renaissance Italy* ( Harlow, 1998 ), 150-70。

63 这一话题已成为很多学术讨论的主题, 可见 S. K. Cohn Jr., 'Women and Work in Renaissance Italy,' in Brown and Davis, eds., *Gender and Society*, 107-27; J. C. Brown, 'A Woman's Place was in the Home: Women's Work in Renaissance Tuscany,' in M. W. Ferguson, M. Quilligan, and N. J. Vickers, eds., *Rewriting the Renaissance: The Discourses of Sexual Difference in Early Modern Europe* ( Chicago and London, 1986 ), 206-24。

64 Michelangelo, *Carteggio*, 5: 92-3.

65 Filelfo, *Odes*, III, 3, ed. and trans. Robin, 175-7.

66 Brucker, *The Society of Renaissance Florence*, 180-1.

67 参阅卢卡·兰杜奇 ( Luca Landucci ) 的描述, 见 Baldassarri and Saiber, eds., *Images of Quattrocento Florence*, 276-83, esp. 277。

68 Giovanni Gioviano Pontano, *Baiae*, I, 4, ll.3-10; trans. R. G. Dennis ( Cambridge MA and London, 2006 ), 13.

69 R. A. Goldthwaite, 'The Florentine Palace as Domestic Architecture,' *American Historical Review* 77/4 ( 1972 ): 977-1012, here 995.

70 Leon Battista Alberti, *De re aedificatoria*, 9.1.

71　Goldthwaite, 'The Florentine Palace,' 1005, fig. 8.

72　Ibid., 1004-5.

73　ASF Carte Riccardi, no. 521, fol. 26r; 引自 Goldthwaite, 'The Florentine Palace,' 983, n.13。

74　以下内容引自 D. Kent, '"The Lodging House of All Memories": An Accountant's Home in Renaissance Florence,' *Journal of the Society of Architectural Historians* 66/4( 2007 ): 444-63。

75　参见 S. Cavallo, 'The Artisan's Casa,' in M. Ajmar-Wollheim and F. Dennis, eds., *At Home in Renaissance Italy* ( London, 2006 ), 66-75。

76　Hatfield, *The Wealth of Michelangelo*, 65ff.

77　Kent, 'An Accountant's Home,' 451.

78　可见 K. Albala, *Eating Right in the Renaissance* ( Berkeley, 2002 )。

79　Kent, 'An Accountant's Home,' 453; L. R. Granato, 'Location of the Armoury in the Italian Renaissance Palace,' *Waffen und Kostumkunde* 24 ( 1982 ): 152-53.

80　Vasari, *Lives*, trans. Bull, 1: 187.

81　S. Fermor, *Piero di Cosimo: Fiction, Invention and Fantasia* ( London, 1993 ), 14。有趣的是，1504 年初，皮耶罗是委员会的一员，该委员会召开会议确定米开朗琪罗的《大卫》的确切位置。

82　M. Hirst, 'Michelangelo in 1505,' *Burlington Magazine* 133/1064 ( 1991 ): 760-66, here 762.

83　Michelangelo, *Carteggio*, 1: 19.

84　Michelangelo, *Carteggio*, 1: 9; trans. Wallace, *Michelangelo*, 26.

85　Vasari, *Lives*, trans. Bull, 1: 430.

86　Michelangelo, verse 5, ll. 14; *Poems and Letters*, trans. Mortimer, 3: "我干这份活让我得了甲状腺肿——/ 伦巴第或其他一些乡村的农民 / 都受到了脏水的伤害——/ 因为我的肚子顶着了下巴。"

87　Michelangelo, *Carteggio*, 2: 7-8.

88　Michelangelo, verse 267, ll. 34-45; *Poems and Letters*, trans. Mortimer, 57.

89　Michelangelo, verse, 267, lll.10-12; trans. from Wallace, *Michelangelo*, 175.

90　Hirst, *Michelangelo*, 252-3.

91　Vasari, *Lives*, trans. Bull, 1: 197.

92　Ibid., 2: 271.

93　Cellini, *Autobiography*, trans. Bull, 217.

94　Brucker, *The Society of Renaissance Florence*, 47-9.

95　Cellini, *Autobiography*, trans. Bull, 16-7.

96  Ibid., 71-2.

97  Ibid., 147-54, 347-8.

98  引自 J. Arrizabalaga, J. Henderson, and R. French, *The Great Pox: The French Disease in Renaissance Europe* (New Haven, 1997), 205-6。

99  关于瘟疫以及其他疾病对该时期社会经济最低层群体生活的影响进行的有益的研究，可见 A. G. Carmichael, *Plague and the Poor in Renaissance Florence* (Cambridge, 1986)。

100 S. K. Cohn Jr., 'The Black Death: End of a Paradigm,' *American Historical Review* 107/3 (2002): 703-38, here 725.

101 Vasari, *Lives*, trans. Bull, 1: 276.

102 Cellini, *Autobiography*, trans. Bull, 45-6.

103 Vasari, *Lives*, trans. Bull, 1: 320.

104 Ibid., 1: 216.

105 Rocke, 'Gender and Sexual Culture in Renaissance Italy,' 157; J. A. Brundage, *Law, Sex, and Christian Society in Medieval Europe* (Chicago, 1987), 492.

106 Rocke, 'Gender and Sexual Culture in Renaissance Italy,' 163.

107 Mario Filelfo, *Epithalamion pro domino Francisco Ferrario et Constantia Cimisella*, MS Vat. Apost., Chig. I VII 241, fols. 140v-143r, here fol. 141v; trans. from A. F. D'Elia, 'Marriage, Sexual Pleasure, and Learned Brides in the Wedding Orations of Fifteenth-Century Italy,' *Renaissance Quarterly* 55/2 (2002): 379-433, here 411.

108 Pontano, *Baiae*, I, 13, ll.1-10; trans. Dennis, 39.

109 Rocke, 'Gender and Sexual Culture in Renaissance Italy,' 161; M. Rocke, *Forbidden Friendships: Homosexuality and Male Culture in Renaissance Florence* (New York, 1996), 118-20.

110 Beccadelli, *The Hermaphrodite*, 1.5, esp. ll.1-2, trans. Parker, 11: "当我的乌尔莎（Ursa）想要做爱，她就爬到我的普里阿普斯（Priapus）上面。/ 我扮演她的角色，她扮演我的角色。" 不幸的是，贝卡代利担心他的阴茎不能满足乌尔莎在这种体位上明显难以满足的性欲。

111 Ibid., 1.14, ll.1-2; trans. Parker, 21.

112 尤其参见 Pontano, *Baiae*, II.29; trans. Dennis, 166-7。

113 引自 Wallace, *Michelangelo*, 110。

114 Rocke, 'Gender and Sexual Culture in Renaissance Italy,' 151.

115 Domenico Sabino, *De uxorem commodis et incommodis*, MS Vat. Apost., Chis. H IV 111, fols. 108v-117v, here, fol. 110v; trans. from D'Elia, 'Marriage, Sexual Pleasure, and Learned Brides,' 407.

116 Cristoforo Landino, *Xandra*, II.13; trans. from Cristoforo Landino, *Poems*, trans. M.

P. Chatfield（Cambridge，Mass.，and London），105.

117 Landino，*Xandra*，II.24，1.2；*Poems*，trans. Chatfield，125.

118 Boccaccio，*Decameron*，7.2.

119 Boccaccio，*Decameron*，7.2；trans. McWilliam，494.

120 Boccaccio，*Decameron*，6.7.

121 Boccaccio，Decameron，6.7；trans. McWilliam，464.

122 Boccaccio，*Decameron*，2.5；9.5；在第八天第十个故事中，麦道娜·扬科菲奥雷（Madonnna Iancofiore）的角色类似于妓女，但更多的是一个色相骗子。

123 R. Davidsohn，*Storia di Firenze*，8 vols.（Florence，1956–68），7：616–17；J. K. Brackett，'The Florentine Onestà and the Control of Prostitution,'*Sixteenth Century Journal* 24/2（1993）；273–300，here 277.

124 G. Rezasco，'Segno delle meretrici,' *Giornale Linguistico* 17（1980）：161–220，here 165.

125 可参见 Brucker，*The Society of Renaissance Florence*，191–8。

126 对这类监管机构的历史的出色研究，参见 Brackett 'The Florentine Onestà'。

127 R. Trexler，'La Prostitution Florentine au XVe Siècle：Patronages et Clientèles,' *Annales ESC* 36（1981）：983–1015，here，985–8.

128 Brackett，'The Florentine Onestà,'287，n.64.

129 比如 1416 年，巴尔托洛梅奥·迪·洛伦佐（Bartolomeo di Lorenzo）因试图将妻子斯特拉（Stella）卖给妓院老板切科（Checco）而被判有罪；参见 Brucker，*The Society of Renaissance Florence*，199–201。

130 可参见 R. S. Liebert，*Michelangelo*：*A Psychoanalytic Study of His Life and Images*（New Haven，1983）；J. M. Saslow，'"A Veil of Ice between My Heart and the Fire"：Michelangelo's Sexual Identity and Early Constructions of Homosexuality,' *Genders* 2（1998）：77–90；J. Francese，'On Homoerotic Tension in Michelangelo's Poetry,' *MLN* 117/1（2002）：17–47。

131 D'Elia，'Marriage，Sexual Pleasure，and Learned Brides,'409.

132 D. Owen Hughes，'Bodies，Disease，and Society,' in Najemy，ed.，*Italy in the Age of the Renaissance*，103–23，here 113.

133 引自 Trexler，*Public Life in Renaissance Florence*，381。

134 有关授权设立"夜间审判庭"的规定，可见 Brucker，*The Society of Renaissance Florence*，203–4，doc. 95。

135 这一案子的审理记录出处同上，204–5，doc. 96。

136 Rocke，*Forbidden Friendships*，4.

137 Sabino，*De uxorem commodis et incommodis*，fol. 115 r；trans. D'Elia，'Marriage，

Sexual Pleasure, and Learned Brides,' 408.

138 J. K. Brackett, *Criminal Justice and Crime in Late Renaissance Florence, 1537–1609*
（Cambridge, 1992）, 131.

139 关于柏拉图学园的历史争议的精彩文章，可见 J. Hankins,'The Myth of the Platonic
Academy of Florence,' *Renaissance Quarterly* 44/3（1991）：429–47。

140 有关这个论题，可见 A. Maggi,'On Kissing and Sighing: Renaissance Homoerotic
Love from Ficino's De amore and Sopra Lo Amore to Cesare Trevisani's L'impresa
（1569）,' *Journal of Homosexuality* 49/3–4（2005）：315–39.

141 Rocke, *Forbidden Friendships*, 171.

# 第五章　恋爱中的米开朗琪罗

1 有关切基尼，参见 C.L. Frommel, *Michelangelo und Tommaso dei Cavalieri*（Amsterdam,
1979）, 14–15；Michelangelo, *Carteggio*, 3：419–20。

2 虽然不能完全肯定切基尼影响了米开朗琪罗和托马索·德·卡瓦列里的相遇，但现存
证据表明这是有可能的。毕竟米开朗琪罗和托马索只能在相对短暂的时间内相遇。虽
然他们第一次见面的日期尚不清楚，但那只可能发生在秋天，也就是米开朗琪罗到达
罗马（1532 年 8 月中旬到 9 月中旬，那时他在马塞尔德科尔维的房子已准备就绪，有
封信寄给在永恒之城的他）和 1533 年 1 月 1 日之间，那时他们的关系已经开始升温。
正如华莱士所指出的，这一事实表明，他们是由共同的朋友介绍认识的（Wallace,
*Michelangelo*, 177）。在那些可能撮合他们走到一起的人中，切基尼无疑是最有可能的。
在此期间（就两人熟识而言，见 Michelangelo, *Carteggio*, 4：69），切基尼无疑是米
开朗琪罗在罗马最亲密的朋友之一，而且在卡瓦列里遇见艺术家之前就认识他了（切
基尼和卡瓦列里可能是通过枢机主教尼科洛·里多尔菲认识的，切基尼属于他的"家
人"）。然而，最引人注目的是，切基尼作为他们共同的朋友，曾多次为两人牵线搭桥，
这不免让人想到：他以一种有效的方式促进了他们之间的友谊，并理所当然地获得了两
人的信任（Michelangelo, Carteggio 3：443–4；4：3）。最近赫斯特也认同是切基尼
把卡瓦列里介绍给了米开朗琪罗：Hirst, Michelangelo, 261。

3 有关卡瓦列里家族的收藏，见 Hirst, *Michelangelo*, 261；E. Steinmann and H. Pogatscher,
'Dokumente und Forschungen zu Michelangelo, IV, Cavalieri-Dokumente,'
*Repertorium für Kunstwissenschaft* 29（1906）：496–517, here 502–4。

4 这一点从米开朗琪罗后期诗歌的意蕴中可以明显看出，但无论如何，也完全符合这一时
期罗马贵族的教育计划。关于后者，可见 P. Grendler, *Schooling in Renaissance Italy:
Literacy and Learning, 1300–1600*（Baltimore, 1989）；A. Grafton and L. Jardine,
*From Humanism to the Humanities: Education and the Liberal Arts in Fifteenth- and*

*Sixteenth-Century Europe*（Cambridge，Mass.，1986）；C. W. Kallendorf, ed. and trans., *Humanist Educational Treatises*（Cambridge，Mass.，and London，2002）；亦可注意这些简短的评论：Baldessare Castiglione, *The Book of the Courtier*，IV；trans. G. Bull, new ed.（London，1976），291，306。

5　Michelangelo，*Poems*，letter no. 30.

6　Hirst，*Michelangelo*，260.

7　Guido da Pisa，*Expositiones et Glose super Comediam Dantis*，ed. V. Cioffari（Albany，1974），4："Ipse enim mortuam poesiam de tenebris reduxit ad lucem."

8　Wallace，*Michelangelo*，41.

9　有关兰迪诺的这段议论 "*Comento...sopra la Comedia di Danthe Alighieri poeta fiorentino*"（1481），参见 S. Gilson, *Dante and Renaissance Florence*（Cambridge，2005），163–230。

10　Hirst，*Michelangelo*，23.

11　Michelangelo，*Poems*，nos. 248 and 250.

12　有关但丁的反应，可见 S. A. Gilson, *Dante and Renaissance Florence*（Cambridge，2005），esp. chs. 1–2。

13　人们只是从薄伽丘的但丁传记中得知这件逸事的日期，但这种说法流传了下来。同样，从其他材料可以推断，聚会是在福尔科·波尔纳里家举行的，但丁从未提及贝阿特丽丝的姓氏，薄伽丘只是指明庆典是在她父亲家里举行的。

14　Dante Alighieri，*La Vita Nuova*，II；trans. B. Reynolds, rev. ed.（London，2004），3.

15　Dante，*La Vita Nuova*，II；trans. Reynolds，4.

16　Dante，*La Vita Nuova*，III；trans. Reynolds，5.

17　Dante，*La Vita Nuova*，III，sonnet 1；trans. Reynolds，6.

18　Dante，*La Vita Nuova*，XII；trans. Reynolds，14.

19　Dante，*La Vita Nuova*，XIV；trans. Reynolds，18–20.

20　Dante，*La Vita Nuova*，XIV；trans. Reynolds，18–20.

21　J. Pope-Hennessy，Paradiso. *The Illuminations to Dante's Divine Comedy by Giovanni di Paolo*（London，1993），35.

22　Michelangelo，*Carteggio*，3：53–4.

23　Cavalieri's comments are at Michelangelo，*Carteggio*，3：445–6.

24　参见米开朗琪罗回到佛罗伦萨后对托马索的嘲弄的回应：Michelangelo，*Carteggio*，4：26。

25　虽然奥维德仍然是米开朗琪罗创作中最明显的参照，但提提俄斯神话的来源是丰富多样的：Ovid，*Met.* 4.457–8；Virgil，*Aeneid.* 6.595–600；Lucretius，*De rerum natura.* 3.984–94；Homer，*Odyeey.* 11.576–81。然而，奇怪的是，提提俄斯有罪——企图强暴莱托（Leto）——的说法只出现在《荷马史诗》中。如果要使礼品画成为意义连贯的两幅画，那么他早已知晓提提俄斯的罪行似乎是必要的前提。因此，米开朗琪罗可能直接或间接地了解荷马，这可能是合理的假设。

26 这个日期是从彼特拉克写在维吉尔手抄稿（所谓“神奇的维吉尔”）空白页的题词和后来的一段诗中得知的。值得注意的是，虽然彼特拉克后来把 1327 年 4 月 6 日和耶稣受难日（Good Friday）联系在一起，但这种说法是错误的（虽然是故意这么说）：事实上，那天是复活节（Easter Sunday）。Petrarch, *Canzoniere*, poems 3, 211; text in *Petrarch's Lyric Poems. The Rime Sparse and Other Lyrics*, trans. and ed. R. M. Durling（Cambridge MA and London, 1976), 38–9, 364–5。

27 Petrarch, *Fam.* X.3; E. H. Wilkins, *Life of Petrarch*（Chicago, 1961), 8.

28 Petrarch, *Posteritati*（Sen. XVIII.1）; text in *Prose*, ed. G. Martellotti, P. G. Ricci, E. Carrara, and E. Bianchi（Milan and Naples, 1955), 2–19, here 8–10.

29 彼特拉克的劳拉被认为是劳拉·德·诺维斯（（1310~1348），这是莫里斯·斯克夫（Maurice Scéve）于 1533 年第一次提出的 [N. Mann, *Petrarch*（Oxford, 1984)58]。然而，尽管这种联想被广泛接受，甚至被广泛引用，但并没有任何确凿的证据。

30 Petrarch, *Canzoniere*, poem 30, ll.19–21; trans. and ed. Durling, 86–7.

31 Petrarch, *Canzoniere*, poem 3, ll.4, 9–11; trans. and ed. Durling, 38–9.

32 Petrarch, *Canzoniere*, poem 35; trans. and ed. Durling, 94–5.

33 Petrarch, *Canzoniere*, poem 52; trans. and ed. Durling, 122–3.

34 Petrarch, *Canzoniere*, poems 125, l. 9; 129, l.1; trans. and ed. Durling, 238–9, 264–5.

35 Petrarch, *Canzoniere*; poem. 29, l.36: "Da me son fatti i miei pensier diveri"（我的思念我自己也觉得陌生）; trans. and ed. Durling, 84–5。

36 Petrarch, *Canzoniere*, poem 129, ll.40–7; trans. and ed. Durling, 266–7.

37 Petrarch, *Secretum*, I; text in *Prose*, 22–215, here 30.

38 在《论宗教安逸》（*De otio religioso*）中，彼特拉克也概括了这种情感，他解释说：“没有什么思想比想到自己的死亡更有益，也没有人无缘无故地说：‘留心你的结局，你就永远不会犯罪。’” Petrarch, *De otio religioso*, II, 3; Latin text ed. G. Rotondi（Vatican City, 1958), 78, ll.12–14; trans. from Petrarch, *On Religious Leisure*, ed. and trans. S. S. Schearer（New York, 2002), 110; quoting *Ecclesiasticus* 7: 40。

39 Marchione di Coppo Stefani, *Cronaca fiorentina*, *Rerum Italicarum Scriptores* 30.1（Città di Castello, 1927), 230, r. 635.

40 Petrarch, *Fam.* 7.10.

41 Petrarch, *Canzoniere*, poem 268, l. 4.

42 Petrarch, *Canzoniere*, poem 272; trans. and ed. Durling, 450（adapted）.

43 Petrarch, *Camzoniere*, poem 142.

44 Castiglione, *Book of the Courtier*, IV; trans. Bull, 340-2.

45 Michelangleo, *Poems and Letters*, no. 72, ll.5-7.

46 Ibid., no. 58.

47 Ibid., no. 72, ll.12-14.

48 Ibid., no. 98, ll.12-14.

49 Boccaccio, *Decameron*, 1.pr; trans. William, 7.

50 Ibid., 15.

51 C. Muscetta, *Giovanni Boccaccio*, 2nd ed. (Bari, 1974), 147; E. H. Wilkins, *A History of Italian Literature*, rev. ed. (Cambridge, Mass., and London, 1974), 106.

52 Boccaccio, *Decameron*, 4.2; trans. William, 304.

53 Ibid., 312.

54 Ibid., 310; 276.

55 Ibid., 276-7.

56 Ibid., 279.

57 对这一诗章的讨论, 见 W. F. Prizer, 'Reading Carnival: The Creation of a Florentine Carnival Song,' *Early Music History* 23 (2004): 185-252。译文出处同上, 185-7。

58 Lorenzo de' Medici, *Poesie*, ed. I. Caliaro, 2nd ed. (Milan, 2011), 261: "Quant'è bella giovinezza / Che si fugge tuttavia! / Chi vuol esser lieto, sia; / Di doman non c'è certezza."

59 Bartolomeo Facio, *De hominis excellentia*; trans. q. at C. Trinkaus, *In Our Image and Likeness. Humanity and Divinity in Italian Humanist Thought*, 2 vols. (Chicago, 1970), 1: 227.

60 有证据表明, 早在 1449 年, 马内蒂就至少写了《人的尊严与卓越》的一部分, 但人们普遍认为, 1452 年, 马内蒂在出使期间与那不勒斯国王阿方索的一次讨论促成了这项工作(最终文本)。虽然阿方索读过巴尔托洛梅奥·法西奥的《论人的卓越》, 但他似乎对作者相当不满, 并要求马内蒂作出回应。马内蒂欣然答应, 在 1452 年末或 1453 年初完成了对法西奥观点的反驳。有关马内蒂的生平, 可见 L. Martines, *The Social World of the Florentine Humanists, 1390-1460* (Princeton, 1963), 131-8。

61 Giannozzo Manetti, *De dignitate et excellentia hominis*; trans. Trinkaus, *In Our Image and Likeness*, 1: 245.

62 有关布兰多利尼, 可见 E. Mayer, *Un umanista italiano della corte di Mattia Corvino, Aurelio Brandolino Lippo* (Rome, 1938)。《关于人类生活状况和身体疾病的对话》是布兰多利尼居住在布达佩斯时写的, 献给匈牙利国王马加什一世(Matthias Corvinus)。此书颇受欢迎, 1498 年起多次印刷。

63 Aurelio Lippo Brandolini, *Dialogus de humanae vitae conditione et toleranda corporis*

*aegritudine*；trans. at Trinkaus，*In Our Image and Likeness*，1：302-3，有修订。

64 Manetti，*De dignitate et excellentia hominis*；trans. Trinkaus，*In Our Image and Likeness*，1：254-5，有修订。

65 瓦拉有个令人沮丧的习惯，即不断修改和重写他的作品，似乎从来没有为他的任何论文确定一个最终的文本。《论快乐》也不例外。虽然此文写于 1431 年，但他后来完全改写了文本，几年后以《论真善与伪善》（*De vero falsoque bono*）的标题发表。在接下来的论述中，我将只采用最初的版本《论快乐》（*De voluptate*）。引文出自（德译）：Lorenzo Valla，*Von der Lust oder Vom wahren Guten*，ed. E. Keßler（Munich，2004）。为方便起见，此版本将被称为"凯斯勒，《论快乐》"（Keßler，*Lust*）。对瓦拉生活和思想的经典研究，参见 S. I. Camporeale，*Lorenzo Valla：Umanesimo e Teologia*（Florence，1971）。

66 在"行动的生活和沉思的生活"（vita activa/vita contemplativa）论辩的背景中，关于瓦拉论著所处位置的讨论，见 L. Panizza，'Active and Contemplative in Lorenzo Valla：The Fusion of Opposites,' in B. Vickers，ed.，*Arbeit，Musse，Meditation. Betrachtungen zur* Vita Activa *und* Vita contemplativa（Zurich，1985），181-223。

67 Valla，*De voluptate*，2.28.2；Keßler，*Lust*，210；cf. Aristotle，*Nicomachean Ethics*，1097b，1-4。

68 Valla，*De voluptate*，2.28.3；Keßler，*Lust*，210.

69 Valla，*De voluptate*，2.28.5；Keßler，*Lust*，212.

70 Michelangelo，*Poems*，no. 83.

71 米开朗琪罗的故事来源是奥维德的《变形记》（*Metamorphoses*），他最熟悉的可能是 1497 年的意大利译本。Ovid，*Met*. 10.143-66；有关米开朗琪罗对奥维德的了解，见 Wallace，*Michelangelo*，41；Hirst，*Michelangelo*，17。

72 关于米开朗琪罗与佛罗伦萨新柏拉图派的关系，可见 E. Panofsky，*Studies in Iconology：Humanistic Themes in the Art of the Renaissance*，new ed.（New York and Evanston，1962），171-230（'The Neoplatonic Movement and Michelangelo'）。

73 见 Hankins，'The Myth of the Platonic Academy'。

74 Marsilio Ficino，*Theologia Platonica*，10.7；此书其余部分值得仔细研究；见 Ficino，*Platonic Theology*，trans. M. J. B. Allen，ed. J. Hankins，6 vols.（Cambridge，Mass.，2001-6），3：106-96。

75 Giovanni Pico della Mirandola，*Heptaplus*，ed. E. Garin（Florence，1942），188；trans. from E. H. Gombrich，'Icones Symbolicae：The Visual Image in Neo-Platonic Thought,' *Journal of the Warburg and Courtauld Institutes* 11（1948）：163-92，here 168.

76 可见 Ficino，*Theologia Platonica*，2.2；Pico della Mirandola，*Oration on the Dignity*

*of Man*，trans. Livermore Forbes in al.，ed. *The Renaissance Philosophy of Man*。

77　P. O. Kristeller，*Renaissance Thought and the Arts*，new ed.（Princeton，1990），94.

# 第六章　权力的艺术

1　这些对加莱亚佐·马里亚·斯福尔扎的描述材料来自 Pius II，*Commentaries*，II.26；vol. 1，ed. M. Meserve and M. Simonetta，（Cambridge，Mass.，and London，2003），1：311。

2　加莱亚佐·马里亚·斯福尔扎正式受派遣护送教宗庇护二世从佛罗伦萨前往曼图亚，当时教宗在曼图亚召开了一次帝国会议，宣布向奥斯曼土耳其开展十字军征讨。八天后，也就是 1459 年 4 月 25 日，庇护二世到达佛罗伦萨。在弗朗切斯科·菲拉雷特的《典仪文书》（*Libro cerimoniale*）中可以找到关于加莱亚佐·马里亚·斯福尔扎到佛罗伦萨的记载；相关部分的翻译出自 Baldassari and Saiber，eds.，*Images of Quattrocento Florence*，77-82。

3　必须指出的是，科西莫·德·美第奇 1459 年 4 月 17 日接待加莱亚佐·马里亚·斯福尔扎到底是在哪个房间是不确定的。按照礼节习俗，也许应该安排宅邸主层的一间宽敞的会客室，作为接待这样一位贵客的最合适的地方，但两人即将达成协议的性质可能会促使科西莫在更小、更私密的礼拜堂里接待加莱亚佐·马里亚，在那儿（如这个礼拜堂所显示的），他的政治地位会得到更充分的体现。

4　E. H. Gombrich，*The Story of Art*，15th ed.（London，1989），256.

5　关于这个礼拜堂的装饰，可见 R. Hatfield，'Cosimo de' Medici and the Chapel of His Palace，' in F. Ames-Lewis，ed.，*Cosimo "il Vecchio" de' Medici*，*1389-1464*（Oxford，1992），221-44。

6　至少从 1390 年起，"东方三博士"会在每一个主显节举行壮观的游行，而这一节日盛况正是体现政治和社会团结的大好机会。从 1420 年代中期开始，美第奇家族就在这些活动中扮演重要角色。E. Muir，'Representations of Power，' in Najemy，ed.，*Italy in the Age of the Renaissance*，226-45，here 228；Trexler，*Public Life in Renaissance Florence*，298，401-3，423-5；R. Hatfield，'The Compagnia de' Magi，' *Journal of the Warburg and Courtauld Institutes* 33（1970）：107-61。

7　J. M. Najemy，*A History of Florence*，*1200-1575*（Oxford，2008），330。佛罗伦萨确实有许多这样的例子。例如，马萨乔在《三位一体》（约 1425~1427）中描绘了两个捐赠者分别靠在圣约翰和圣母马利亚的身旁。然而，这两个人物的身份尚不确定。但有人指出，他们可能是伦齐（Lenzi）家族或伯蒂（Berti）家族的成员。对他们身份的亲近讨论见 R. M. Comanducci，'"L'altare nostro de la Trinità"：Masaccio's Trinity and the Berti Family，' *Burlington Magazine* 145（2003）：14-21。

8   Najemy, *History of Florence*, 330.

9   Trans. q. at C. Hibbert, *The Rise and Fall of the House of Medici* ( London, 1979 ),
    97-8.

10  Landino, *Xandra*, III.1, ll.23-4; *Poems*, trans. Chatfield, 141.

11  Petrarch, *Sen.* 14.1; trans. in Kohl and Witt, eds., *The Earthly Republic*, 74-6.

12  Niccolò Machiavelli, *The Prince*, xxi; trans. G. Bull ( London, 1961 ), 70-77.

13  Castiglione, *The Book of the Courtier*, I; trans. Bull, 90.

14  Ibid. 96-7.

15  Vasari, *Lives*, trans. Bull, 1: 164-5.

16  Muir, 'Representations of Power,' 228.

17  Pius II, *Commentaries*. II.28; ed. Meserve and Simonetta, 1: 317.

18  见 Muir, 'Representations of Power'。

19  Ibid., 228.

20  关于这一过程的经典研究，参见 Jones, 'Communes and Despots'; idem, *The Italian
    City-State*; Waley, *The Italian City-Republics*; Hyde, *Society and Politics in Medieval
    Italy*; Martines, *Power and Imagination*。尽管对其中所包含的解释提出了重大的质疑，
    但从此书的前几章仍可以得到很多信息：Skinner, *The Foundations of Modern Political
    Thought*。

21  Muir, 'Representations of Power', 227.

22  关于城市 "宫殿" ( palazzi ) 的概念及设计的有益的介绍，可见 C. Cunningham, 'For
    the honour and beauty of the city: the design of town halls,' in Norman, ed., *Siena,
    Florence and Padua*, 2: 29-54。

23  洛伦泽蒂的这幅壁画一直被激烈而持续地争论。对它的经典解读，参见 Rubinstein,
    'Political Ideas in Sienese Art'; 出处同前, 'Le Allegorie di Ambrogio Lorenzetti nella
    Sala della Pace e il pensiero politico del suo tempo,' *Rivista Storica Italiana* 109( 1997 ):
    781-802; Skinner, 'Ambrogio Lorenzetti: The Artist as Political Philosopher'; 出处
    同前, 'Ambrogio Lorenzetti's Buon governo Frescoes: Two Old Questions, Two New
    Answers,' *Journal of the Warburg and Courtauld Institutes* 62 ( 1999 ): 1-28。

24  Marco Parenti, *Memorie*; 相关译文出自 Baldassari and Saiber, eds., *Images of Quattrocento
    Florence*, 69-71, here 70。

25  Pius II, *Commentaries*. II.28; ed. Meserve and Simonetta, 1: 319.

26  引自 G. Lubkin, *A Renaissance Court*: *Milan under Galleazzo Maria Sforza* ( Berkeley,
    Los Angeles, and London, 1994 ), 87。

27  Lubkin, A Renaissance Court, 102。关于斯福尔扎家族对艺术的赞助，可见 E. S.
    Welch, *Art and Authority in Renaissance Milan* ( Yale, 1996 )。

28  Lubkin, *A Renaissance Court*, 102f.; P. Merkley and L. L. M. Merkley, *Music and Patronage in the Sforza Court*（Turnhout, 1999）.

29  Niccolò Machiavelli, *Florentine Histories*, 7.33; trans. L . F. Banfield and H. C. Mansfield, Jr.（Princeton, 1990）, 313："加莱亚佐好色又残忍；这两方面的例子层出不穷，使他非常令人讨厌，因为他不仅不知餍足地败坏贵族妇女，还乐于公开这些丑事。他也不满足于仅仅将人处死，除非是用某种残忍的方式杀死他们。他也无法逃脱弑母的恶名，因为只要她还在他身边，他就不觉得自己是王子。他对她态度恶劣，以致她萌生退意，回到克雷莫纳（Cremona）她的孀居寓所，在途中她突然得病死去——许多人断定她儿子谋杀了她……"

30  对加莱亚佐·马里亚·斯福尔扎的缺陷进行的盘点，可见 M. Simonetta, *The Montefeltro Conspiracy: A Renaissance Mystery Decoded*（New York, 2008）, 9–16。

## 第七章    点石成金的人

1   C. S. Gutkind, *Cosimo de' Medici: Pater Patriae, 1389–1464*（Oxford, 1938）, 124.

2   参见 Hale, *Florence and the Medici*, 23–4, 31–2。

3   J. F. Padgett and C. K. Ansell, 'Robust Action and the Rise of the Medici, 1400–1434,' *American Journal of Sociology* 98/6（1993）: 1259–1319, here 1262.

4   Najemy, *History of Florence*, 265; 另见 R. de Roover, *The Rise and Decline of the Medici Bank, 1397–1494*（New York, 1966）, 35–70。

5   Rucellai, *Zibaldone*, 1: 62; trans. in Baldassarri and Saiber, eds., *Images of Quattrocento Florence*, 75.

6   美第奇的家族纹章证明了这一点。虽然金色的背景上出现的七个红"球"（palle）可以象征药丸，但更合理的假设是它们代表钱币——典当商的传统标志。

7   Francesco Balducci Pegolotti, *La Pratica della mercatura*, ed. A. Evans（Cambridge, Mass., 1936）, 287–92.

8   G. A. Brucker, 'The Medici in the Fourteenth Century,' *Speculum* 32/1（1957）: 1–26, here, 3.

9   可见 E. S. Hunt and J. M. Murray, A History of Business in Medieval Europe, 1200–1500（Cambridge, 1999）, 63–7; P. Spufford, 'Trade in fourteenth-century Europe,' in M. Jones, *The New Cambridge Medieval History*, vol. vi, *c.1300–c.1415*（Cambridge, 2000）, 155–208, here 178.

10  以下是对这个时期极其复杂的变化的简洁叙述。关于整个欧洲的这种发展趋势的大背景，详尽的细节可见 R. de Roover, *L'évolution de la lettre de change（XIVe–XVIIIe siècles）*（Paris, 1953）; P. Spufford, *Money and Its Use in Medieval Europe*（Cambridge,

1988）。特别是佛罗伦萨的情况，见 Goldthwaite, *The Economy of Renaissance Florence*, 408–83。

11 介绍圣方济各对这一问题的看法，最好的，而且最具可读性的作品之一是：M. D. Lambert, *Franciscan Poverty: The Doctrine of the Absolute Poverty of Christ and the Apostles in the Franciscan Order, 1210–1323* (London, 1961)。

12 参见 H. Baron, 'Franciscan Poverty and Civic Wealth as Factors in the Rise of Humanistic Thought,' *Speculum* 13 (1938): 1–37。

13 Poggio Bracciolini, *De avaritia*; trans. in Kohl and Witt, *Earthly Republic*, 241–89.

14 Landino, *Xandra*, 2.3; *Poems*, trans. Chatfield, 72–3.

15 Hunt and Murray, *A History of Business*, 70–1; 对这一概念简明而广泛的研究，可见 C. F. Taeusch, 'The Concept of "Usury": the History of an Idea,' *Journal of the History of Ideas* 3/3 (1942): 291–318。

16 St. Thomas Aquinas, *Summa Theologiae* II-II, q.78, a.1; trans. from St. Thomas Aquinas, *On Law, Morality, and Politics*, ed. W. P. Baumgarth and R. J. Regan S.J. (Indianapolis, 1988), 199.

17 参见 R. de Roover, 'The Scholastics, Usury, and Foreign Exchange,' *Business History Review* 41/3 (1967): 257–71。

18 Bracciolini, *De avaritia*; Kohl and Witt, *The Earthly Republic*, 247.

19 Dante, *Inf*. 17.1–78.

20 尤其关注 J. Le Goff, *The Birth of Purgatory*, trans. A. Goldhammer (Chicago, 1984)。

21 Boccaccio, *Decameron*, 1.1.

22 参见 A. D. Fraser Jenkins, 'Cosimo de' Medici's Patronage of Architecture and the Theory of Magnificence,' *Journal of the Warburg and Courtauld Institutes* 33 (1970): 162–70, here 162–3。

23 Brucker, *Society of Renaissance Florence*, 52–56, here, 55.

24 G. Leoncini, *La certosa di Firenze nei suoi rapporti con l'architettura certosina* (Salzburg, 1980), 213; Welch, *Art and Society in Italy*, 191.

25 F. W. Kent, 'Individuals and Families as Patrons of Culture in Quattrocento Florence,' in A. Brown, ed., *Language and Images of Renaissance Italy* (Oxford, 1995), 171–92, here 183; Welch, *Art and Society in Italy*, 193.

26 可见 B. Kempers, *Painting, Power and Patronage: The Rise of the Professional Artist in Renaissance Italy*, trans. B. Jackson (London, 1994), 74–7, 182–92。

27 Najemy, *History of Florence*, 325.

28 Ibid.

29 参见 K. A. Giles, 'The Strozzi Chapel in Santa Maria Novella: Florentine Painting and

Patronage, 1340–1355,' Unpublished PhD Dissertation, New York University, 1977。

30 关于阿雷那礼拜堂建造情况的有益讨论, 可见 J. Stubblebine, ed., *Giotto: The Arena Chapel Frescoes*（New York and London, 1969）, esp. 72–4; C. Harrison, 'The Arena Chapel: patronage and authorship,' in Norman, ed., *Siena, Florence and Padua*, 2: 83–104, here, 88–93。

31 教宗诏书和埃雷米塔尼教堂僧侣的抱怨的相关译文出自: Stubblebine, *Giotto*, 105–7。

32 此处参见 E. H. Gombrich, 'The Early Medici as Patrons of Art,' in E. F. Jacobs, ed., *Italian Renaissance Studies*（London, 1960）, 279–311。

33 Brucker, 'The Medici in the Fourteenth Century,' 1.

34 Ibid., 6.

35 参见 E. S. Hunt, *The Medieval Super-Companies: A Study of the Peruzzi Company of Florence*（Cambridge, 1994）。

36 D. Abulafia, 'Southern Italy and the Florentine Economy, 1265–1370,' *Economic History Review* 33（1981）: 377–88.

37 1 里拉佛罗林相当于 0.69 佛罗林。Najemy, *History of Florence*, 113–5; 参见概述 Hunt, *The Medieval Super-Companies*。

38 关于塞里斯托里家族, 参见 Najemy, *History of Florence*, 312–13; S. Tognetti, *Da Figline a Firenze. Ascesa economica e politica della famiglia Serristori*（secoli XIV-XVI）（Figline, 2003）。

39 Najemy, *History of Florence*, 263.

40 关于下文, 参见 G. Holmes, 'How the Medici became the Pope's Bankers,' in N. Rubinstein, ed., *Florentine Studies*（Evanston, 1968）, 357–80。

41 对美第奇银行, 尤其是科西莫的美第奇银行的经典研究, 可见 Roover, *The Medici Bank*。

42 Najemy, *History of Florence*, 264–5.

43 Rucellai, *Zibaldone*, 1: 61; trans. in Baldassarri and Saiber, eds., *Images of Quattrocento Florence*, 74.

44 关于这些人物, 可见 H. Gregory, 'Palla Strozzi's Patronage and Pre-Medicean Florence,' in F. W. Kent and P. Simmons, ed., *Patronage, Art and Society in Renaissance Italy*（Oxford, 1987）, 201–20; H. Saalman, 'Tommaso Spinelli, Michelozzo, Manetti, and Rosselino,' *Journal of the Society of Architectural Historians* 25/3（1966）: 151–64; 讨论圣十字大教堂中帕齐家族礼拜堂的建造, 可见 P. Sanpaolesi, *Brunelleschi*（Milan, 1962）, 82ff.

45 关于布鲁内莱斯基参与圣洛伦佐圣器所的项目, 以及他明显成功地说服乔瓦尼·迪·比奇·德·美第奇同意资助, 参见 Vasari, *Lives*, trans. Bull, 1: 161–2。

46  参见 C. Elam, 'Cosimo de' Medici and San Lorenzo,' in Ames-Lewis, ed., *Cosimo "il Vecchio" de' Medici*, 157–80。

47  15 世纪的佛罗伦萨人广泛认可圣洛伦佐圣器所和美第奇家族的关系。对该圣器所的描述可见 Francesco Albertini, *Memoriale di molte statue et picture sono nella inclyta ciptà di Florentia*（1510）, 引文出自 Baldassarri and Saiber, eds., *Images of Quattrocento Florence*, 218–19。

48  参见 B. L. Ullman and P. Stadter, *The Public Library of Florence: Niccolò Niccoli, Cosimo de' Medici and the Library of San Marco*（Padua, 1972）。

49  关于佛罗伦萨修道院，参见 A. Leader, *The Badia of Florence: Art and Observance in a Renaissance Monastery*（Bloomington and Indianapolis, 2012）。

50  参见 H. Saalman and P. Mattox, 'The First Medici Palace,' *Journal of the Society of Architectural Historians* 44/4（1985）: 329–45。

51  这些数字出自 Goldthwaite, 'The Florentine Palace as Domestic Architecture,' 993。

52  Rucellai, *Zibaldone*, 1: 118; trans. from Goldthwaite, 'The Florentine Palace as Domestic Architecture,' 990–1.

53  Vasari, *Lives*, trans. Bull, 2: 35–6。事实上，1494 年皮耶罗·迪·洛伦佐·德·美第奇逃亡后，法国国王查理八世曾进入佛罗伦萨，他不出意外地住进了被弃置的美第奇 – 里卡迪宫，因为这是唯一一足够气派能容纳君主的私人住宅。

54  Vasari, *Lives*, trans. Bull, 2: 43.

55  Coluccio Salutati, *De seculo et religione*, ed. B. L. Ullman（Florence, 1957）。对此书的有趣的介绍，可见 R. G. Witt, *Hercules at the Crossroads: The Life, Works, and Thought of Coluccio Salutati*（Durham N.C., 1983）, 195–208。

56  Bartolomeo Facio, *De vitae felicitate*; trans. q. at Trinkaus, *In Our Image and Likeness*, 1: 201.

57  Fraser Jenkins, 'Cosimo de' Medici's Patronage of Architecture,' 162–3.

58  Ibid., 162。以下几段借鉴了 Fraser Jenkins 的大作。

59  Leon Battista Alberti, *Opera volgari*, vol. 1, *I libri della famiglia, Ceno familiaris Villa*, ed. C. Grayson（Bari, 1960）, 210.

60  参见 L. Green, 'Galvano Fiamma, Azzone Visconti and the Revival of the Classical Theory of Magnificence,' *Journal of the Warburg and Courtauld Institutes* 53（1990）: 98–113。

61  学者们目前的共识是，一个成熟的"宏伟的理论"出现于 1450 年代，也就是加莱亚佐·马里亚·斯福尔扎到访佛罗伦萨的时候。见 Fraser Jenkins, 'Cosimo de' Medici's Patronage of Architecture'; Gombrich, 'The Early Medici as Patrons of Art'; D. V. Kent, *Cosimo de' Medici and the Florentine Renaissance*（New Haven, 2000）;

J. R. Lindow, *The Renaissance Palace in Florence*: *Magnificence and Splendour in Fifteenth-Century Italy* ( London, 2007 ), esp. 1–76。然 而, 最 近 有 人 提 出, 这 个 理论的最初迹象在几十年前安东尼诺·皮罗奇的布道中就已出现, 见 P. Howard, 'Preaching Magnificence in Renaissance Florence,' *Renaissance Quarterly* 61/2( 2008 ): 325–69。

62 Timoteo Maffei, *In magnificentiae Cosmi Medici Florentini detractores*; trans. from Fraser Jenkins, 'Cosimo de' Medici's Patronage of Architecture,' 166.

63 参见 Lindow, *The Renaissance Palace*, *passim*。

64 Giovanni Gioviano Pontano, *I tratti delle virtue sociali*, ed. F. Tateo ( Rome, 1965 ), 234–42; 译文引自 Welch, *Art and Society*, 221–3。

65 Brucker, *Renaissance Florence*, 137.

66 下段文字对一系列相当复杂的进程作了详尽的叙述。更多细节, 参见 A. Molho, 'Politics and the Ruling Class in Early Renaissance Florence,' *Nuova rivista storica* 52 ( 1968 ): 401–20; R. G. Witt, 'Florentine Politics and the Ruling Class, 1382–1407,' *Journal of Medieval and Renaissance Studies* 6 ( 1976 ): 243–67; Najemy, *Corporatism and Consensus*, 263–300; 出处同前, *History of Florence*, 182–7。

67 正如一位不知名的佛罗伦萨编年史家注意到的, 那些被 "权贵" 选中加入 "小袋" 的 人 "对他们的政权非常忠诚", 所谓 "政权" 指的是占支配地位的贵族统治, 而不是作 为一个抽象概念的 "执政团" ( Signoria )。*Cronica volgare di anonimo fiorentino*, ed. E. Bellondi ( Città di Castello, 1915–18 ), 35; trans. Najemy, *History of Florence*, 183。

68 Giovanni Cavalcanti, *Istorie Fiorentine*, ed. F. Polidori, 2 vols. ( Florence, 1838 ), 1: 30.

69 参见 S. A. Epstein, *Genoa and the Genoese*, *958–1528* ( Chapel Hill and London, 1996 ), 194–211, 221–27, 242–53。

70 Najemy, *Corporatism and Consensus*, 323.

71 Najemy, *History of Florence*, 161, 173–4, 184; 出处同前 *Corporatism and Consensus*, 272。

72 Cavalcanti, *Istorie Fiorentine*, 1: 28–9.

73 Bruni, *Panegyric*; trans. from Kohl and Witt, ed., *Earthly Republic*, 158.

74 引自 Hibbert, Rise and Fall, 40–1。

75 Anonymous, *Alle bocche della piazza*: *diario di anonimo fiorentino* ( *1382–1401* ), ed. A. Molho and F. Sznura ( Florence, 1986 ), 218–21.

76 Najemy, *History of Florence*, 255–6.

77 有关财产申报, 参见 Brucker, *Society of Renaissance Florence*, 6–13 ( 包括 Conte di

Giovanni Compagni, Francesco di Messer Giovanni Milanese, Lorenzo Ghiberti, 织布工 Agnolo di Jacopo, 以及梳毛工 Biagio di Niccolò 等人的报表）。关于 1427 年"地籍税"的整体研究，参见 Herlihy and Klapisch-Zuber, *Les Toscans et leurs familles*。

78 Najemy, *History of Florence*, 259; L. Martines, *Social World of the Florentine Humanists*, 365–78.

79 A. Molho, *Florentine Public Finances in the Early Renaissance, 1400–1433* (Cambridge, Mass., 1971), 157–60.

80 Najemy, *History of Florence*, 261.

81 D. Kent, *The Rise of the Medici: Faction in Florence, 1426–1434* (Oxford, 1978), 352–7.

82 这一描述出自 A. Molho, 'Cosimo de' Medici: Pater Patriae or Padrino?' *Stanford Italian Review* 1 (1979): 13–14。

83 引自 Hibbert, *Rise and Fall*, 48。

84 关于《三贤朝圣》和其中的人物，参见 R. Hatfield, *Botticelli's Uffizi 'Adoration': A Study in Pictorial Content* (Princeton, 1976), 68–110; R. A. Lightbown, *Sandro Botticelli*, 2 vols. (London, 1978), 2: 35–7。

85 Vasari, *Lives*, trans. Bull, 1: 226.

# 第八章　雇佣兵和疯子

1 Pius II, *Commentaries*, II.32; ed. Meserve and Simonetta, 1: 327.

2 Ibid.; 1: 329.

3 Ibid.; 1: 329.

4 M. Mallett, *Mercenaries and their Masters: Warfare in Renaissance Italy*, new ed. (Barnsley, 2009), 15–16.

5 迭戈·达·拉特在薄伽丘的一个故事中是个兜售假币的角色。Boccaccio, *Decameron*, 6.3。

6 参见 Mallett, *Mercenaries and their Masters*, 25ff。

7 W. Caferro, 'Continuity, Long Service, and Permanent Forces: A Reassessment of the Florentine Army in the Fourteenth Century,' *Journal of Modern History* 80/2 (2008): 219–51, here 230 (Table 1)。

8 Vasari, *Lives*, trans. Bull, 1: 101.

9 关于这幅壁画的移动，见 M. Meiss, 'The Original Position of Uccello's John Hawkwood,' *Art Bulletin* 52 (1970): 231。

10 与被誉为已故意大利伟人之先贤祠的圣十字教堂形成对比的是，圣母百花大教堂几乎没有俗人纪念碑。除了多梅尼科·迪·米切利诺（Domenico di Michelino）的《但丁在佛罗伦萨城前》（*Dante Before the City of Florence*）的壁画，只有菲利波·布鲁内莱斯基（穹顶的建筑师）、乔托·迪·邦多内（钟楼的建筑师）和马西利奥·斐奇诺得到纪念。其余的纪念碑都是纪念圣徒或高级神职人员的（如教宗尼古拉二世和斯蒂芬九世）。到15世纪早期，人们甚至越来越觉得不应该在教堂里纪念俗人：莱昂·巴蒂斯塔·阿尔贝蒂对这个话题的讨论，当然是持这个观点的最突出的例子。关于阿尔贝蒂的言论，参见 W. J. Wegener, 'That the practice of arms is most excellent declare the statues of valiant men: the Luccan War and Florentine political ideology in paintings by Uccello and Castagno,' *Renaissance Studies* 7/2（1993）：129–67，here 136。

11  值得注意的是，霍克伍德被意大利人称为乔瓦尼·阿库托（Giovanni Acuto），并以拉丁名字 Ioannes Actus 来纪念。铭文刻意模仿古典风格，参见 H. Hudson, 'The Politics of War: Paolo Uccello's Equestrian Monument for Sir John Hawkwood in the Cathedral of Florence,' *Parergon* 23/2（2006）：1–28，here 25。

12  对霍克伍德生平的深度研究，参见 W. Caferro, *John Hawkwood: An English Mercenary in Fourteenth-Century Italy*（Baltimore, 2006）。

13  弗洛萨特（Froissart）注意到他反教宗的战斗和他的勇敢。Jean Froissart, *Chronicles*, trans. G. Brereton（London, 1978），282–3。

14  关于霍克伍德 1377 年受佛罗伦萨雇佣事宜，参见 Caferro, 'Continuity, Long Service, and Permanent Forces', 224–5。

15  Ibid., 224.

16  参见 Najemy, *History of Florence*，151–2。

17  这一描述出自 Marchionne di Coppo Stefani, *Cronaca Fiorentina*, 345。见 Caferro, 'Continuity, Long Service, and Permanent Forces,' 226。

18  Leonardo Bruni, Historiarum florentini populi libri XII, II.72; trans. from Bruni, *History of the Florentine People*, ed. and trans. J. Hankins, 3 vols.（Cambridge, Mass., 2001–7），1：183。参见 Ianziti, *Writing History in Renaissance Italy*，132–3。

19  Mallett, *Mercenaries and their Masters*, 40–41.

20  Petrarch, *Canzoniere*, poem. 128, ll. 17–38; trans. and ed. Durling, 257–9。关于《我的意大利》（*Italia mia*）一诗的背景，见 T. E. Mommsen, 'The Date of Petrarch's Canzone Italia Mia,' *Speculum* 14/1（1939）：28–37。

21  马莱特（Mallett）确切地指出："在佛罗伦萨，领主宫墙上画的用铁链倒挂的佣兵队长的漫画并不少见。1428 年，尼科洛·皮奇尼诺就是这样一幅画的对象……在威尼斯，这种漫画并不画在总督府，而是画在里亚尔托公共妓院的墙上……"Mallett, *Mercenaries and their Masters*, 94–5。

22  Dante, *Inf.* 27.44–6.

23 Ibid., 5.73-142。关于这段情节，参见 T. Barolini, 'Dante and Francesca da Rimini: Realpolitik, Romance, Gender,' *Speculum* 75/1（2000）: 1-28。

24 这幅肖像有时被认为是根特的于斯特斯的作品。

25 关于费代里科的生平，参见 W. Tommasoli, *La vita di Federico da Montefeltro, 1422-1482*（Urbino, 1978）; R. de la Sizeranne, *Federico di Montefeltro capitano, principe, mecenate, 1422-1482*, ed. C. Zeppieri（Urbino, 1972）。

26 正如马莱特确切注意到的，"雇佣兵连队影响力下降的主要原因是 14 世纪晚期意大利一种更有组织的政治结构的发展"。Mallett, *Mercenaries and their Masters*, 51。此段其余部分也参考了马莱特的见解。

27 那不勒斯王国似乎是这种做法的先驱。1412 年，国王拉迪斯劳斯（Ladislaus）在巴斯利卡塔（Basilicata）任命弗朗切斯科·斯福尔扎（穆齐奥·阿腾多洛的儿子）为特里卡里科（Tricarico）侯爵。但这种做法在北部也并不少见。教宗会定期授予那些有杰出贡献，或那些容易倒戈的人以代牧区，里米尼的马拉泰斯塔就是接受这种教会恩惠的典型例子。同样，米兰的维斯科尼（Visconi）家族以及后来的斯福尔扎家族也习惯性地给他们的指挥官授予头衔和领地。关于马拉泰斯塔这个特别有趣的例子，参见 P. J. Jones, 'The Vicariate of the Malatesta of Rimini,' *English Historical Review* 67/264（1952）: 321-51。

28 C. H. Clough, 'Federigo da Montefeltro's Patronage of the Arts, 1468-1485,' *Journal of the Warburg and Courtauld Institutes* 36（1973）: 129-44, here 130.

29 G. Zannoni, 'I due libri della Martiados di Giovan Mario Filelfo,' *Rendiconti della R. Accademia dei Lincei: Classe di Scienze Morali,Storiche e Filologiche ser.* 5,3（1895）: 650-71; 尤其参见 657-9。关于年轻的菲莱尔福与费代里科·达·蒙泰费尔特罗的关系，参加 Clough, 'Federigo da Montefeltro's Patronage of the Arts,' 133-4。

30 Pierantonio Paltroni, *Commentari della vita e gesti dell'illustrissimo Federico Duca d'Urbino*, ed. W. Tommasoli（Urbino, 1966）.

31 Cristoforo Landino, *Disputationes Camaldulenses*; 引自 Simonetta, *The Montefeltro Conspiracy*, 51。

32 Castiglione, *The Book of the Courtier*, trans. Bull, 41.

33 要更好地了解这个礼拜堂的众多功能，参见 G. Knox, 'The Colleoni Chapel in Bergamo and the Politics of Urban Space,' *Journal of the Society of Architectural Historians* 60/3（2001）: 290-309。另见 R. Schofield and A. Burnett, 'The Decoration of the Colleoni Chapel,' *Arte Lombarda* 126（1999）: 61-89; F. Piel, *La Cappella Colleoni e il Luogo della Pietà in Bergamo*（Bergamo, 1975）; J. G. Bernstein, 'Patronage, Autobiography, and Iconography: the Façade of the Colleoni Chapel,' in J. Shell and L. Castelfranchi, eds., *Giovanni Antonio Amadeo. Scultura e architettura del suo tempo*

（Milan，1993），157–73。

34  关于这些画板，参见 Kempers，Power，*Painting and Patronage*，235–7。

35  关于书房（studioli），参见 P. Remington，'The Private Study of Federigo da Montefeltro,' *Bulletin of the Metropolitan Museum of Art* 36/2（1941）：3–13；M. Fabiański, 'Federigo da Montefeltro's "Studiolo" in Gubbio Reconsidered. Its Decoration and Its Iconographic Program：An Interpretation,' *Artibus et Historiae* 11/21（1990）：199– 214。

36  Kempers，*Painting*，*Power and Patronage*，360，n. 7；Clough，'Federigo da Montefeltro's Patronage of the Arts,' 138.

37  Clough，'Federigo da Montefeltro's Patronage of the Arts,' 131–7.

38  关于费代里科对建筑的喜爱，参见 L. H. Heydenreich，'Federico da Montefeltro as a building patron,' in *Studies in Renaissance and Baroque Art presented to Anthony Blunt on his 60th Birthday*（London，1967），1–6。

39  关于总督府，参见 P. Rotondi，*The Ducal Palace of Urbino：its Architecture and Decoration*（London，1969）。

40  参见 K. Weil-Garris and J. F. d'Amico，'The Renaissance Cardinal's Ideal Palace. A Chapter from Cortesi's "*De cardinalatu*",' in H. A. Millon, ed., *Studies in Italian Art and Architecture*，*Fifteenth through Eighteenth Centuries*（Rome，1980），45–123，here 87。

41  关于《论军事》，参见 C. C. Bayley，*War and Society in Renaissance Florence*：*The De Militia of Leonardo Bruni*（Toronto，1961）；P. Viti，'"Bonus miles et fortis ac civium suorum amator"：La figura del condottiero nell'opera di Leonardo Bruni,' in M. del Treppo，ed., *Condottieri e uomini d'arme dell'Italia del Rinascimento*（Napels，2001），75–91。

42  Machiavelli，*The Prince*，xii；trans. Bull，38–9。关于雇佣兵将领的类似说法亦可见 Machiavelli，*The Art of War*，1；Discourses，2.20。

43  Mallett，*Mercenaries and their Masters*，105.

44  Machiavelli，*The Prince*，viii；trans. Bull，28–9.

45  Pius II，*Commentaries*，II.12；ed. Meserve and Simonetta，1：253.

46  Mallett，*Mercenaries and their Masters*，66.

47  Pius II，*Commentaries*，II.18；ed. Meserve and Simonetta，1：273.

48  参见 Simonetta，*The Montefeltro Conspiracy*。

49  对马拉泰斯塔家族的整体研究，参见 P. J. Jones，*The Malatesta of Rimini and the Papal State*（Cambridge，1974）。

50  西吉斯蒙多 1456 年娶了伊索塔，这对夫妇已知有四个孩子，其中一个（安东尼娅）后来因通奸被她的丈夫斩首。然而，伊索塔并不是西吉斯蒙多唯一的女人。人们认为他生前与另外几十个女人上床，但当中只有瓦内塔·戴·托斯奇（Vannetta dei Toschi）为人所知。

51 以一种引人入胜的（尽管有缺陷的）方式来处理两人之间的竞争，参见 M. G. Pernis and L. Schneider Adams，*Federico da Montefeltro and Sigismondo Malatesta: The Eagle and the Elephant*（New York, 1996）。

52 Pius II, *Commentaries*, II.32; ed. Meserve and Simonetta, 1: 329.

53 Ibid., 1: 327-9.

54 对这个教堂的经典研究，参见 C. Ricci, *Il Tempio Malatestiano*（Milan and Rome, 1925）。

55 Vasari, *Lives*, trans. Bull, 1: 210.

56 希腊语铭文全文："西吉斯蒙多·潘多尔福·马拉泰斯塔，潘多尔福的儿子，常胜将军，在意大利战争中，他从许多异常凶险的境况中幸存下来，他是如此的荣耀和神勇，他的功绩值得表彰，因为他在这样一个紧要关头得到了他所祈求的，他慷慨地为不朽的上帝和这个城市建造了这座殿堂，留下了一座名不虚传、充满虔诚的纪念碑。"译文出自 M. Aronberg Lavin, 'Piero della Francesca's Fresco of Sigismondo Pandolfo Malatesta before St. Sigismund: ΘΕΩΙ ΑΘΑΝΑΤΩΙ ΚΑΙ ΤΗΙ ΠΟΛΕΙ,' *Art Bulletin* 56/3（1974）: 345-74; here 345。

57 最近对这幅作品的有趣的重新评价，参见 Aronberg Lavin, 'Piero della Francesca's Fresco of Sigismondo Pandolfo Malatesta'。

58 Pius II, *Commentaries*, II.32; ed. Meserve and Simonetta, 1: 331.

## 第九章　罪恶的城市

1 有关埃涅阿斯的传记问题，参见 R. J. Mitchell, *The Laurels and the Tiara: Pope Pius II, 1458-1464*（London, 1962）and G. Paparelli, *Enea Silvio Piccolomini. L'umanesimo sul soglio di Pietro*, 2nd ed.（Ravenna, 1978）。

2 Francesco Filarete and Angelo Manfidi, *The "Libro Cerimoniale" of the Florentine Republic by Francesco Filarete and Angelo Manfidi*. ed. R. C. Trexler（Geneva, 1978）, 76-7; Baldassarri and Saiber, eds., *Images of Quattrocento Florence*, 79-80.

3 Pius II, *Commentaries*, II.26; ed. Meserve and Simonetta, 1: 311.

4 参见 G. Holmes, 'Cosimo and the Popes,' in Ames-Lewis, ed., *Cosimo "il Vecchio" de' Medici*, 21-31。

5 Pius II, *Commentaries*, II.32; ed. Meserve and Simonetta, 1: 327-35.

6 Ibid., II.31; 1: 327.

7 Ibid.; Filarete and Manfidi, *The "Libro Cerimoniale" of the Florentine Republic*, 78.

8   以下内容参见 G. Mollat, *The Popes at Avignon, 1305–1378*, trans. J. Love（London, 1963）；Y. Renouard, *The Avignon Papacy 1305–1403*, trans. D. Bethell（London, 1970）。

9   Anonimo Romano, *The Life of Cola di Rienzo*, trans. J. Wright（Toronto, 1975）, 40.

10  有关教会分裂的更多细节，参见 W. Ullmann, *A Short History of the Papacy in the Middle Ages*, rev. ed.（London, 1974）, 279–305；出处同前, *The Origins of the Great Schism: A Study in Fourteenth-Century Ecclesiastical History*, repr.（Hamden, CT, 1972）。

11  有关彼特拉克在阿维尼翁或其附近居住时期的状况，参见 Wilkins, *Life of Petrarch*, 1–5, 8–24, 32–9, 53–81, 106–27；有关他的圣俸和其他教会收入的来源问题，参见 E. H. Wilkins, 'Petrarch's Ecclesiastical Career,' *Speculum* 28/4（1953）: 754–75。

12  关于布鲁尼在罗马教廷的情况，参见 *The Humanism of Leonardo Bruni: Selected Texts*, trans. G. Griffiths, J. Hankins, and D. Thompson（Binghamton, NY, 1987）, 25–35；G. Gualdo, 'Leonardo Bruni segretario papale（1405–1415）', in P. Viti, ed., *Leonardo Bruni, Cancelliere della Repubblica di Firenze*（Florence, 1990）, 73–93。

13  关于马丁尼生平的高水平研究，参见 A. Martindale, *Simone Martini*（Oxford, 1988）。

14  F. Enaud, 'Les fresques du Palais des Papes d'Avignon,' *Les Monuments Historiques de la France* 17/2–3（1971）: 1–139；M. Laclotte and D. Thiébaut, *L'école d'Avignon*（Tours, 1983）.

15  Landino, *Xandra*, II.30；*Poems*, ed. Chatfield, 136–9.

16  Vespasiano da Bisticci, *Vite di uomini illustri del secolo XV*, ed. P. D'Ancona and E. Aeschlimann（Milan, 1951）, 20.

17  Stefano Infessura, *Diario della città di Roma*, ed. O. Tommasini（Rome, 1890）.

18  埃涅阿斯甚至写了一部巴塞尔大公会议史，以表达他对和解运动所包含的理想的热情。Aeneas Sylvius Piccolomini, *De gestis Concilii Basiliensis commentariorum libri II*, ed. D. Hay and W. K. Smith（Oxford, 1967）。此版还清晰、有力地介绍了埃涅阿斯对和解思想的贡献。

19  Pius II, *Commentaries*, I.28；ed.Meserve and Simonetta, 1: 139.

20  Trans. in P. Partner, *Renaissance Rome, 1500–1559*（Berkeley, 1976）, 16.

21  Welch, *Art and Society*, 242–3.

22  参见 W. A. Simpson, 'Cardinal Giordano Orsini（d.1438）as a Prince of the Church and a Patron of the Arts,' *Journal of the Warburg and Courtauld Institutes* 29（1966）: 135–59；R. L. Mode, 'Masolino, Uccello, and the Orsini Uomini Famosi,' *Burlington Magazine* 114（1972）: 369–78。

23  参见 Vasari, *Lives*, trans. Bull, 1: 198。

24  Ibid., 1: 203。值得注意的是，安杰利科修士最初是得到了尼古拉五世的前任，尤金四世推荐。此礼拜堂现称尼科林礼拜堂（Niccoline Chapel）。这一时期罗马艺术家作品的更多细节，参见 C. Gilbert, 'Fra Angelico's Fresco Cycles in Rome: Their Number and Dates,' *Zeitschrift für Kunstgeschichte* 38/3-4（1975）: 245-65。

25　参见 A. Grafton, ed., *Rome Reborn: The Vatican Library and Renaissance Culture*（Washington and New Haven, 1993）, 3-46。

26　Pius II, *Commentaries*, I.28; ed. Meserve and Simonetta, 1: 139.

27　Vasari, *Lives*, trans. Bull, 1: 209.

28　参见 T. Magnuson, 'The Project of Nicholas V for Rebuilding the Borgo Leonino in Rome,' *Art Bulletin* 36/2（1954）: 89-115.

29　Weil-Garris and d'Amico, 'The Renaissance Cardinal's Ideal Palace'.

30　正如一位历史学家最近所指出的："枢机主教对宏伟风格的追求……必须被视为连贯的长期计划的一部分，以使罗马的形象与它作为教宗国及基督教世界首都的新功能相一致……因此，一系列附属建筑的建立是为了增进教廷的辉煌，它的实际和象征意义显著增加了……" G. Fragnito, 'Cardinals' Courts in Sixteenth-Century Rome,' *Journal of Modern History* 65/1（1993）: 26-56, here 37-8。

31　关于西克斯图斯四世对文艺复兴时期重建罗马的传奇般的突出贡献，参见 F. Benzi, *Sixtus IV Renovator Urbis: Architettura a Roma 1471-1484*（Rome, 1990）; 出处同前, ed., Sisto IV. *Le arti a Roma nel primo rinascimento*（Rome, 2000）; J. E. Blondin, 'Power Made Visible: Pope Sixtus IV as Urbis Restaurator in Quattrocento Rome,' *Catholic Historical Review* 91（2005）: 1-25; M. Miglio et al., ed., *Un Pontificato ed una città: Sisto IV（1471-1484）*（Vatican City, 1986）; L. Egmont, *Sixtus IV and Men of Letters*（Rome, 1978）。

32　Vasari, *Lives*, trans. Bull, 2: 76.

33　Ibid. 1: 361.

34　Partner, *Renaissance Rome*, 118.

35　Ibid.

36　Fragnito, 'Cardinals' Courts', 40.

37　引自 *Supernae dispositionis arbitrio*（1514）, text in G. Alberigo 以及 eds., *Conciliorum Oecumenicorum Decreta*, repr.（Bologna, 1973）, 618-9; trans. in Fragnito, 'Cardinals' Courts', 33。

38　关于教廷的乐善好施，参见 M. C. Byatt, 'The Concept of Hospitality in a Cardinal's Household in Renaissance Rome,' *Renaissance Studies* 2（1988）: 312-20。

39　Partner, *Renaissance Rome*, 119.

40　J. Dickie, *Delizia! The Epic History of the Italians and their Food*（New York, 2008）, 65.

41 Partner, *Renaissance Rome*, 137.

42 Ibid. 138.

43 Fragnito, 'Cardinals' Courts', 42, n.51.

44 参见 D. S. Chambers, 'The Economic Predicament of Renaissance Cardinals,' *Studies in Medieval and Renaissance History* 3（1966）：289–313。

45 引自 Fragnito, 'Cardinals' Courts', 41, n.50。

46 Pius II, *Commentaries*, I.34; ed. Meserve and Simonetta, 1：173.

47 Ibid. II.8; 1：239.

48 Bartolomeo Fonzio, *Letters to Friends*, II.4.7; ed. A. Daneloni, trans. M. Davis（Cambridge, Mass., and London, 2011）, 81.

49 Fonzio, *Letters*, II.5.5–6; ed. Daneloni, trans. Davis, 87.

50 Castiglione, *The Book of the Courtier*, IV; trans. Bull, 288.

51 Fonzio, *Letters*, II.5.5–6; ed. Daneloni, trans. Davis, 87.

52 Pius II, *Memoirs of a Renaissance Pope*, VII, XII; trans. Gragg, ed. Gabel, 218, 356–7.

53 Cellini, *Autobiography*, trans. Bull, 228.

54 Petrarch, *Canz.* 136, ll. 1–11; trans. and ed. Durling, 280.

55 E. J. Morrall, 'Aeneas Sylvius Piccolomini（Pius II）, *Historia de duobus amantibus*,' *Library*, 6th ser., 18/3（1996）：216–29.

56 Pius II, *Memoirs of a Renaissance Pope*, XII; trans. Gragg, ed. Gabel, 357.

57 Partner, *Renaissance Rome*, 203.

58 引自 R. F. Aldrich and G. Wotherspoon, eds., *Who's Who in Gay and Lesbian History*（London, 2000）, 264。

59 参见 M. D. Jordan, *The Silence of Sodom：Homosexuality in Modern Catholicism*（Chicago, 2000）, 118。

60 G. A. Cesareo, *Pasquino e Pasquinate nella Roma di Leone X*（Rome, 1938）, 168–9; trans. in Partner, *Renaissance Rome*, 204. 这首讽刺诗大概是在 1512 年创作的。

61 关于浴室装饰，参见 Jones and Penny, Raphael, *Raphael*（New Haven and London, 1983）, 192–3。

62 Ibid., 184–5.

63 Pius II, *Commentaries*, I.36; ed. Meserve and Simonetta, 1：179："……人们大多认为锡耶纳的埃涅阿斯将成为教宗。没有人比他更受尊敬。"

64 Ibid.

65 Ibid. I.36; 1：197.

66 圭恰迪尼对 1492 年秘密会议的描述让人能够了解博尔贾买卖圣职的规模："取代英诺森

八世的是瓦伦西亚（Valencia）的罗德里戈·博尔贾，教宗加里斯都的侄子，他在洛多维科（斯福尔扎）大人和阿斯卡尼奥（斯福尔扎）老爷的支持下升到这个高位，作为奖赏，阿斯卡尼奥先生则被任命为教廷副相（Vice Chancellor）。但博尔贾的主要手段是买卖圣职，因为他用金钱、官职、圣职、诺言以及他所有的权力和资源来收买枢机主教及主教团的选票：这是一件可怕的、令人憎恶的事情，也是他日后可耻行为的不折不扣的开端。" Francesco Guicciardini, *Storie Fiorentine*, X；trans. from Francesco Guiccciardini. *History of Italy and History of Florence*, trans. C. Grayson, ed. J. R. Hale（Chalfont St. Giles, 1966），13。

67 最早的"甥侄枢机"似乎是在本笃八世（Benedict VIII, 1012~24）任职期间出现的。在教宗回归罗马之前，最擅长裙带关系的教宗无疑是克莱门特六世（Clement VI 1342~52），他在亲属中培养了至少 11 个枢机主教，其中一天之内就扶植了 6 个。

68 Pius II, *Commentaries*, II.7；ed. Meserve and Simonetta, 1：235.

69 Machiavelli, *Florentine Histories*, 7.23；trans. Banfield and Mansfield, 301.

70 参见 I. F. Verstegen, ed., *Patronage and Dynasty：The Rise of the Della Rovere in Renaissance Italy*（Kirksville, Miss., 2007）。

71 Machiavelli, *Florentine Histories*, 7.23；trans. Banfield and Mansfield, 301："他家里的皮耶罗和吉罗拉莫，大家都相信他俩是他的儿子……他把弗利城交给了吉罗拉莫，此城是他从安东尼奥·奥德拉菲（Antonio Ordelaffi）手中夺取的，安东尼奥的祖先曾长期担任这座城的首领。这种雄心壮志，使他在意大利的诸君中更受尊敬，个个都想和他交朋友；这就是米兰公爵把自己的亲生女儿卡特琳娜嫁给吉罗拉莫，并把伊莫拉城（Imola）作为嫁妆的原因，伊莫拉城是他从塔代奥·德利·阿里多西（Taddeo degli Alidosi）手中掠夺来的。"

72 Francesco Guicciardini, *Storia d'Italia*, I.2；trans. from Guiccciardini. *History of Italy and History of Florence*, trans. Grayson, ed. Hale, 90.

73 值得注意的是，在庇护二世当选之后，皮科洛米尼家族在接下来的 139 年（1458~1597）包揽了每一任锡耶纳总主教的人选。1628~1671 年，又有两名家族成员登上了该主教之位。

74 事实上，庇护二世逐渐不信任教宗家族的各个成员，除了格雷戈里奥·洛利（Gregorio Lolli）和雅各布·阿玛纳蒂·皮科洛米尼，他拒绝接见其他人。参见 Pius II, *Commentaries*, II.6；ed. Meserve and Simonetta, 1：233。

75 关于文书院宫，参见 M. Daly Davis, ''Opus isodomum' at the Palazzo della Cancelleria：Vitruvian Studies and Archaeological and Antiquarian Interests at the Court of Raffael Riario,' in S. Danesi Squarzina, ed., *Roma centro ideale della cultura dell'antico nei secoli XV e XVI*（Milan, 1989），442–57。

76 灯座底部铭文如下："S. Petri gloriae Sixtus P.P. V. A. M. D. XC. Pontif. V."（为了圣

彼得的荣耀，教宗西克斯图斯五世建于 1590 年，在其教宗圣座第五年）。大门上的文字则为："In honorem principis apost. Paulus V Burghesius Romanus Pont. Max. an. MDCXII Pont. VII."［为了纪念宗徒之长，保罗五世博尔盖塞（Paul V Borghese）于 1612 年，在其教宗圣座第七年］。

77　Vasari，*Lives*，trans. Bull，2：82-3.

78　参见 N. Adams，'The Acquisition of Pienza，1459-1464，' *Journal of the Society of Architectural Historians* 44（1985）：99-110；出处同前，'The Construction of Pienza（1459-1464）and the Consequences of Renovatio,' in S. Zimmerman and R. Weissman，eds.，*Urban Life in the Renaissance*（Newark，1989），50-79。关于庇护的决定，参见 Pius II，*Commentaries*，II.20；ed. Meserve and Simonetta，281-2。

79　参见 Vasari，*Lives*，trans. Bull，2：81："在图书馆正门上方的一大幅画里……平图里基奥用许多生活画面描绘庇护三世的加冕礼，并写下了这些话：'Pius III Senensis，Pii II nepos，MDIII Septembris XXI apertis electus suffragiis，octavo Otobris coronatus est.'（锡耶纳庇护二世的侄子庇护三世于 1503 年 9 月 21 日正式当选，于 10 月 8 日加冕）。"

80　Guicciardini，*Storia d'Italia*，I.3；译自 *History of Italy and History of Florence*，trans. Grayson，ed. Hale，94；Machiavelli，*Florentine Histories*，6.36；trans. Banfield and Mansfield，272-3。

81　Pius II，*Commentaries*，II.3，5；ed. Meserve and Simonetta，1：218-23，226-9.

82　Ibid.，II，4；1：222-9.

83　Lorenzo Valla，*De falso credita et ementita Constantini donatione*，ed. W. Setz，*Monumenta Germaniae Historica*，*Quellen zur Geistesgeschichte des Mittelalters* 10（Weimar，1976）；出处同前，*The Treatise of Lorenzo Valla on the Donation of Constantine*，ed. and trans. C. B. Coleman（New Haven，1922；repr. Toronto，1993）。

84　参见 Jones and Penny，*Raphael*，239-45。室内的壁画是拉斐尔死后，在尤利乌斯二世的继任者利奥十世统治期间才完成的。

85　对"艾里多罗室"装饰方案的介绍，参见 R. Jones and N. Penny，*Raphael*（New Haven and London，1983），113-32。

86　Ibid.，118.

87　Machiavelli，*Florentine Histories*，6.14，32；trans. Banfield and Mansfield，244，267；Pius II，*Commentaries*，I.18-20；ed. Meserve and Simonetta，1：78-99.

88　Machiavelli，*Florentine Histories*，6.34；trans. Banfield and Mansfield，269.

89　Pius II，*Secret Memoirs of a Renaissance Pope*，XII；trans. Gragg，ed. Gabel，353.

90　Machiavelli，*Florentine Histories*，7.31；trans. Banfield and Mansfield，309-10.

91　Pius II，*Secret Memoirs of a Renaissance Pope*，XI；trans. Gragg，ed. Gabel，305-6.

92 对帕齐阴谋的生动描述，参见 Martines，*April Blood*。有关与费代里科·达·蒙泰费尔特罗的秘密交易，参见 Simonetta，*The Montefeltro Conspiracy*。

93 圭恰迪尼认为，亚历山大六世实际上"对法国充满了强烈的仇恨"。*Storia d'Italia*，I.17；译自 *History of Italy and History of Florence*，trans. Grayson，ed. Hale，181。

94 Machiavelli，*The Prince*，XVIII；trans. Bull，55.

95 Machiavelli，*Florentine Histories*，1.30；trans. Banfield and Mansfield，42.

96 参见 R. Weiss，*The Medals of Pope Sixtus IV，1417–1484*（Rome，1961）。

97 Vasari，*Lives*，trans. Bull，1：349.

98 R. Weiss，'The Medals of Pope Julius II（1503–1513），' *Journal of the Warburg and Courtauld Institutes* 28（1965）：163–82.

## 第十章　菲利波和海盗

1 关于这位艺术家的传记，参见 G. Marchini，*Filippo Lippi*（Milan，1975）；R. Oertel，Fra Filippo Lippi（Vienna，1942）。

2 Vasari，*Lives*，trans. Bull，1：214.

3 Ibid.，1：215.

4 以下基于 Vasari，*Lives*，trans. Bull，1：215。

5 尤其是文艺复兴末期，这当然不是一个异常现象。参见 R. C. Davis，*Christian Slaves，Muslim Martyrs：White Slavery in the Mediterranean，the Barbary Coast，and Italy，1500–1800*（New York，2003）。

6 Marco Polo，*The Travels of Marco Polo*，trans. R. Latham（London，1958），256，272–3，258.

7 参见 V. Slessarev，*Prester John：the Letter and the Legend*（Minneapolis，1959）。

8 D. Abulafia，*The Discovery of Mankind：Atlantic Encounters in the Age of Columbus*（New Haven and London，2008），24.

9 Ibid.，25；John Mandeville，*The Travels of John Mandeville*，trans. C. W. R. D. Moseley（Harmondsworth，1983）.

10 例如，14 世纪早期，彼特拉克在列昂提乌斯·皮拉图斯（Leontius Pilatus）指导下大胆学习希腊语，可惜并没有成功，他的努力后来被科卢乔·萨卢塔蒂效仿，但同样以失败告终。然而，由于与没落的拜占庭帝国有更紧密的联系，以及后来大批学者从东方迁徙而来，事情突然变得便利多了。诸如约翰·阿罗波鲁斯（John Argyropoulous）、曼努埃尔·克里索洛拉斯（Manuel Chrysoloras）、特奥多罗·加萨（Teodoro Gaza）和枢机主教贝萨里翁等知名人士的到来，使萨卢塔蒂的知识分子后继者——尤其是列奥纳多·布鲁尼、马西利奥·斐奇诺和乔瓦尼·皮科·德拉·米兰多拉——有可能第一次直接研究希腊文学。A. Pertusi, *Leonzio Pilato tra Petrarca e Boccaccio*（Venice and Rome, 1964）; B. L. Ullman, *The Humanism of Coluccio Salutati*（Padua, 1963）, 118-24; Witt, *Hercules at the Crossroads*, esp. 252-3, 302-9; J. Monfasani, *Byzantine Scholars in Renaissance Italy: Cardinal Bessarion and Other Émigrés*（Aldershot, 1995）; J. Harris, *Greek Émigrés in the West, 1400-1520*（Camberley, 1995）。

11 关于这一论题的颇为有益的介绍，参见 F. Fernández-Armesto, *Before Columbus. Exploration and Colonisation from the Mediterranean to the Atlantic, 1229-1492*（London, 1987）。

12 G. Tiraboschi, *Storia della letteratura italiana*, 9 vols.（Venice, 1795-96）, 5-6: *passim*; 参见 P. Burke, *The European Renaissance: Centres and Peripheries*（Oxford, 1998）, 18。

13 Burckhardt, *The Civilisation of the Renaissance in Italy*, trans. Middlemore, 183-231.

14 Burke, *The European Renaissance*, 209-20.

15 Boccaccio, *Decameron*, 1.2; 1.3.

16 Ibid., 2.7; 2.9; 4.4; 10.3.

17 Ibid., 3.10; 4.3.

18 在确立圣乔治故事核心特征方面，无论怎样强调雅各布·达·沃拉金的《金色传奇》（*Legenda Aurea*）的重要性都不过分：Jacobus de Voragine, *The Golden Legend: Readings on the Saints*, trans. W. G. Ryan, 2 vols.（Princeton, 1993）, 1: 238-42。关于这个故事在文艺复兴艺术中的作用，参见 L. Jardine and J. Brotton, *Global Interests: Renaissance Art between East and West*（London, 2000）, 16-20。

## 第十一章　萨洛莫内的罪

1 以下内容来自 A. Gow and G. Griffiths, 'Pope Eugenius IV and Jewish Money-Lending in Florence: The Case of Salomone di Bonaventura during the Chancellorship of Leonardo Bruni,' *Renaissance Quarterly* 47/2（1994）: 282-329。

2 Ibid., 308.

3 对萨洛莫内的起诉有各种不同的解释。此处采纳 Gow and Griffiths, 'Pope Eugenius IV and Jewish Money-Lending in Florence', 但另见 A. Panella, 'Una sentenza di Niccolò Porcinari, potestà di Firenze,' *Rivista Abruzzese di Scienze, Lettere ed Arti* 24（1909）: 337-67; U. Cassuto, *Gli Ebrei a Firenze nell'età del Rinascimento*（Florence, 1918）。

4 Gow and Griffiths, 'Pope Eugenius IV and Jewish Money-Lending in Florence,' 311.

5 A. Milano, *Storia degli ebrei in Italia*,（Turin, 1963）, 109-46.

6 M. A. Shulvass, *The Jews in the World of the Renaissance*, trans. E. I. Kose（Leiden,

1973），22，27.

7  D. Owen Hughes, 'Distinguishing Signs: Ear-Rings, Jews and Franciscan Rhetoric in the Italian Renaissance Cities,' *Past and Present* 112（1986）: 3–59, here, 16.

8  正如莱纳塔·塞格瑞（Renata Segre）所注意到的，"犹太社会的精英分子完全融入了周围的世界。" R. Segre, 'Banchi ebraici e monti di pieta,' in G. Cozzi, ed., *Gli ebrei a Venezia, secoli XIV-XVIII*（Milan, 1987）, 565–70, 引自 C. Vivanti, 'The History of the Jews in Italy and the History of Italy,' *Journal of Modern History* 67/2（1995）: 309–57, here 340。

9  Schulvass, *Jews in the World of the Renaissance*, 139.

10 引自 Owen Hughes, 'Distinguishing Signs,' 294。

11 S. Simonsohn, *The Apostolic See and the Jews: History*（Toronto, 1991）, 403; Owen Hughes, 'Distinguishing Signs,' 291.

12 Simonsohn, *The Apostolic See and the Jews: History*, 69; S. Simonsohn, *The Apostolic See and the Jews: Documents 1394-1464*（Toronto, 1991）, doc. 596; Owen Hughes, 'Distinguishing Signs,' 295.On Martin V's attitude towards the Jews more generally, 参见 F. Vernet, 'Le pape Martin V et les Juifs,' *Revue des Questions Historiques* 51（1892）: 373–423。

13 Brucker, *The Society of Renaissance Florence*, 240.

14 V. Corlorni, *Judaica Minora. Saggi sulla storia dell'Ebraismo italiano dall'antichità all'età moderna*（Milan, 1983）, 503; 引自 Gow and Griffiths, 'Pope Eugenius IV and Jewish Money Lending in Florence,' 285。

15 Shulvass, *Jews in the World of the Renaissance*, 334–5.

16 Judah Messer Leon, *The Book of the Honeycomb's Flow*, ed. and trans. I. Rabinowitz（Ithaca, 1983）。如要进一步研究犹太人对文艺复兴修辞的看法，作为一个有益的起点，可见 I. Rabinowitz, 'Pre-Modern Jewish Study of Rhetoric: An Introductory Bibliography,' *Rhetorica* 3（1985）: 137–44。

17 Owen Hughes, 'Bodies, Disease, and Society,' 116.

18 P. O. Kristeller, *Renaissance Thought and the Arts*, new ed.（Princeton, 1990）, 64.

19 Owen Hughes, 'Bodies, Disease, and Society,' 112; Matteo Palmieri, *Liber de temporibus*, ed. G. Scaramella（Città di Castello, 1906）, 172–3.

20 Jacopo da Voragine, *The Golden Legend*, trans. G. Ryan and H. Ripperbar, 2 vols（London, 1941）, 1: 150.

21 更全面地讨论这个祭坛及其隐含的意义，可见 Owen Hughes, 'Distinguishing Signs,' *passim*, but esp. 3–12。

22 要了解圣贝尔纳迪诺的反犹主张，参见 F. Mormando, *The Preacher's Demons: Bernardino*

*of Siena and the Social Underworld of Early Renaissance Italy*（Chicago and London，1999），ch. 4。

23 Owen Hughes，'Bodies，Disease，and Society，'110–17.

24 对马内蒂的《反犹太人和异教徒》的介绍，参见 Trinkaus，*In Our Image and Likeness*，2：726–34。

25 T. Dean，*Crime and Justice in Late Medieval Italy*（Cambridge，2007），149.

26 Ibid.，146–9.

27 对乌切洛作品的详细讨论，参见 D. E. Katz，'The Contours of Tolerance：Jews and the Corpus Domini Altarpiece in Urbino，'*Art Bulletin* 85/4（2003）：646–61；同样，*The Jew in the Art of the Italian Renaissance*（Philadelphia，2008），ch. 1。

28 S. Bernardino of Siena，*Opera omnia*，ed. Collegio S. Bonaventura，9 vols.（Florence，1950–65），3：362；trans. from Owen Hughes，'Distinguishing Signs，'19.

29 参见 S. Grayzel，*The Church and the Jews in the XIIIth Century*（Philadelphia，1933），60–70，308–9。

30 Owen Hughes，'Distinguishing Signs，'20；D. Pacetti，'La predicazione di S. Bernardino in Toscano，'*Archivum Franciscanum historicum* 30（1940）：282–318.

31 1463 年的佛罗伦萨条款表明了他们很严肃地对待此事："执政官认为大量犹太人来到佛罗伦萨定居，他们中几乎没有人佩戴标志，这就造成了严重的混淆，很难区分犹太人和基督徒……他们决心纠正这种令人难以满意的状况，因此每个犹太人，12 岁以上的男女，不论是否符合佛罗伦萨约定，不论是否为佛罗伦萨居民，在佛罗伦萨城都必须佩戴 O 标记。这个黄色的 O 应该戴在左胸，在衣服显眼的地方；周长至少为一英尺，宽度与手指相当。凡未佩戴此标记者，应处以 25 里拉的罚款，须有两名证人在场……"Brucker，*The Society of Renaissance Florence*，241–2，doc. 118。

32 关于这一点，参见 B. Wisch，'Vested Interests：Redressing Jews on Michelangelo's Sistine Ceiling，'*Artibus et Historiae* 24/48（2003）：143–72。

33 人们尤其会想到《威尼斯商人》（III，iii，ll.122–7）："好先生，您上星期三将唾沫吐在我身上；有一天您用脚踢我；还有一天您骂我狗；为了报答您这许多恩典，所以我应该借您这么些钱吗？"

34 Owen Hughes，'Bodies，Disease，and Society，'119.

35 Brucker，*The Society of Renaissance Florence*，240–1，doc. 117.

36 例如，犹太人不得拥有价值超过 500（后来为 1000）佛罗林金币的财产，而且只有在典当行抵押物品才能借钱。F. R. Salter，'The Jews in Fifteenth-Century Florence and Savonarola's Establishment of a Mons Pietatis，'*Historical Journal* 5/2（1936）：193–211，here 197。

37 参见 Luca Landucci，*Diario fiorentino dal 1450 al 1516*，ed. I. Del Badia（Florence，1883），54。

38 Najemy, *History of Florence*, 396–7; Salter, 'The Jews in Fifteenth-Century Florence'.

39 参见 L. Polizzotto, *The Elect Nation: The Savonarolan Movement in Florence, 1494–1545* (Oxford, 1994), 35–7。

40 F. Clementi, *Il carnevale romano nelle cronache contemporanee dale origini al secolo XVII* (Città di Castello, 1939); M. Boiteux, 'Les juifs dans le Carneval de la Roma moderne (XVe-XVIIIe siécles),' *Melanges de l'École Française de Rome* 88 (1976): 745–87.

41 引自 Wisch, 'Vested Interests,' 153。

42 以下内容见 R. Po-Chia Hsia, *Trent 1475: Stories of a Ritual Murder Trial* (New Haven, 1992)。

43 关于威尼斯犹太隔离区的背景, 参见 R. Finlay, 'The Foundation of the Ghetto: Venice, the Jews, and the War of the League of Cambrai,' *Proceedings of the American Philosophical Society* 126/2 (1982): 140–54。

# 第十二章　新月冉冉上升

1 这支小曲原文为: "Le sciavette amorose / Scotendo le role la mattina / Fresce e gioise come fior di spina." 译自 I. Origo, 'The Domestic Enemy: The Eastern Slaves in Tuscany in the Fourteenth and Fifteenth Centuries', Speculum 30/3 (1955): 321–66, here 321。

2 D. Carleton Munro, 'The Western Attitude Towards Islam during the Period of the Crusades,' *Speculum* 6/3 (1931): 329–43. More generally, 参见 R. W. Southern, *Western Views of Islam in the Middle Ages* (Cambridge MA, 1962); N. Daniel, *Islam and the West: the Making of an Image* (Edinburgh, 1960)。

3 Franceschi, 'The Economy: Work and Wealth,' 130.

4 研究奴隶贸易的发展及其特点的一个有趣的角度, 参见 I. Origo, 'The Domestic Enemy'。

5 参见 Goldthwaite, *Economy of Renaissance Florence*, 180–88。

6 Hunt and Murray, *A History of Business*, 180.

7 Goldthwaite, *Economy of Renaissance Florence*, 183; F. Babinger, 'Lorenzo de' Medici e la corte ottomana,' ASI 121 (1963): 305–61.

8 Pegolotti, *La Pratica della Mercatura*, ed. Evans, esp. 14–19, 21–3.

9 E. Borstook, 'The Travels of Bernardo Michelozzi and Bonsignore Bonsignori in the Levant (1497–98),' *Journal of the Warburg and Courtauld Institutes* 36 (1973): 145–97, here 145.

10 Poggio Bracciolini, *De l'Inde*：*les voyages en Asie de Niccolò de Conti*，ed. M. Guéret-Laferté（Turnhout，2004）。对毛罗修士的地图的研究，参见 P. Falchetta, *Fra Mauro's World Map*（Turnhout，2006）。

11 Cyriac of Ancona, *Later Travels*，ed. and trans. E. W. Bodnar with C. Foss（Cambridge MA，2004）．

12 E. Borstook, 'The Travels of Bernardo Michelozzi and Bonsignore Bonsignori in the Levant（1497-98），' *Journal of the Warburg and Courtauld Institutes* 36（1973）：145-97，here 145 and *passim*．

13 关于康斯坦佐·达·费拉拉在君士坦丁堡的使命，参见 Jardine and Brotton, *Global Interests*，32，40-1。但对于此书中的一些说法应加以注意。有人断言，穆罕默德二世的肖像勋章"绝对是奥斯曼帝国的艺术品，但继承了西欧艺术传统"，但没有提供任何理由。例如，为何说"绝对是奥斯曼帝国"，从未得到解释。

14 J. Freely, *Jem Sultan*：*The Adventures of a Captive Turkish Prince in Renaissance Europe*（London，2004）。

15 F. Trivellato, 'Renaissance Italy and the Muslim Mediterranean in Recent Historical Work,' *Journal of Modern History* 82/1（2010）：127-55，here 146-8；N. Zemon Davis, Trickster Travels：*A Sixteenth-Century Muslim across Worlds*（New York，2006）．

16 关于这个话题，最直观的介绍无疑是：Origo, 'The Domestic Enemy'。

17 参见 D. Howard, *Venice and the East*：*The Impact of the Islamic World on Venetian Architecture*，*1100-1500*（New Haven，2000）；C. Burnett and A. Contadini, eds., *Islam and the Italian Renaissance*（London，1999）。

18 Jardine and Brotton, *Global Interests*，132-85.

19 参见 D. King and D. Sylvester, eds., *The Eastern Carpet in the Western World from the 15th to the 17th Century*（London，1983）。更宏观的介绍，参见 R. E. Mack, *Bazaar to Piazza*：*Islamic Trade and Italian Art*，*1300-1600*（Berkeley and London，2002）。

20 N. Bisaha, *Creating East and West*：*Renaissance Humanists and the Ottoman Turks*（Philadelphia，2004），19.

21 Petrarch, *De vita solitaria*，Z II, iv, 6；P II, ix；*Prose*，496；trans. Zeitlin，247-8. *De vita solitaria* 的拉丁文版，ed. G. Martellotti, *Prose*，286-593；英文版 Life of Solitude, trans. J. Zeitlin，（Illinois，1924）。下文涉及 *De vita solitaria* 的内容时，将以 Jacob Zeitlin 的翻译（Z）为依据并指出相关的文本部分，同时借助 Martellotti 所编 *Prose*（P）篇目的分类、*Prose* 版（Prose）的页码，个别地方也依据 Zeitlin 译本（trans. Zeitlin）相关段落的页码。关于彼特拉克的创作，以下研究将对读者启发良多：N. Bisaha, 'Petrarch's Vision of the Muslim and Byzantine East,' *Speculum* 76/2

（2001）：284–314。

22 Pius II, *Commentaries*, II.1；ed. Meserve and Simonetta, 1：211.

23 M. Meserve, *Empires of Islam in Renaissance Historical Thought*（Cambridge, Mass., 2008）, 239.

24 Ibid., 107.

25 C. J. Tyerman, 'Marino Sanudo Torsello and the Lost Crusade: Lobbying in the Fourteenth Century,' *Transactions of the Royal Historical Society*, 5th ser., 32（1982）：57–73, here 57.

26 彼特拉克讨厌坐船旅行，抗拒无法把控的长途旅行。然而，这并没有妨碍他写一本圣地指南。Francesco Petrarca, *Itinerario in Terra Santa*, ed. F. Lo Monaco（Bergamo, 1990）。

27 Petrarch, *De vita solitaria*, Z II, iv, 4；P II, ix；*Prose*, 492–4；trans. Zeitlin, 245.

28 Ullman, *The Humanism of Coluccio Salutati*, 79.

29 Machiavelli, *Florentine Histories*, 6.33；trans. Banfield and Mansfield, 269。有关巡回传教士的布道，参见 J. Hankins, 'Renaissance Crusaders: Humanist Crusade Literature in the Age of Mehmed II,' *Dumbarton Oaks Papers* 49（1995）：111–207, esp. 111–24。

30 关于庇护二世对土耳其人的态度，最好的研究无疑是：J. Helmrath, 'Pius II und die Türken,' in B. Guthmüller and W. Kühlmann, eds., *Europa und die Türken in der Renaissance*（Tübingen, 2000）, 79–138。

31 Pius II, *Commentaries*, II.1；ed. Meserve and Simonetta, 1：211.

32 Pius II, *Secrect Memoirs of a Renaissance Pope*, III；trans. Gragg, ed. Gabel, 113.

33 关于这只长箱的箱盖，参见 E. Callmann, *Apollonio di Giovanni*（Oxford, 1974）, 48–51, 63–4。有关箱盖艺术的专题研究，参见 C. Campbell, *Love and Marriage in Renaissance Florence: The Courtauld Wedding Chests*（London, 2009）。

## 第十三章　人性枷锁

1 F. Biccellari, 'Un francescano umanista. Il beato Alberto da Sarteano,' *Studi francescani* 10（1938）：22–48；出处同前, 'Missioni del b. Alberto in Oriente per l'Unione della Chiesa Greca e il ristabilimento dell'Osservanza nell'Ordine francescano,' *Studi francescani* 11（1939）：159–73。

2 引自 R. C. Trexler, *The Journey of the Magi: Meanings in History of a Christian Story*（Princeton, 1997）, 129。

3 参见 E. Cerulli, 'L'Etiopia del sec. XV in nuovi documenti storici,' *Africa Italiana* 5（1933）：

58-80；出处同前，'Eugenio IV e gli Etiopi al Concilio di Firenze nel 1441,' *Rendiconti della R. Accademia dei Lincei*, Classe di Scienze Morali 6/9（1933）：346-68；S. Tedeschi，'Etiopi e copti al concilio di Firenze,' *Annuarium historiae conciliorum* 21（1989）：380-97；J. Gill, *The Council of Florence*（Cambridge，1959），310，318，321，326，346。

4　对菲拉雷特的纪念性浮雕的更广泛考察，参见 K. Lowe，'"Representing"Africa：Ambassadors and Princes from Christian Africa to Italy and Portugal，1402-1608,' *Transactions of the Royal Historical Society* 6/17（2007）：101-28。

5　Herodotus，*Histories*，4.42-3.

6　参见 E. M. Yamauchi，ed.，*Africa and Africans in Antiquity*（East Lansing，2001）；L. A. Thompson and J. Ferguson，*Africa in Classical Antiquity*：*Nine Studies*（Ibadan，1969）。

7　C. Klapisch-Zuber，'Women servants in Florence（fourteenth and fifteenth centuries），' in B. Hanawalt，ed.，*Women and Work in Preindustrial Europe*（Bloomington，1986），56-80，here 69.

8　可见 Slessarev，*Prester John*。

9　英译本可参考 G. R. Crone，ed.，*The Voyages of Cadamosto*（London，1937）。

10　Abulafia，*The Discovery of Mankind*，91.

11　S. Tognetti，'The Trade in Black African Slaves in Fifteenth-Century Florence,' in T. F. Earle and K. J. P. Lowe，eds.，*Black Africans in Renaissance Europe*（Cambridge，2005），213-24，here 217-18.

12　Ibid.，218.

13　Abulafia，*The Discovery of Mankind*，95；J. Schorsch，*Jews and Blacks in the Early Modern World*（Cambridge，2004），17-49.

14　以下见 P. H. D. Kaplan 的出色研究：*The Rise of the Black Magus in Western Art*（Ann Arbor，1985）。

15　参见 P. H. D. Kaplan，'Isabella d'Este and black African women,' in Earle and Lowe，eds.，*Black Africans in Renaissance Europe*，125-54。

16　J. W. O' Malley，'Fulfilment of the Christian Golden Age under Pope Julius II：Text of a Discourse of Giles of Viterbo，1507,' *Traditio* 25（1969）：265-338，esp. 323-5.

17　参见 T. Filesi，'Enrico，figlio del re del Congo，primo vescovo dell' Africa nero（1518），' *Euntes Docete* 19（1966）：365-85；C-M. de Witte，'Henri de Congo，évêque titulaire d'Utique（+ c.1531），d'après les documents romains,' *Euntes Docete* 21（1968）：587-99；F. Bontinck，'Ndoadidiki Ne-Kinu a Mumemba，premier évêque du Kongo（c.1495-c.1531），' *Revue Africaine de Théologie* 3（1979）：149-69。

18 对这个主题的介绍，可见 N. H. Minnich, 'The Catholic Church and the pastoral care of black Africans in Renaissance Italy,' in Earle and Lowe, eds., *Black Africans in Renaissance Europe*, 280–300。

19 Ibid., 296.

20 参见 L. M. Mariani, *San Benedetto da Palermo, il moro Etiope, nato a S. Fratello* ( Palermo, 1989 ); G. Fiume and M. Modica, eds., *San Benedetto il moro: santità, agiografia e primi processi di canonizzazione* ( Palermo, 1998 )。

21 K. Lowe, 'The stereotyping of black Africans in Renaissance Europe,' in Earle and Lowe, eds., *Black Africans in Renaissance Europe*, 17–47, here 34.

22 Ibid., 33.

23 参见 Castiglione, *The Book of the Courtier*, I; trans. Bull, 96。

24 有关亚历山德罗的出身，参见 J. Brackett, 'Race and rulership: Alessandro de' Medici, first Medici duke of Florence, 1529–537,' in Earle and Lowe, eds., *Black Africans in Renaissance Europe*, 303–25。

25 引自 Abulafia, *The Discovery of Mankind*, 94。

26 J.-P. Rubiés, 'Giovanni di Buonagrazia's letter to his father concerning his participation in the second expedition of Vasco da Gama,' *Mare liberum* 16 ( 1998 ): 87–112, here 107; trans. q. at Lowe, 'The stereotyping of black Africans,' 28.

27 Crone, ed., *The Voyages of Cadamosto*, 89.

28 Lowe, 'The stereotyping of black Africans,' 35.

# 第十四章　美丽新世界

1 Marco Polo, *Travels*, trans. Latham, 243–4; see also Abulafia, *The Discovery of Mankind*, 24–7.

2 R. H. Fuson, *Legendary Islands of the Ocean Sea* ( Sarasota, 1995 ), 118–19.

3 G. Moore, 'La spedizione dei fratelli Vivaldi e nuovi documenti d' archivio,' *Atti della Società Ligure di Storia Patria*, new ser., 12 ( 1972 ): 387–400.

4 C. Verlinden, 'Lanzarotto Malocello et la découverte portugaise des Canaries,' *Revue belge de philologie et d'histoire* 36 ( 1958 ): 1173–1209; Abulafia, *The Discovery of Mankind*, esp. 33–9.

5 以下各段将对所涵盖的主题进行更全面的研究，参见 Fernández-Armesto, *Before Columbus*。

6 如要从整体上有所了解，参见 J.H.Parry, *The Age of Renaissance: Discovery, Exploration and Settlement, 1450–1650*, new edn ( London, 2000 ), 146–8。

7  Burckhardt, *Civilisation of the Renaissance in Italy*, trans. Middlemore, 184.

8  Burke, *The European Renaissance*, 210.

9  M. Pastore Stocchi, 'Il *De Canaria* boccaccesco e un "locus deperditus" nel *De insulis di* Domenico Silvestri,' *Rinsascimento* 10 (1959): 153–6; 对文本的进一步讨论, 参见 Abulafia, *The Discovery of Mankind*, 36–41; D. Abulafia, 'Neolithic meets medieval: first encounters in the Canary Islands,' in D. Abulafia and N. Berend, eds., *Medieval Frontiers: Concepts and Practices* (Aldershot, 2002), 255–78。

10  Petrarch, *De vita solitaria*, Z II, vi, 3; P II, xi; *Prose*, 522–4.

11  参见 R. Williams, *The American Indian in Western Legal Thought: the Discourses of Conquest* (Oxford and New York, 1990), 71–2。

12  引自 Burke, *The European Renaissance*, 210。

13  对这三个人物的叙述, 参见 L. Firpo, ed., *Prime relazioni di navigatori italiani sulla scoperta dell'America. Colombo – Vespucci – Verazzano* (Turin, 1966)。

14  关于托斯卡内利, 参见 S. Y. Edgerton, Jr., 'Florentine Interest in Ptolemaic Cartography as Background for Renaissance Painting, Architecture, and the Discovery of America,' *Journal of the Society of Architectural Historians* 33/4 (1974): 275–92。《孔塔里尼 – 罗塞利地图》(*Contarini – Rosselli map*)——唯一幸存的副本现存大英图书馆——是已知第一张显示美洲的地图。

15  关于《哥伦布》, 参见 H. Hofmann, 'La scoperta del nuovo mondo nella poesia neolatina: I 'Columbeidos libri priores duo' di Giulio Cesare Stella,' *Columbeis III* (Genoa, 1988), 71–94; 出处同前, 'Aeneas in Amerika: De 'Columbeis' van Julius Caesar Stella,' *Hermeneus* 64 (1992): 315–22。

16  对这一主题的有趣介绍, 参见 D. Turner, 'Forgotten Treasure from the Indies: The Illustrations and Drawings of Fernández de Oviedo,' *Huntington Library Quarterly* 48/1 (1985): 1–46。

17  Burke, *The European Renaissance*, 212; G. Olmi, *L'inventario del mondo: catalogazione della natura e luoghi del sapere nella prima età moderna* (Bologna, 1992), 211–52.

18  Hunt and Murray, *A History of Business*, 181, 221.

19  Goldthwaite, *Economy of Renaissance Florence*, 159.

20  Ibid., 146.

21  Ibid., 159–60; V. Rau, 'Um grande mercador-banqueiro italiano em Portugal: Lucas Giraldi,' in V. Rau, *Estudos de história* (Lisbon, 1968), 75–129.

22  S. Greenblatt, 'Foreword', in F. Lestringant, *Mapping the Renaissance World* (Berkeley, 1994), xi.

23  Abulafia, *The Discovery of Mankind*, 14–18.

24 Ibid., 36–41.

25 Petrarch, *De vita solitaria*, Z II, vi, 3; P II, xi; *Prose*, 524; trans. Zeitlin, 267.

26 J. Muldoon, *Popes, Lawyers and Infidels: the Church and the Non-Christian World, 1250–1500* (Liverpool, 1979), 121; 引自 Abulafia, *The Discovery of Mankind*, 86–7。

27 原文见 Firpo, ed., *Prime relazioni di navigatori italiani*, 88; trans. from Brown, *The Renaissance*, 122。

## 尾声　窗户与镜子

1　Leon Battista Alberti, *De pictura*, 1.19; ed, C. Grayson (Rome, 1975), 55.

# 参考书目

## 一级文献

Alberigo, G., et al., eds., *Conciliorum Oecumenicorum Decreta*, repr. (Bologna, 1973)

Alberti, Leon Battista, *De pictura*, ed. C. Grayson (Rome, 1975)

—, *De re aedificatoria. On the art of buildings in ten books*, trans. J. Rykwert, N. Leach, and R. Tavernor (Cambridge, Mass., 1988)

—, *Opera volgari*, vol. 1, *I libri della famiglia, Cena familiaris, Villa*, ed. C. Grayson (Bari, 1960)

Alighieri, Dante, *The Divine Comedy*, trans. G. L. Bickersteth, new edn (Oxford, 1981)

—, *La Vita Nuova*, trans. B. Reynolds, rev. edn (London, 2004)

Anonimo Romano, *The Life of Cola di Rienzo*, trans. J. Wright (Toronto, 1975)

Anonymous, *Alle bocche della piazza: diario di anonimo fiorentino (1382–1401)*, ed. A. Molho and F. Sznura (Florence, 1986)

—, *Cronica volgare di anonimo fiorentino*, ed. E. Bellondi (Città di Castello, 1915–18)

Aquinas, St Thomas, *On Law, Morality, and Politics*, ed. W. P. Baumgarth and R. J. Regan SJ (Indianapolis, 1988)

Aristotle, *Nicomachean Ethics*, trans. and ed. R. Crisp, Cambridge Texts in the History of Philosophy (Cambridge, 2000)

Baldassarri, S. U., and A. Saiber, eds., *Images of Quattrocento Florence:*

*Selected Writings in Literature, History, and Art* (New Haven and London, 2000)

Barocchi, P., ed., *Scritti d'arte del cinquecento*, 3 vols. (Milan and Naples, 1971–7)

Beccadelli, Antonio, *The Hermaphrodite*, ed. and trans. H. Parker (Cambridge, Mass., 2010)

Bernardino of Siena, S., *Opera omnia*, ed. Collegio S. Bonaventura, 9 vols. (Florence, 1950–65)

Bisticci, Vespasiano da, *Vite di uomini illustri del secolo XV*, ed. P. D'Ancona and E. Aeschlimann (Milan, 1951)

Boccaccio, Giovanni, *Decameron*, trans. G. H. McWilliam, 2nd edn (London, 1995)

—, *Decameron*, ed. V. Branca, new edn, 2 vols. (Turin, 1992)

—, *Famous Women*, ed. and trans. V. Brown (Cambridge, Mass., and London, 2001)

—, *Lettere edite ed inedite*, ed. F. Corazzini (Florence, 1877)

Bracciolini, Poggio, *De l'Inde: Les voyages en Asie de Niccolò de Conti*, ed. M. Guéret-Laferté (Turnhout, 2004)

Brucker, G. A., ed., *The Society of Renaissance Florence: A Documentary Study* (New York, 1971)

Bruni, Leonardo, *History of the Florentine People*, ed. and trans. J. Hankins, 3 vols. (Cambridge, Mass., 2001–7)

—, *The Humanism of Leonardo Bruni: Selected Texts*, trans. G. Griffiths, J. Hankins, and D. Thompson (Binghamton, NY, 1987)

Ca'da Mosto, Alvise, *The Voyages of Cadamosto*, ed. G. R. Crone (London, 1937)

Cassirer, E., P. O. Kristeller, and J. H. Randall Jr., eds., *The Renaissance Philosophy of Man* (Chicago, 1948)

Castiglione, Baldassare, *The Book of the Courtier*, trans. G. Bull, new edn (London, 1976)

Cavalcanti, Giovanni, *Istorie Fiorentine*, ed. F. Polidori, 2 vols. (Florence, 1838)

Cellini, Benvenuto, *Autobiography*, trans. G. Bull, rev. edn (London, 1998)

Condivi, Ascanio, *Michelangelo: Life, Letters, and Poetry*, trans. G. Bull (Oxford and New York, 1987)

—, *Vita di Michelangelo Buonarroti*, ed. G. Nencioni (Florence, 1998)

Cyriac of Ancona, *Later Travels*, ed. and trans. E. W. Bodnar with C. Foss (Cambridge, Mass., 2003)

Dati, Gregorio, *Istoria di Firenze dall'anno MCCCLXXX all'anno MCCCCV*, ed. G. Bianchini (Florence, 1735)

Ficino, Marsilio, *Opera Omnia* (Basel, 1576; repr. Turin, 1962)

—, *Platonic Theology*, trans. M. J. B. Allen, ed. J. Hankins, 6 vols. (Cambridge, Mass., 2001–6)

Filarete, Francesco and Angelo Manfidi. *The 'Libro Cerimoniale' of the Florentine Republic by Francesco Filarete and Angelo Manfidi*, ed. R. C. Trexler (Geneva, 1976)

Filelfo, Francesco, *Odes*, ed. and trans. D. Robin (Cambridge, Mass., and London, 2009)

Firpo, L., ed., *Prime relazioni di navigatori italiani sulla scoperta dell'America. Colombo – Vespucci – Verazzano* (Turin, 1966)

Fonte, Bartolomeo della (Bartolomeo Fonzio), *Letters to Friends*, ed. A. Daneloni, trans. M. Davis (Cambridge, Mass., and London, 2011)

Froissart, Jean, *Chronicles*, trans. G. Brereton (London, 1978)

Guicciardini, Francesco, *History of Italy and History of Florence*, trans. C. Grayson, ed. J. R. Hale (Chalfont St Giles, 1966)

—, *Storie fiorentine*, ed. R. Palmarocchi (Bari, 1931)

Guido da Pisa, *Expositiones et Glose super Comediam Dantis*, ed. V. Cioffari (Albany, 1974)

Infessura, Stefano, *Diario della città di Roma*, ed. O. Tommasini (Rome, 1890)

Kallendorf, C. W., ed. and trans., *Humanist Educational Treatises* (Cambridge, Mass., and London, 2002)

Kemp, M., ed., *Leonardo on Painting* (New Haven and London, 1989)

Kohl, B. G., and R. G. Witt, eds., *The Earthly Republic: Italian Humanists on Government and Society* (Philadelphia, 1978)

Landino, Cristoforo, *Poems*, trans. M. P. Chatfield (Cambridge, Mass., and London, 2008)

Landucci, Luca, *Diario fiorentino dal 1450 al 1516*, ed. I. Del Badia (Florence, 1883)

Leon, Judah Messer, *The Book of the Honeycomb's Flow*, ed. and trans. I. Rabinowitz (Ithaca, 1983)

Machiavelli, Niccolò, *Florentine Histories*, trans. L. F. Banfield and H. C. Mansfield, Jr (Princeton, 1990)

—, *The Prince*, trans. G. Bull (London, 1961)

Mandeville, John, *The Travels of John Mandeville*, trans. C. W. R. D. Moseley (Harmondsworth, 1983)

Mazzei, Lapo, *Lettere di un Notaro a un Mercante del secolo XIV, con altre Lettere e Documenti*, ed. C. Guasti, 2 vols. (Florence, 1880)

Medici, Lorenzo de', *Poesie*, ed. I. Caliaro, 2nd edn (Milan, 2011)

Michelangelo Buonarroti, *Il Carteggio di Michelangelo*, ed. P. Barocchi and R. Ristori, 5 vols. (Florence, 1965–83)

—, *The Letters of Michelangelo*, trans. E. H. Ramsden, 2 vols. (London and Stanford, 1963)

—, *Poems and Letters*, trans. A. Mortimer (London, 2007)

Ovid, *Metamorphoses*, trans. F. J. Miller, Loeb Classical Library, 2 vols. (London, 1916)

Palmieri, Matteo, *Liber de temporibus*, ed. G. Scaramella (Città di Castello, 1906)

—, *Vita civile*, ed. F. Battaglia (Bologna, 1944)

—, *Vita civile*, ed. G. Belloni (Florence, 1982)

Paltroni, Pierantonio, *Commentari della vita e gesti dell'illustrissimo Federico Duca d'Urbino*, ed. W. Tommasoli (Urbino, 1966)

Pegolotti, Francesco Balducci, *La Pratica della mercatura*, ed. A. Evans (Cambridge, Mass., 1936)

Petrarca, Francesco, *Africa*, ed. N. Festa, Edizione Nazionale delle Opere di Francesco Petrarca (Florence, 1936)

—, *De otio religioso*, ed. G. Rotondi (Vatican City, 1958)

—, *Itinerario in Terra Santa*, ed. F. Lo Monaco (Bergamo, 1990)

—, *Le Familiari*, ed. V. Rossi, Edizione Nazionale delle Opere di Francesco Petrarca, 4 vols. (Florence, 1933–42)

—, *Letters of Old Age. Rerum Senilium Libri I–XVIII*, trans. A. S. Bernardo, S. Levin and R. A. Bernardo, 2 vols. (Baltimore and London, 1992)

—, *Life of Solitude*, trans. J. Zeitlin, (Illinois, 1924)

—, *On Religious Leisure*, ed. and trans. S. S. Schearer (New York, 2002)

—, *Petrarch's Lyric Poems: The* Rime Sparse *and Other Lyrics*, trans. and ed. R. M. Durling (Cambridge, Mass., and London, 1976)

—, *Prose*, ed. G. Martellotti, P. G. Ricci, E. Carrara, and E. Bianchi (Milan and Naples, 1955)

Piccolomini, Aeneas Sylvius (Pope Pius II), *Commentaries*, vol. 1, ed. M. Meserve and M. Simonetta, (Cambridge, Mass., and London, 2003)

—, *De gestis Concilii Basiliensis commentariorum libri II*, ed. D. Hay and W. K. Smith (Oxford, 1967)

—, *Secret Memoirs of a Renaissance Pope. The* Commentaries *of Aeneas Silvius Piccolomini, Pius II*, trans. F. A. Gragg, ed. L. C. Gabel (London, 1988)

Pico della Mirandola, Giovanni, *Heptaplus*, ed. E. Garin (Florence, 1942)

Polo, Marco, *The Travels of Marco Polo*, trans. R. Latham (London, 1958)

Pontano, Giovanni Gioviano, *Baiae*, trans. R. G. Dennis (Cambridge, Mass., and London, 2006)

—, *I tratti delle virtue sociali*, ed. F. Tateo (Rome, 1965)

Rucellai, Giovanni, *Zibaldone*, ed. A. Perosa, 2 vols. (London, 1960)

Sacchetti, Franco, *Il Trecentonovelle*, ed. E. Faccioli (Turin, 1970)

Salutati, Coluccio, *De seculo et religione*, ed. B. L. Ullman (Florence, 1957)

Savonarola, Girolamo, *Trattato circa il reggimento e governo della città di Firenze*, ed. L. Firpo (Turin, 1963)

Stefani, Marchione di Coppo, *Cronaca fiorentina, Rerum Italicarum Scriptores* 30.1 (Città di Castello, 1927)

Thompson, D., and A. F. Nagel, eds. and trans., *The Three Crowns of Florence: Humanist Assessments of Dante, Petrarca and Boccaccio* (New York, 1972)

Valla, Lorenzo, *De falso credita et ementita Constantini donatione*, ed. W. Setz, *Monumenta Germaniae Historica, Quellen zur Geistesgeschichte des Mittelalters* 10 (Weimar, 1976)

—, *The Treatise of Lorenzo Valla on the Donation of Constantine*, ed. and trans. C. B. Coleman (New Haven, 1922; repr. Toronto, 1993)

—, *Von der Lust oder Vom wahren Guten*, ed. E. Keßler (Munich, 2004)

Vasari, Giorgio, *Lives of the Artists*, trans. G. Bull, 2 vols. (London, 1987)

Voragine, Jacobus de, *The Golden Legend*, trans. G. Ryan and H. Ripperbar, 2 vols (London, 1941)

—, *The Golden Legend: Readings on the Saints*, trans. W. G. Ryan, 2 vols. (Princeton, 1993)

## 二级文献

Abulafia, D., 'Neolithic Meets Medieval: First Encounters in the Canary Islands', in D. Abulafia and N. Berend, eds., *Medieval Frontiers: Concepts and Practices* (Aldershot, 2002), 255–78

—, 'Southern Italy and the Florentine Economy, 1265–1370', *Economic History Review* 33 (1981): 377–88

—, *The Discovery of Mankind. Atlantic Encounters in the Age of Columbus* (New Haven and London, 2008)

Adams, N., 'The Acquisition of Pienza, 1459–1464', *Journal of the Society of Architectural Historians* 44 (1985): 99–110

—, 'The Construction of Pienza (1459–1464) and the Consequences of *Renovatio*', in S. Zimmerman and R. Weissman, eds., *Urban Life in the Renaissance* (Newark, NJ, 1989), 50–79

Albala, K., *Eating Right in the Renaissance* (Berkeley, 2002)

Aldrich, R. F. and G. Wotherspoon, eds., *Who's Who in Gay and Lesbian History* (London, 2000)

Ames-Lewis, F., ed., *Cosimo 'il Vecchio' de' Medici, 1389–1464* (Oxford, 1992)

Aronberg Lavin, M., 'Piero della Francesca's Fresco of Sigismondo Pandolfo Malatesta before St Sigismund: ΘΕΩΙ ΑΘΑΝΑΤΩΙ ΚΑΙ ΤΗΙ ΠΟΛΕΓ', *Art Bulletin* 56/3 (1974): 345–74

Arrizabalaga, J., J. Henderson, and R. French, *The Great Pox: The French Disease in Renaissance Europe* (New Haven, 1997)

Babinger, F., 'Lorenzo de' Medici e la corte ottomana', *ASI* 121 (1963): 305–61

Baker, N. S., 'For Reasons of State: Political Executions, Republicanism, and the Medici in Florence, 1480–1560', *Renaissance Quarterly* 62/2 (2009): 444–78

Barolini, T., 'Dante and Francesca da Rimini: Realpolitik, Romance, Gender', *Speculum* 75/1 (2000): 1–28

Baron, H., 'Burckhard's *Civilization of the Renaissance* a Century after Its Publication', *Renaissance News* 13 (1960): 207–22

—, *The Crisis of the Early Italian Renaissance*, rev. edn (Princeton, 1966)

—, 'Franciscan Poverty and Civic Wealth as Factors in the Rise of Humanistic Thought', *Speculum* 13 (1938): 1–37

—, *Humanistisch-philosophische Schriften* (Berlin 1928)

Barzman, K. E., *The Florentine Academy and the Early Modern State* (Cambridge, 2000)

Baxandall, M., *Giotto and the Orators: Humanist Observers of Painting in Italy and the Discovery of Pictorial Composition, 1350–1450* (Oxford, 1971)

—, *Painting and Experience in Fifteenth-Century Italy* (Oxford, 1972)

Bayley, C. C., *War and Society in Renaissance Florence: The De Militia of Leonardo Bruni* (Toronto, 1961)

Becker, M., 'An Essay on the Quest for Identity in the Early Italian Renaissance', in J. G. Rowe and W. H. Stockdale, eds., *Florilegium Historiale: Essays Presented to Wallace K. Ferguson* (Toronto, 1971), 296–308

Ben-Aryeh Debby, N., 'Political Views in the Preaching of Giovanni Dominici in Renaissance Florence, 1400–1406', *Renaissance Quarterly* 55/1 (2002): 19–48

Benzi, F., ed., *Sisto IV. Le arti a Roma nel primo rinascimento* (Rome, 2000)

—, *Sixtus IV Renovator Urbis: Architettura a Roma 1471–1484* (Rome, 1990)

Bernstein, J. G., 'Patronage, Autobiography, and Iconography: the Façade of the Colleoni Chapel', in J. Shell and L. Castelfranchi, eds., *Giovanni Antonio Amadeo. Scultura e architettura del suo tempo* (Milan, 1993), 157–73

Bertelli, S., 'Machiavelli and Soderini', *Renaissance Quarterly* 28/1 (1975): 1–16

Biccellari, F., 'Un francescano umanista. Il beato Alberto da Sarteano', *Studi francescani* 10 (1938): 22–48

—, 'Missioni del b. Alberto in Oriente per l'Unione della Chiesa Greca e il ristabilimento dell'Osservanza nell'Ordine francescano', *Studi francescani* 11 (1939): 159–73

Bisaha, N., *Creating East and West: Renaissance Humanists and the Ottoman Turks* (Philadelphia, 2004)

—, 'Petrarch's Vision of the Muslim and Byzantine East', *Speculum* 76/2 (2001): 284–314

Black, R., 'Education and the emergence of a literate society', in J. M. Najemy, ed., *Italy in the Age of the Renaissance*, 18–36

Blondin, J. E., 'Power Made Visible: Pope Sixtus IV as Urbis Restaurator in Quattrocento Rome', *Catholic Historical Review* 91 (2005): 1–25

Boiteux, M., 'Les juifs dans le Carneval de la Roma moderne (XVᵉ–XVIIIᵉ siècles)', *Mélanges de l'École Française de Rome* 88 (1976): 745–87

Bontinck, F., 'Ndoadidiki Ne-Kinu a Mumemba, premier évêque du Kongo (c.1495–c.1531)', *Revue Africaine de Théologie* 3 (1979): 149–69

Borstook, E., 'The Travels of Bernardo Michelozzi and Bonsignore Bonsignori in the Levant (1497–98)', *Journal of the Warburg and Courtauld Institutes* 36 (1973): 145–97

Brackett, J. K., *Criminal Justice and Crime in Late Renaissance Florence, 1537–1609* (Cambridge, 1992)

—, 'The Florentine Onestà and the Control of Prostitution', *Sixteenth Century Journal* 24/2 (1993); 273–300

—, 'Race and rulership: Alessandro de' Medici, first Medici duke of Florence, 1529–1537', in T. F. Earle and K. J. P. Lowe, eds., *Black Africans in Renaissance Europe*, 303–25

Brown, A., 'The Early Years of Piero di Lorenzo, 1472–1492: Between Florentine Citizen and Medici Prince', in J. E. Law and B. Paton, eds., *Communes and Despots in Medieval and Renaissance Italy* (Farnham, 2011), 209–222

—, *The Renaissance*, 2nd edn (London and New York, 1999)

Brown, J. C., 'A Woman's Place was in the Home: Women's Work in Renaissance Tuscany', in M. W. Ferguson, M. Quilligan, and N. J. Vickers, eds., *Rewriting the Renaissance: The Discourses of Sexual Difference in Early Modern Europe* (Chicago and London, 1986), 206–24

Brown, J. C. and R. C. Davis, eds., *Gender and Society in Renaissance Italy* (Harlow, 1998)

Brown, J. C., and J. Goodman, 'Women and Industry in Florence', *Journal of Economic History* 40/1 (1980): 73–80

Brucker, G. A., *Florentine Politics and Society, 1343–1378* (Princeton, 1963)

—, 'Florentine Voices from the *Catasto*, 1427–1480', *I Tatti Studies* 5 (1993): 11–32

—, 'The Medici in the Fourteenth Century', *Speculum* 32/1 (1957): 1–26

—, *Renaissance Florence* (Berkeley and London, 1969)

Brundage, J. A., *Law, Sex, and Christian Society in Medieval Europe* (Chicago, 1987)

Bullard, M. M., 'Heroes and Their Workshops: Medici Patronage and the Problem of Shared Agency', *Journal of Medieval and Renaissance Studies* 24 (1994): 179–98

Burckhardt, J., *The Civilization of the Renaissance in Italy*, trans. S. G. C. Middlemore (London, 1995)

Burke, P., *The European Renaissance: Centres and Peripheries* (Oxford, 1998)

Burnett, C. and A. Contadini, eds., *Islam and the Italian Renaissance* (London, 1999)

Butters, H. C., *Governors and Government in Early Sixteenth-Century Florence, 1502–1519* (Oxford, 1985)

Byatt, M. C., 'The Concept of Hospitality in a Cardinal's Household in Renaissance Rome', *Renaissance Studies* 2 (1988): 312–20

Caferro, W., 'Continuity, Long-Term Service, and Permanent Forces: A Reassessment of the Florentine Army in the Fourteenth Century', *Journal of Modern History* 80/2 (2008): 219–51

—, *John Hawkwood: An English Mercenary in Fourteenth-Century Italy* (Baltimore, 2006)

Callmann, E., *Apollonio di Giovanni* (Oxford, 1974)

Campbell, C., *Love and Marriage in Renaissance Florence: The Courtauld Wedding Chests* (London, 2009)

Camporeale, S. I., *Lorenzo Valla: Umanesimo e Teologia* (Florence, 1971)

Carleton Munro, D., 'The Western Attitude towards Islam during the Period of the Crusades', *Speculum* 6/3 (1931): 329–43

Carmichael, A. G., *Plague and the Poor in Renaissance Florence* (Cambridge, 1986)

Cassuto, U., *Gli Ebrei a Firenze nell'età del Rinascimento* (Florence, 1918)

Cavallo, S., 'The Artisan's *Casa*', in M. Ajmar-Wollheim and F. Dennis, eds., *At Home in Renaissance Italy* (London, 2006), 66–75

Cerulli, E. 'L'Etiopia del sec. XV in nuovi documenti storici', *Africa Italiana* 5 (1933): 58–80

—, 'Eugenio IV e gli Etiopi al Concilio di Firenze nel 1441', *Rendiconti della R. Accademia dei Lincei*, Classe di Scienze Morali 6/9 (1933): 346–68

Cesareo, G. A., *Pasquino e Pasquinate nella Roma di Leone X* (Rome, 1938)

Chambers, D. S., 'The Economic Predicament of Renaissance Cardinals', *Studies in Medieval and Renaissance History* 3 (1966): 289–313

Clementi, F., *Il carnevale romano nelle cronache contemporanee dale origini al secolo XVII* (Città di Castello, 1939)

Clough, C. H., 'Federigo da Montefeltro's Patronage of the Arts, 1468–1485', *Journal of the Warburg and Courtauld Institutes* 36 (1973): 129–44

Cohen, E. S., and T. V. Cohen, *Daily Life in Renaissance Italy* (Westport and London, 2001)

Cohn, Jr, S. K., 'The Black Death: End of a Paradigm', *American Historical Review* 107/3 (2002): 703–38

—, *The Laboring Classes in Renaissance Florence* (New York, 1980)

—, 'Women and Work in Renaissance Italy', in Brown and Davis, eds., *Gender and Society*, 107–27

Cole, B., *The Renaissance Artist at Work from Pisano to Titian* (London, 1983)

Comanducci, R. M., '"L'altare nostro de la Trinità": Masaccio's *Trinity* and the Berti Family', *Burlington Magazine* 145 (2003): 14–21

Connell W. J., and G. Constable, 'Sacrilege and Redemption in Renaissance Florence: The Case of Antonio Rinaldeschi', *Journal of the Warburg and Courtauld Institutes* 61 (1998): 63–92

Cooper, R., 'Pier Soderini: Aspiring Prince to Civic Leader', *Studies in Medieval and Renaissance History*, n.s. 1 (1978): 67–126

Corlorni, V., *Judaica Minora. Saggi sulla storia dell'Ebraismo italiano dall'antichità all'età moderna* (Milan, 1983)

Creighton, G., and M. Merisi da Caravaggio, *Caravaggio and His Two Cardinals* (Philadelphia, 1995)

Crompton, L., *Homosexuality and Civilization* (Cambridge, Mass.,, 2006)

Cunningham, C. 'For the Honour and Beauty of the City: The Design of Town Halls', in Norman, ed., *Siena, Florence, and Padua*, 2:29–54

Daly Davis, M., '"Opus isodomum" at the Palazzo della Cancelleria: Vitruvian Studies and Archaeological and Antiquarian Interests at the Court of Raffael Riario', in S. Danesi Squarzina, ed., *Roma centro ideale della cultura dell'antico nei secoli XV e XVI* (Milan, 1989), 442–57

Daniel, N., *Islam and the West: The Making of an Image* (Edinburgh, 1960)

Davidsohn, R., *Storia di Firenze*, 8 vols. (Florence, 1956–68)

Davis, R. C., *Christian Slaves, Muslim Martyrs: White Slavery in the Mediterranean, the Barbary Coast, and Italy, 1500–1800* (New York, 2003)

D'Elia, A. F., 'Marriage, Sexual Pleasure, and Learned Brides in the Wedding Orations of Fifteenth-Century Italy', *Renaissance Quarterly* 55/2 (2002): 379–433

de la Sizeranne, R., *Federico di Montefeltro: capitano, principe, mecenate, 1422–1482*, ed. C. Zeppieri (Urbino, 1972)

de Roover, R., *L'évolution de la lettre de change (XIVe–XVIIIe siècles)* (Paris, 1953)

—, *The Rise and Decline of the Medici Bank, 1397–1494* (New York, 1966)

—, 'The Scholastics, Usury, and Foreign Exchange', *Business History Review* 41/3 (1967): 257–71

de Witte, C.-M., 'Henri de Congo, évêque titulaire d'Utique (+ c.1531), d'après les documents romains', *Euntes Docete* 21 (1968): 587–99

Dean, T., *Crime and Justice in Late Medieval Italy* (Cambridge, 2007)

Debby, N. Ben-Aryeh, 'Polical Views in the Preaching of Giovanni Dominici in Renaissance Florence, 1400–1406', *Renaissance Quarterly* 55/1 (2002): 19–48

Dickie, J., *Delizia! The Epic History of the Italians and Their Food* (New York, 2008)

Earle, T. F., and K. J. P. Lowe, eds., *Black Africans in Renaissance Europe* (Cambridge, 2005)

Edgerton, S. Y. Jr, 'Florentine Interest in Ptolemaic Cartography as Background for Renaissance Painting, Architecture, and the Discovery of America', *Journal of the Society of Architectural Historians* 33/4 (1974): 275–92

—, *The Renaissance Rediscovery of Linear Perspective* (New York, 1975)

Egmont, L., *Sixtus IV and Men of Letters* (Rome, 1978)

Elam, C. 'Cosimo de' Medici and San Lorenzo', in Ames-Lewis, ed., *Cosimo 'il Vecchio' de' Medici*, 157–80

Enaud, F., 'Les fresques du Palais des Papes d'Avignon', *Les Monuments Historiques de la France* 17/2–3 (1971): 1–139

Epstein, S. A., *Genoa and the Genoese, 958–1528* (Chapel Hill and London, 1996)

Fabiański, M., 'Federigo da Montefeltro's "Studiolo" in Gubbio Reconsidered: Its Decoration and Its Iconographic Program: An Interpretation', *Artibus et Historiae* 11/21 (1990): 199–214

Falchetta, P., *Fra Mauro's World Map* (Turnhout, 2006)

Ferguson, W. K., 'Humanist Views of the Renaissance', *American Historical Review* 4 (1939): 1–28

Fermor, S., *Piero di Cosimo: Fiction, Invention and Fantasia* (London, 1993)

Fernández-Armesto, F., *Before Columbus: Exploration and Colonisation from the Mediterranean to the Atlantic, 1229–1492* (London, 1987)

Filesi, T., 'Enrico, figlio del re del Congo, primo vescovo dell'Africa nero (1518)', *Euntes Docete* 19 (1966): 365–85

Finlay, R., 'The Foundation of the Ghetto: Venice, the Jews, and the War of the League of Cambrai', *Proceedings of the American Philosophical Society* 126/2 (1982): 140–54

Fiume, G., and M. Modica, eds., *San Benedetto il moro: santità, agiografia e primi processi di canonizzazione* (Palermo, 1998)

Fletcher, S., and C. Shaw, eds., *The World of Savonarola: Italian Elites and Perceptions of Crisis* (Aldershot, 2000)

Fragnito, G., 'Cardinals' Courts in Sixteenth-Century Rome', *Journal of Modern History* 65/1 (1993): 26–56

Franceschi, F., 'The Economy: Work and Wealth', in Najemy, ed., *Italy in the Age of the Renaissance*, 124–44

Francese, J., 'On Homoerotic Tension in Michelangelo's Poetry', *MLN* 117/1 (2002): 17–47

Fraser Jenkins, A. D., 'Cosimo de' Medici's Patronage of Architecture and the Theory of Magnificence', *Journal of the Warburg and Courtauld Institutes* 33 (1970): 162–70

Freely, J., *Jem Sultan: The Adventures of a Captive Turkish Prince in Renaissance Europe* (London, 2004)

Frommel, C. L., *Michelangelo und Tommaso dei Cavalieri* (Amsterdam, 1979)

Fuson, R. H., *Legendary Islands of the Ocean Sea* (Sarasota, 1995)

Garfagnini, G. C., ed., *Savonarola e la politica* (Florence, 1997)

Garin, E., *Giovanni Pico della Mirandola: Vita e dottrina* (Florence, 1937)

Gilbert, C. E., 'Fra Angelico's Fresco Cycles in Rome: Their Number and Dates', *Zeitschrift für Kunstgeschichte* 38/3–4 (1975): 245–65

—, *Poets Seeing Artists' Work: Instances in the Italian Renaissance* (Florence, 1991)

Giles, K. A., 'The Strozzi Chapel in Santa Maria Novella: Florentine Painting and Patronage, 1340–1355', unpublished Ph.D. dissertation, New York University, 1977

Gill, J., *The Council of Florence* (Cambridge, 1959)

Gilson, S. A., *Dante and Renaissance Florence* (Cambridge, 2005)

Goldthwaite, R. A., *The Building of Renaissance Florence: An Economic and Social History* (Baltimore, 1980)

—, *The Economy of Renaissance Florence* (Baltimore, 2009)

—, 'The Florentine Palace as Domestic Architecture', *American Historical Review* 77/4 (1972): 977–1012

Gombrich, E. H., 'The Early Medici as Patrons of Art', in E. F. Jacobs, ed., *Italian Renaissance Studies* (London, 1960), 279–311

—, 'From the Revival of Letters to the Reform of the Arts', in D. Fraser, H. Hibbard, and M. J. Lewine, eds., *Essays in the History of Art Presented to Rudolf Wittkower* (London, 1967), 71–82

—, 'Icones Symbolicae: The Visual Image in Neo-Platonic Thought', *Journal of the Warburg and Courtauld Institutes* 11 (1948): 163–92

—, *The Story of Art*, 15th edn (London, 1989)

Gow, A., and G. Griffiths, 'Pope Eugenius IV and Jewish Money-Lending in Florence: The Case of Salomone di Bonaventura during the Chancellorship of Leonardo Bruni', *Renaissance Quarterly* 47/2 (1994): 282-329

Grafton, A., ed., *Rome Reborn: The Vatican Library and Renaissance Culture* (Washington and New Haven, 1993)

Grafton, A., and L. Jardine, *From Humanism to the Humanities: Education and the Liberal Arts in Fifteenth- and Sixteenth-Century Europe* (Cambridge, Mass.,, 1986)

Granato, L. R., 'Location of the Armoury in the Italian Renaissance Palace', *Waffen und Kostumkunde* 24 (1982): 152-53

Grayzel, S., *The Church and the Jews in the XIIIth Century* (Philadelphia, 1933)

Green, L., 'Galvano Fiamma, Azzone Visconti and the Revival of the Classical Theory of Magnificence', *Journal of the Warburg and Courtauld Institutes* 53 (1990): 98-113

Greenblatt, S., *Renaissance Self-Fashioning: From More to Shakespeare* (Chicago, 1984)

Gregory, H., 'Palla Strozzi's Patronage and Pre-Medicean Florence', in F. W. Kent and P. Simmons, eds., *Patronage, Art and Society in Renaissance Italy* (Oxford, 1987), 201-20

Grendler, P., *Schooling in Renaissance Italy: Literacy and Learning, 1300-1600* (Baltimore, 1989)

Grey, C., and P. Heseltine, *Carlo Gesualdo, Musician and Murderer* (London, 1926)

Gualdo, G., 'Leonardo Bruni segretario papale (1405-1415)', in P. Viti, ed., *Leonardo Bruni, Cancelliere della Repubblica di Firenze* (Florence, 1990), 73-93

Guidotti, A., 'Pubblico e privato, committenza e clientele: Botteghe e produzione artistica a Firenze tra XV e XVI secolo', *Richerche storiche* 16 (1986): 535-50

Gutkind, C. S., *Cosimo de' Medici: Pater Patriae, 1389-1464* (Oxford, 1938)

Hale, J. R., *Florence and the Medici: The Pattern of Control* (London, 1977)

Hankins, J., 'The Myth of the Platonic Academy of Florence', *Renaissance Quarterly* 44/3 (1991): 429–47

—, 'Renaissance Crusaders: Humanist Crusade Literature in the Age of Mehmed II', *Dumbarton Oaks Papers* 49 (1995): 111–207

Harris, J., *Greek Émigrés in the West, 1400–1520* (Camberley, 1995)

Harrison, C., 'The Arena Chapel: Patronage and Authorship', in Norman, ed., *Siena, Florence, and Padua*, 2:83–104

Hatfield, R., *Botticelli's Uffizi 'Adoration'. A Study in Pictorial Content* (Princeton, 1976)

—, 'The Compagnia de' Magi', *Journal of the Warburg and Courtauld Institutes* 33 (1970): 107–61

—, 'Cosimo de' Medici and the Chapel of His Palace', in Ames-Lewis, ed., *Cosimo 'il Vecchio' de' Medici*, 221–44

—, *The Wealth of Michelangelo* (Rome, 2002)

Hay, D., *The Church in Italy in the Fifteenth Century* (Cambridge, 1977)

Hazelton Haight, E., 'Horace on Art: Ut Pictura Poesis', *The Classical Journal* 47/5 (1952): 157–62, 201–2

Helmrath, J., 'Pius II und die Türken', in B. Guthmüller and W. Kühlmann, eds., *Europa und die Türken in der Renaissance* (Tübingen, 2000), 79–138

Herlihy, D., and C. Klapisch-Zuber, *Les Toscans et leurs familles* (Paris, 1978)

—, *Tuscans and Their Families: A Study of the Florentine Catasto of 1427* (New Haven, 1985)

Heydenreich, L. H., 'Federico da Montefeltro as a Building Patron', in *Studies in Renaissance and Baroque Art Presented to Anthony Blunt on His 60th Birthday* (London, 1967), 1–6

Hibbert, C., *The Rise and Fall of the House of Medici* (London, 1979)

Hirst, M., *Michelangelo*, vol. 1, *The Achievement of Fame* (New Haven and London, 2011)

—, 'Michelangelo in 1505', *Burlington Magazine* 133/1064 (1991): 760–66

Hofmann, H., 'Aeneas in Amerika: De "Columbeis" van Julius Caesar Stella', *Hermeneus* 64 (1992): 315–22

—, 'La scoperta del nuovo mondo nella poesia neolatina: I "Columbeidos libri priores duo" di Giulio Cesare Stella', *Columbeis III* (Genoa, 1988), 71–94

Holmes, G., 'Cosimo and the Popes', in Ames-Lewis, ed., *Cosimo 'il Vecchio' de' Medici*, 21–31

—, 'How the Medici Became the Pope's Bankers', in N. Rubinstein, ed., *Florentine Studies* (Evanston, 1968), 357–80

Howard, D., *Venice and the East: The Impact of the Islamic World on Venetian Architecture, 1100–1500* (New Haven, 2000)

Howard, P., 'Preaching Magnificence in Renaissance Florence', *Renaissance Quarterly* 61/2 (2008): 325–69.

Hsia, R. Po-Chia, *Trent 1475: Stories of a Ritual Murder Trial* (New Haven, 1992)

Hudson, H., 'The Politics of War: Paolo Uccello's Equestrian Monument for Sir John Hawkwood in the Cathedral of Florence', *Parergon* 23/2 (2006): 1–28

Hunt, E. S., *The Medieval Super-Companies: A Study of the Peruzzi Company of Florence* (Cambridge, 1994)

Hunt, E. S., and J. M. Murray, *A History of Business in Medieval Europe, 1200–1500* (Cambridge, 1999)

Hyatte, R., *The Arts of Friendship. The Idealization of Friendship in Medieval and Early Renaissance Literature* (Leiden, 1994)

Hyde, J. K., *Society and Politics in Medieval Italy: The Evolution of the Civil Life, 1000–1350* (London, 1973)

Ianziti, G., *Writing History in Renaissance Italy: Leonardo Bruni and the Uses of the Past* (Cambridge, Mass., and London, 2012)

Jack, M. A. 'The Accademia del Disegno in Late Renaissance Florence', *Sixteenth Century Journal* 7/2 (1976): 3–20

Jardine, L., and J. Brotton, *Global Interests: Renaissance Art between East and West* (London, 2000)

Jones, P. J., 'Communes and Despots; The City State in Late-Medieval Italy', *Transactions of the Royal Historical Society* 5th ser., 15 (1965): 71–96

—, *The Italian City-State: From Commune to Signoria* (Oxford, 1997)

—, *The Malatesta of Rimini and the Papal State* (Cambridge, 1974)

—, 'The Vicariate of the Malatesta of Rimini', *English Historical Review* 67/264 (1952): 321–51

Jones, R., and N. Penny, *Raphael* (New Haven and London, 1983)

Jordan, M. D., *The Silence of Sodom: Homosexuality in Modern Catholicism* (Chicago, 2000)

Kaplan, P. H. D., 'Isabella d'Este and Black African Women', in Earle and Lowe, eds., *Black Africans in Renaissance Europe*, 125–54

—, *The Rise of the Black Magus in Western Art* (Ann Arbor, 1985)

Katz, D. E., 'The Contours of Tolerance: Jews and the Corpus Domini Altarpiece in Urbino', *Art Bulletin* 85/4 (2003): 646–61

—, *The Jew in the Art of the Italian Renaissance* (Philadelphia, 2008)

Kempers, B., *Painting, Power and Patronage: The Rise of the Professional Artist in Renaissance Italy*, trans. B. Jackson (London, 1994)

Kent, D. V., *Cosimo de' Medici and the Florentine Renaissance* (New Haven, 2000)

—, 'The Florentine *Reggimento* in the Fifteenth Century', *Renaissance Quarterly* 28/4 (1975): 575–638

—, '"The Lodging House of All Memories": An Accountant's Home in Renaissance Florence', *Journal of the Society of Architectural Historians* 66/4 (2007): 444–63

—, *The Rise of the Medici: Faction in Florence, 1426–1434* (Oxford, 1978)

Kent, F. W., 'Individuals and Families as Patrons of Culture in Quattrocento Florence', in A. Brown, ed., *Language and Images of Renaissance Italy* (Oxford, 1995), 171–92

King, D., and D. Sylvester, eds., *The Eastern Carpet in the Western World from the 15th to the 17th Century* (London, 1983)

Kirshner, J., 'Family and Marriage: A Socio-Legal Perspective', in Najemy, ed., *Italy in the Age of the Renaissance*, 82–102

Klapisch-Zuber, C., 'Women Servants in Florence (Fourteenth and Fifteenth Centuries)', in B. Hanawalt, ed., *Women and Work in Preindustrial Europe* (Bloomington, Ind., 1986), 56–80

Knox, G., 'The Colleoni Chapel in Bergamo and the Politics of Urban

Space', *Journal of the Society of Architectural Historians* 60/3 (2001): 290–309

Kristeller, P. O., *Renaissance Thought and the Arts*, new edn (Princeton, 1990)

La Roncière, C.-M. de, 'Poveri e povertà a Firenze nel XIV secolo', in C.-M. de La Roncière, G. Cherubini, and G. Barone, eds., *Tra preghiera e rivolta: le folle toscane nel XIV secolo* (Rome, 1993), 197–281

Laclotte, M., and D. Thiébaut, *L'école d'Avignon* (Tours, 1983)

Lambert, M. D., *Franciscan Poverty: The Doctrine of the Absolute Poverty of Christ and the Apostles in the Franciscan Order, 1210–1323* (London, 1961)

Landauer, C., 'Erwin Panofsky and the Renascence of the Renaissance', *Renaissance Quarterly* 47/1 (1994): 255–81

Larner, J., *Culture and Society in Italy, 1290–1420* (London, 1971)

Le Goff, J., *The Birth of Purgatory*, trans. A. Goldhammer (Chicago, 1984)

Leader, A., *The Badia of Florence: Art and Observance in a Renaissance Monastery* (Bloomington and Indianapolis, Ind., 2012)

Lee, A. 'Petrarch, Rome, and the "Dark Ages"', in P. Prebys, ed., *Early Modern Rome, 1341–1667* (Ferrara, 2012), 9–26

—, *Petrarch and St Augustine: Classical Scholarship, Christian Theology, and the Origins of the Renaissance in Italy* (Leiden, 2012)

Lee, R. W., 'Ut Pictura Poesis: The Humanistic Theory of Painting', *Art Bulletin* 22/4 (1940): 197–269

Leoncini, G., *La certosa di Firenze nei suoi rapporti con l'architettura certosina* (Salzburg, 1980)

Lestringant, F., *Mapping the Renaissance World* (Berkeley, 1994)

Liebert, R. S., *Michelangelo: A Psychoanalytic Study of His Life and Images* (New Haven, 1983)

Lightbown, R. A., *Sandro Botticelli*, 2 vols. (London, 1978)

Lindow, J. R., *The Renaissance Palace in Florence: Magnificence and Splendour in Fifteenth-Century Italy* (London, 2007)

Lowe, K., '"Representing" Africa: Ambassadors and Princes from Christian Africa to Italy and Portugal, 1402–1608', *Transactions of the Royal Historical Society* 6/17 (2007): 101–28

—, 'The Stereotyping of Black Africans in Renaissance Europe', in Earle and Lowe, eds., *Black Africans in Renaissance Europe*, 17–47

Lubkin, G., *A Renaissance Court: Milan under Galleazzo Maria Sforza* (Berkeley and London, 1994)

Mack, C. R., Review of *The Aesthetics of Renaissance Art: A Reconsideration of Style* by H. Wohl, *Renaissance Quarterly* 53/2 (2000): 569–71

Mack, R. E., *Bazaar to Piazza: Islamic Trade and Italian Art, 1300–1600* (Berkeley and London, 2002)

Mackenney, R., *Renaissances: The Cultures of Italy, c.1300–c.1600* (Houndmills, 2005)

Maggi, A., 'On Kissing and Sighing: Renaissance Homoerotic Love from Ficino's *De amore* and *Sopra Lo Amore* to Cesare Trevisani's *L'impresa* (1569)', *Journal of Homosexuality* 49/3–4 (2005): 315–39

Maginnis, H. B. J., *The World of the Early Sienese Painter* (Philadelphia, 2001)

Magnuson, T., 'The Project of Nicholas V for Rebuilding the Borgo Leonino in Rome', *Art Bulletin* 36/2 (1954): 89–115

Mallett, M., *Mercenaries and Their Masters: Warfare in Renaissance Italy*, new edn (Barnsley, 2009)

Mann, N., *Petrarch* (Oxford, 1984)

Marchini, G., *Filippo Lippi* (Milan, 1975)

Mariani, L. M., *San Benedetto da Palermo, il moro Etiope, nato a S. Fratello* (Palermo, 1989)

Martindale, A., *The Rise of the Artist in the Middle Ages and Early Renaissance* (London, 1972)

—, *Simone Martini* (Oxford, 1988)

Martines, L., *April Blood: Florence and the Plot against the Medici* (London and New York, 2003)

—, *Power and Imagination. City-States in Renaissance Italy* (London, 1980)

—, *Scourge and Fire. Savonarola and Renaissance Italy* (London, 2007)

—, *The Social World of the Florentine Humanists, 1390–1460* (Princeton, 1963)

Mayer, E., *Un umanista italiano della corte di Mattia Corvino, Aurelio Brandolino Lippo* (Rome, 1938)

McLaughlin, M. L., 'Humanist Concepts of Renaissance and Middle Ages in the Tre- and Quattrocento', *Renaissance Studies* 2 (1988): 131–42

Meiss, M., 'The Original Position of Uccello's *John Hawkwood*', *Art Bulletin* 52 (1970): 231

Merkley, P., and L. L. M. Merkley, *Music and Patronage in the Sforza Court* (Turnhout, 1999)

Meserve, M., *Empires of Islam in Renaissance Historical Thought* (Cambridge, Mass.,, 2008)

Miglio, M., et al., eds., *Un Pontificato ed una città: Sisto IV (1471–1484)* (Vatican City, 1986)

Milano, A., *Storia degli ebrei in Italia* (Turin, 1963)

Minnich, N. H., 'The Catholic Church and the Pastoral Care of Black Africans in Renaissance Italy', in Earle and Lowe, eds., *Black Africans in Renaissance Europe*, 280–300

Mitchell, R. J., *The Laurels and the Tiara: Pope Pius II, 1458–1464* (London, 1962)

Mode, R. L., 'Masolino, Uccello, and the Orsini *Uomini Famosi*', *Burlington Magazine* 114 (1972): 369–78

Molho, A., 'Cosimo de' Medici: *Pater Patriae* or *Padrino?*' *Stanford Italian Review* 1 (1979): 13–14

—, *Florentine Public Finances in the Early Renaissance, 1400–1433* (Cambridge, Mass.,, 1971)

—, 'Politics and the Ruling Class in Early Renaissance Florence', *Nuova rivista storica* 52 (1968): 401–20

Mollat, G., *The Popes at Avignon, 1305–1378*, trans. J. Love (London, 1963)

Mommsen, T. E., 'The Date of Petrarch's Canzone *Italia Mia*', *Speculum* 14/1 (1939): 28–37

—, 'Petrarch's Conception of the "Dark Ages"', *Speculum* 17 (1942): 226–42

Monfasani, J., *Byzantine Scholars in Renaissance Italy: Cardinal Bessarion and Other Émigrés* (Aldershot, 1995)

Moore, G., 'La spedizione dei fratelli Vivaldi e nuovi documenti d'archivio', *Atti della Società Ligure di Storia Patria*, new ser., 12 (1972): 387–400

Mormando, F., *The Preacher's Demons: Bernardino of Siena and the Social Underworld of Early Renaissance Italy* (Chicago and London, 1999)

Morrall, E. J., 'Aeneas Sylvius Piccolomini (Pius II), *Historia de duobus amantibus*', *Library* 6th ser., 18/3 (1996): 216–29

Moxey, K. P. F., 'Perspective, Panofsky, and the Philosophy of History', *New Literary History* 26/4 (1995): 775–86

Muir, E., 'Representations of Power', in Najemy, ed., *Italy in the Age of the Renaissance*, 226–45

Muldoon, J., *Popes, Lawyers and Infidels: The Church and the Non-Christian World, 1250–1500* (Liverpool, 1979)

Muscetta, C., *Giovanni Boccaccio*, 2nd edn (Bari, 1974)

Najemy, J. M., *Corporatism and Consensus in Florentine Electoral Politics, 1280–1400* (Chapel Hill, 1982)

—. *A History of Florence, 1200–1575* (Oxford, 2008)

—, ed., *Italy in the Age of the Renaissance 1300–1550* (Oxford, 2004)

Norman, D., ed., *Siena, Florence, and Padua: Art, Society and Religion 1280–1400*, 2 vols. (New Haven and London, 1995)

O'Malley, J. W., 'Fulfilment of the Christian Golden Age under Pope Julius II: Text of a Discourse of Giles of Viterbo, 1507' *Traditio* 25 (1969): 265–338

Oertel, R., *Fra Filippo Lippi* (Vienna, 1942)

Olmi, G., *L'inventario del mondo: catalogazione della natura e luoghi del sapere nella prima età moderna* (Bologna, 1992)

Origo, I., 'The Domestic Enemy: The Eastern Slaves in Tuscany in the Fourteenth and Fifteenth Centuries', *Speculum* 30/3 (1955): 321–66

—, *The Merchant of Prato: Francesco di Marco Datini, 1335–1410* (New York, 1957)

Owen Hughes, D., 'Bodies, Disease, and Society', in Najemy, ed., *Italy in the Age of the Renaissance*, 103–23

—, 'Distinguishing Signs: Ear-Rings, Jews and Franciscan Rhetoric in the Italian Renaissance Cities', *Past and Present* 112 (1986): 3–59

Pacetti, D., 'La predicazione di S. Bernardino in Toscano', *Archivum Franciscanum historicum* 30 (1940): 282–318

Padgett, J. F., and C. K. Ansell, 'Robust Action and the Rise of the Medici, 1400–1434', *American Journal of Sociology* 98/6 (1993): 1259–1319

Panella, A., 'Una sentenza di Niccolò Porcinari, podestà di Firenze', *Rivista Abruzzese di Scienze, Lettere ed Arti* 24 (1909): 337–67

Panizza, L., 'Active and Contemplative in Lorenzo Valla: The Fusion of Opposites', in B. Vickers, ed., *Arbeit, Musse, Meditation. Betrachtungen zur* Vita Activa *und* Vita contemplativa (Zurich, 1985), 181–223

Panofsky, E., 'Die Perspektive als symbolische Form', *Vorträge der Bibliothek Warburg 1924–5* (1927): 258–330

—, *Renaissance and Renascences in Western Art*, 2nd edn (New York and London, 1969)

—, *Studies in Iconology: Humanistic Themes in the Art of the Renaissance*, new edn (New York and Evanston, 1962)

Paparelli, G., *Enea Silvio Piccolomini. L'umanesimo sul soglio di Pietro*, 2nd edn (Ravenna, 1978)

Parry, J. H., *The Age of Reconnaissance: Discovery, Exploration and Settlement, 1450–1650*, new edn (London, 2000)

Partner, P., *Renaissance Rome, 1500–1559* (Berkeley, 1976)

Pastore Stocchi, M., 'Il *De Canaria* boccaccesco e un "locus deperditus" nel *De insulis* di Domenico Silvestri', *Rinascimento* 10 (1959): 153–6

Pernis, M. G., and L. Schneider Adams, *Federico da Montefeltro and Sigismondo Malatesta: The Eagle and the Elephant* (New York, 1996)

Pertusi, A., *Leonzio Pilato tra Petrarca e Boccaccio* (Venice and Rome, 1964)

Piel, F., *La Cappella Colleoni e il Luogo della Pietà in Bergamo* (Bergamo, 1975)

Polizzotto, L., *The Elect Nation: The Savonarolan Movement in Florence, 1494–1545* (Oxford, 1994)

Pope-Hennessy, J., *Paradiso: The Illuminations to Dante's Divine Comedy by Giovanni di Paolo* (London, 1993)

Prizer, W. F., 'Reading Carnival: The Creation of a Florentine Carnival Song', *Early Music History* 23 (2004): 185–252

Rabinowitz, I., 'Pre-Modern Jewish Study of Rhetoric: An Introductory Bibliography', *Rhetorica* 3 (1985): 137–44

Rau, V., *Estudos de história* (Lisbon, 1968)

Remington, P., 'The Private Study of Federigo da Montefeltro', *Bulletin of the Metropolitan Museum of Art* 36/2 (1941): 3–13

Renouard, Y., *The Avignon Papacy 1305–1403*, trans. D. Bethell (London, 1970)

Rezasco, G., 'Segno delle meretrici', *Giornale Linguistico* 17 (1980): 161–220

Ricci, C., *Il Tempio Malatestiano* (Milan and Rome, 1925)

Rocke, M., *Forbidden Friendships: Homosexuality and Male Culture in Renaissance Florence* (New York, 1996)

—, 'Gender and Sexual Culture in Renaissance Italy', in Brown and Davis, eds., *Gender and Society*, 150–70

Rossi, P. L., 'The Writer and the Man – Real Crimes and Mitigating Circumstances – *il caso Cellini*', in K. Lowe and T. Dean, eds., *Crime, Society, and the Law in Renaissance Italy* (Cambridge, 1994), 157–83

Rotondi, P., *The Ducal Palace of Urbino: Its Architecture and Decoration* (London, 1969)

Rowlands Jnr, B., *The Classical Tradition in Western Art* (Cambridge, Mass.,, 1963)

Rubiés, J. P., 'Giovanni di Buonagrazia's letter to his father concerning his participation in the second expedition of Vasco da Gama', *Mare liberum* 16 (1998): 87–112

Rubin, P. L., *Giorgio Vasari: Art and History* (London, 1995)

Rubinstein, N., 'Le Allegorie di Ambrogio Lorenzetti nella Sala della Pace e il pensiero politico del suo tempo', *Rivista Storica Italiana* 109 (1997): 781–802

—, 'The Beginning of Niccolò Machiavelli's Career in the Florentine Chancery', *Italian Studies* 11 (1956): 72–91

—, *The Government of Florence under the Medici (1434 to 1494)* (Oxford, 1966)

—, 'Political Ideas in Sienese Art: The Frescoes by Ambrogio Lorenzetti and Taddeo di Bartolo in the Palazzo Pubblico', *Journal of the Warburg and Courtauld Institutes* 21 (1958): 179–207

Saalman, H., 'Tommaso Spinelli, Michelozzo, Manetti, and Rosselino', *Journal of the Society of Architectural Historians* 25/3 (1966): 151–64

Saalman, H., and P. Mattox, 'The First Medici Palace', *Journal of the Society of Architectural Historians* 44/4 (1985): 329–45

Salter, F. R., 'The Jews in Fifteenth-Century Florence and Savonarola's Establishment of a Mons Pietatis', *Historical Journal* 5/2 (1936): 193–211

Sanpaolesi, P., *Brunelleschi* (Milan, 1962)

Saslow, J. M., '"A Veil of Ice between My Heart and the Fire": Michelangelo's Sexual Identity and Early Constructions of Homosexuality', *Genders* 2 (1998): 77–90

Schofield, R., and A. Burnett, 'The Decoration of the Colleoni Chapel', *Arte Lombarda* 126 (1999): 61–89

Schorsch, J., *Jews and Blacks in the Early Modern World* (Cambridge, 2004)

Schwartz, M. V., and P. Theis, 'Giotto's Father: Old Stories and New Documents', *Burlington Magazine* 141 (1999), 676–77

Segre, R., 'Banchi ebraici e monti di pieta', in G. Cozzi, ed., *Gli ebrei a Venezia, secoli XIV–XVIII* (Milan, 1987), 565–70

Shulvass, M. A., *The Jews in the World of the Renaissance*, trans. E. I. Kose (Leiden, 1973)

Simonetta, M., *The Montefeltro Conspiracy: A Renaissance Mystery Decoded* (New York, 2008)

Simonsohn, S., *The Apostolic See and the Jews: Documents 1394–1464* (Toronto, 1991)

—, *The Apostolic See and the Jews: History* (Toronto, 1991)

Simpson, W. A., 'Cardinal Giordano Orsini (d. 1438) as a Prince of the Church and a Patron of the Arts', *Journal of the Warburg and Courtauld Institutes* 29 (1966): 135–59

Skinner, Q. R. D., 'Ambrogio Lorenzetti: The Artist as Political Philosopher', *Proceedings of the British Academy* 72 (1986): 1–56

—, 'Ambrogio Lorenzetti's *Buon governo* Frescoes: Two Old Questions, Two New Answers', *Journal of the Warburg and Courtauld Institutes* 62 (1999): 1–28

—, *The Foundations of Modern Political Thought*, 2 vols. (Cambridge, 1978)

Slessarev, V., *Prester John: The Letter and the Legend* (Minneapolis, 1959)

Southern, R. W., *Western Views of Islam in the Middle Ages* (Cambridge, Mass.,, 1962)

Spufford, P., *Money and Its Use in Medieval Europe* (Cambridge, 1988)

—, 'Trade in fourteenth-century Europe', in M. Jones, ed., *The New Cambridge Medieval History*, vol. VI, *c.1300–c.1415* (Cambridge, 2000), 155–208

Stedman Sheard, W., and J. T. Paoletti, eds., *Collaboration in Italian Renaissance Art* (New Haven, 1978)

Steinmann, E., and H. Pogatscher, 'Dokumente und Forschungen zu Michelangelo, IV, Cavalieri-Dokumente', *Repertorium für Kunstwissenschaft* 29 (1906): 496–517

Stubblebine, J., ed., *Giotto: The Arena Chapel Frescoes* (New York and London, 1969)

Taeusch, C. F., 'The Concept of "Usury": The History of an Idea', *Journal of the History of Ideas* 3/3 (1942): 291–318

Tedeschi, S., 'Etiopi e copti al concilio di Firenze', *Annuarium historiae conciliorum* 21 (1989): 380–97

Thomas, A., *The Painter's Practice in Renaissance Tuscany* (Cambridge, 1995)

Thompson, L. A., and J. Ferguson, *Africa in Classical Antiquity: Nine Studies* (Ibadan, 1969)

Tiraboschi, G., *Storia della letteratura italiana*, 9 vols. (Venice, 1795–96)

Tognetti, S., *Da Figline a Firenze. Ascesa economica e politica della famiglia Serristori (secoli XIV–XVI)* (Figline, 2003)

—, 'Prezzi e salari nella Firenze tardomedievale: Un profile', *ASI* 153 (1999): 263–333

—, 'The Trade in Black African Slaves in Fifteenth-Century Florence', in Earle and Lowe, eds., *Black Africans in Renaissance Europe*, 213–24

Tommasoli, W., *La vita di Federico da Montefeltro, 1422–1482* (Urbino, 1978)

Trexler, R., *The Journey of the Magi: Meanings in History of a Christian Story* (Princeton, 1997)

—, 'La Prostitution florentine au XVe siècle: patronages et clientèles', *Annales ESC* 36 (1981): 983–1015

—, *Public Life in Renaissance Florence* (Ithaca and London, 1980)

Trimpi, W., 'The Meaning of Horace's Ut Pictura Poesis', *Journal of the Warburg and Courtauld Institutes* 36 (1973): 1–34

Trinkaus, C., *In Our Image and Likeness: Humanity and Divinity in Italian Humanist Thought*, 2 vols. (Chicago, 1970)

Trivellato, F., 'Renaissance Italy and the Muslim Mediterranean in Recent Historical Work', *Journal of Modern History* 82/1 (2010): 127–55

Turner, D., 'Forgotten Treasure from the Indies: The Illustrations and Drawings of Fernández de Oviedo', *Huntington Library Quarterly* 48/1 (1985): 1–46

Tyerman, C. J., 'Marino Sanudo Torsello and the Lost Crusade: Lobbying in the Fourteenth Century', *Transactions of the Royal Historical Society*, 5th ser., 32 (1982): 57–73

Ullman, B. L., *The Humanism of Coluccio Salutati* (Padua, 1963)

Ullman, B. L., and P. Stadter, *The Public Library of Florence: Niccolò Niccoli, Cosimo de' Medici and the Library of San Marco* (Padua, 1972)

Ullmann, W., *The Origins of the Great Schism: A Study in Fourteenth-Century Ecclesiastical History*, repr. (Hamden, Conn., 1972)

—, *A Short History of the Papacy in the Middle Ages*, rev. edn (London, 1974)

Verlinden, C., 'Lanzarotto Malocello et la découverte portugaise des Canaries', *Revue belge de philologie et d'histoire* 36 (1958): 1173–1209

Vernet, F., 'Le pape Martin V et les Juifs', *Revue des Questions Historiques* 51 (1892): 373–423

Verstegen, I. F., ed., *Patronage and Dynasty: The Rise of the Della Rovere in Renaissance Italy* (Kirksville, Miss., 2007)

Viti, P., '"Bonus miles et fortis ac civium suorum amator": La figura del condottiero nell'opera di Leonardo Bruni', in M. del Treppo, ed., *Condottieri e uomini d'arme dell'Italia del Rinascimento* (Naples, 2001), 75–91

Vivanti, C. 'The History of the Jews in Italy and the History of Italy', *Journal of Modern History* 67/2 (1995): 309–57

Waley, D., *The Italian City-Republics*, 3rd edn (London, 1988)

Wallace, W. E., 'Manoeuvring for Patronage: Michelangelo's Dagger', *Renaissance Studies* 11 (1997): 20–26

—, *Michelangelo: The Artist, the Man, and His Times* (Cambridge, 2010)

Wegener, W. J., '"That the Practice of Arms is Most Excellent Declare the Statues of Valiant Men": The Luccan War and Florentine Political Ideology in Paintings by Uccello and Castagno', *Renaissance Studies* 7/2 (1993): 129–67

Weil-Garris, K., and J. F. d'Amico, 'The Renaissance Cardinal's Ideal Palace: A Chapter from Cortesi's "*De cardinalatu*"', in H. A. Millon, ed., *Studies in Italian Art and Architecture, Fifteenth through Eighteenth Centuries* (Rome, 1980), 45–123

Weinstein, D., *Savonarola: The Rise and Fall of a Renaissance Prophet* (New Haven and London, 2011)

Weiss, R., 'The Medals of Pope Julius II (1503–1513)', *Journal of the Warburg and Courtauld Institutes* 28 (1965): 163–82

—, *The Medals of Pope Sixtus IV, 1417–1484* (Rome, 1961)

—, *The Renaissance Discovery of Classical Antiquity* (New York, 1969)

Welch, E. S., *Art and Authority in Renaissance Milan* (Yale, 1996)

—, *Art and Society in Italy 1350–1500* (Oxford, 1997)

Wiesner, M. E., *Women and Gender in Early Modern Europe* (Cambridge, 1993)

Wilkins, E. H., *A History of Italian Literature*, rev. edn (Cambridge, Mass., and London, 1974)

—, *Life of Petrarch* (Chicago, 1961)

—, 'Petrarch's Ecclesiastical Career', *Speculum* 28/4 (1953): 754–75

Williams, R., *The American Indian in Western Legal Thought: The Discourses of Conquest* (Oxford and New York, 1990)

Wisch, B., 'Vested Interests: Redressing Jews on Michelangelo's Sistine Ceiling', *Artibus et Historiae* 24/48 (2003): 143–72

Witt, R. G., 'Florentine Politics and the Ruling Class, 1382–1407', *Journal of Medieval and Renaissance Studies* 6 (1976): 243–67

—, *Hercules at the Crossroads: The Life, Works, and Thought of Coluccio Salutati* (Durham, NC, 1983)

Wittkower, R., and M. Wittkower, *Born Under Saturn: The Character and Conduct of Artists. A Documented History from Antiquity to the French Revolution* (New York, 2006)

Wohl, H., *The Aesthetics of Italian Renaissance Art: A Reconsideration of Style* (Cambridge, 1999)

Yamauchi, E. M., ed., *Africa and Africans in Antiquity* (East Lansing, 2001)

Zannoni, G., 'I due libri della *Martiados* di Giovan Mario Filelfo', *Rendiconti della R. Accademia dei Lincei: Classe di Scienze Morali, Storiche e Filologiche* ser. 5, 3 (1895): 650–71

Zemon Davis, N., *Trickster Travels: A Sixteenth-Century Muslim across Worlds* (New York, 2006)

# 索 引

（此部分页码均为英文原书页码，即本书页边码）

## 图书在版编目（CIP）数据

丑陋的文艺复兴 / (英) 亚历山大·李 (Alexander Lee) 著；唐建清译. -- 北京 : 社会科学文献出版社, 2022.9 (2023.10重印)

书名原文: The Ugly Renaissance: Sex, Disease And Excess In An Age of Beauty

ISBN 978-7-5228-0162-9

Ⅰ.①丑… Ⅱ.①亚… ②唐… Ⅲ.①文艺复兴－研究－意大利 Ⅳ.①K546.32

中国版本图书馆CIP数据核字（2022）第090522号

## 丑陋的文艺复兴

著　　者 / ［英］亚历山大·李（Alexander Lee）
译　　者 / 唐建清

出 版 人 / 冀祥德
组稿编辑 / 段其刚
责任编辑 / 陈嘉瑜
责任印制 / 王京美

出　　版 / 社会科学文献出版社·联合出版中心（010）59367151
　　　　　 地址：北京市北三环中路甲29号院华龙大厦　邮编：100029
　　　　　 网址：www.ssap.com.cn
发　　行 / 社会科学文献出版社（010）59367028
印　　装 / 南京爱德印刷有限公司

规　　格 / 开　本：889mm×1194mm 1/32
　　　　　 印　张：17.375　插　页：1　字　数：414千字
版　　次 / 2022年9月第1版　2023年10月第3次印刷
书　　号 / ISBN 978-7-5228-0162-9
著作权合同
登 记 号 / 图字01-2020-2599号
定　　价 / 109.00元

读者服务电话：4008918866